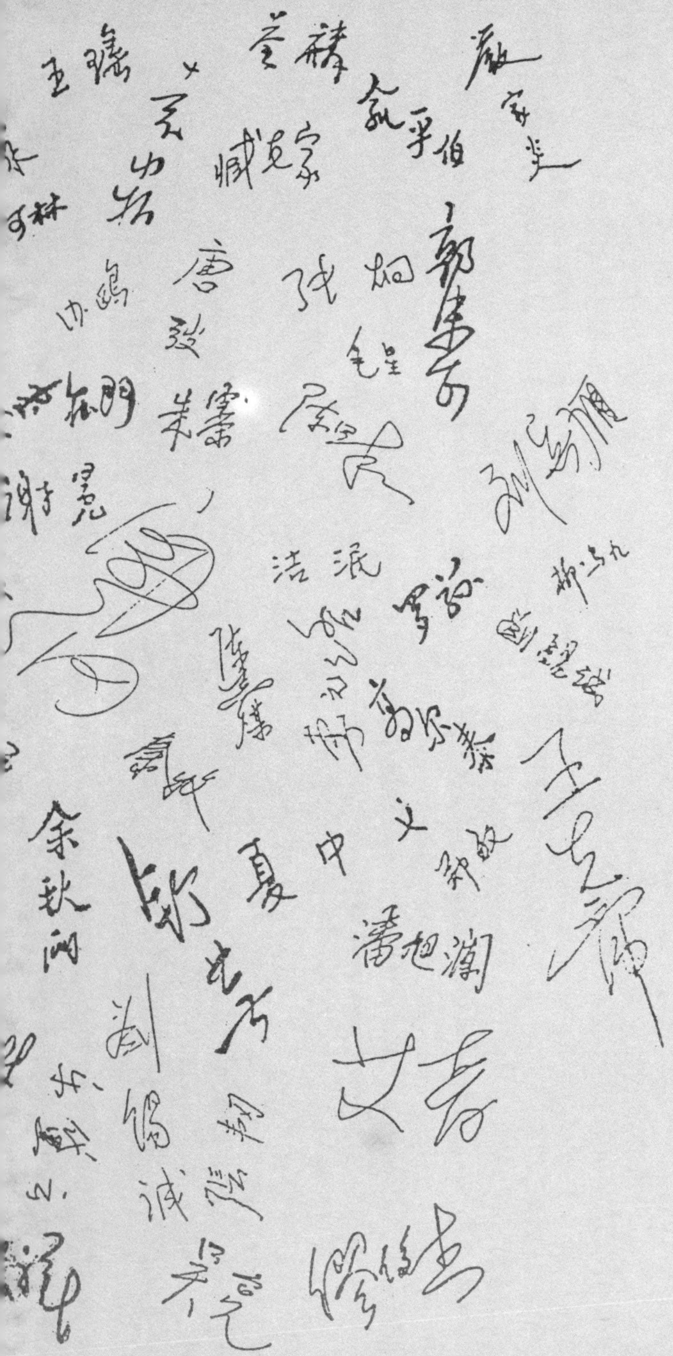
臧克家
俞平伯
唐弢
洁泯
潘旭澜
余秋雨
艾青

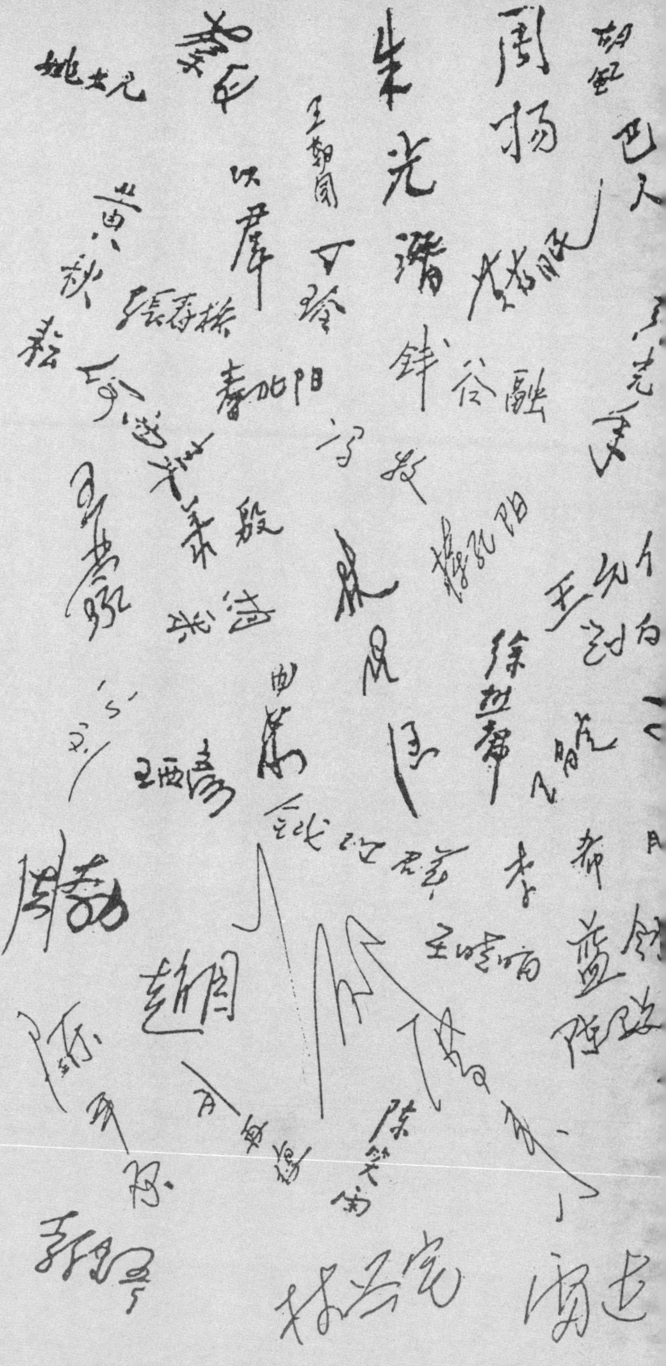

巴人
周扬
朱光潜
王朝闻
丁玲
姚文元
徐懋庸
王西彦
陈笑雨

文史哲學集成

中國大陸當代文學理論批評史（上）

古遠清著

文史哲出版社印行

國家圖書館出版品預行編目資料

中國大陸當代文學理論批評史 / 古遠清著. --
初版. -- 臺北市：文史哲, 民 88
面； 公分. -- (文史哲學集成；396)
參考書目：面
ISBN 957-549-146-7(一套：平裝)

1. 中國文學 - 評論 - 歷史 - 現代 (1900-)

829.8 87006577

文史哲學集成 ㊱

中國大陸當代文學理論批評史

著者：古遠清
出版者：文史哲出版社
登記證字號：行政院新聞局版臺業字五三三七號
發行人：彭正雄
發行所：文史哲出版社
印刷者：文史哲出版社
臺北市羅斯福路一段七十二巷四號
郵政劃撥帳號：一六一八〇一七五
電話 886-2-23511028・傳真 886-2-23965656

平裝二冊售價新臺幣一二〇〇元

中華民國八十八年四月初版

ISBN 957-549-146-7

中國大陸當代文學理論批評史　目次

緒論

第一節 《中國大陸當代文學理論批評史》的對象和範圍

本書之所以稱爲《中國大陸當代文學理論批評史》，是因爲中國大陸過去出版的《中國當代文學史》，絕大部分都不含臺港澳部分，是名副其實的《中國大陸當代文學史》。爲了不重蹈他們的覆轍，也因爲此書的討論範圍僅局限於大陸的文學理論批評，且此書在臺灣出版，故在「中國」一詞後面加上「大陸」二字，以示其科學和準確。

儘管在目前，人們對「現代」和「當代」的劃分有許多不同的意見，但誰都難於否認，一九四九年以後的中國大陸當代文學及其理論批評，是一個劃時代的開端。所不同的是，有許多人把這一開端定爲一九四九年十月①。其實，確定上限要考慮政治因素，但不能完全按政治標準劃分，即還要考慮到文學尤其是文學運動的因素。在某種情況下，這種因素還起著重要作用。拿《中國大陸當代文學史》及其分支《中國大陸當代文學理論批評史》來說，它的上限應比通常說的十月提前三個月，即應以一九四九年七月二日至十九日在北平召開的中華全國文學藝術工作者第一次代表大會爲標誌。當時雖然還沒有建立新政權，但這次會上所確立的「文藝爲人民服務，爲工農兵服務」的指導思想，一直指導了大陸當代文學創作及其文學理論批評整整四十年。一九七九年十月三十日召開的全國第四次文代會，在糾正「十七年」所犯的左傾錯誤尤其是「文革」中所推行的極左路線時，仍沒有修改一九四九年七月所確立的「文藝爲人民服務」的指導思想。在文學觀念上，第一次文代會所確立的文學從屬於政治、爲政治路線和政治鬥爭服務，使用社會主義現實主義（或曰革命現實主義與革命浪漫主義相結合）的創作方法、遵循典型環境中的典型人物原則大力歌頌新英雄人物，以表現無產階級思想與資產階級、小資產階級思想對立衝突的主題觀念，以及政治標準第一、藝術標準第二的批評觀念，均強烈地滲透在以後四十年的文學創作和理論批評活動中。新時期雖然作了不同程度的修正，但基本性質並沒有變化。茅盾在首屆文代會報告中對胡風派的「主觀論」的政治批評，在一九五五年中更有了進一步的發展。首屆文代會的負面作用可從歷次文藝批判運動中看出來。可見，大陸當代文學史和當代文學理論批評史的邏輯起點，均應從一九四九年七月召開的第一次文代會算起。至於大陸當代文學理論批評史的下限，本可無限地延伸。但本書不想將論述範圍弄得渾渾無涯，更重要的是本書初稿完成於一九八九年，因而下限只到一九八九年（個別地方略有延伸）。也就是說，《中國大陸當代文學理論批評史》，是以大陸第一次文代會後至八〇年代末爲止的文學理論批評發展狀況作爲研究對象的一門學科。

下面，再談談《中國大陸當代文學理論批評史》的研究對象和範圍：

一是從動態上考察中國大陸當代文學理論批評發展的總體特徵。

中國大陸當代文學理論批評，從來沒有直線前進過。如果用一個公式來概括，大致在批判——調整——否定——反思的擺動中前進。如五〇年代前期開展的《武訓傳》批判、《紅樓夢》研究批判、反胡風運動，把當代文學理論批評的發展驅趕進一個死胡同。爲了從絕路上解脫出來，便有一九五六年「百花齊放，百家爭鳴」方針的提出。文學理論批評在這一時期的確很活躍過一陣子，但很快又由「放」到「收」：開展大規模的反右鬥爭，把馮雪峰、秦兆陽、陳涌、劉紹棠等人的聲音壓下去。當壓到快要萬籟無聲時，又來了一陣鬆動，提出「文藝要爲廣大人民服務」的新主張，隨之又將此主張打成修正主義文藝觀點，接著而來的是「文革」對文學理論批評發展的全面摧殘，以後又猛批「文藝黑線專政論」。新時期由封閉到開放，由開放到封閉的反復性雖然遠沒有「文革」前大，但八〇年代的文學理論也是在反「自由化」的風風雨雨中行進，從未有過一帆風順的時期。造成這種情況的原因，是文學理論批評與政治關係密切，無法擺脫權力話語的影響。在當代中國大陸，從事純文學理論研究，幾乎是不可能的事。你不關心政治，閉門做學問，但政治隨時會自動找上門來干預你。當然，形成當代文學理論批評反復多變的原因不能完全歸於政治，但政治的作用無疑最直接，效果也更彰著。

二是對中國大陸各文學理論批評派別的研究。

在三、四〇年代，中國的文學理論批評有左、右翼之分，另有介於這兩者之間的自由主義文學批評。「文革」前的大陸文學理論批評，嚴格說來只有從三〇年代走過來的左翼文學理論批評在一統天下。原先自由主義文學批評派別的代表人物大部分不是擱了筆，就是寫出來的論著失去了原先的獨立色彩。但用行政手段強迫一個批評派別的徹底消失是很難辦到的。自由主義文學批評作爲一個派別在一九四九年後雖不再存在，但在政治批評模式減弱的年代，總有和主流文學批評不和諧的聲音發出來，如六〇年代初《光明日報·文學遺產》關於「中間作品」的討論②，蔣孔陽在《文學的基本知識》一書中認爲也有不帶階級性作品的論調，曾被斥爲「第三種文藝」③，其實這是在特定的條件下脫離「階級文學」話語的一種小小的嘗試，但這嘗試很快被打下去了。

左翼文學理論批評雖然在統治著大陸文壇，但左翼文學理論批評家並不是淸一色地讚成馬列主義只能堅持不能發展。這樣便產生了碰撞。如胡風、馮雪峰都不讚成把政治和藝術分割以及由此產生的政治標準第一、藝術標準第二的提法。他們認爲，文學作品中的政治內容埋藏在文本中，無法單獨抽出進行檢驗。胡風派的理論家阿壠在《論傾向性》④中就曾打過不無創見然而受到激烈批評的比喩：「可以把文學比擬爲一個蛋，而政治，是像蛋黃那樣包含在裏面的。」胡風在他的《意見書》中判定「社會主義現實主義」這一提法不科學時，使用的也是這種思維方式。無論是胡風、阿壠或後來被打成「胡風派」的馮雪峰，在視文藝爲一種戰鬥武器，不同意藝術可以超然於政治之上，和周揚、林默涵們並沒有根本的分歧。他們的分歧在於實現文藝爲政治服務手段和途徑的不同。這不同便引發了後來一系列文藝思想戰線上的鬥爭。

現代文學理論批評史上曾出現過的被稱爲「逆流」的三民主義、民族主義文學、淪陷時期的漢奸文學及其理論批評，鑒於其存在的社會基礎已化爲烏有，且原來的成員不是流亡臺灣、香港，就是被無產階級專了政，故一九四九年後沒再出現爲國民黨效忠的右翼文學理論批評。至於那些被打成「右派」或「反革命派」的文學理論批評，是左翼文學理論陣營內激進派與溫和派或僵化派與前進派鬥爭時給對方扣的帽子，並不眞正是右翼文學理論批評。我們研究大陸文學理論批評的派別，主要就是研究左翼批評兩派的矛盾和衝突。

三是對中國大陸當代文學理論批評家的理論主張及其理論著作的評價。

本書對文學理論批評的發展趨向的描述，對當代文學理論批評經驗教訓的總結，大都通過對微觀剖析實現。本書不想作過多大而空的所謂宏觀俯瞰，而是將個案分析放在文論發展的背景上，探討其評論道路和評論風格，以及其對當代文論所作的貢獻和所受的歷史局限。通過對評論家的個案研究，達到由點到面的聚合及整體文學評論走向的把握。這種框架處理，看來不很理想，但鑒於《中國大陸當代文學理論批評史》還沒有人寫過，基本線索還沒有人梳理過，因而這種處理方式仍有存在的價值。

新時期以來，以馬克思主義、毛澤東思想做指針的左翼文學理論批評雖然仍屬主流派，但它自身也不斷在豐富發展。與此同時，又出現了否認反映論而用形形色色的西方文學思潮作參照系的新潮文學理論批評。這類批評仍停留在實驗階段，尚未形成自己一整套完整的理論話語，故本書不詳加論述。

總之，《中國大陸當代文學理論批評史》作爲一門獨立學科，它的任務是勾勒自第一次文代會以來直至八〇年代爲止的文學理論批評發展概貌，描述當代文學理論批評在迂迴中前進的歷史，總結當代文學理論批評的經驗和教訓，探討某些帶有規律性文學理論批評現象發生、發展的原因，深入考察和研究各個歷史時期的重要評論家的理論主張和理論作品的得失，指出其在當代文學理論批評史的影響和地位，說明他們之間繼承和革新的關係，以促進今後文學理論批評的發展。

研究一個時代的文學理論批評，一般說來有三種方式：一是從編年史的角度按時間順序次第論述；二是按各種體裁的文學理論批評分門別類予以評論；三是以各種體裁構成爲主，照顧編年史方式，使兩者有機統一起來予以闡釋。本書採用的是第三種方式。在寫法上，除綜合論述外，在個案研究時，先介紹評論家的生平及其著述，力求體現史的眞實性和完整性，然後再對其理論主張的得失和在當代文論史上的地位作出評價。本書力求避免把文學史寫成文學評論匯編，讓它兼具學術價值和史料價值。總之，是把文論史當作史學的一種，讓史識從史實中來，而不是以論帶史。

第二節　「中國大陸當代文學理論批評史」與「中國大陸現代文學理論批評史」的聯繫和區別

在大陸，五〇年代前期把「現代文學」稱爲「新文學」，如王瑤、張華來、劉綬松的文學史就是這樣命名的。到了五〇年代後期，「現代文學」取代了「新文學」的命名。和「現代文學」相對應的是「當代文學」概念的崛起。「當代文學」的命名，正如洪子誠所說：「它帶有特定的意識形態色彩」，意即它是社會主義性質的文學，不同於新民主主義性質的「現代文學」。另方面，它還是一個時間的概念。但「當代文學」與「現代文學」是很難攔腰切斷的。以本書而論，把大陸當代文學理論批評史的上限定爲一九四九年七月，並不是要否定大陸當代文學理論批評史與現代文學理論批評史的聯繫。現在已越來越清楚，不僅大陸現、當代文學史，而且大陸現、當代文學理論批評史研究，決不能簡單的一截爲二。事實上，大陸左翼現代文學理論批評的主導精神，在大陸當代文學理論批評史上有了充分的繼承。如四〇年代初期，毛澤東發表的《在延安文藝座談會上的講話》，系統總結了「五四」以來革命文學運動的經驗教訓，闡述了與現實密切聯繫的一系列重大文學理論問題，在大陸當代文學理論批評史上產生了深遠影響，這是大家有目共睹的。前面講的第一次文代會所確立的「文藝爲人民服務，爲工農兵服務」的指導思想及文學從屬於政治等一系列文學觀念和批評觀念，幾乎都可在《在延安文藝座談會上的講話》中找到理論根據。

在文藝方法論問題上，也可看出大陸當代文學理論批評與現代文學理論批評的傳承關係。在三〇年代，文學理論及其方法論在趨向體系化的同時趨向革命化。一九四九年後所確立的辯證唯物主義和歷史唯物主義爲研究文學理論的指導方法，正是對三〇年代革命傳統的繼承和發揚，這無疑是方法論發展中的一個進步。但後來獨尊某一種方法，不承認方法論可以具有不同的層次，或把哲學方法論與具體方法論劃等號，否認文學理論批評的具體方法，這同樣是受了三、四〇年代的文學理論批評中「左」的傾向的影響。

老一輩橫跨兩個歷史時期的文學評論家的評論道路及其論著，更是與現代文學理論批評史有千絲萬縷的聯繫。像胡風關於現實主義理論問題，關於主觀戰鬥精神問題，關於藝術創作實踐特點，對作家——創作的人的解釋，對中國知識分子的分析評價，在一九四九年前就形成了完整的看法。他五〇年代寫的「意見書」，基本上是原有觀點的進一步強調及申辯。五〇年代對胡風文藝思想的批判，與三〇年代中期及四〇年代對胡風的批評，在不少方面亦有相似之處。如周揚發表於一九五四年的《我們必須戰鬥》中的專節《胡風先生的觀點和我們之間的分歧》，其主要論點均是他一九三六年發表的批評胡風關於典型理解的《現實主義試論》的延續。俞平伯五〇年代初版的《紅樓夢研究》⑤，是他二〇年代出版的《紅樓夢辨》⑥的增訂。巴人一九五三年和一九五七年分別修訂的《文學論稿》，是以他寫於一九三九～一九四〇年的《文學讀本》⑦爲藍本改寫的。以群在六〇年代初主編的兩卷本《文學的基本原理》⑧教材，在某些方面也有他一九四三年出版的《文學底基礎知識》⑨的投影。我們研究這些理論家的評論道路及其論著，如果不聯繫他們早年的文學評論活動，就不可能作出全面、科學的評價。

我們強調大陸當代文學理論批評與現代文學理論批評的血緣關係，並不等於認爲大陸當代文學理論批評史沒有獨立的構成範疇，更不是認爲大陸當代文學理論批評是現代文學理論批評的簡單重復，或從內容到形式都完全是現代文學理論批評的繼續。應該看到，大陸當代文學理論批評與現代文學理論批評仍有重大的差別：首先是社會性質不同，這種社會制度不同對文學理論批評的發展有重大的影響，這是誰也無法否認的。即使是四〇年代延安地區的文學理論批評，也無法與一九四九年後統一政治體制下的文學理論批評相提並論。其次是文學理論批評隊伍的構成：一九四九年七月以後和以前也難以相並肩。更重要的是在第一次文代會之前，「文藝爲人民服務，爲工農兵服務」並未成爲所有文學創作者和理論批評工作者的指導思想。文學思潮也是如此。像三〇年代末、四〇年代初在延安地區崛起的表現工農兵、歌頌工農兵、做工農兵的代言人的文學理論，在當時還只是一股潮流，只有到了五〇年代、六〇年代，它才獲得蓬勃的發展並眞正主宰了中國大陸文壇，給了作家和理論批評家重大的影響。至於對現代文學史的研究，以往側重於自由主義思想和文學自律的立場的敘述以及強調文學的啓蒙作用和文化批判立場的視角，差不多都被劉綬松們以階級分析和經濟基礎決定上層建築的敘述所取代。

大陸當代文學理論批評與現代文學理論批評的另一個重大區別，是三、四〇年代湧現的、在文壇上佔據有「中心」地位的批評家，到了五〇年代以後逐步不佔有重要地位，乃至消失了影響而趨向「邊緣化」。

這種從「中心」向「邊緣」轉化的最明顯的例子，是三〇年代開始活躍在北平和其他北方城市的京派評論家。這派評論家超然於左右兩翼，從事批評時強調直覺感悟、情感動力和批評主體介入，代表人物有沈從文、梁宗岱、李健吾、李長之、蕭乾、葉公超、常風等。其中出版過作家作品評論集《沫沫集》⑩的沈從文，在五〇年代以後不但停止了小說創作，也中止了文學評論生涯，北京大學亦不再聘他當教授，曾自殺未遂，最後到故宮博物院從事文物考古工作。對西方象徵主義有深刻研究的梁宗岱，在五〇年代的文學論壇中找不到自己的位置，只好擱筆專門教書。李健吾雖然還在寫戲劇評論，但面對極左思潮的入侵，他不但無法像過去那樣呼籲批評的「公正」，連自己的批評也難免帶上遠離中心的色彩。在解放前聲稱不「屈服於權威，屈服於時代，屈服於欲望，屈服於輿論」的李長之，他再也無法做《魯迅批判》那樣的文章，只好在一九五七年那場反右鬥爭中告別了文壇。蕭乾的命運也和李長之相差無幾。李廣田的情況略有不同，他四〇年代就完成了由京派批評家向革命民主主義批評家的轉變，但鑒於五〇年代不斷開展文藝大批判的人文環境，他再寫不出像《詩的藝術》那樣有見地的學術著作了。

在五〇年代開始颳起的一陣又一陣的政治鬥爭尖銳之風而罹難的評論家，還有所謂「胡風集團」中的胡風、亦門（阿壠）、呂熒，以及「胡風的同路人」馮雪峰，另有九葉詩派的理論家唐湜等。他們大都在四〇年代的文學批評中取得顯著成績，在五〇年代中期以後無一不例外地向「邊緣化」轉換。

當京派評論家一個個從中心地位轉為「配角」或消失文壇之後，另一批批評家順著時代的需要，從陝甘寧「邊緣」來到首都北京的中心地帶，成了地道的主流評論家。他們的指導性的文章、講話大量的在「中央級」報刊發表，但他們已不是以前意義上的「京派評論家」，而是依靠權力話語、把文藝評論當作兩條路線鬥爭工具的評論家，這也是當代文論區別於現代文論的一個重要特徵。

基於上述理由，本書不讚成將大陸現、當代文學理論批評史合併，或將大陸當代文學理論批評史的上限定於一九四二年毛澤東的《在延安文藝座談會上的講話》發表以後。

第三節 「十七年」：在「從屬論」的夾縫中奮鬥

中國大陸當代文學理論批評史的分期，在還沒有找到更科學的分法之前，暫按流行的說法分為三個時期：一、「文化革命」前十七年，爲單一化理論批評時期。二、「文化革命」十年，爲理論批評的凋零期。三、粉碎「四人幫」後，爲理論批評的多樣化時期。

「文革」前的十七年，可分爲兩個階段：從一九四九年七月到一九五七年六月，是當代文學理論批評艱苦創業、全面建設的階段；反右鬥爭後至「文革」前夕，則爲當代文學理論批評迂迴徘徊階段。總的說來，這時期的文學理論批評取得了一定的成績，出版了不少具有建設性和學術性的理論著作，但文學批評方法單一，且有重大失誤。具體說來，這時期文學理論批評具有下列特點：

一、與政治聯繫緊密。

從五〇年代開始，各種教科書都強調任何意識形態均反映一定的階級利益和要求，都有強烈的政治性。作爲與政治密切相關的文學評論，更被認爲與政治不可分割。一九五〇年三月十二日陳涌在

《人民日報》上著文批判阿壠在《文藝學習》（天津）創刊號上發表的《論傾向性》，所用的題目就是《論文藝與政治的關係》。陳涌認爲，文藝不能脫離政治，更不能脫離或擺脫無產階級政治。不僅是陳涌，差不多所有當時的文學理論家都把探討文學與政治的關係作爲自己立論的主要內容。他們均強調文學的政治方向，重視文學的政治作用，高度重視創作與理論批評的政治效果和社會功能。這種觀點，造成了大陸一九四九年後文學批評與研究跟過去性質不同。正是在這種人文氛圍中，出現了一批具有新時代特色的理論著作和學術論文，如王瑤的《中國新文學史稿》⑪，便被認爲是第一部力圖用毛澤東的《新民主主義論》、《在延安文藝座談會上的講話》爲指導思想去研究新文學史的開山之作。這類論著還有巴人的《文學論稿》⑫修訂本、蔡儀的《論現實主義問題》⑬、蔣孔陽的《論文學藝術的特徵》⑭以及周揚的《社會主義現實主義——中國文學前進的道路》⑮和寫於一九五五年《論藝術創作的規律》⑯、馮雪峰的《中國文學從古典現實主義到無產階級現實主義的發展的一個輪廓》⑰。收穫更大的是美學問題的討論。在討論中，湧現了李澤厚、蔣孔陽、高爾泰等一批新秀，並初步形成了不同的學派，有力地推動了大陸美學研究的發展。

但在「十七年」時期，許多文學理論工作者在強調文學與政治關係的同時，將文學緊緊束縛在政治的戰車上，忽視了文學的特殊性。在五、六〇年代，常常看到革命文論家與審美文論家的爭吵。他們辯駁的焦點在於：革命是文學的目的，還是審美是文學的目的？在審美論文藝學看來，把革命視爲文學的目的，是取消了文學的主體性和獨立性，使文學成爲革命的工具和武器。而政治論文藝學認爲，將審美視爲文學的目的，就是提倡「爲藝術而藝術」，就是否定文學的社會性和階級性。基於這種認識，革命文論家（如周揚、林默涵）他在開展文藝大批判運動時，在文學與政治之間劃等號，把本來是文學問題說成是政治立場問題，這便導致了「左」的思潮、褊狹的政策觀念混同於文學理論批評的狀況。這一時期產生的文學思想碰撞，動輒被納入到你死我活的階級鬥爭、路線鬥爭模式中解決，這使左傾教條主義有了充分表演的機會，以至逼得文學史不斷地改寫。這一時期，像朱光潛寫於三〇年代的《文藝心理學》那樣一類的純文藝理論著作幾乎無法破土而出，因爲它很難碰到相對穩定的陽春季節，就是像何其芳《文學藝術的春天》⑱那樣的論文集，也是在多雲轉陰、風雨無常的壓抑氛圍中熬出來的。這一時期不常有典型問題、創作方法問題、共鳴問題的討論，這些討論或者無法深入下去，或者才開張不久就匆匆收場，或者以政治定性取代學術探討，很難眞正形成百家爭鳴的活躍局面。總之，是過度的政治傾斜嚴重壓抑了文學理論家藝術思維的生機，硬性配合階級鬥爭摧殘了許多優秀的文藝理論人才，從國統區的馮雪峰、胡風一派到一九四九年後崛起的陳湧、鍾惦棐、秦兆陽、周勃等等。

二、深受蘇俄文學理論的影響。

早在二〇年代末到三〇年代初，由於形勢的發展變化以及文學理論自身發展的需要，再加上當時「人生派」與「藝術派」的對峙，左翼文學理論家不再滿足於探索形形色色的西方文學理論，而紛紛轉入向蘇俄的馬克思主義文論尋求答案。一九四九年後，蘇俄文學理論更是在五、六〇年代的中國文壇佔了主導地位，甚至聯共對某一部文藝作品自上而下作決議的領導方式也成爲大陸的楷模。認識論和反映論之所以能成爲「十七年」文藝理論的哲學基礎，文藝理論之所以被定爲受經濟基礎制約的一種特殊的上層建築，更是前蘇聯文藝理論影響的結果。這種理論能夠長期通行無阻，是因爲它並非全是謬誤的東西，而是有正確的成份：即堅持文學是一種社會現象，文學作品不能脫離現實生活而獨立存在，文學也的確有與其他社會意識形態同屬於上層建築的共同點。這種觀點，有利於評論家把作品放在廣闊的社會背景下去剖析。但這種理論過分強調客體而忽視了文藝家的主體作用，在理論層面上並未充分發揮「藝術並不要求把它的作品當作現實」這一藝術哲學。把文學藝術只看作是寫實的藝術，便導致了忽視創作的複雜過程：作家的文化素養、作者和讀者的心理，尤其是忽視了文學作品的結構及其語言要素。強調生活而忽視心靈，這就難怪自從紅學家俞平伯的「唯心論」被上綱爲「反動」後，「十七年」的文學論壇便流行「恐心症」，忌談「心理」、「心靈」、「心態」、「童心」，乃至株連與心靈有關的「靈感」、「無意識」、「幻覺」，評論家們紛紛躲開對文學作品形式因素的分析，生怕被戴上唯心主義、形式主義等各種帽子。

十七年的文學理論深受蘇俄的影響，還突出表現在以別林斯基、車爾尼雪夫斯基和杜勃羅留波夫爲代表的俄國民主主義美學在中國的傳播和普及上。這在周揚委託以群主編的《文學的基本原理》可突出地證明這一點。這本「原理」，被公認爲哲學方法論時期最好也影響最大的一部教材。比起「十七年」出版的同類教材來，它較注重藝術規律的探討，的確有值得肯定之處。但這種探討屬「從屬論」中夾縫裏的奮鬥，在現在看來是很有限的。正如夏中義所指出：在這部教材中，別、車、杜以「準馬列」的面目出現，到處以聖賢的莊嚴聲調頒佈現實主義的定義。大家知道，別、車、杜是資產階級革命民主派，可是他們在書中分別被教材破格引證達二十四、十、六次之多，其中別、車被引證的位次已趕上或超過斯大林⑲。

三、既清醒又困惑的混沌心智是當時許多文學理論家——尤其是居領導崗位的文學評論家的共同思維特徵。

「十七」年時期，無論是文藝戰線肩負重任的周揚、林默涵，還是巴人、張光年、何其芳，他們從藝術家的良心感知，五〇年代文藝領域創作中公式化、概念化、教條化，以及非藝術化的東西反不勝反。他們作爲藝術家，當然不能容忍只講政治傾向，不要或不問藝術質量的拉普派在一九四九年後借屍還魂。馮雪峰乾脆將這種傾向斥之爲「反現實主義」，周揚則在第二次文代會上宣傳從前蘇聯文藝理論吸收過來的「寫眞實」這一創作原則。當然，這些微離異是對藝術規律的尊重，並非是政治方向上的修改。何其芳紀念《在延安文藝座談會上的講話》的長文中，提出要「同教條主義和其他『左』的觀點出發的簡單粗暴傾向」作鬥爭，這種鬥爭也是在承認「從屬論」下所作的部分矯正。他們均不可能共同認識到：「從屬論」正是產生作品公式化、概念化的根本原因，這就是所謂「清醒」中的「困惑」。一九六一年三月由張光年執筆寫的《文藝報》專論《題材問題》，一九六一年六月由周揚、林默涵主持制定的《文藝八條》，一九六二年五月以《人民日報》社論名義發表的《爲最廣大的人民群衆服務》，這在當時情況下是要冒風險的，但如果我們尊重歷史的話，就會發現周揚等人對當時的文藝方針均是求大同存小異：在文藝爲政治服務、主張文藝從屬政治方面，有共識；在如何服務如何從屬方面，認識上有差異。這種求同存異的做法，一方面是因爲周揚等人當時還不可能認識到「文藝從屬政治」的口號不科學，另一方面就是認識到了這一口號的某些弊端也不便說出來。正是這種曖昧的政治——文化心態，使周揚作報告時既慷慨陳辭而又呑呑吐吐，在反對公式化、概念化時又強調學習政策，強調不能離開「爲當前政治鬥爭服務的立場」；在反對理論批評中簡單粗暴的傾向時，又諱莫如深地不敢觸及批判資產階級唯心主義運動本身助長了本來就存在的機械唯物論的實情，把胡風有不少本來是反庸俗社會學的觀點反當作庸俗社會學批，其本身就做了庸俗社會學的保護傘。正是這種既清醒又困惑的混沌心智，使好些評論家難以適應當時乍寒乍暖的政治氣候：在反胡風時還是個扮紅臉的「緊跟」英雄，可是一到反右鬥爭時便成演白臉的批判對象，有的甚至在反右鬥爭開始時還發表批判「右派」的文章（如公木），可是過不了多久自己也被宣判成是「賊喊捉賊」的假左派眞右派。當代不少文學評論家這種時「紅」時「白」的悲劇，固然主要是階級鬥爭擴大化的時代悲劇所致，但也與他們本身對時勢認識不清的混沌心智有一定的關係。

四、社會學評論是「十七」年文學評論的主要方法。

在「十七年」，政治學文藝學和認識論文藝學居中心地位，而體驗論文藝學和審美論文藝學總是居於邊緣，有時甚至連邊緣也談不上。在這種情況下，評論家們很難選擇用感興論或審美論做評論方法，只好採用社會學評論方法。

所謂社會學評論，是指著眼考察文學和現實的關係，多聯繫作品產生的社會歷史背景去說明作品的思想功能和藝術價值的一種評論方法。這種評論方法，不能全盤否定，因爲文學畢竟不能脫離社會，它從社會生活中來，與現實社會有千絲萬縷的聯繫，況且這種評論方法的確造就了一批有影響的當代文學批評家。有人將社會學評論方法看作是像噩夢一般纏繞著、阻撓著文學理論批評發展的紛擾物的看法，是偏頗的。在「文革」前執牛耳的社會學評論，主要有下列幾種情況：一是既是社會學的，又是美學的，在一定程度上達到了社會學與美學的統一，如茅盾的小說評論、王朝聞的文藝鑑賞文章、何其芳對《紅樓夢》的評價等等。在六〇年代，曾發生過《創業史》人物評價問題的爭論。肯定梁三老漢的嚴家炎與張鐘等人的分歧⑳，不是應不應使用社會學評論方法，而是社會學評論方法內部派別的不同，即嚴家炎使用的是注重美學的社會學評論方法，張鐘等人使用的是注重政治的社會學評論方法。二是美學色彩較淡，仍有社會歷史材料價值的，如陳涌的《文學評論集》㉑、袁水拍的《詩論集》㉒。三是既無文學批評價值，又無社會歷史材料價值的庸俗社會學評論。如郭開在《略談對林道靜的描寫中的缺點》㉓和武養在《一篇歪曲現實的小說——〈鍛鍊鍛鍊〉讀後》㉔所反映的觀點，是典型的庸俗社會學觀點。他們和使用科學的社會學評論方法的「論敵」在「反映論」的文學觀念以及使用社會學評論方法上，是不存在分歧的。在作品反映的是甚麼樣的現實問題上，則存在著分歧。在這些小說的討論中，科學的社會學評論方法顯示了它的藝術生命，而庸俗社會學評論則呼應了當時極左的文藝思潮。

第四節　偉大歷史轉折後的攀登與選擇

如果說，「十七年」時期不停地折騰是當代文學理論批評最重要的教訓，那後來不停地平反則是當代文學理論批評最重要的經驗之一。基於這種「不斷地批判、不停地平反」的認識，新時期文學理論批評一般較少重復「十七年」時期階級鬥爭嚴重擴大化的錯誤。下面分三個階段分別說明。

一、一九七六年十月至一九七八年為恢復期。

這一階段主要是從政治上揭批「四人幫」加罪於文藝界的「文藝黑線專政論」，推倒與此相關的「黑八論」，爲受迫害的作家、評論家平反，爲被打成「毒草」的文藝作品、文學理論著作恢復名譽。從歷史角度看，這樣做是必要的，它屬於新舊階段交接的過渡。從理論批評角度看，也很有必要。如果不批判文化激進派鼓吹的「根本任務論」、「三突出」創作原則，以後的理論創新便無從談起。這就難怪這時期出現的寫眞實、形象思維等理論命題與「十七年」時期相差無幾。其作用是跨越十年浩劫的文學理論眞空地帶，將五、六〇年代與八〇年代連接起來。顯然，現實主義的靈魂在長期遭閹割的情況下，赤裸裸的假、大、空橫行了十年的情況下，這時的唯一選擇，就是恢復說眞話，恢復現實主義的傳統。這是偉大歷史轉折後創作和理論關注的中心，理論討論的熱點也是眞實性問題。

但這時所說的「撥亂返正」，從學理層面來說，政治上的需要使得批判者們來不及對文藝理論的一些重大問題作深入的探討，從而取得有深刻理論價值的成果。何況，「返正」的「正」是指回到「文革」前的「十七年」，可那時的「正」不見得都正確，裡面有許多極左的東西。故這時期的「恢復」，帶有向後看而不是用超越的步伐邁向未來的性質。

二、一九七九年至一九八三年為蛻變期。

這一時期，是一個從「反正」到「反思」的突破過程。具體說來，文學理論批評不僅恢復了原狀，而且開始了歷史性的蛻變，有了簇新的面貌。一九七九年四月，《上海文學》發表了由李子雲、周介人執筆的該刊評論員文章《爲文藝正名——駁「文藝是階級鬥爭的工具」說》，對多年來被人們奉爲圭臬的重大理論問題提出了質疑。同年七月，《人民日報》發表社論，傳達了鄧小平提出的「文藝爲人民服務，爲社會主義服務」的總口號。由於文藝與政治關係的鬆動，「從屬論」、「爲政治服務」的口號不再提了，因而文學的多功能觀得到了確立——文學的教育功能仍受到極大的重視，文學的認識功能得到了眞正的發揮，文學的審美功能也得到重視和解決，過去「猶抱琵琶半遮面」的娛樂功能和消遣功能亦堂堂正正走上了論壇（後來還提出了「五四」以後未確認過的文學的宣洩功能）。對馬克思主義文藝理論的研究，改變了過去「捍衛」有餘、發展不足的拘謹局面，如對馬克思文藝理論的體系、恩格斯現實主義定義問題展開了熱烈的討論，對馬克思主義文藝思想發展史進行了富有開創性的研究，還明確地提出了建設具有中國特色的馬克思主義文藝學問題。研究領域也比從前有所擴大，如臺港澳文學研究、少數民族文學研究、抗戰時期國統區文學的調查和研究、「孤島」時期的文學調查和研究，或提上了議事日程，或比過去加強了力量。文學史研究從狹隘的政治觀念中掙脫了出來：不僅研究革命作家，也研究被長期認爲「右翼」的作家；不僅研究作家的政治態度和審美傾向，也高度重視研究他們的審美情趣和創作風格；研究他們的創作道路，不僅注意對本民族文學傳統的繼承，也注意到外國文學的影響。這一時期還十分重視文學研究基礎工程的建設，組織編輯了一系列諸如「古典文學研究資料匯編」、「近代文學研究資料叢書」、「現代文學研究資料叢書」以及有百冊之多的「中國當代文學研究資料叢書」。這一時期還出版了一批較有影響的學術著作，如王元化的《文心雕龍創作論》㉕、李澤厚的《美的歷程》㉖、劉再復的《魯迅美學思想論稿》㉗、金開誠的《文藝心理學論稿》㉘、敏澤的《中國文學理論批評史》㉙、唐弢等主編的三卷本《中國現代文學史》㉚、郭志剛等編著的上、下冊《中國當代文學史初稿》㉛、毛星主編的三卷本《中國少數民族文學》㉜、鍾敬文主編的《民間文學概論》㉝、余秋雨的《戲劇理論史稿》㉞，等等。

這一時期文學理論批評的活躍還表現在出現了過去從未有過的年度或階段的文學回顧和展望的文章。這些文章，熱情地擁抱當代生活，密切地關注文學創作實際，爲文學創作的主潮推波助瀾。地方文藝理論刊物也在開始創辦。一九八二年在甘肅出版的《當代文藝思潮》，是新時期地方上創辦得較早也最有鋒芒的刊物。它雖已無疾而終，但在研究當代文藝思潮、追蹤文藝發展趨勢、開拓文藝研究領域、革新文藝研究方法方面所做出的貢獻，人們均不會忘卻。但這一階段的評論，對文學創作提出的一些新問題仍深入細緻研究不夠，庸俗社會學的影響還未絕跡，思維定型化、評論模式化的現象還較嚴重。

三、從一九八四年到一九八九年為當代文學理論批評的收穫期。

這一時期文學理論批評的最大特點是全方位地向世界開放。這一開放，得到了鄧小平的支持，比「五四」時期的開放顯得更爲充分和徹底。不僅西歐二百年中的歷史，在這一時期很快地反復了一遍，而且社會主義國家的、現代資本主義國家的，還有亞、非、拉地區的各種文學思潮、流派、理論，具體說來，從科維到尼采、從韋勒克到佛馬克、從卡西爾到蘇珊·朗格、從伊格爾頓到傑姆遜、從哈貝馬斯到加德默爾、從羅蘭·巴特到福科……輪番登臺或同時登場，一次又一次在刷新大陸文壇的視界。從政治→認識論→審美論→主體論→本體論……不斷的過渡，不斷的翻新，雖然有不少是出諸時尚心理的逆反，有不少未能很好消化、對西方現代文論做出改造，但從總體說來，比起「五四」時期的兼收並蓄有所前進。它立足於建設和發展有中國特色的文學，有著比過去明確的目標。無論在基本觀念、哲學基礎、思維方式、價値取向、學術命題、研究範式、治學方法、學術視野方面，都獲得了長足的進步和深入的發展。具體說來，這一階段的文學理論批評體現出下列特色：

㈠**這時的文學理論的哲學支撐不再全是反映論和認識論，而同時加入了表現論、主體論、發生論。**其中主體論的提出，是針對我國長期以來文藝理論研究的偏向，即過分強調文學客體的作用，忽略創造主體、對象主體、接受主體作用的偏頗而提出的。大家知道，沒有文學活動的主體，便不會有文學創作和文學欣賞。尤其是文學藝術創作與科學不同，它要求創作者應具有鮮明的藝術個性和與他人不雷同的風格。沒有主體性的發揮，藝術風格也就無從形成。主體性理論的精髓正在於強調人的主觀能動作用，強調發揮文學藝術勞動者的創造性，以及進一步推動文藝向前發展。但劉再復在強調文學主體性的同時主張反映論應向主體論轉移，以至要用「主體論」去「超越和補充」反映論，則值得質疑。因爲辯證唯物主義反映論雖不能將全部文學問題囊括進去，但它是建設科學的文學理論的基礎和起點。將反映論籠統地判爲「直觀反映論」和「機械反映論」，似不符合人類認識的發展史。

㈡**文學理論研究重視正面的理論建樹，初步出現了百家爭鳴的局面**。在這一階段，由於沒有重復過去「以階級鬥爭爲綱」的錯誤，不再將文學理論家的思維弄得又緊張又狹窄，所以這時期文學理論批評空前活躍：具體表現爲舊的本質論逐步瓦解和新的現象論的興起；再現論在走向弱化而表現論得到強化；強調文學的認識屬性的理性論在走向衰微，而強調文學的感性、情感屬性的審美論在興起。此外，還有內容論的消解和語言論的生成。在「主義」問題上，作家們有的繼續追求現實主義，有的嘗試超現實主義，有的標榜魔幻現實主義，有的探索現代現實主義。有的提倡貼近生活，與生活「同步」；有的則提倡「空靈」。有的堅持追求眞、善、美，有的則提出「審醜」與「審美」互補、共存。有的立志要建立新的文藝學體系，有的號召保衛原有的體系，有的則乾脆主張不要體系。在討論形象思維時，認識論文藝學受到了挑戰。不少文論家均不滿足于戴「認識論」這副眼鏡去看最複雜、最豐富、最富於變幻的文藝現象，而主張從單一的認識論框框中跳出來，變一維思維爲多維思維。如老美學家朱光潛在八〇年代初就試探地說：文藝首先是實踐，其次才是認識。李澤厚則直截了當地說「藝術不是認識」，就像機器人不是「人」一樣。另有人認爲，文藝是自由的象徵，或認爲文藝是一種感性的價值形態，或認爲只是一種形式、一種符號等等。在討論批評主體意識時，有的批評家提出了「批評是一種選擇」、「批評即闡釋」、「文學評論是一種人生態度」等觀點。這種多樣化的文學批評主張，帶來了研究視角和方法的巨大變化。歷史——美學批評、心理批評、形式主義批評、原型批評各顯其能。不僅系統論、控制論、信息論作爲一般方法論被引進文學理論領域，而且美學、哲學、心理學、符號學、人類學、文化學、傳播學、人才學、管理學、語言學、倫理學、地理學、時間學、關係學、未來學、生態學、文體學、修辭學、統計學、模糊數學等「左鄰右舍」也被大量移植並雜交。這充分說明，這一時期的文學批評無論在內容還是在方法上，均比過去無比地寬闊和多樣化。這種方法爭妍、各呈異形的多樣化，正是百家爭鳴和評論自由方針的勝利，是人們在觀念和思維方式上由一統化、絕對化轉向多樣化、動態化的結果。

㈢**在文藝學科上，作了一系列的調整和補充**。由於開闢了新的文學理論批評領域，提出了不少文學理論批評新課題，再加上學科綜合和衍生分化的趨勢，因而便導致了一系列文藝新學科的產生。八〇年代後期以來，文藝心理學、比較文學、文藝社會學、文藝經濟學、文藝管理學、文藝信息學、文藝價值學、形象思維學、藝術生產力學、靈感思維學、文學語言學、文藝文體學、文藝符號學、接受美學、小說美學、電影美學、創作美學……等方面的建設均取得了一定成績，發表或出版了一批有份量的論著。這些新學科，其中有的國外早已有之，也有的是我們自己獨創。這充分說明我國文藝新學科的建設者們不僅有「拿來」的氣魄，而且有「輸出」的雄心和壯志。

㈣湧現了一批具有現代文化性格的中青年評論家。

這些評論家迥異於五、六〇年代，甚至有別於七〇年代末、八〇年代初的批評觀念和評論風格。他們追求現代文化觀念，有強烈的自主意識、開放意識和創造意識。他們追求現代人的思維方式，努力走出思維定勢，在批評和理論研究中貫穿有機整體意識，強化審美體驗與整體介入，不少文章出現了哲學傾向與思辨色彩，成為一支近年來推動我國文學研究變革的生力軍。

這一時期出版的較重要的文學研究著作有：王朝聞的《審美談》㉟、閻綱的《文壇徜徉錄》㊱、吳功正的《小說美學》㊲、佘樹森的《散文創作藝術》㊳、孫紹振的《文學創作論》㊴、鄭雪來的《電影學論稿》㊵、洪子誠的《當代中國文學的藝術問題》㊶、劉再復的《性格組合論》㊷、陳遼的《馬克思主義文藝思想史稿》㊸、王永生主編的《中國現代文學理論批評史》㊹、譚霈生和路海波合著的《話劇藝術概論》㊺、朱寨主編的《中國當代文學思潮史》㊻、陳晉的《當代中國的現代主義》㊼、何國瑞主編的《藝術生產原理》㊽、古繼堂的《臺灣新詩發展史》㊾等等。

這一時期的文藝理論報刊之多，也是「五四」以來罕見的。據截至八〇年代末統計，全國公開發行的文學評論報刊已逾二十多家。除歷來擁有全國影響的《文藝報》（一九四九年九月創刊）、《文學評論》（一九五七年創刊，原名《文學研究》）外，八〇年代創辦的有《當代作家評論》（一九八四年）、《小說評論》（一九八五年）、《批評家》（一九八五年）、《文藝理論與批評》（一九八六年）、《上海文論》（一九八七年）、《文學自由談》（一九八五年）、《百家》（一九八八年）等等。

新時期在偉大歷史轉折後的攀登與選擇儘管有「亂花漸入迷人眼」之盛，但仍存在著許多不足和缺憾，如有人鼓吹文學創作應該遠離生活和現實，否定文學作品的社會性和教育功能，對存在主義、弗洛依德主義、尼采的「超人」哲學以及形形色色的西方現代主義不加分析批判地全盤吸收，這都是欠妥的。此外，對馬克思主義文論尋求「當代形態」問題，西方文論如何「中國化」問題，還有中國古代文論的「現代轉換」問題，均研究得不夠深入。

註釋

① 參看朱寨主編：《中國當代文學思潮史》，人民文學出版社一九八七年五月版。

② 見《光明日報·文學遺產》一九五九年四月至一九六〇年末的有關文章。另見《文學遺產》編輯部來稿綜述：《關於「中間作品」問題》，第三一八期（一九六〇年六月十九日）。

③ 王道乾：《批判蔣孔揚的修正主義文藝思想——「第三種文藝」論》，《上海文學》一九六〇年第五期。

④ 天津，《文藝學習》一九五〇年創刊號。

⑤ 一九五二年，棠棣出版社。

⑥ 一九二二、一九二三年，上海亞東圖書館。

⑦ 一九四九年更名爲《文學初步》。
⑧ 一九六三年，上海文藝出版社。
⑨ 重慶生活書店。
⑩ 一九三四年，大東書局。
⑪ 一九五一年，開明書店，上册；一九五三年，新文藝出版社，下册。
⑫ 一九五三年，新文藝出版社。
⑬ 一九六一年，作家出版社。
⑭ 一九五七年，新文藝出版社。
⑮ 《人民日報》一九五三年一月十一日。
⑯ 《周揚文集》二卷，三三六頁。
⑰ 《文藝報》一九五二年第十四、十五、十七、十九、二〇期。
⑱ 一九六四年，作家出版社。
⑲ 夏中義：《別、車、杜在當代中國的命運》，《上海文論》一九八八年第五期。本節吸收了此文的部分觀點。
⑳ 嚴家炎：《談〈創業史〉中梁三老漢的形象》，《文學評論》一九六一年第三期。張鐘：《梁生寶形象的性格內容與藝術表現》，《文學評論》一九六四年第三期。

㉑ 一九五六年，人民文學出版社。
㉒ 一九五八年，作家出版社。
㉓ 《中國青年》，一九五九年第七期。
㉔ 《文藝報》，一九五九年第七期。
㉕ 一九七九年，上海古籍出版社。
㉖ 一九八一年，文物出版社。
㉗ 一九八一年，中國社會科學出版社。
㉘ 一九八二年，北京大學出版社。
㉙ 一九八一年，人民文學出版社。
㉚ 一九七九年至一九八一年，人民文學出版社。
㉛ 一九八〇～一九八一年，人民文學出版社。
㉜ 一九八三年，湖南人民出版社。
㉝ 一九八〇年，上海文藝出版社。
㉞ 一九八三年，上海文藝出版社。
㉟ 一九八四年，人民出版社。
㊱ 一九八四年，人民文學出版社。

㊲ 一九八五年，江蘇人民出版社。

㊳ 一九八六年，北京大學出版社。

㊴ 一九八六年，春風文藝出版社。

㊵ 一九八六年，中國電影出版社。

㊶ 一九八六年，北京大學出版社。

㊷ 一九八六年，上海文藝出版社。

㊸ 一九八六年，四川文藝出版社。

㊹ 一九八六年～一九八八年，上、中冊，貴州人民出版社。

㊺ 一九八六年，中國戲劇出版社。

㊻ 一九八七年，人民文學出版社。

㊼ 一九八八年，中國文聯出版公司。

㊽ 一九八九年，人民文學出版社。

㊾ 一九八九年，人民文學出版社。

第一編　詭譎變幻的文學運動與理論反思

第一章　政治壓頂與文學論爭的異化

一九四九年後的「十七年」，毛澤東企圖把他帶有軍事性質的馬克思主義用來指導建設新中國，嘗試通過全面階級鬥爭爲中國建立獨特現代性的目標。他太迷信意識形態，以爲眞有什麼「精神原子彈」可以戰勝一切，改變一切。於是，全黨全軍全民都在製造這個子虛烏有的「精神原子彈」上下功夫，爲「主義」的蒸餾水般的「純潔性」作永不休戰的階級鬥爭和所謂路線鬥爭，使整個國家往政治上傾斜，弄得國將不國，從而幾乎耗盡了所有作家和評論家的生命能量。在這種政治壓頂下的作家和評論家，均被治得服服貼貼，個個夾著尾巴，不敢發表與領袖文學指示和講話中稍爲有出入的見解。於是，文學理論批評的創造性消失了，這便導致了文學理論與文藝政策的嚴重混淆、庸俗社會學猖獗、以非文學的政治批評取代文學批評、文學評論受政治運動控制而引起文學論爭異化等一系列問題。本章在談「十七年」時，便著重評述文學運動中「左」的傾向，在談新時期時，則重點描述方向調整時所面臨的種種問題。

第一節 首屆文代會的召開及新中國文藝方向的確立

一九四九年十月一日，天安門城樓莊嚴地昇起五星紅旗，標誌著新民主主義革命鬥爭的勝利和社會主義革命階段劃時代的開始。在這之前，即同年七月二日至十九日在北平召開的第一次中華全國文學藝術工作者代表大會，則是通常所說的「中國現代文學」的終結及隨之而來的「中國當代文學」的開端。

新的時代給文藝工作者提出了新的問題和新的任務。召開這樣規模盛大的文代會，是爲適應新的時代的需要，總結歷史經驗教訓，制定新的文藝方針。中共中央和毛澤東對這次大會非常重視。除朱德代表中共中央致辭，周恩來作政治報告外，毛澤東還在會議期間發表了熱情洋溢的講話：

你們開的這樣的大會是很好的大會，是革命需要的大會，是全國人民所希望的大會。因爲你們是人民所需要的人，你們是人民的文學家、人民的藝術家，或者是人民的文學藝術工作的組織者。你們對於革命有好處，對於人民有好處。因爲人民需要你們，我們就有理由歡迎你們。①

這次大會，最重要的是確立了新中國的文藝方向、路線和總方針。周揚在《新的人民的文藝——在全國文學藝術工作者代表大會上關於解放區文藝運動的報告》中指出：毛澤東《在延安文藝座談會上的講話》中提出的文藝爲人民服務並首先爲工農兵服務的方向，即是「新中國的文藝的方向」。「解放區的文藝工作者自覺地堅決地實踐了這個方向，並以自己的全部經驗證明了這個方向的全面正確」，而且「深信除此之外，再沒有第二個方向了。」②這裏講的「方向」，是文藝爲政治服務的具體體現。可毛澤東《在延安文藝座談會上的講話》並沒有「文藝爲政治服務」的提法，只提出文藝從屬於政治，是周揚對此作了進一步的引申和發揮：「我們的文藝既然爲政治服務，具體地說，就是爲戰爭爲生產服務的，那麼文藝就應當推動戰鬥、生產」③。在戰爭年代，要求文藝爲戰爭服務是可以理解的。可到了和平年代，還照搬這套經驗，就未免不合時宜了。

爲了貫徹工農兵方向，周揚以解放區文藝創作爲例，希望作家們以「新的主題、新的人物、新的語言和形式」表現新的時代。具體說來，就像「人民文藝叢書」所入選的壹佰柒拾捌部作品那樣，以「民族的、階級的鬥爭與勞動生產」作爲「作品中壓倒的一切的主題，工農兵群衆在作品中如在社會中一樣取得了眞正主人公的地位。」④這裡雖然講的是解放區的創作經驗，卻爲後來共和國文學的描述定了調子，即建立了這種「新的人民文藝」的特殊話語系統，後來在歷次文代會的報告中又將其逐步完善化和經典化。

此外，大會強調貫徹工農兵方向必須正確處理「普及與提高」的關係。周恩來在政治報告中說：

黨的整個工作重心雖然實現了向城市的轉移，但「就整個文藝運動來說，仍然是普及第一。」普及的重點也仍然放在農村。爲了做到這一點，包括專家在內的文藝工作者，「必須時時將眼光放在工農兵群衆的文藝活動上，注意研究群衆文藝活動的情況與問題，把指導普及作爲一切文藝工作者無可推脱的共同責任。」⑤

與貫徹工農兵文藝路線相聯繫，在五〇年代初期，還有舊文藝的改造問題。周恩來在報告中指出：舊文藝中不適合人民利益的部分即「壞的部分」，「應當加以消滅」。⑥其實，舊文藝落後的乃至反動的部分，是一種意識形態而非人的肉體，簡單的「消滅」並不是辦法，而且也不一定消滅得了，到了一定氣候又會死灰復燃。下面這段論述倒比較辯證：「另外一些合理的、可以發展的東西」，應當通過改造使之「慢慢的提高、進步，逐漸變成新文藝的組成部分」。⑦周揚在解放區報告中，便以舊劇的改革爲例說明了這一點。

確定文藝的工農兵方向是否大家都一定要去寫工農兵？周恩來認爲：「我們主張文藝爲工農兵服務，當然不是說文藝作品只能寫工農兵。比方寫工人在未解放前的情況，就要寫到官僚資本家的壓迫；寫現在的生產，就要寫到勞資兩利；寫封建農村的農民，就要寫到地主的殘暴；寫人民解放戰爭，就要寫到國民黨軍隊裏的那些無謂的犧牲和那些反動軍官。所以我不是說我們不要熟悉社會上別的階級，不要寫別的階級的人物，但是主要的力量應該放在哪裏，必須弄清楚，不然就不可能反映出這個偉大時代，不可能反映出創造這個偉大時代的偉大勞動人民。」⑧周恩來這個講話，現在看來還不過於極端，但在五〇年代流行的「越左越革命」的錯誤思潮下，文藝的工農兵方向被簡單化理解爲只能寫工農兵，不能寫小資產階級；「主要力量應放在哪裏」才「可能反映出這個偉大時代」，被曲解爲「只有寫工農兵才能反映出偉大的時代」。周恩來在報告中還說：「文藝工作者是精神勞動，廣義的說來也是工人階級的一員。」⑨這均體現了黨的領導人在開國初期對知識分子較爲寬大的政策。這對調動文藝工作者及其他階層的知識分子的積極性，起到了促進作用。

開國初期，團結問題十分重要。第一次文代會，便被認爲是一個團結的大會、會師的大會。這裏講的團結，是建立在「新民主主義」政治基礎上的團結，建立在「毛主席新文藝方向」上的團結。這裏講的「會師」，是指「從老解放區來的與新解放區來的兩部分文藝軍隊的會師，也是新文藝部隊的代表與贊成改造的舊文藝代表的會師，又是在農村中的、在城市中的、在部隊中的這三部分文藝軍隊的會師」。在貫徹團結的精神方面，上海做得較好。在上海文代會上，夏衍作報告的題目就叫《更緊密地團結，更勇敢地創造》。這裏講的「勇敢」，用現在的話來說就是解放思想。夏衍當時把有爭議的作家、著名的漢奸太太張愛玲請來參加上海文代會，確實是夠「勇敢」的。正因爲只講「團結」，而不強調通過鬥爭求團結，故夏衍很快受到批評，在一九五二年作了檢討：「緊密地團結，勇敢地創造」的口號具有很大的片面性，它「忽視了小資產階級文藝工作者必須進行嚴肅地思想改造這一基本問題，沒有把思想改造的重要性、急迫性提到應有的高度」，這樣，「就使團結和創造成了無目的、無方向的空談，在上海文藝界造成了有團結無鬥爭的空氣。」⑩夏衍這番檢討，有些言不由衷，受了來自上面壓力的影響。現在應倒過來看，夏衍是當時貫徹第一次文代會團結精神的典範。儘管首次文代會在團結方面有偏差，如被郭沫若斥之爲「反動文藝」代表之一的沈從文，並沒有隨蔣介石去台灣，可他（還有朱光潛）被排斥在文代會大門之外。即使是參加了文代會的胡風，他剛受到自稱是共產黨文化人代表的邵荃麟等人的批判，茅盾在國統區文藝運動的報告中，又把他的文藝思想作爲錯誤的傾向批評，自然可以想像他參加會議時心情是沉重的，這就難怪他在廣場上放開嗓子歌唱《時間開始了》時，洞見了「殺機」，在給友人寫信時表露出內心的灰暗。

應該充分肯定第一次文代會在確立「建設新中國的人民的文藝」這一總目標的重大作用。它爲中國社會主義文藝事業的發展指明了方向。但這次文代會的負面作用也不容忽視。除上面提及的外，這次大會過分強調熟悉工農兵、歌頌工農兵，致使那些不熟悉工農兵或雖想去熟悉但無法熟悉工農兵的一批老作家，如茅盾、巴金、曹禺、沈從文，在建國後只好「江郎才盡」，寫不出或雖能勉強寫得出卻流爲概念化、公式化的作品。其次，大會過分強調文藝工作者要「學習政策，宣傳政策」，如周揚在報告中說：「離開了政策觀點，便不可能懂得新時代的人民生活中的根本規律。」並反復強調文藝家應「將政策作爲他觀察與描寫生活的立場、方法和觀點」。這在政策符合時代與人民的要求情況下是對的。但當時限於歷史條件，無法認識到黨的政策也有出錯的時候。如在五〇年代初期，過分強調知識分子的思想改造和脫胎換骨，致使一批無法「脫胎換骨」的作家只好以死抗爭，如劉大杰曾跳過黃浦江，救上來後還要寫檢討；沈從文的檢查未被認可後，也曾自殺過，最後只好從最高學府北京大學的杏壇上退了下來，到故宮博物館去當講解員……。在這種情況下如再按這種極左的政策去創作，只能愚弄歷史，愚弄讀者。第三，這次大會雖說是解放區與國統區兩支文藝大軍的會師，可無論在大會的席位安排上還是報告的內容上，均程度不同地對國統區來的作家有所歧視，還把國統區描寫知識分子題材成功的經驗當作「不能反映出當時社會中的主要矛盾與主要鬥爭」的「缺點」加以批評，對三〇年代文藝的經驗總結也遠未有對解放區文藝運動的經驗總結來得詳細充分，再加上建國後基本上是照搬解放區文藝工作經驗，這均使來自國統區的作家感到壓抑，並由此產生一種自卑感。巴金在首屆文代會上的發言，題目就叫《我是來學習的》。並非來自解放區的作家曹禺、老舍、張天翼在解放區文學面前也只好自漸形穢，紛紛檢討。以後開展的批判朱光潛美學思想和聲勢浩大的反胡風鬥爭，均可以從第一次文代會的失誤找到依據。第四，用「報告」形式領導文藝運動的做法被進一步肯定下來。首屆文代會有那麼多領導人作了各種各樣的報告，這種報告均被視爲代表黨、代表組織發言，其正確性是不容懷疑的。可實踐證明，用「報告」形式領導文藝運動，難免會有失誤。因文藝現象，用行政決定的方式難以服人。況且有些問題是難以用報告形式作出結論的。也許對這點有所認識，茅盾在「報告」的附言中曾說：「報告中所提問題自然亦歡迎文藝界的同人展開討論」，「歡迎大家寫文章來作公開討論。」這個「歡迎」如不是官樣文章，就是大有引蛇出洞的味道。你這個報告是「欽定」的，誰敢提出不同意見?當然，也有不識時務的作家後來發表了不同的意見，可差不多都逃不脫挨整的命運。故「報告」這種形式還帶有一點霸道的意味。以劉芝明的《東北三年來文藝工作初步總結》

爲例，此總結以報告的形式肯定了一九四八年東北解放區對蕭軍的批判，稱「蕭軍的反動思想正是反映著東北垂死的封建主義、官僚主義的最後掙扎……」。此時，蕭軍已被剝奪了發言權，不可能爲自己申辯。其他想爲蕭軍喊冤者，馬上有一頂「蕭軍同黨」的帽子等著他戴，誰還願意去冒這個險？

在全國首屆文代會結束時，新華社在題爲《我們的希望》社論中說：「我們過去的許多經驗是很可貴的，而且是成功的，但是誰要以爲僅依靠過去的經驗就可以解決一切新的問題，而對新的事務缺乏感覺，缺乏認眞學習，誰就一定會犯錯誤」。⑪這倒不失爲有先見之明的金玉良言，可當時很少有人——尤其是文藝界的領導聽得進去。

第二節　文學領域中的政治批判

五〇年代初期，具有憲法性質的《共同綱領》曾規定：「提倡文學藝術爲人民服務，啓發人民的政治覺悟，鼓勵人民的勞動熱情，獎勵優秀的文學藝術作品，發展人民的戲劇電影事業」。這一規定成了廣大文藝工作者和理論批評工作者必須遵循的準則。當時整個文藝界包括文學理論批評界出現了鼓勁、團結、繁榮的局面。但在一九五〇年後，中共由於缺少實踐經驗加上地位的變化以及政策的重大失誤，便出現了以文學批判運動取代一切的錯誤傾向。這種文學批判，其著眼點並不在文學而在於政治，是一種文學領域中的政治批判，其特徵是只強調旗幟和炸彈，而忽視乃至不要手術刀和顯微鏡。下面，就五〇年代初期的幾次文學批判扼要加以述評：

一九五〇年底，全國各地上映了由孫瑜編導、趙丹主演的電影《武訓傳》後，京、津、滬三城市的報刊發表了四十餘篇文章頌揚武訓的「行乞興學」的忘我精神。一九五一年三月，黨中央要求在全國範圍內討論《武訓傳》。五月二十日，《人民日報》發表了毛澤東執筆的《應當重視電影〈武訓傳〉的討論》的社論，大聲疾呼「資產階級的反動思想侵入了戰鬥的共產黨。」認爲「像武訓那樣的人，處在清朝末年中國人民反對外國侵略者和反對國內的反動封建統治者的偉大鬥爭的時代，根本不去觸動封建經濟基礎及其上層建築的一根毫毛，反而狂熱地宣傳封建文化，並爲了取得自己所沒有的宣傳封建文化的地位，就對反動的封建統治者竭盡奴顏婢膝的能事，這種醜惡的行爲，難道是我們所應當歌頌的嗎？向著人民群衆歌頌這種醜惡的行爲，甚至打出『爲人民服務』的革命旗號來歌頌，甚至用革命的農民鬥爭的失敗作爲反襯來歌頌，這難道是我們所能容忍的嗎？承認或者容忍這種歌頌，就是承認或者容忍污蔑農民革命鬥爭，污蔑中國歷史，污蔑中國民族的反動宣傳爲正當的宣傳。」社論發表後，周揚、郭沫若先後發表文章批判《武訓傳》的思想內容，主持上海文藝工作的夏衍和編導孫瑜，則寫文章檢討。這場由最高領導者發動的批判，被稱之爲「建國後文藝界第一次大規模批判資產階級唯心主義的思想鬥爭」。新時期出現的各種當代文學史，均肯定這場「撞擊」。只是到了一九八五年九月五日，胡喬木在陶行知研究會和基金會成立大會上指出：「批判所採取的方法，我們不但不能說它是完全正確的，甚至也不能說它是基本正確的」⑫，這種局面才逐漸扭轉過來。

《武訓傳》不是優秀電影，它有較嚴重的缺陷，影片中的武訓也不是什麼典型形象，但《武訓傳》的創作傾向，從整體上看是好的。正如編導者所表明，影片是要通過武訓行乞興學的人物和故事，從文化角度上揭露封建地主階級的愚民政策和反映勞動人民文化翻身的要求；它不是以近代人民的解放鬥爭的重大歷史事件爲題材，不是要直接地從正面解答近代人民解放鬥爭的歷史道路和歷史規律。毛澤東的批評，離開了題材的規定性和主題的確定性，斷章取義地借題發揮，帶有極大的「自娛性」，尤其是以一個民族英雄和人民領袖的要求去指責武訓，是違反歷史主義的。這次大批判雖然沒有從組織上處理當事者，但它的消極影響是客觀存在的事實。《武訓傳》本來是文藝問題，但當時開展的名爲「討論」實爲批判的目的並不限於文藝，而是將其引申爲政治性的碰撞，以至後來凡有政治上的風吹草動，均到文藝作品中找撞擊的對象。它的消極作用不僅強化了文學創作主題的單一性，而且開了用政治運動、大批判方式處理文學藝術問題的惡劣先例。在這之後開展的對「蕭也牧創作傾向」的批判，均是效法《武訓傳》的批判而來。在這些馬不停蹄的批判中，許多文學評論家的思辨理性均依附於政治實用理性，不再認眞考慮對文學創作實踐、對當代文學理論批評的歷史發展負責，只對政治實用負責，完全喪失了文學評論家應有的獨立學術品格。

在五〇年代初期，存在著各種不同文藝思想。中共對善與惡、愛與恨、情與理、誕生與毀滅、建設與破壞、強壯與孱弱這些撞擊力量的評價不合實際，把學術問題弄成了政治問題。一九五四年對《〈紅樓夢〉研究》的批判，又是突出的一例。

一九五二年，棠棣出版社出版了「新紅學」代表人物俞平伯的《〈紅樓夢〉研究》，一九五四年三月號的《新建設》發表了他研究《紅樓夢》帶有扼要總結性質的《紅樓夢簡論》。一九五四年九月，李希凡、藍翎幾經周折後，在他們母校山東大學的學報《文史哲》上發表了向俞平伯開火的《關於〈紅樓夢簡論〉及其他》的論文。《文藝報》在奉命轉載時，由馮雪峰執筆寫了編者按，委婉地表示了不同意見。毛澤東知道了這些情況後，覺得這是階級鬥爭的新動向，因而在一九五四年十月十六日給中共中央政治局同志及其他有關人員寫了《關於紅樓夢研究問題的信》，點明《紅樓夢》研究問題的性質：「這同影片《清宮秘史》和《武訓傳》放映的時候的情形幾乎是相同的：被人稱爲愛國主義影片而實際是賣國主義影片的《清宮秘史》，在全國放映之後，至今沒有批判。《武訓傳》雖然批判了，又出現了容忍俞平伯唯心論和阻攔『小人物』的很有生氣的批判文章的奇怪事情，這是值得我們注意的。」廿二日，中國作家協會黨組開會傳達毛澤東的信，《人民日報》在二十三日發表了鐘洛的《應該重視對〈紅樓夢〉研究中的錯誤觀點的批判》的文章，二十八日又發表了經毛澤東修改，連題目也由他定的署名袁水拍的《質問〈文藝報〉編者》，頓時將矛盾公開化。十月三十一日至十二月八日，中國文聯主席團和中國作協主席團連續召開了擴大聯席會議，就這次思想碰撞的性質和意義作了討論。《文藝報》主編馮雪峰、副主編陳企霞在會上首先作了檢查，周揚、郭沫若、茅盾等三十多人在會上發了言，後來改組了《文藝報》編輯部，由康濯、侯金鏡、秦兆陽等七人組成編委會。在這個新編委會裏，馮雪峰由主編降爲一般編委，而陳企霞則乾脆被除名。總之，從一九五四年十月至一九五五年六月鑼鼓聲、喊殺聲極爲酣急，《文藝報》從一九五四年二十期起至一九五五年第六期，共發表五十多篇批判文章，四大本《紅樓夢問題討論集》（一九五五年，作家出版社）所收的近一百萬言的批判文章，亦是明證。這場由對俞平伯的《〈紅樓夢〉研究》的批判進而發展爲對黨內「大人物」的組織處理，對胡適政治觀點和學術觀點的聲勢浩大的思想政治批判，均爲五〇年代初期的中國思想界所鮮見。

這場批判運動一筆抹煞俞平伯研究《紅樓夢》的貢獻，是錯誤的。俞平伯研究《紅樓夢》的觀點和方法，誠然有值得質疑之處，但他研究《紅樓夢》，在思想藝術的考訂和分析方面比胡適更爲細密，涉及的面也更廣，且具有一定的體系性，是新紅學派的集大成者。他持的「自傳說」，是當年用來反對索隱派「猜謎的紅學」的有力武器，不應成爲他的罪名。況且，魯迅在《中國小說的歷史變遷》中也是讚同「自傳說」的。當時還是「小人物」的李、藍二位，敢向權威挑戰的精神十分可敬，但他們所寫的文章，火氣過旺，缺乏實事求是的態度，而且治學方法也有問題。他們限於見聞，沒能讀到脂評本，「而僅憑人民文學出版社整理排印的百二十回本《紅樓夢》，便突然對三〇年代『紅學權威』俞平伯先生發難，這就未免過於性急。」⑬由於缺乏版本學知識，更重要的是一種「遲到感」——即紅學研究的後來者們借「抹掉別人以確認自己」的褊狹心態作怪，所以李、藍寫的那些批俞系列論文，也難以經得起時間的沉澱，不見得都是正確無誤之作。

對《〈紅樓夢〉研究》批判中「左」的傾向，一些文藝界的領導者也曾有所預感和覺察，如周揚在運動伊始就發出警告：「不要因爲傳達主席的指示，而搞得『左』了」。何其芳則是一位斯文的參戰者，是唯一不使用被異化了的「批判」字眼而用「批評」代替的評論家。他的《沒有批評，就不能前進》⑭，儘管留下了當時的烙印，但整篇文章是建立在說理基礎上的。胡風在當時也發表過不協調的聲音，他只注意曹雪芹「把女人當人」寫的可貴之處，而不管小說中的階級狀況。但這些純屬是「夾縫中的奮鬥」，是「欲醒還迷的混沌心智」的體現，因而紅學研究之花雖然在那個時期沒被摧殘殆盡，但也所剩無幾了。「史無前例」期間，俞平伯和他的「俘虜」——「投降派」們甚至「主戰派」周揚們一一被送進「牛棚」，正是一九五四年紅學領域中開展政治性批判後合乎邏輯的發展。從此之後，不僅紅學研究走上了艱難曲折的道路，而且其他學術研究，正如夏中義所說：都強調旗幟和炸彈，而忽視乃至取消手術刀和顯微鏡。

第三節　對「小資產階級創作傾向」的抨擊

「文革」前，左傾文藝思潮一浪高過一浪。《武訓傳》被圍剿後不久，對蕭也牧「小資產階級創作傾向」的批判，便是突出的一例。

蕭也牧（一九一八～一九七〇），原名吳承淦，浙江吳興人。一九三七年高中畢業後，參加五台山晉察冀抗日根據地工作。一九三九年開始發表作品。一九四五年加入中國共產黨。一九四九年平津解放後，分配在城市工作。他對新的城市生活十分敏感，很快在《人民文學》一九五〇年一月號發表了短篇小說《我們夫婦之間》，接著又發表了《海河邊上》和《鍛鍊》。

從題目上看，《我們夫婦之間》是寫私人感情生活的，與當時提倡寫重大題材、寫工農兵改天換地的生活極不適應。這篇小說的內容，也確實寫家務事、兒女情，寫一對夫婦間的感情糾葛。男主人公李克被安排爲知識分子出身，其妻子「張同志」則爲工農出身。出身不同、背景不同，在戰爭年代還能湊合，可由鄉村進入剛解放的大都市北京後，面對新的生活浪潮的衝擊，兩人感情出現了裂痕，帶有農村「土氣」的「張同志」對沙發、地毯、舞會頗爲反感，而丈夫很快適應了城市生活，既跳舞又抽紙煙，「張同志」只好對他這些愛好横加干涉。後來李克作了妥協，並反省自己：「思想感情裏邊，仍然還保留著一部分小資產階級脫離現實生活的成份，和工農的思想感情，還有一定的距離。」由此兩人和解，開始了互敬互愛的新生活。

對當時清一色寫生產、寫鬥爭的作品來說，這篇小說的題材和立意，均使人強烈地感覺到吹來一股新風。對當時寫夫妻關係只是革命同志之間關係，其生活不是工作就是學習馬列主義的作品來說，這篇小說還有衝破禁區的意義。這就難怪小說很快被改編爲話劇、連環畫，乃至搬上銀幕，受到讀者的熱烈歡迎。在文藝界則有人把這篇小說當作一面旗幟，認爲文學作品就是要寫感情，寫人情味，而不能像解放區的某些作品，除了寫生產、學習、鬥爭，再沒有別的內容。

小說發表一年半，竟平安無事。可《人民日報》發表《應該重視電影〈武訓傳〉的討論》⑮後半個月，文藝評論家陳涌向蕭也牧的作品大聲說了一句「不」。在這篇題爲《蕭也牧創作的一些傾向》⑯的文章中，陳涌說：蕭也牧是「依據小資產階級觀點、趣味來觀察生活、表現生活」。他的創作傾向是非無產階級傾向，即「小資產階級傾向」。作品打著知識分子與工農相結合的幌子，把農民和農民出身的幹部加以醜化，如把「張同志」醜化爲愚昧無知的潑婦，而把那個參加過革命鍛煉的李克寫成一個市儈式人物。陳涌認爲這是作者進城後受到資產階級思想的侵蝕，使舊觀點舊趣味死灰復燃。這篇小說「帶有嚴重性質」。這不是「個人問題」，而反映了根據地文藝工作者進城後放鬆了思想改造，正在滋長的不健康的創作苗頭。

陳涌的文章是否奉命而寫不得而知，但大凡開始批判時，語調總較溫和（如陳涌的文章沒有把蕭也牧一棍子打死，還肯定了《我們夫婦之間》描寫「張同志」質樸的階級感情顯得眞實生動，蕭也牧過去寫的《山村紀事》也有許多可取之處），後來隨著運動的升級，這種批評越來越具火藥味。當時任文藝界領導人的丁玲給蕭也牧發了一封公開信《作爲一種傾向來看》⑰。她認爲陳涌的文章出發點是「爲了保護人民的文藝」，這裏所用的「保護」字眼，帶有與敵對意識形態作戰的意味，但丁玲用的是先抑後揚手法，後面馬上批評陳涌「保護」不力，未能擊中蕭也牧的「要害」，沒把問題的性質「說透徹」。那麼，要怎樣才能擊中「要害」呢？丁玲說：蕭也牧對一個經過革命鬥爭考驗過的知識分子寫成「假裝改造過，卻又原形畢露的洋場少年」，雖有「批評」，其實骨子裏是「欣賞」，甚至把他當作今天知識青年的楷模向讀者推薦。丁玲的結論是：這是一篇「穿工農兵衣服，而實際是歪曲了嘲笑了工農兵的小說。」丁玲還進一步說：「這些東西在前年文代會時曾被堅持毛澤東的工農兵方向的口號壓下去了，這兩年他們正想復活，正在叫嚷，你的作品給他們以空隙，他們就借你的作品而大發議論，大做文章，因此這就不能說是你個人的創作問題，而是使人在文藝界嗅出一種壞味道來，應當是看成一種文藝傾向的問題了。」丁玲在這裏不是以一個作家同行的口吻規勸蕭也牧，而是以一位領導人的口吻教訓蕭也牧。極富反諷色彩的是，丁玲在這裏講的「穿著工農兵衣服」歪曲工農兵的批評，是四〇年代別人批評她的詞句，現在她又檢起來戴在別人頭上。這時，丁玲的身分變了，地位也變了，她為了貫徹上頭的精神或為了保自己的烏紗帽，她不能不這樣做。另一位文藝界的領導人馮雪峰在比丁玲早一個多月發表的文章中，也不同意陳涌所說的蕭也牧之所以寫出錯誤作品是因為脫離生活，「而是由於作者脫離政治！在本質上，這種創作傾向是一個思想問題，假如發展下去，也就會達到政治問題，所以現在就須警惕。」這就是在警告蕭也牧要懸崖勒馬：目前仍屬思想問題、人民內部問題，如不警惕或改正，就會走向人民的反面。馮雪峰化名「李定中」的文章從標題到內容均高度情緒化：《反對玩弄人民的態度，反對新的低級趣味》⑱，說什麼蕭也牧對作品中的主人公——女工人幹部「從頭至尾都是玩弄她！」這就不是什麼文藝批評，而是帶有人身攻擊的意味。值得注意的是，馮雪峰的文章是以「讀者來信」的形式出現的。也就是說，同期刊登的表示支持這封來信的「編者按」和來信本身，均出自同一人即主編馮雪峰之手。後來批判胡風文藝思想，也是以「讀者來信」形式發難，這些所謂「讀者來信」其實都是編者編造的。這種做法，一直延續至九〇年代初對王蒙《堅硬的稀粥》小說的批判事件中。這也算是「中國當代文藝批判史」上的一個小典故。

一九四九年新政權成立以後，並沒有沿用舊社會的書刊檢查方法，但要求各報刊必須與當時的政治方向相一致。在這方面，主編也就是「檢查官」，他負有把關的重任。如把關不嚴，出了問題主編要作檢討，作品則要「消毒」。「消毒」式的文藝大批判往往以作者的自我檢查而告終。蕭也牧也不例外，他發表了《我一定要切實地改正錯誤》⑲的檢討。文藝大批判爲了顯示發動者的累累戰果，往往乘勢追擊。當時擔任《人民日報》文藝部負責人的袁水拍，在《文藝報》召開的批判影片《我們夫婦之間》座談會上就說：不僅《人民文學》，而且上海的《起點》、天津的《文藝學習》，均刊載過『離開政治鬥爭，強調生活細節的創作方法』的評論文章。而從小說到電影的《我們夫婦之間》，其創作思想都「符合這種理論」。因此，是「對《在延安文藝座談會上的講話》的某種程度的抗拒。」說「抗拒」顯然比較嚴重，說「偏離」倒比較符合實際。

如果說蕭也牧有一套不合時宜的創作理論的話，那陳涌、丁玲、馮雪峰、袁水拍也有一套自己的批評邏輯或曰「理論」，這就是「他們先把建國初期的生活等同於『光明』、『新』的這些概念，把工人農民革命幹部等同於『好』這個概念，把小資產階級出身的知識分子等同於『壞』這個概念，然後從蕭也牧作品中抽出那些描寫建國初期生活中的不足，描寫工人農民革命幹部『這一個』的缺點和小資產階級『這一個』優點的詞句，同上述概念進行對照，於是他們得出結論說：作者在糟蹋我們新的高貴的人民和新的生活，作品『醜化了工人階級』，『嚴重地表現了作者對勤勞勇敢的中國農民的誣蔑、歪曲，與對小資產階級知識分子狂妄的偏愛和誇張』。」⑳建國初期的文學批評，不同程度存在有這種庸俗社會學的傾向。不幸的是這種批評竟發生在陳涌、丁玲、馮雪峰這些後來被視爲反黨「右派」的評論家身上，這是出乎讀者意料之外的。中國大陸當代文學批評史上一些著名批評家，本來是左中有右，右中有左；或先左後右，能左能右或先右後左，還有一些是左右通吃：亦左亦右，邊左邊右，能左能右，總之是隨著政治大潮打滾，批評個性完全消融在社會客體之中。

當時受《我們夫婦之間》牽連的作品還有根據朱定同名小說改編的影片《關連長》㉑、白刃的長篇小說《戰鬥到明天》㉒。其中對碧野的長篇小說《我們的力量是無敵的》的抨擊較有代表性。碧野的小說是寫太原戰役，主旨是歌頌人民解放軍，可被指責爲嚴重地歪曲了人民解放軍指戰員的形象，其中看不到黨的領導和政治工作的作用。陳企霞批評的題目就帶有責問口吻：《無敵的力量從何而來？》㉓。另一位在五〇年代相當活躍的左傾評論家張立雲，在《論小資產階級思想對藝術創作的危害性》㉔一文中，則對小說作了全面系統的批判。作者以無產階級代言人自居，認爲用小資產階級思想寫工農兵，必然會形成對工農兵的歪曲與污蔑，而「必須用無產階級的思想感情，才能正確地創造解放軍的英雄形象。」可張立雲並未對什麼叫「小資產階級感情」作出明確的界說。「以其昏昏，使人昭昭」是不可能的，因而只能把文章寫得盛氣凌人，不可一世。這種大批判文章，本來就不是批評家與作家的平等對話，而是以居高臨下的身份向作家挑剌和隨意指責。什麼「歪曲」、「污蔑」的詞句充斥在字裏行間，評論的智慧和藝術的閃光在這類文章中已消失得無影無蹤了。讀讀陳企霞、張立雲當年寫的這些大批判文章，對人們認識五〇年代極左的文學思潮，無疑很有幫助。

第四節　一個罕見的文字獄

當《武訓傳》批判、《紅樓夢》研究批判猶如滾滾的浪潮襲來的時候，它裹挾著人們奔向神秘莫測的當代文學理論批評的明天，當初誰也難以料到它會以這樣迅猛的勢頭呼嘯而來，在批俞中又出現了批胡（適），由批胡又變爲批另一胡（風），由對另一胡（風）的文藝思想撞擊又演變成對胡風「反革命集團」的攻擊、打擊。短短幾年，人們對剛過去的碰撞還來不及進行反思，一個更猛的撞擊又把人們撞得發懵。

半個多世紀來，胡風和他的理論主張，一直受到不公正的待遇。從三〇年代周揚和胡風論戰典型問題始，一直到四〇年代後期到五〇年代初，胡風從事創造和自審的思辨理性常常遭到他人的誤解和歪曲。可是胡風始終認爲自己是左翼作家，他和許多文友一樣，懷著興奮的心情迎接新時代的來臨。他當時是首屆文代會籌委，是《文藝報》試刊時三位負責人之一（另外兩位是茅盾、厰民即嚴辰）。在大會期間，又和艾青一起任詩歌組委員兼負責人。可是後來他受到冷落。在《文藝報》一九四九年九月正式創刊，一九五〇年元月刊出主編名單時，他的名字消失了。後來，又要他出任《文藝報》編委，他斷然拒絕，這成了他一九四九年後和周揚第一次不愉快的衝突。隨後又因茅盾說了可惜邵荃麟、林默涵不在北京未能參與起草文件的話，胡風又斷然拒絕參與起草文代會關於國統區文藝情況的報告。

胡風這種對人成見之深和極端固執的性格，尤其是他的文藝思想，遠在一九四二年就受過茅盾、黃藥眠等人的批評。圍繞舒蕪的《論主觀》㉕，一九四五年還發生過一場文藝論爭。在國共兩黨戰爭時期，香港地區的文學工作者邵荃麟、喬冠華等人，在一九四八年創刊的《大衆文藝叢刊》上發表過批評胡風文藝思想的文章。這是一群自命爲代表「無產階級」的文藝戰士進城前圍剿不同觀點的評論家的一場預演。一九四九年七月，茅盾在第一屆全國文學藝術工作者代表大會上作的報告中，不指名地批評了胡風所主張的「主觀戰鬥精神」。一九五〇年三月，《人民日報》先後發表了陳涌、史篤(蔣天佐)批判胡風派的理論家代表阿壠的文章。一九五一年十一月，《文藝報》通訊員內部通報中刊登了讀者要求批判胡風文藝思想的所謂來信。一九五二年五月二十五日，武漢《長江日報》發表了舒蕪《從頭學習〈在延安文藝座談會上的講話〉》，《人民日報》在轉載時由胡喬木加了編者按語。一九五三年二月十五日，中宣部向周恩來和黨中央報送了《關於批判胡風文藝思想經過情況的報告》。從同年九月六日起，中宣部先後在丁玲住處召開了四次以批判胡風文藝思想爲主題的座談會。胡風把這一切始終看作是論敵周揚對自己的報復，而沒有看到問題的另一面——也是更重要的一面，是剛剛起步的當代文藝，需要樹立毛澤東思想在文藝理論界的崇高地位。爲了統一思想、統一行動，摒棄胡風的不和諧的音調，正是當權者的需要。基於這樣的出發點，在批判胡風文藝思想運動中起了重要作用的林默涵，於一九五三年第二期的《文藝報》上，發表了連題目都極帶刺激性的《胡風的反馬克思主義的文藝思想》。緊接著在下一期，又發表了和胡風不止一次筆戰過的何其芳寫的《現實主義的路，還是反現實主義的路？》。胡風雖然沉默過一陣，但他畢竟不願低下自己高昂的頭，於一九五四年七月，向黨中央提出了三十萬言書：《關於解放以來的文藝實踐情況的報告》。

這個三十萬言書，其實只有二十七萬字。它分爲四大部分：⑴幾年來的經過簡況：與屈原的《離騷》開頭有驚人的相似，即表白自己對黨的一片忠心，以及由此而來「忠而獲咎」的屈辱，詳訴自己自一九四九年來受到周揚、丁玲、馮雪峰、林默涵對他的種種打擊。約九萬字。⑵關於幾個理論性問題的說明材料：集中反駁林默涵、何其芳對他的批判。⑶事實舉例和關於黨性：一方面揭露「自命代表黨的棍子理論和棍子批評」的周揚，另方面順便抨擊「用別人的血洗自己的手」的舒蕪，再對小集團問題、舒蕪及陳亦門（阿壠）、路翎問題、黨性問題的辯解和說明。⑷附件——作爲參考的建議：談文藝體制改革問題。最後望組織能「信任」自己，「全面研究一下文藝工作情況」。這是典型的中國傳統知識分子的心態：認爲形勢不好源於「浮雲蔽日」，因而希望接近「明主」，以表達自己的心跡。林賢治在《胡風「集團」案：二〇世紀中國的政治事件和精神事件》一文中，曾談到法國有一個公式叫「既服從，又反抗」，英國則出現過「效忠的反對派」的概念。胡風的「諍諫」，典型地體現了這一特徵。

這個在申辯中夾雜著諛詞的意見書，雖然對毛澤東文藝思想有微詞，但其矛頭並不是直接指向毛澤東，而只是將攻擊的目標集中在周揚、林默涵、邵荃麟、何其芳、馮雪峰等文藝界領導人身上。其要害是如林賢治所說的與「周揚爭奪『話語霸權』」。胡風無法「理解身份是早經規定了的，作爲實踐的指導的理論是不可以任意杜撰的，眞理的闡釋權是被指定的。總之，燃燈人和看門人都已經各司其職，唯胡風是闖入者。由於激情的縱恿，他已經渾然忘卻身在共和國大廈，而不復是三〇年代尙可自由論爭的野地了。」在胡風看來，是周揚們的錯誤指導思想「把思想改造變成了軍事統制的咒語，悶死了實踐的途徑」，弄得文藝界不景氣；也是他們，結黨營私，排斥異己，尤其是「用黨的名義」，給異己者施加龐大的壓力，專門做「債權人」，把自己當作「純粹債務人」來算舊帳的周揚，胡風認爲這算是報了三〇年代的一箭之仇。在帶有結論性的《關鍵在哪裏》一章中，胡風提出了所謂「五把理論刀子」問題，其本意是指林、何文章中關於共產主義世界觀、工農兵生活、思想改造、民族形式、題材等五個理論問題的形而上學的觀點。胡風認爲這是故意放在「讀者和作家頭上」的「五把『理論』刀子」，認爲「隨心所慾地操縱著五把刀子的」是「宗派主義」，是「頑強的宗派主義有意識地來維持軍閥統治」。「在這五道刀光的籠罩之下，還有什麼作家與現實的結合，還有什麼現實主義，還有什麼創作實踐可言？」在這裏，胡風喊出了對傳統思維模式激烈的反叛叫聲，表現了大陸當代文學理論批評史上罕見的強硬姿態。胡風毫不退讓，繼續我行我素。同年十～十一月間，在中國文聯、作協主席團召開的聯合擴大會上，胡風作了被認爲是「轉移目標，趁火打劫」的批評《文藝報》、《人民日報》庸俗社會學錯誤的發言。這個發言，由於爲自己的朋友阿壠、路翎叫屈，因而受到許多人的反駁和批評。但這批評，仍嚴格局限在人民內部。就是當時毛澤東也認爲：胡風的文藝思想屬資產階級唯心主義性質。胡風的文章很不好懂，大概是由於他的觀點有很多矛盾。他標榜的是馬克思主義，實際上是宣傳唯心主義，這就不能不把文章寫得隱晦難懂。㉖但後來毛澤東讀了胡風的三十萬言書後，看法有了改變，論爭的性質很快發生異化。他在一月十五日批覆能否刊登胡風內容不夠具體的聲明時說：「㈠這樣的聲明不能登載；㈡應該對胡風的資產階級唯心論反黨反人民的文藝思想進行徹底的批判，不要讓他逃到小資產階級觀點裏躲藏起來。」但鑒於這個指示沒正式傳達過，因而《文藝報》在一九五五年第一～二期合刊以附冊形式發表「三十萬言書」主要部分供人們批判時，批判文章中還沒有出現「反黨反人民的文藝思想」的字眼。事情的突變是由「猶大」式的人物舒蕪「借出」裝訂成冊的胡風的一百多封密信引起的。值得注意的是林默涵在接到《人民日報》轉來的胡風信件後，對這種侵犯個人通信自由的違憲行爲不但不加以批評，反而唆使舒蕪將信件分類編排並加以注釋，使其成爲一份「材料」上交。五月，毛澤東在審閱由周揚、林默涵交來的胡風的「自我批判」和舒蕪提供的材料時，發現胡風言行不一，當面說擁護共產黨和毛澤東的文藝方針路線，但在他與張中曉的往來信件中，竟出現了咒罵毛澤東的《在延安文藝座談會上的講話》爲「屠殺生靈」的「圖騰」（張中曉語）的字眼，甚至把中共中央稱爲「董事會」，把一些文藝界的領導人和黨員作家稱作「馬褂」、「市儈」、「幫閑」，並使用了普通人讀不懂的「跳加官」一類暗語。就是對黨外一些著名作家郭沫若、茅盾、聞一多、巴金、老舍、曹禺、黃藥眠、楊晦，胡風往往加以輕蔑和反對，如批評曹禺的《蛻變》是「最卑鄙的市儈主義成份」，郭沫若是「近百年中國文化的罪惡產兒」；對趙樹理的小說、老舍的劇本也不放在眼裏，而對自己同觀點的人，則互相吹捧、互相發洩種種不滿情緒。如果他們的文章一受到批評，那就要跳起來又叫又罵。所有這些，均引起早就認爲階級鬥爭越來越尖銳化的毛澤東的極大懷疑和警惕。於是，他大筆一揮，將《文藝報》編輯部負責人康濯原擬的「認爲是文藝思想和思想作風問題」的編者按打了個大叉，並將原題《關於胡風小集團的一些材料》改成了《關於胡風反黨集團的一些材料》。在決定胡風派是否爲「反黨集團」這樣一件大事上，他事先並沒有徵求過當時主管批評胡風文藝思想的周恩來和當時擔任全國人大常委會委員長劉少奇的意見。就是當毛澤東明知道《人民日報》五月十三日刊登的胡風的《我的自我批判》，並非是胡風修改後的第三稿（而是袁水拍手下的人粗心大意地將二稿和三稿附記拼湊在一塊）這一重大失誤，他也不同意周恩來提出的要《人民日報》作檢討並更正的建議，而是來個將錯就錯：「什麼二稿三稿，胡風都成了反革命了，就以《人民日報》的稿樣爲準」，先入爲主地要持有胡風檢討第三稿的《文藝報》按《人民日報》的湊合稿重排㉗。

毛澤東僅憑私人通信，把帶有宗派傾向但並無政治綱領和組織機構的小團體升格爲反黨集團，然後又上昇爲「反革命罪」。這是中國二〇世紀下半葉最嚴重的罪名。這種將「馬克思與秦始皇相結合」（見薄一波《若干重大決策與事件的回顧》）的做法，不僅當時主持《文藝報》工作的康濯、侯金鏡接受不了，「有些發懵」，就是周揚、林默涵也沒預料到。但這兩位中宣部負責人出於對毛澤東的個人崇拜，「沒有提出任何異議」，「只是感到自己的思想水平和政治敏感性差」。五月十六日，公安部根據毛澤東的指示拘捕了胡風。五月二十四日，《人民日報》公佈了幾乎是和公安部聯合辦公的中央宣傳部整理的，具體由林默涵、何其芳、劉白羽、張光年、郭小川、袁水拍等人拚湊的《關於胡風反黨集團的第二批材料》。這些材料的開頭、中間和結尾，都加上了由毛澤東親自修改或撰寫的按語。六月十日，《人民日報》發表第三批材料時，又將「胡風反黨集團」一律改稱爲「胡風反革命集團」，原來鄧拓起草的社論被毛澤東刪改後幾乎只剩下一個標題。從此風雲突變，即所謂過去說他們是「明火執仗的革命黨」、「單純的文化人」，都「不對了」，而是「一個暗藏在革命陣營的反革命派別，一個地下的獨立王國」，「是以推翻中華人民共和國和恢復帝國主義國民黨的統治爲任務的」。於是，胡風在這個震動中外的罕見的大文字獄中被迫化裝爲青面獠牙的惡鬼，度過了二十多個春秋。凡和胡風有過來往，讚同或附和過胡風「五把刀子」爲核心的文藝思想的人均受到了株連。據不完全統計，全國被清查的有二千多人，最後確定爲「胡風分子」的七十八人。這些人有的被逮捕，被囚禁，有的被逼瘋，被逼死，其株連面之廣及時間延續之長，均是罕見的。當時枉受囹圄之災的，主要有：北京的胡風、梅志、路翎、牛漢、徐放、綠原、劉雪葦、謝韜、杜谷、呂熒；天津的阿壠、魯藜、蘆甸；上海的耿庸、張中曉、彭柏山、賈植芳、任敏、何滿子、羅洛、王元化、王戎、李正廉、顧征南、許思華、羅飛、張禹、梅林、滿濤；武漢的曾卓、鄭思；南京的化鐵、歐陽莊；廣州的朱谷懷；杭州的冀汸、方然；湖南的彭燕郊等。

對這場批判胡風運動，黨內外均有不同看法。據胡風事件見證人黎之在《關於「胡風事件」》一文中回憶：「當時是否逮捕胡風高級領導層有不同意見。有人（其中包括一直主張批判胡風思想的人）不同意逮捕胡風，理由是沒有可靠的證據」。文藝理論家呂熒則在一九五五年五月二十五日批判胡風大會上高喊「胡風不是政治問題，是認識問題」。在一九五七年大鳴大放中，許多正直的知識分子更是揭竿而起爲胡風鳴冤。中國人民大學法律系學生程海果（林希翎）就到北京大學「煽動」說：「說他們通信秘密，哪個人通信不是秘密的呢？說他們私人間的友誼是小集團，這就使得人相互不敢講眞話，難怪有人說共產黨六親不認了！按照法律只有企圖推翻政權的人才叫反革命分子，而胡風顯然不是這樣的。」又說：「兩年不公佈胡風案件的下文，我看共產黨很爲難，沒法下台，知道錯了又不肯認錯，估計毛主席有兩種心情，一、明知錯了，不承認；二、毛主席自己明白了，但高級幹部中很多人還不通，現在若對胡風平反，是有困難的」。武漢大學中文系以青年評論家葉櫓爲首的一群學生，也在鳴放中認爲胡風決不是什麼「反革命」，結果他們被打成極右分子，送去勞動教養。當時許多作家，迫於壓力，則言不由衷地寫了許多表態文章，如曹禺《胡風，你的主子是誰？》、曹靖華《打蛇——是爲了人民的愛》、于伶《「敵人不投降，就消滅他」！》、何家槐《一貫反革命的胡風》……。巴金也寫過這類討伐文章。巴金三十年後在題爲《懷念胡風》的文章中自責說：「五〇年代我常說做一個中國作家是我的驕傲。可是想到那些『鬥爭』，那些『運動』，我對自己的表演（即使是不得已而爲之吧），卻感到噁心，感到羞恥。今天翻看三十年前寫的那些話，我還是不能原諒自己，也不想要求後人原諒我。」

寒冬總有結束的時候。一九七九年一月十一日，被流放四川的胡風獲得自由，結束了長達二十四年的囹圄生活。一星期後，來到成都暫居。二月，四川省公安廳宣佈撤銷原四川省革委會加判的無期徒刑。六月，他被宣佈爲四川省的政協委員。一九八〇年，中央有關部門復查了「胡風反革命集團」一案，並從政治上爲其平反，使這批因這一錯案受到錯誤處置的作家恢復了名譽。一九八五年，有關部門對胡風政治歷史中遺留的問題予以平反。一九八八年六月，中央有關部門對胡風文藝思想等方面的幾個問題又進一步予以平反。經復查，所謂胡風「把黨向作家提倡共產主義世界觀、提倡到工農兵生活中去、提倡思想改造、提倡民族形式、提倡寫革命鬥爭的重要題材等正確的指導思想，說成是插在作家和讀者頭上的五把刀子」的論斷，與胡風的原意有出入，予以撤銷。對「小集團性質」和「胡風的文藝思想和主張有許多是錯誤的，是小資產階級的個人主義和唯心主義世界觀的表現」等論斷，也不再確認。本來，不管是哪個文藝家的思想和主張，都應通過正常的學術討論去解決，不必由中央文件做出政治裁決。中共中央這次爲胡風問題從政治、歷史、文藝思想等方面做徹底的、不留尾巴的平反，正反映了黨領導文藝的一種新觀念。

胡風一案，不是哪一個人的問題。五〇年代對胡風文藝思想的猛烈抨擊，是大陸當代文學理論批評史上的一次重要碰撞。這次碰撞中所使用過的斷章取義、無限上綱、大搞株連、以勢壓人的手段，在以後一系列階級鬥爭嚴重擴大化的思想撞擊中竟被當作成功的經驗加以推廣。這裏面確有慘痛的教訓值得我們反思：比如領袖的個人權威決不應凌駕於憲法權威之上。當時對胡風「集團」的定性及處理方法，均是踐踏憲法的。此外，應用「法治」取代「人治」。對於被告，不能先由最高長官確定其「反革命」罪名，實行逮捕關押後再去調查取證。第三，中宣部不應變成意識形態專政部門，對複雜的文藝鬥爭應做認眞的調查研究，聽取不同的意見。應允許作家獨立思考，不能把天賦人權、民主自由、平等博愛、個人主義、人道主義統統看成資產階級範疇而將其一棍子打死。在文學理論批評方面，不能搞「輿論一律」，應允許文學理論家在方向一致的前提下進行多種探索，發出多種聲音。一個正常的文壇，應有多種流派存在；一個健全的文學理論批評環境，應允許多種文學思潮、多種評論流派共存互補。對不同的文藝思想和主張，應當按照憲法關於學術自由、批評自由的規定和「百花齊放，百家爭鳴」的方針，由文藝界和廣大讀者通過科學的正常的文藝批評和討論，求得正確解決。要允許被批判者保留申辯和反批評的權利，不能再把與毛澤東《在延安文藝座談會上的講話》稍有出入的觀點看得比洪水猛獸以至愛滋病還可怕。

第五節　反右鬥爭：從「百家爭鳴」到「一家獨鳴」

一九五六年，是年輕的共和國不平常的一年。這一年，黨中央在有關決議中宣佈「國內主要矛盾不再是工人階級和資產階級的矛盾，而是人民對於經濟文化迅速發展的需要同當前經濟文化不能滿足人民需要的狀況之間的矛盾；全國人民的主要任務是集中力量發展社會生產力……」㉘。這就是說，不再像過去馬不停蹄地搞階級鬥爭了，而是把主要精力放在發展生產力上。正是在這種「鬆綁」的形勢下，「百花齊放，百家爭鳴」方針應運而生。

毛澤東在一九五六年四月作的《論十大關係》的報告中，正式提出了藝術問題上百花齊放、學術問題上百家爭鳴這一繁榮科學和藝術事業的方針。據當時擔任中共中央宣傳部長陸定一的解釋，這是一個在人民內部擴大民主、自由和提倡獨立思考、反對教條主義和宗派主義的方針，是有利於活躍思想、繁榮文藝的方針。

教條主義反了多年，爲什麼總反不掉？在「雙百」方針鼓舞下，不少作家作了探討。許傑在《明辯是非的批評和反批評》一文中大膽指出：「我們千萬不要忘記，這種扣帽子式的批評的流行，是和文藝界長期以來整風、思想改造，以及批判資產階級文藝思想、肅清胡風反革命文藝思想等一系列的運動分不開的；這些批評特別是文藝領域上扣帽子式的批評一直到現在，還給我們留下了許多壞的影響。」㉙這個看法，在當時來說眞夠尖銳，它把矛頭指向歷次的批判運動，一針見血地抓住了要害：不否定開國以來詭譎變幻的批判運動，教條主義的根子就挖不掉。在反胡風中深受其害的舒蕪，對此也有深刻的體會，他以過來人的身份回憶說：「解放後文藝界幾次重大的事件中，每次都在全國報刊上出現了許多有關的文章，聲勢非常浩大……。在這些重大的事件中，文學批評是以量勝，而不是以質——科學——勝人。這樣文學批評是走向了『官』路，離開了『學』路，直到現在，仍然如此。」㉚這是積壓在作者心中多年的聲音，眞可謂是暢所欲言。不過舒蕪未免有點書生氣。要想那些代表

「官」方宣判別人是資產階級、反革命的文章帶有點學術性，這是根本不可能的。要不，庸俗社會學也就不叫庸俗社會學了。

一九五六年下半年反教條主義聲勢浩大，有的文章還抓住典型，剖析了教條主義粗暴批評作家作品的典型形態，如侯金鏡就寫了《試談〈腹地〉的主要缺點以及企霞對它的批評》㉛，對陳企霞尋章摘句、「一段段地推敲、挑剔的指責」的做法作了剖析。唐因用「于晴」筆名發表的《文藝批評的歧路》㉜，則將庸俗社會學三條「公式」作了精闢的概括：「一個階級一個典型」、「一種生活一種題材」、「一個題材一個主題」。陳涌、姚雪垠、程千帆、徐中玉、蕭乾、黃藥眠、黃秋耘以及青年作家劉紹棠、青年評論家周勃等人都發表了向教條主義猛烈開火的文章。但這些作家和評論家均過於天眞，以爲「雙百」方針一實行便不抓階級鬥爭了，眞的「言者無罪」了。他們哪裏知道，「雙百」方針的貫徹是有條件的，在某種意義上來說，「雙百」方針是繼續批判資產階級的方針，是放百花與鋤「毒草」相結合的方針，不過當時沒有說得那麼直截了當，而是先讓各種錯誤思想「放」出來再進行批判消毒。毛澤東將這種「引蛇出洞」的方法謂之爲「陽謀」。

歷史是一個怪圈。對當時中國大陸來說，「十七年」進行的階級鬥爭尤其是一九五七年出現的「陽謀」，也是一個令人無法逃脫的怪圈。在這個怪圈裏，「百家爭鳴」變成了「兩家」爭鳴，即無產階級與資產階級爭奪輿論陣地，其結果當然是「東風壓倒西風」，「資產階級知識分子」被剝奪了發言權，只有自稱是「無產階級代表」的一家在獨鳴，這就難怪文藝家們本來要往左轉，卻變爲向右走；

本來是前一次運動的動力，卻很快變成了下一次挨整的對象。一九五七年在文藝界進行的「一家獨鳴」的反右鬥爭，就是這樣一個怪圈。

且看：在反胡風鬥爭中被譽爲「起義勇士」的舒蕪，因發表了上述對「文藝界幾次重大事件」不滿的言論而成了「右派」，被《文匯報》一位作者稱爲「人人得而殺之」的「胡風餘孽」。唯恐落後，寫過控訴「胡風反革命集團」的吳祖光，兩年後也與胡風一起坐在「被告席」上。另外一些文藝評論家的遭遇更離奇：在建國後首先批判阿壠「文藝即政治」的觀點，以及在批判蕭也牧、批判胡風文藝思想均有力作發表的陳涌，在「陽謀」的安排下，頃刻間成了階下囚。當時人們批判他：在一九五五年反胡風時過分熟悉胡風思路，以至受了「傳染」，被俘虜過去了。用何其芳在中國作協一九五七年八月召開的第十三次反右會上的話來說：「陳涌同志在發言中竟照抄胡風的某些反動文藝思想」㉝。在反胡風中積極撰文的鮑昌，反右時同樣被宣判爲胡風的同路人。最早在國統區寫《論約瑟夫的外套》㉞批判舒蕪的、反胡風鬥爭中作過「貢獻」的重要理論家黃藥眠，在反右時被說成：「現在黃藥眠自己也披著『約瑟夫的外套』來迷惑人，蒙蔽人了」。據《胡風集團冤案始末》作者李輝統計：「還有更多的在批判胡風時寫文章表態或批判的人，在反右中也紛紛落馬。在《人民日報》上寫過批判胡風的作者中，據初步統計，僅文化界知名人士，被打成右派的就有三十位：如丁玲、蕭乾、秦兆陽、鍾敬文、梅朵、江豐、鍾惦棐、麗尼、邵燕祥、鮑昌、聶紺弩、黃源……。」

文藝界反右鬥爭這個怪圈裏是怎樣出現的呢？除了上面講的「雙百」方針的貫徹使作家們敢講話

外，還在於中共中央發佈的《關於整風運動的指示》。自這個指示發表後，民主黨派、知識分子均響應號召，對共產黨領導幹部提意見。在鳴放中，不僅前面講到的許傑、舒蕪，還有其他大學師生對胡風問題也開始了反思。如曾寫過文章批判胡風的中國人民大學法律系四年級女學生林希翎（程海果）在鳴放會上說：「爲什麼向黨中央提意見就是反革命呢？」「毛主席的話又不是金科玉律，爲什麼不能反對呢？」「胡風觸犯了文藝界的首長周揚、何其芳，所以才整他。」毛澤東聽了林希翎們的言論後，覺得「現在大批的魚目自己游到水上來了，並不要釣」。於是，便決定開展反右派鬥爭─後來查明貨眞價實的右派只有五名，並由對這五人的反擊很快擴大爲五十多萬人；波及一大批知識分子、愛國人士和黨內幹部。這「一家獨鳴」的後果除一大批優秀的文學創作被當作反黨反社會主義的「大毒草」鏟除外，還有一個典型的冤假錯案就是虛構了所謂「丁玲、陳企霞（後來加上馮雪峰）反黨集團」。

丁玲（一九〇四～一九八六），是著名的女作家。二〇年代末，她舉著《沙菲女士的日記》進入文壇。一九三一年參加左聯，主編《北斗》；一九三二年參加中國共產黨，擔任過左聯黨團書記。一九三六年從南京逃出，秘密進入中共中央所在地陝北延安，一九四一年五月主編《解放日報》文藝副刊。她於一九四八年出版了著名長篇小說《太陽照在桑乾河上》。一九四九年後，她任中宣部文藝處處長、中國作家協會副主席、《文藝報》主編等職，是批判蕭也牧等文藝運動主要領導人之一。陳企霞（一九一三～一九八八），一九三二年開始從事文學創作，一九三五年加入中國共產黨，曾參加延安文藝座談會。一九五〇年第一期起至一九五二年第一期止，與丁玲、蕭殷共同擔任《文藝報》主編。不久該報改組，馮雪峰任主編，他任副主編，直至一九五四年六月離開該報。在他們共同主持《文藝報》工作期間，雖然存在著這樣或那樣的不足，但畢竟爲當代文學理論批評的建設作過自己的貢獻。

可過後不久，《文藝報》就受到來自上面的嚴勵批評。一九五三年秋，周揚根據中宣部會議的意見，在第二次文代大會報告的草稿中，點了《文藝報》的名。第二次文代會後不久，即在一九五三年十二月《文藝報》發表的社論《國家在過渡時期的總路線和文學藝術的創造任務》中，由於沒有提出文藝工作者應如何爲總路線服務和在文藝上與資產階級思想作鬥爭的任務，而強調文藝的特殊規律，再加上丁、陳沒忠實執行上級指示，《文藝報》便被打成「獨立王國」；還因爲「李琮事件」——侯敏澤用「李琮」的筆名，在《文藝報》一九五四年一期上發表文章批評名噪一時的李準的小說《不能走那一條路》，《文藝報》又蒙受打擊新生力量之罪名。

一九五四年十至十二月，毛澤東發動了對《紅樓夢》研究的批判，同時決定檢查《文藝報》工作。事後以中國文聯主席團和中國作協主席團的名義作了《關於〈文藝報〉的決議》，指出其所謂犯了向資產階級投降、輕視和壓制新生力量等錯誤。一九五一年一月，曾批判過別人的陳企霞這回輪到自己倒霉了，正所謂「剃人頭者，人亦剃其頭」，他受到了黨紀處分。四月，陳企霞寫信給中央申訴要求對《文藝報》的檢查進行復查，結果換來的是又一次批判：中國作協黨組在八、九月間連續舉行十六次擴大會議，將丁、陳的錯誤性質確定爲「反黨」：「一、拒絕黨的領導和監督，違反黨的方針、政策和指示；二、違反黨的原則，進行感情拉攏，以擴大反黨小集團的勢力；三、玩弄兩面派的手法，挑撥離間，破壞黨的團結；四、提倡個人崇拜，散播資產階級個人主義的思想。」㉟

在一九五七年黨內整風中，丁玲、陳企霞對一九五四年《關於〈文藝報〉的決議》仍覺得冤屈——至少陳本人曾堅持「正確方向」寫過不少批判「資產階級作品」的文章，因而在中國作協一九五七年六月六日舉行的第一、二次黨組擴大會上，要求中央收回對《文藝報》資產階級方向的檢查，要求推翻作協黨組對丁、陳反黨活動所作的結論，並對中國作協在一九五六年進行的肅反工作提出了尖銳批評，認爲肅反的收穫是「燒了房子剩下的木炭。」他們還要求追查一九五五年作協黨組開會鬥爭他們的責任和動機，要求查看中宣部長辦公會議記錄，這樣便遭到對方更猛烈的回擊。在當時召開的有各省市委宣傳部負責人參加的二〇〇多人的大會上，有四〇多人作了大會發言，內容不限於《文藝報》問題，還涉及一九三六年關於「兩個口號」的論爭，把矛頭指向丁、陳的支持者馮雪峰，說他授意胡風提出「民族革命戰爭的大衆文學」口號，對抗周揚提出的「國防文學」口號，導致左翼文藝運動的分裂。還指責他與胡風關係曖昧，以至在反胡風時，連「一篇批評文章也寫不出來。」在碰撞正激烈的時候，艾青認爲批丁、陳和江豐的所謂反黨言行是「黨內的宗派主義」，因而又被大伙推舉爲「右派」。在肅反中遭到錯誤鬥爭的散文作家李又然及老作家舒群、羅烽、白朗也受到株連。在這場碰撞中得了重「病」，一「病」二十餘年的作家除開頭提及的外，還有劉賓雁、王蒙、吳祖光、施蟄存、許傑、姚雪垠、王若望、蕭乾、陳學昭、宋雲彬、黃源、穆木天、陳夢家、公木、王希堅、流沙河、周良沛、公劉、白樺、張賢亮、劉紹棠、叢維熙、高曉聲、陸文夫、方之、曾彥修、徐懋庸、蘇金傘、陳沂、唐祈、呂劍、李蕤、張弦、胡昭、李國文，另有評論家周勃、侯敏澤、唐因、唐達成、李長之、董每戡、陸侃如、程千帆、徐中玉、朱正、王愚、藍翎等多人。一直到「四人幫」粉碎後平反時送來靈丹妙藥，才脫這批「老五七戰士」於沉痾之中。

在這次與「丁陳集團」的碰撞中，被撞倒的人遠比與胡風的「五把『理論』刀子」撞擊時多。這些人大體可分爲三種情況：一種是對以前開展的政治運動強烈不滿，要求糾正錯案的老作家；第二種是對當時的文藝方針路線持不同的看法者；第三種是在文藝理論上衝破傳統的思維模式標新立異者。對第一種人，不僅批判其整風運動中的所謂「點火於基層、策劃於密室」的「罪行」，而且還挖祖墳、算老帳。在一九五八年第二期的《文藝報》上組織了「再批判」專輯，將王實味的《野百合花》㊱、丁玲的《三八節有感》㊲和《在醫院中時》㊳、蕭軍的《論同志之「愛」與「耐」》㊴、羅烽的《還是雜文時代》㊵、艾青的《了解作家，尊重作家》㊶，再次拿出來所謂「奇文共欣賞」，同時配上林默涵、王子野、張光年、馬鐵丁、嚴文井、馮至的批判文章。在卷頭還有毛澤東親自改寫過的「編者按」，按語中用法官判決式的語言指責這些老作家是「屢教不改的反黨分子」，有的「在敵人監獄中也有過自首行爲」。他們的文章「奇就奇在以革命者的姿態寫反革命文章。」在這裏，文藝界的主要鬥爭方法不再是文藝批評，而是充滿火藥味的階級鬥爭。文藝批評在「再批判」中還成了武器的抨擊。在這些所謂「鋤草」的文章中，文藝批評的政治標準早已不是「第一」，而是成了唯一了。

對反右前文藝思想解放的作家和評論家，則主要批判他們的文藝觀點，當時的批判集中在下列問題上：

一、在文藝與政治關係上，批判秦兆陽等人反對文藝為無產階級政治服務。其實，秦兆陽等人還沒有這樣的「先知先覺」主張取消文藝爲政治服務的口號，他們只是直感到這個口號不能將其強調到絕對化的程度。秦兆陽在《現實主義——廣闊的道路》和《〈人民文學〉改進計劃要點（十八條）》中說：『爲政治服務和爲勞動人民服務是政治上提出問題，它應該是作家世界觀的一部分。』言外之意是：「大部分」或「另外一部分」不一定要爲政治服務。秦兆陽又說「文藝爲政治服務和爲人民服務應該是一個長遠性的總的要求」，「決不一般地配合當前的政治任務。」這些在現在看來是常識性的問題，在當時卻被當作異端邪說批。秦兆陽在「改進計劃」中還提出「藝術性與思想性並重」的標準，這的確是對當時被奉爲經典的「政治第一，藝術第二」的批評原則的修正。這一正確的修正，在當時付出了慘重的代價。

二、關於創作自由的問題。當時敢於突破陳見、勇於提出新說的理論家們，爲作品失去「眞心話」而苦惱。他們認爲這種情況的造成，是因爲作家沒有創作自由，一次又一次的階級鬥爭使他們感到如臨深淵、如履薄冰的恐懼，使他們不敢寫「眞心話」。用秦兆陽在一篇雜文中的話來說是作家「一舉一動都在左顧右盼，心神不安」，馮雪峰則認爲當時所謂「領導」其實是對作家實行「思想管制」。爲了逃避這種「管制」，馮雪峰、陳涌和敏澤籌備一個吸收丁玲等人參加的「同人刊物」，這個刊物是「不要任何干涉」的「自由論壇」。可這個計畫還未實現，馬上被宣判爲「妄圖建立反黨反社會主義思想陣地」。就這樣，在一九五六年五月提出的「百花齊放、百家爭鳴」的方針後所出現過的短暫創作自由的生動活潑局面，馬上雲散風流，弄得文苑蕭條、士林暗瘂。

三、對毛澤東《在延安文藝座談會上的講話》的評價問題。在中國大陸，二〇世紀文學理論的最高權威是政治領袖的文學指示和講話。這是最具「中國特色」的二〇世紀一種文化特徵，長期被視爲敏感的「雷區」。被稱作「神童作家」的劉紹棠，無視或小視這種文化特徵，曾以「百家爭鳴」的闖勁去碰這個「雷區」。他在一九五七年第五期《文藝學習》上發表的《對當前文藝問題的意見》毫不掩飾地指出：對《講話》的內容要一分爲二，其中一部分屬於「長遠指導文學藝術事業的綱領理論」，有普遍的指導意義；另一部分屬「指導當時文藝運動的策略性理論」，它將隨著現實的發展而修正。並認爲公式化、概念化的根源，就在於教條主義者機械地、守舊地、片面地、誇大地執行和闡發毛澤東「指導當時的文藝運動的策略性理論。」劉紹棠這些打破了文藝界長期禁若寒蟬的沉寂的放言高論，反映了當時廣大文藝工作者更新文藝觀念的迫切願望。徐懋庸在一九五七年六月七日《文匯報》發表的《過了時的紀念》和其他雜文中，也敏感到了蘊含在時代變革中調整文藝理論的聲息。他認爲不能老是強調作家的思想改造，總是看到生活中的階級鬥爭而忽視了「改造自然的鬥爭」；不能光暴露敵人，也可「暴露人民」，而且暴露的矛盾應首先指向「大幹部」的官僚主義，直到官僚主義「消亡」

爲止。這些很有鋒芒的話，被那些滿臉長刺、自以爲是眞理化身的左傾評論家干涉、禁止。

當時與所謂「丁陳集團」爲代表的「右派」的文藝思想發生碰撞的還有文藝的眞實性問題、世界觀與創作方法的矛盾問題、能否寫人性的問題，對建國後文學的評價問題等等。關於後一個問題，馮雪峰、秦兆陽、劉賓雁、吳祖光、劉紹棠、鍾惦棐均衆口一詞地認爲一九四九年後的文學（包括電影）成就今不如昔，毛澤東《在延安文藝座談會上的講話》發表以後的「新文學」的後十五年不如前二十年，蘇聯和中國近期文學在「社會主義現實主義」指導下出現了大滑坡。這被認爲是典型的爲社會主義文藝抹黑的右派言論，受到一致的聲討。

在文藝界「兩家」爭鳴其實是「一家作主」的反右派行將尾聲的時候，周揚根據他在一九五七年九月十六日中國作家協會黨組擴大會上的講話整理成《文藝戰線上的一場大辯論》，於一九五八年二月二十八日由《人民日報》發表。此文曾經毛澤東三次審閱修改，帶有從理論上總結文藝界反右鬥爭的性質。這個「一家獨鳴」的總結發表後，《文藝報》一九五八年第五期又加以刊載，還於一九五八年第六期發表了題爲《爲文學藝術大躍進掃淸道路》的長篇發言報道，參加者有鄭振鐸、臧克家、陳荒煤、巴人、王瑤、張光年、邵荃麟等多人。這些參加者雖號稱是「兩家爭鳴」中的「無產階級」一家，其實情況複雜：其中有的人發言是應景的，有的是衷心擁護並且本身就是這篇總結的整理炮製者之一，有的則很快由「動力」變成「對象」，成了下一階段「大辯論」的靶子。這裏還應加以記載的是，以反胡風起家的姚文元，在反右鬥爭中更是起勁地向井口投擲尖石：接連出版了彌漫硝煙的《論文學上的修正主義思潮》㊷、《興滅集》㊸等小冊子，爲他通往未來顯赫年代的大道奠定了基礎。

從上面的論述可以看出：這次與所謂「丁陳集團」爲代表的「右派」文藝思想的碰撞，與上一次以胡風的所謂「五把『理論』刀子」的撞擊，均圍繞著能否在堅持經典性的文藝學說和主張的同時加以創造性發展而展開，但展開的內容上比上一次更深入、更廣泛；其次，參加碰撞的成員同樣是以老作家、老評論家爲主，但這次有更多的一九四九年後涌現出來的文壇新秀參加，成員比上一次更爲衆多；被碰擊的對象還掌握了部分刊物，如由《文藝報》副總編蕭乾以及總編室主任唐因（于晴）、總編室副主任唐達成（唐摯）具體負責的一九五七年改版後的《文藝報》，由秦兆陽主持編務的《人民文學》（一九五六年春到一九五七年夏）；由白航、流沙河等負責的一九五七年上半年的《星星》詩刊以及由儲安平負責的《光明日報》、由徐鑄成和梅朵等負責的《文匯報》。此外，還有沈陽的《芒種》等刊物。

第六節　文藝「反修」和三次座談會糾「左」

歷史從一九五五年進入一九五七年，再踏入六〇年代的新門坎。六〇年代的文藝界，雖然也有較安定的時辰，但總的來說是動盪多於寧靜。在左傾思潮惡性發展的『反修防修』鬥爭中，文藝界先前反胡風的積極分子在反右鬥爭中僥倖過關的，這次難逃被批判的命運。如進入胡風專案五人小組的郭小川，就因《望星空》㊹遭受批判；一九四九年以來一直積極參加反胡風、反右派的領導人邵荃麟在一九六四年反「中間人物」論中，像先於他跌倒的人一樣，被無情地當作開刀對象。曾參與領導歷次重大文藝思想鬥爭的茅盾，毛澤東在一九六三年兩次談話中亦毫不客氣地批評他領導的文化部，是「帝王將相、才子佳人部」或「外國死人部」。電影界的「老頭子」夏衍，不管他過去反胡風、反右派時如何積極，這次也被列入另冊，被判爲資產階級文藝思想的代表者。周揚、林默涵等人雖沒有被批判，但也跌到了「修正主義邊緣」。他們也許沒預料到，自己或遲或早，或快或慢，都將會向胡風、向「丁陳反黨集團」靠攏，會感受到自己過去誅殺同類的殘忍，遭受自己參與創造的歷史的懲罰。果然不出所料，胡風的「死敵」周揚、林默涵在「文革」中被姚文元說成是「包庇胡風」的「黑幫頭目」（胡風在獄中看到姚文元的文章時，義正詞嚴斥責姚文元「是在胡說八道」，並拒絕揭發周揚）。輪到姚文元被押上歷史審判臺後，在上海人民出版社大批判組寫的《評反革命兩面派姚文元》文章中，姚文元也成了「包庇胡風」的兩面派㊺。這是另一種「胡說八道」。「這樣，在一九七七年的批判聲中，胡風、周揚、姚文元全成了一條線上的人物，『一丘之貉』……。一九五五、一九六七、一九七七；胡風、周揚、姚文元」㊻，最終殊途同歸，走進了同一怪圈。這算是中國大陸文藝界的「大團圓」。

對「文革」這個特大怪圈，這裏不準備評述。爲了不離題太遠，下面只描述反右鬥爭後至「文革」前這段文學運動史。

大家知道，進入「大躍進」後的文壇，由於新民歌「千籮萬籮」、「車載船裝」地佔領了各種文藝報刊，因而這時的文學理論批評也跟著熱鬧過一陣。先是爲配合新民歌運動開展了詩歌問題的討論，後又穿插進關於革命現實主義與革命浪漫主義創作方法相結合問題的探討。這些討論儘管是爲「大躍進」、「放衛星」服務的，但畢竟還是屬於學術性質的文藝問題的討論。可是自從一九六二年七月中共的八屆十中全會提出了階級鬥爭要年年講、月月講、天天講後，這種較爲活躍的討論很快被烏雲所籠罩。如果用拋物線來表示，一九五八～一九五九年開展的關於詩歌發展道路問題的討論及後來開展的關於文學作品如何反映人民內部矛盾問題的討論，關於文學上的共鳴問題和山水詩問題的討論均處於線條的上昇階段的話，那自毛澤東提出「千萬不要忘記階級鬥爭」後，這條線便趔趄著、扭曲著，一直跌入「反修防修」碰撞的茫茫煙海中。

批判修正主義的提法，由來已久。還在一九五七年三月，毛澤東就提出「現在思想戰線上的一個重要任務，就是開展對於修正主義的批判」。一九五七年夏天與所謂「丁陳反黨集團」爲代表的「右派」文藝思想的碰撞，正是批修的開始。正式拉開序幕，作出理論動員則爲六〇年代初。一九六〇年《文藝報》第一期發表了《用毛澤東思想武裝起來，爲爭取文藝的更大豐收而奮鬥！》的社論，其中指出：「文藝上的修正主義，是政治上哲學上的修正主義在文學藝術上的反映。它的主要表現是：宣揚資產階級的人道主義、人性論、人類愛等腐朽觀點來模糊階級界限，反對階級鬥爭；宣揚唯心主義來反對唯物主義；宣揚個人主義來反對集體主義；以『寫眞實』的幌子來否定文學藝術的教育作用；

以『藝術即政治』的詭辯來反對文藝爲政治服務；以『創作自由』的濫調來反對黨和國家對文藝事業的領導。」在文化遺產問題上，則「專門發揚其中的消極因素，以實現其用死人拖住活人，用資產階級的世界觀，用過時的、舊的文學藝術教條來反對和扼殺無產階級文學藝術的詭計。」在這個號召式的社論後面，緊接著發表了林默涵在一個學習會上的長篇發言：《更高地舉起毛澤東文藝思想的旗幟！》此文雖然長篇累牘，但對什麼是文藝上的修正主義和「社論」一樣均沒有做出準確的、科學的解釋，甚至把正確的觀點當作修正主義謬論批。正是在這種錯誤理論的指導下，除先後批判了郭小川的《一個和八個》和《望星空》、劉眞的《英雄的樂章》、孫謙的《奇異的離婚故事》、海默的《洞簫橫吹》、方紀的《來訪者》、白刃的《兵臨城下》、徐懷中的《無情的情人》、岳野的《同甘共苦》、李建彤的《劉志丹》、孟超的崑曲《李慧娘》、謝鐵驪編導的電影《早春二月》、陽翰笙編劇的電影《北國江南》、夏衍改編的《林家舖子》、柯靈編劇的電影《不夜城》、田漢的《謝瑤環》、吳晗的《海瑞罷官》，還批判了巴人、張庚、李何林、蔣孔陽、錢谷融、王瑤、鍾敬文、于黑丁、吳雁（王昌定）、邵荃麟、周谷城等人的有關理論著述。

一、對李何林所謂「唯眞實論」的批判。南開大學現代文學史專家李何林（一九〇四～一九八八）在一九六〇年一月八日的《河北日報》上，發表了《十年來文學理論和批評上的一個小問題》，認爲「思想性和藝術性是一致的，思想性的高低決定於作品『反映生活的眞實與否』；而『反映生活的眞實與否，也就是它的藝術性的高低；藝術性不等於描寫的技巧，雖然眞實地反映生活需要描寫的技巧。』」在他一九五八年編寫的《文學理論常識講話》以及一九五三年發表的談古典文學人民性的有關文章中，也有類似的觀點。他這些觀點，表述得並不嚴密，確有值得質疑之處，但他在六〇年代初如此強調文學的眞實性，是有感於一九五七年批判「寫眞實」論後所產生的虛假傾向而發的。他主觀上毫無反對毛澤東文藝觀的用意，最多也只不過是想用這種觀點彌補當時高校中文系上文學課普遍只講思想性、忽視眞實性、排斥藝術性的缺陷，以求改變文藝界美學的依次衰微和政治實用色澤的日益濃烈。用心可謂良苦，可是嚴酷的現實不領他的情意，只好陰錯陽差地使他充當一回批修的活靶子，最後只得在連刊名也帶著左的印記的《文藝哨兵》㊼上，違心地寫了《我對錯誤的初步認識和批判》。

二、對「人性論」和人道主義的批判

人性問題，還在五〇年代初就有個別論者提出過，不過當時未引起人們的重視。在五〇年代的大陸文藝理論界，最鮮明地對人性問題作了深入論述的是巴人。在反右鬥爭前夕，他在《眞的人的世界》、《來信》、《以簡代文》，以及發表在《人民文學》一九五七年七月號上的《〈遵命集·後記〉（初稿）》，尤其是發表在《新港》一九五七年一月號上的《論人情》，用當時批判者的話來說，巴人豎起了一面「人情文藝」的旗子和當時流行的「階級鬥爭文藝」相對抗。

繼巴人的文章之後，錢谷融在一九五七年五月號《文藝月報》發表了《論「文學是人學」》、徐懋庸在一九五七年六月七日的《文匯報》上發表了《過了時的紀念》、王淑明在一九五七年七月號

《新港》上發表了《論人情與人性》，就人性與人道主義問題參加了當時的學術爭鳴。馮雪峰、何其芳、徐中玉，也從不同角度論述過這一問題。他們的文章，儘管看法不盡相同，但均論述到人類共通的人情、人性；人性的「異化」和「復歸」；人情、人性與當代文學創作的關係等問題。這些問題，在當時來說屬於有如拉上了鐵絲網，標有「危險勿近」字樣的學術禁區。他們不回頭大膽地往前闖，其結果是一邊倒的大批判使這些論者蒙受了極大的冤屈。

一九六〇年興起「反修」文學思潮時，經康生欽定，巴人對人性問題的看法成了重點批判的對象。姚文元首先向巴人開火，在一九六〇年第二期《文藝報》上發表了《批判巴人的「人性論」》。在這個時候，前三年聲援過巴人的中國科學院文學研究所研究員王淑明受到了牽連，他連忙在一九六〇年第三期《文學評論》上發表了《關於人性問題的筆記》爲自己申辯。此文的某些論點與以前發表的文章略有不同。如在《論人情與人性》中，他認爲「男女雙方在愛情上的堅貞不渝」、「親子之間的愛撫與孺慕」是「人類正常的本性」，在「筆記」中他卻不讚成把「愛情、死、生存、溫飽做爲永恆的人性」。在《論人情與人性》中，他認爲文學作品發生「共鳴的作用」，有「永恆的形象」，是由於「人的本性」「具有共同相通的基礎」，在「筆記」中則修改爲它們只是「在不大範圍內，具有普遍的價值」。這種修改，是迫於政治形勢所做的策略上的改變。他從內心深處仍認爲在現實生活中確實存在一種「人類的本性」。這種「人類的本性」「是向上的，要求人類過著美好的生活，沒有人壓迫人、人剝削人的生活的」。他認爲「人的社會本質」之外還有「人的眞正本性」。在階級社會裏，這個「人的眞正本性很難得到正常的發展」。他這些看法，作爲學術問題完全可以討論。但當時缺乏這種氣氛，一些學術工作者很難用腦和手去從事正常的學術構築，只能扭曲地用鼻和臉去感知什麼政治氣息——尤其是那些發誓不當「院士」，而要當「戰士」，並以馬克思主義文藝新兵自命的「馬文兵」⑱們，便大刀闊斧排頭砍去，寫了一篇又一篇的《在「人性」問題上兩種世界觀的鬥爭——就「人性的異化」、「人性的復歸」同巴人辯論》⑲之類的戰鬥檄文。這些批判文章，均一口咬定沒有共同的「人類本性」，而對巴人、王淑明談及的社會主義文藝創作「缺乏人情味」的問題則諱莫如深，這說明他們從事的純是政治批判，而非文學理論問題探討。這種充滿刺激性和攻擊性的爆破式文章，雖然暫時遏止了當代文學理論探討人性問題的胎動，但眞理無法封鎖。到了新時期，這種斷裂再次得到了延續，文學中的人性、人道主義問題比過去討論得更爲熱烈和深入。

三、對「有鬼無害論」的批判。關於鬼戲問題，從一九五三年馬健翎把出現李慧娘鬼魂形象的《紅梅記》改編成李慧娘活著復仇的《遊西湖》時，就引起過爭議。一九五四年的《文藝報》，發表過張眞等人的討論文章。一九六一年，孟超改編的《李慧娘》上演後，陶君起、李大珂寫文章稱這齣戲是「一朵鮮艷的紅梅」。一九六一年八月三十一日，《北京晚報》發表了廖沫沙化名「繁星」發表的《有鬼無害論》。孟超在《李慧娘》跋中稱讚繁星的文章在爲《李慧娘》「作護法」。一九六三年三月二十九日，中央批轉了文化部關於停演鬼戲的報告，認爲演出鬼戲，「助長了迷信活動」。一九六三年五月，江青以抓階級鬥爭新動向爲名，通過上海的一個寫作班子，以梁璧輝的筆名寫了一篇《「有鬼無害」論》，發表在一九六三年五月六日、七日的《文匯報》上，接著一些報刊紛紛效法，發表了批判劇本《李慧娘》和『有鬼無害論』的文章，佈成了圍攻孟超、廖沫沙的陣勢。一九六五年三月一日，《人民日報》發表了齊向群的《重評孟超新編〈李慧娘〉》，對孟超、廖沫沙的學術批判轉爲政治聲討，將他們的所謂錯誤上綱爲用厲鬼「向共產黨復仇」，妄圖推翻無產階級專政云云。

本來，鬼戲作爲學術問題進行討論，對於提高戲曲理論水平，促進戲曲藝術的推陳出新，是很有益處的。一九四九年以來，學術界對神話與宗教迷信、神話戲與鬼戲的關係，以及鬼魂復仇的鬼戲，是否只起鼓舞鬥志的作用，沒有宣傳迷信的副作用；是否因爲鬼的觀念是「客觀存在」就必須保留鬼魂形象；是否爲保留鬼戲中的表演技巧，就必須保留鬼戲；要不要創造新時代的鬼戲，以鬼魂來反映今天的社會生活等問題，均有不同意見，這完全是正常的。江青組織的那些以爆破爲目標的文章，嚴重地損害了文學評論的名譽，造成了整個學術界的恐懼心理和對文學批評的厭惡心理，影響極壞。

四、對「中間人物論」和「現實主義深化論」的批判。(見本書第二編第三章第六節)

從以上對「十七年」幾次大的理論碰撞的評述中，我們可以看出當時的文學理論界，總是交替出現用政治壓抑藝術與藝術強調獨立的運動和思潮：《武訓傳》批判和蕭也牧創作傾向的批判——反對主觀主義、公式主義和批判楊紹萱的反歷史主義傾向⑩——「雙百」方針指引下文學思潮的活躍——批判以「丁陳集團」爲代表的「右派」文藝——調整時期對「左」的文學思潮的糾正。這裏講的「調整」時期，是指三年經濟困難時期黨中央提出「調整、鞏固、充實、提高」的八字方針，文藝戰線相應地也採取了一些治標不治本的措施。最重要的有下列三次會議：

一是「新橋會議」。即一九六一年六月一日至二十八日中宣部在北京新橋飯店召開的文藝工作座談會，文化部同時同地點召開的故事片創作會議。在會上，周恩來於一九六一年六月十九日作了《在文藝工作座談會和故事片創作會上的講話》，並對體現寬鬆精神的《文藝十條》作了修改。周恩來開宗明義說：「現在有一種不好的風氣，就是民主作風不夠」。其主要表現形式是「一言堂」，上級批示就是定論。有不符合「一言堂」的觀點與文藝作品發表了，就來個「五子登科」：「套框子、抓辮子、戴帽子、打棍子」。這裏舉了高纓的《達吉和她的父親》㉛做例子，認爲這本是很感動人的作品，可被強判爲宣揚了「人性論」。周恩來講的「五子登科」，很容易使人想到胡風當年說過的「五把理論刀子」。含義雖不同，但在反左傾教條主義方面是一致的。

二是廣州會議。在會議前夕的中南海紫光閣預備會上，周恩來於一九六二年二月十七日發表了《對在京的話劇、歌劇、兒童劇創作家的談話》。講話毫不留情地嘲笑了所謂「領導出思想，群衆出生活，作家出技巧」的「三結合」的創作方法，並一針見血地指出：「現在搞到不能批評，一批評就反黨、反社會主義，就是資產階級知識分子」，並當場給海默的《洞簫橫吹》㉜平反，反復說明粗暴批評的危害性。

陳毅是周恩來請來「打頭炮、作報告」的。陳毅的講話比周恩來更率直、大膽。周、陳二人，一直對文藝界「左」的做法有意見。他們在「十七年」中扮演著制衡極左思潮的角色。但由於「以階級鬥爭爲綱」的指導思想未改變過來，故這種制衡作用極爲有限。且這種糾左的做法受到極左派的抵制。如當時上海市委拒絕派人參加會議。會後又散佈這次會是「黑會」，要大家「提高警惕」。㊿

三是大連會議。參看本書第二編第三章第六節。

此外，還有一九六一年四月召開的文科教材編選計畫會議，產生了一些建設性的教科書。

調整、糾左的最重要成果體現在根據《文藝十條》修改而成的《文藝八條》，即《關於當前文學藝術工作若干問題的意見》。由陸定一主持定稿，林默涵（原「十條」的主持起草者）、張光年執筆作文字潤色。此八條主要是進一步貫徹「雙百」方針、貫徹執行黨的知識分子政策，反省過去對文藝事業的領導沒按藝術的規律辦事：「提出了一些錯誤的要求，片面的追求數量」，有些領導不尊重作家、藝術家，「獨斷專行」。其實，當時不執行『雙百』方針的情況比「八條」所寫的嚴重得多。鑒於林默涵本人就參與了許多批判別人的活動，故糾正起來就難免羞羞答答，如把全面性的問題說成是「一部分」問題；把嚴重地挫傷了作家、藝術家的積極性輕描淡寫爲「不恰當」，這均說明這種調整是小修小補，不解決什麼大問題。不過，在當時的大氣候下，能做這樣部分的修正也就很不錯了。況且這部分修正很快就被批判爲「右傾」，是「修正主義」的捲土重來。這裏講的「捲土重來」，弄得文藝界時陰時晴、時「左」時「右」（其實並不是「右」）、時倒退時前進。這種翻燒餅式的交替，使文學理論家們無所適從，陷於極端痛苦的狀態：要麼爲了適應政治的需要犧牲理論追求，要麼爲了理論追求付出慘重的代價。這就難怪一九四九年以後有相當一部分老一輩的理論家要麼擱筆，要麼改行搞翻譯，要麼「我行我素」而被碰撞得頭破血流。這就是「十七年」文學理論批評工作雖然取得了一定的成績，但並沒有長足的發展，從總體上缺乏足夠的有系統建樹的奧秘。

第七節　姚文元「棍子」式批評及其特徵

姚文元（一九三一～　），浙江諸暨人。在上海長大，文化程度高中。從五〇年代後期開始，歷任《萌芽》雜誌編輯、《解放》雜誌文教組長、《解放日報》編委等職。「文革」期間，任「中央文革」小組成員、中共上海市委第二書記、中共中央政治局委員。後因參加「四人幫」反黨活動，一九七六年被拘捕。一九八一年一月被判處有期徒刑二十年。姚文元「十七年」的文藝評論著作有：《細流集》（一九五七年，新文藝出版社）、《論文學上的修正主義思潮》（一九五八年，新文藝出版社）、《在革命的烈火中》（一九五八年，作家出版社）、《興滅集》（一九五九年，新文藝出版社）、《魯迅——中國文化革命的巨人》（一九五九年，上海文藝出版社）、《衝霄集》（一九六〇年，作家出版社）、《新松集》（一九六二年，上海文藝出版社）、《想起了國歌》（一九六三年，上海文藝出版社）、《文藝思想論爭集》（一九六四年，作家出版社上海編輯所）、《在前進的道路上》（一九六五年，人民文學出版社上海分社）。

胡風晚年曾感慨地說：「中國解放以來，出了這麼多的文藝官，這在世界上恐怕也是獨一無二的。」在所有的「文藝官」中，姚文元的地位最爲顯赫。正因爲如此，在中國當代文學批評史上，姚文元的文學批評是一個無法回避的話題。可一般人只注意了作爲陰謀家的姚文元，而忽視了「文革」前作爲文學評論家的姚文元；或雖注意了文學評論家的姚文元，但只注意他的「鋤草」文章，而忽略了他作爲一位評論家，也爲文壇做過一些「澆花」的工作，如評論過當時湧現的如《保衛延安》那樣的新人新作。不過，他評《保衛延安》時，大段大段讚揚彭總的大智大勇，這正好與他後來批《海瑞罷官》時猛攻彭德懷形成鮮明的對照。

據有關資料統計，姚文元在「文革」前，即以《評新編歷史劇〈海瑞罷官〉》爲界，共寫各類文章四百三十三篇，其中與文藝有關的約一百七十篇。他的這些文章，大多數是炮擊式的文章，但也有沒有火藥味的，後者可分爲三類：一類是文藝隨筆、雜感，如《論對句》[54]、《「蛇足」與「議論」——爲詩中的「議論」一辯》[55]、《寫聲音》[56]等討論藝術技巧的文章。此類文章在當時起到了提高青年作者的寫作水平的作用。這說明姚文元從事文藝評論還是懂得基本的文藝常識的，並非像有些人講的他對文藝完全是外行。二類是評論「十七年」湧現的重要作品。反右鬥爭後，在「棍子」一度「失業」的情況下，姚文元評論了長篇小說《創業史》、《林海雪原》、《青春之歌》、《紅岩》、《草原烽火》以及胡萬春、唐克新、浩然、杜鵬程、李準等人的短篇小說。這些文章，作爲時代的記錄，在當時發生了較大的影響。尤其是《從阿Q到梁生寶——從文學作品中的人物看中國農民的歷史道路》[57]，綜合地論述了從民主革命時代到社會主義時期的農民形象的演變，係當時出現的爲數不多的宏觀研究論文，有一定的新意。三是反左傾敎條主義的文章，如《從拒絕放映〈天仙配〉想起的》58，認爲群衆的審美要求多種多樣，既要《董存瑞》式的戰鬥片，也要《天仙配》式的娛樂片，「決不能機械地說只有描寫生產的戲才能教育工人，描寫戰爭的戲才能教育戰士。」這類文章大都寫在政治氣候淸明、強調反庸俗社會學時期。這類文章正好從另一側面說明姚文元是如何和「十七年」時起時伏的階級鬥爭形勢保持高度一致。是一種能屈能伸、能攻能退的魔鬼式智慧，使他善於保護自己，不像陳涌等人批判了蕭也牧、胡風後就輪到別人批判自己而落馬。

然而，以上經得起時間沉澱的文章，姚文元寫得極少。他的絕大部分文章，是「棍子」式批評。他第一次拿起棍子時，還只有二十一歲，打擊的對象是剛被港英當局封閉「南方學院」、被迫回內地的「學院」院長林煥平所寫的《文學論敎程》。姚文元在題爲《注意反動的資產階級的文藝理論》59一文中，稱「敎程」「完全是在馬列主義及其他希（稀）奇古怪的詞句的掩飾下，販賣資產階級和帝國主義的反動理論。」看得出來，初出茅廬的姚文元太稚嫩，不僅寫錯別字，而且文句都不通。第一句把馬列主義與「稀奇古怪的詞句」並列，用「其他」一句連接，這樣一來，馬列主義也成了「稀奇古怪的詞句」了。批人心切，使姚文元連詞句推敲也顧不上。

中國的極左政治催生了一批職業文化殺手。這些不同的殺手從四〇年代殺戮王實味開始，到五〇年代殺戮胡風、丁玲、馮雪峰，六〇年代殺戮鄧拓、吳晗，眞可謂「戰績輝煌」。在這批文化殺手中，姚文元無疑是最狠毒的一個。先後挨過他砍刀的作家有胡風、馮雪峰、丁玲、艾青、巴人、何直、周勃、劉紹棠、徐中玉、王若望、魯莽、施蟄存、錢谷融、流沙河、徐懋庸、劉賓雁、鄧友梅、宗璞、豐村、李國文、陳登科、陸文夫、巴金、方紀、吳雁、陳恭敏、邵荃麟、周谷城、海默、曉雪、羅竹風、賀綠汀……，姚文元的雙手眞可謂是沾滿了胡風派、「右派」的鮮血和眼淚！

這些大批判文章，用的是「政治批評模式」。對此，姚文元並不是一開始就運用得嫻熟，而是經過了醞釀、發展、強化的過程。以對胡風的批判而論，他一共寫了十一篇文章，其中以《文藝報》通訊員身份、寫於一九五四年十二月二十六日深夜的《分淸是非，劃淸界限！》⑩，屬表態性質，以後才增加理論色彩。再到後來寫作《給胡風兩面派手腕以十倍的還擊！》⑪時，便轉向政治聲討和敵我鬥爭。

概略而言，姚文元「文革」前寫的大批判文章，可分三個階段：一九五五年反胡風爲政治批評模式初試鋒芒期，反右鬥爭爲高潮期，一九五八年至「文革」前爲深化期。在初試鋒芒期間，姚文元批胡風的文章人云亦云的多。到了抓右派時期，頭上長角、身上長刺的姚文元就今非昔比了。他諳熟地掌握了一套「評論仰望權力，權力支配評論」的批評策略，一旦風起於青蘋之末時，就趕緊提棍躍馬，奔向大批判最前哨。在反右期間，有「南姚北李」之稱的李希凡，也寫過許多批右派的文章，可他的產量沒有姚文元高：姚文元一共寫了五十多篇，平均差不多三天一篇。其中引起轟動效應的有二篇。第一篇是《教條和原則——與姚雪垠先生討論》⑫。此文認爲姚雪垠在《創作問題雜談》中攻擊的教條主義許多經「實踐證明爲正確的根本原則」，毛澤東看了後非常感興趣。他在一九五七年二月六日的一次有關文藝問題的談話中，談了三位文壇新秀：《組織部來了個年輕人》作者王蒙、批判俞平伯起家的李希凡及這個剛冒出來的姚文元。對這三位二十出頭的青年作家，唯有對姚文元全面肯定：「他是不錯的」，而王蒙的「小說有缺點，需要幫助」，李希凡「當了婆婆後就板起面孔了」㊸。第二篇是《錄以備考——讀報偶感》㊹。《文匯報》在發表毛澤東接見共青團代表的談話時，不像別的報紙那樣用巨大的鉛字和醒目的標題處理，姚文元由此嗅出《文匯報》的「資產階級方向」。毛澤東看後大爲讚賞，下令《人民日報》轉載，並和他親自撰寫的《文匯報的資產階級方向應當批判》社論一起刊登。一登龍門，身價百倍，姚文元從此踏上了「批而優則仕」的道路，成了上海作協黨組成員、反右派領導小組成員。

這兩篇文章以政治敏感著稱，其作用在於「發難」。更猛烈的排炮還在後頭。他這些「排炮」，製作方法不盡相同。其中有綜合論述的《文學上的修正主義思潮和創作傾向》㊺，一口氣點了許多「右派」和準右派作家作品的名；有專攻一人的《馮雪峰資產階級文藝路線的思想基礎》㊻；有批判一群青年作家的《論「探求者」集團的反社會主義綱領》㊼；有「集束手榴彈」式的《批判徐懋庸雜文（之一至之八）》㊽；有翻舊帳的《莎菲女士們的自由王國——丁玲部分早期作品批判，並論丁玲創作思想和傾向的發展的一個線索》㊾。在寫法上有似判決書的《以革命的姿態寫的反革命小說——批判丁玲的〈在醫院中時〉》㊿；有論辯式的《社會主義現實主義文學是無產階級及革命時代的文學——同何直、周勃辯論》(71)；有雜文體《丁玲的才華何憐之有？》(72)；有披著「學術」外衣的《艾青的道路——從民主主義到反社會主義》⑬；有咄咄逼人的《駁徐中玉向黨進攻的六個論點》⑭；有佯作「商榷」的《再談教條和原則——與劉紹棠同志討論》⑮……在這些文章中，沒有平等的爭論，只有嚴詞的責問和不留情的聲討。文章以代表黨、代表人民自居，不容他人答辯。在那極左思潮盛行的年代，也有人寫過錯把「香花」當「毒草」的批評，但大致把握在思想意識範圍之內，而不像姚文元動輒把作品視爲「反革命」、「右派」之作，把作者視爲人民的敵人。

在深化期，姚文元寫了一系列大塊文章清算「右派」的文藝主張、路線和思想基礎。在「清算」時，深化了他原先就已確立的極左的文藝思想體系：在文藝與政治的關係問題上，強調文藝只能是階級鬥爭的工具，否認文藝的認識作用和審美功能。在歌頌與暴露問題上，只準歌功頌德，不許暴露生活中的陰暗面，否認作家有「干預生活」的權利和義務。在眞實性問題上，把文藝的眞實性只作爲一種「手段」，借口無產階級與資產階級對眞實性有不同的理解，把「寫眞實」打成資產階級的「反動口號」。在世界觀與創作方法關係問題上，宣揚有了先進的世界觀就有了一切，不承認作家的生活實踐和藝術素養的作用。在批評標準上，把「政治標準第一」歪曲爲「唯一」，用政治評判取代藝術分析。在題材問題上，只許「寫十三年」，不許寫舊社會和封建社會，寫了就是提倡封建主義和資本主義藝術。在繼承文化遺產問題上，只強調批判，不承認古今中外的優秀文化遺產對社會主義文藝的借鑒作用。這一套「理論」完全抹殺了文藝的特殊規律，可謂是形而上學猖獗。這裡只舉一個例子：在姚文元「十七年」寫的文藝評論最具「學術色彩」的《美學問題筆記》⑯中，否定美的客觀屬性，認爲建築物的美不由其本身的物質結構與藝術裝飾所決定，而由房屋住的主人所決定。如果一座漂亮的別墅由老爺、帝國主義居住，就是醜的。反之，勞動人民住上去就是美的。在這裡不是用美的建造規律，而是用房主的階級成份去劃分建築物的美與醜，眞是荒唐至極。

姚文元也有受挫的時候。在一九六二年廣州召開的話劇、歌劇、兒童劇座談會上，中央領導人提出「三不」政策：「不抓辮子，不打棍子，不戴帽子」。在這次出「三氣」（悶氣、怨氣、怒氣）的會上，缺席的姚文元被點了名，成了衆矢之的。巴金在上海市召開的第二次文代會上，也作了《作家的勇氣和責任心》⑦的發言，不點名的稱姚文元爲「一手拿框框，一手捏棍子」，到處找毛病的棍子式評論家。

姚文元爲什麼不當作家的「知音」而熱衷於當文藝「哨兵」、「憲兵」？這來源於他根深蒂固的文學觀念：堅信文學是階級鬥爭的反映，文學評論是階級鬥爭的工具。「文學是階級神經……。文學和理論和創作，總是十分敏銳的反映著政治上、哲學上的各種不同觀點，十分敏銳地反映著階級的變化及社會上各個階級政治思想的動向。」⑧在《論文學上的修正主義思潮・序言》中，他反對文學研究「和一切『打手』工作絕緣」，「沉浮於洋人、死人的典籍之內」，希望自己永遠能「跟著社會上跑」，並視這種「跑」爲「最大的快樂」⑨。在他看來，作爲「激烈鬥爭中的炮彈」的文藝評論其功能只有破壞性而無須考慮其審美性或建設性。

這種文藝觀其發明權不在於姚文元。他只不過是重復周揚的觀點。姚文元和當時信奉「工具論」

的評論工作者的差異在於：他跟著社會上流行的思潮「跑」得比誰都快，和當時的潮漲潮落保持著驚人的一致和吻合。他時左時右，邊左邊右。比方說，當社會上颳起反教條主義之風時，他也可大寫反「左」的文章。除我們開頭所說的《從拒絕放映〈天仙配〉想起的》外，他還反對過動不動用「挖根」辦法整人的做法：「動不動就用『挖根』來代替一切具體分析，是教條主義的方法。然而，我們不少人，是習慣於用幾頂帽子來代替具體分析的，這在整風中是應當改一改了。」⑳這「不少人」其實就包括姚文元自己在內。在中共中央號召整風時，他不得不將這種前些時多次用過的扣帽子手法「改一改」——豈止是「改」，後來簡直和「右派」一唱一和。有和發表《錄以備考》同一天刊登的《一點補充》爲證：「王若望同志寫了一篇《步步設防》的文章，尖銳地批判了『前半截表示同意黨的方針，但是後半截又預先訂出若干保留項目』的思想，我認爲是很好的，也是很必要的。現在我們要進行既反對教主義又反對機會主義的兩條路線鬥爭，但首先是著重反對教條主義……我們需要更多的批判教條主義的文章。……」在此文中，他還大力地讚揚了後來被他反復點名批判的劉賓雁的《在橋梁工地上》，稱這部作品「相當深刻地刻劃了人物在新舊鬥爭和個人生活中的複雜的精神面貌和思想動態……，也應當算在『重大題材』之內。」㉑

由此可見姚文元的文學批評的一個特徵：看風駛舵。一九五六年姚文元寫過一篇題爲《理論家和牆頭草》㉒的雜文，諷刺見風駛舵的貓先生在夢中，「變成一根紮得很淺的野草插在矮牆上，在風中得意地搖擺，東來西倒，西來東倒，一點也不受拘束」。他樂得唱起歌來：

我是一個最優秀的理論家，
什麼風浪襲來我都不害怕，
因爲我已變成一顆（按：應爲棵）牆頭草，
哪邊風大我馬上往那邊斜……

這其實是姚文元自己的絕妙畫像。在風雲變幻的政治鬥爭中，姚文元隨時在窺測方向，決定自己是向東倒還是向西側。在反胡風開始之前，他立志要做文藝理論家，寫一本厚厚的《論胡風文藝思想》。可當書稿寫出後，耳畔忽然傳來周揚「我們必須戰鬥」的號召，批判胡風開始了，因而他連忙「反戈一擊」，利用自己對胡風思想的熟悉大寫起《胡風文藝思想的反動本質》⑧的文章來。反右派鬥爭開始後，曾對「若望同志」又支持、又鼓勵、又補充的姚文元，馬上換了一個臉譜，厲聲呵斥王若望：《走哪一條路？——批判王若望幾篇文章中的反黨反社會主義言論》⑧。這種忽左忽右的表演，多像他自己寫過的牆頭草：一陣強烈的南風吹來，他就猛向北面傾斜；這時北方又颳來一股大風，他又猛烈向南彎腰……

爲權力意志作詮釋，這是姚文元「棍子」式批評的第二個特徵。一九六三年，上海市委負責人柯慶施、張春橋提出「大寫十三年」的口號，這個口號是五〇年代開始流行的現實題材優於歷史題材、革命歷史題材優於一般歷史題材、寫重大鬥爭生活的題材優於寫日常生活的題材的「題材決定論」的惡性發展。姚文元一聽到這個口號後馬上通過評話劇《第二個春天》(此劇他原先準備批判，後得知柯慶施支持便馬上轉向）的文章，宣稱「著重反映十三年來社會主義革命和建設的巨大勝利，反映社會主義建設中的矛盾和鬥爭……是加強我們文藝的現實性和戰鬥性的一個中心課題。」⑮這裡講的「大寫十三年」，是指建國後的十三年。柯慶施主張「只有寫社會主義時期的生活才是社會主義的文藝」，是一種「題材決定論」。是不是社會主義文藝，並不取決於寫什麼，而取決於如何寫。這個普通的文藝常識不是姚文元不懂——還在一九五七年，他在一篇文章中就說過：「今天寫作的題材應當廣闊的——限定在工農兵之內是不夠的。從古至今，從辛亥革命到五四，從五四到解放，從神仙到精靈，從官僚到資本家……各種人，各種題材，只要有社會意義和美學內容，都可以。」⑯可現在有柯慶施的「指示」在上，他馬上改弦易轍，來了個一百八十度的轉彎。到了一九六三年，姚文元突然關心起藝術，把「金棍子」伸向他一竅不通的「音樂王國」，棒打洋人德彪西⑰，原因是他從柯慶施、張春橋那裡探聽到毛澤東在一次談話中，批評一些翻譯過來的西方著作，譯者的前言寫得不好，缺乏階級觀點……。於是，姚文元便從音樂出版社出版的《克羅士先生》找到靶子。

從這裡可以看出，姚文元的評論與權力意志保持著多麼密切的聯繫。他曾在一九五八年的一篇文章中不打自招地說：「我覺得，在文藝思想戰線上，辨風向是一件特別重要的事。」⑱看明了風向再下筆，說明姚文元的文藝評論並不是對科學的崇尚，而是對權力意志的崇拜，即使他那不帶「搖棍子」色彩、前面提及的《美學問題筆記》，也是他從柯慶施、張春橋那裡打聽到毛澤東最近忽然談起美學問題而去趕這種浪頭的。⑧⑨

既然是根據社會上的政治風雲變幻決定對作品或批判或肯定的態度，故姚文元的批判文章差不多都是用政治標簽取代作品的藝術分析。在《論文學上的修正主義思潮》那本書中，充斥各篇文章的是黨性原則、修正主義、反黨反社會主義、資產階級人性論、兩條道路的鬥爭……這些政治術語。典型、形象、結構、語言等文學評論詞匯他很少使用，或雖使用卻用來爲批判對方服務。至於像《批判巴人的「人性論」》⑨⓪、《用階級鬥爭的歷史經驗教育人民》⑨①等文就根本不是文學評論，而是政治論文了。或者說，眞正意義上的文學批評已經失落，而殘存的僅是文學批評的軀殼。在姚文元的「棍子」式文章裡，評論成了徹頭徹尾「打擊敵人」的工具和符號。

姚文元的評論文章集「十七年」左傾之大成，無疑代表了中國大陸當代文學批評史上最爲惡劣的文風。爲了整倒別人，他常常斷章取義，攻其一點，不及其餘。如他對德彪西的批判，還沒弄懂書中的意思就斷章取義，憑自己的主觀想像大加發揮，結果鬧了笑話：本是德彪西反面的、譏諷的話，當成他的正面藝術見解大加駁斥。姚文元的實用主義批評另一手法是先定罪名，後找材料。如《論「探求者」集團的反社會主義綱領》⑨②，先給「探求者」的藝術追求定了兩條罪名：「一條是反對黨對文藝事業的領導，一條是反對社會主義現實主義文學」。有了這「大膽設想」，便開始「小心求證」他們的罪證，即隨心所欲地給對方的藝術追求戴上各種各樣的嚇人帽子。碰上詩作那類不直接表露作者觀點的文體，姚文元則用「索隱」法。如艾青一九五六～一九五七年發表了一組寓言式的散文詩，批評「一花獨放」的做法，希望「被遺忘已經很久的花」也有開放的權利。可姚文元竟這樣詮釋說：「這些是什麼『花』呢？不是牡丹，不是石榴，那是艾青僞造的。從什麼『倔強』、『信念』……之類的抽像的名詞看，這些都是有毒的罌粟花——資本主義文藝。『數不淸的怨氣』，都是對黨對社會主義的刻骨仇恨。」艾青原作並沒有寫到罌粟花，可姚文元硬是用簡單比附的方法分析出這種花。用姚文元自己的說法，這才是眞正的「僞造」。正是用這種「僞造」的「索隱」法，將艾青打得血跡斑斑：對黨有「仇恨」，而且還是「刻骨」的。姚文元有時還用拆字、塡字、測字而發微索隱、深文周納，如把《堵塞不如開導》一文開頭出現過的「一切事物」四個字挖出來，拼到後文的「使之勝利發展」的前面，變成了「一切事物使之順利發展」，然後上綱上線，硬說作者「要求我們對『一切事物』即包括反社會主義的事物也不要『堵塞』，也要『使之順利發展』」，這不是明明要我們實現資產階級自由化，向正在刮起來的『單幹風』，『三自一包風』……屈膝投降嗎？『開導』就是開路，他們自命爲資本主義勢力的『開路先鋒』」。⑬這種不講理也無需說理的霸道文風，於此可見一斑。

姚文元的文學批評在『十七年』能暢通無阻存在，有其特定的內因和外因。內因是他善用政治投機的手段向上爬，用批判別人、打倒別人爲自己升官晉爵鋪路。文藝評論對他來說是一種生存活動而非一般文藝評論家所從事的藝術活動。「而在左的文藝政策下，只有追隨權力意志的人才有生存的權利，才能生存得好。這就是私欲擁護強權，強權窒息了評論家應有的良心」⑭，使姚文元背棄了他過去寫的《論「知音」》⑮、《從拒絕放映〈天仙配〉想起的》、《敵友之間》的正確觀點。外因是當時不斷發動的政治運動、極左的文藝政策，均需要尋找姚文元式的棍子爲「輿論一律」的錯誤做法鳴鑼開道。如果沒有姚文元，也會有趙文元、張文元出來充當這種「打手」角色。

在粉碎「四人幫」後不久，有人著文批判姚文元時，認爲姚文元之所以成爲文學的罪人、歷史的罪人，和他的家庭出身不好，有個叛徒父親姚蓬子，外加上姚文元善於投機鑽營、個人品行惡劣有極大關係，而忽視了外在的環境造就了姚文元「棍子」式的批評，並由此通向政治家、陰謀家之路。還有人根據他反右前寫的幾篇文章認定他是「漏網的大右派」，其實姚文元的主要特徵還是「左」，而非右。只要極左不批徹底，姚文元「棍子」式的批評就有可能捲土重來，這應引起人們的分外警惕。

第八節　文化激進派的崛起

所謂文化激進派，其實就是極左派。他們追求純粹又純粹的世界，容不得一點灰塵和雜質；在意識形態方面，要求輿論一律，不允許有半點不同的聲音；在文藝創作方法上，他們要求「樣板化」；風格統一，手法一致，不許有個性的追求和創造。在文藝理論方面，只允許一元、一維，容不得異端的聲音存在。本來，在「十七年」的文藝學領域，只剩下革命文論和認識文論兩種方法，到了「文革」期間，連認識文論都站不住腳，只剩下革命文論在獨霸天下。

文化激進派在「文化大革命」中出現並非偶然。一方面，它適應了「文革」的氣候和需要；另方面，也是「十七」年來文藝界左傾教條主義惡性發展的必然結果。

從六〇年代初開始，康生和江青這兩個稱得上兇神惡煞的頭面人物，在中共十中全會之後以抓階級鬥爭爲名，到處掀波作浪。一九六二年，康生在文藝界製造的第一個冤案就是誣陷李建彤創作的小說《劉志丹》是「爲高崗翻案的反黨小說」，還說利用小說進行反黨是一大發明（此話被毛澤東引用，成爲《毛主席語錄》）。此後，江青接著露「崢嶸」，於一九六三年開始批鬼戲，批孟超的《李慧娘》。在一九六四年一月三日的一個座談會上，有位領導人竟說李慧娘是個厲鬼，她是有反黨動機的。這個戲是號召人們來反對賈似道那些人，「賈似道代表誰呢？就是共產黨」。這個比喻是非常荒唐的。正如有論者所指出：賈似道怎麼可以與共產黨相提並論呢？在封建時代，連帝王將相都並不認爲反對賈似道就是反對他們，還能寬容《紅梅閣》，而我們卻不能容納《李慧娘》，這樣做要把我們黨置於何地？⑯可文化激進派不管這些，還要乘勢追擊批判爲鬼戲辯護的廖沫沙及其著名劇作家田漢、陽翰笙、夏衍。

文化激進派還謊報軍情，致使毛澤東在一九六三年十一月，兩次批評「《戲劇報》盡是牛鬼蛇神。」同年十二月毛澤東對文藝工作正式作出批示：指責「許多共產黨人，熱心提倡封建主義和資本主義的藝術，卻不熱心提倡社會主義的藝術」。「最近幾年，竟然跌到了修正主義的邊緣。」次年四月，全國京劇現代戲觀摩期間又傳達毛澤東的「第二個批示」，康生在總結報告中不僅稱京劇《謝瑤環》

是壞戲，還攻擊沈浮導演的電影《北國江南》、謝鐵驪根據柔石小說改編的電影《早春二月》是「大毒草」。七月底，中宣部寫了《關於公開放映和批判影片〈北國江南〉、〈早春二月〉的請示報告》。毛澤東對此批示說：「可能不只這兩部影片，還有別的，都需要批判」，「使這些修正主義的材料公之于衆」。從此，全國開展了一場聲勢浩大的電影批判運動，被批判的影片有上百部之多，爲文化激進派在『文革』中全方位崛起奠定了基礎。

文化激進派在「文革」中，最重要的表演是批判新編歷史劇《海瑞罷官》。《海》劇是歷史學家吳晗在一九五九年初應京劇演員馬連良等人的要求而創作的。故事發生在明代隆慶年間，描寫五十四歲的海瑞在任應天巡撫七個月中所做的除惡霸、退民田、平冤獄的故事，著重歌頌了「海瑞的剛直不阿、不畏強暴所屈、不爲失敗所嚇倒，失敗了再幹的堅強意志。」⑰可到了一九六五年十一月十日，上海《文匯報》發表了姚文元的《評新編歷史劇〈海瑞罷官〉》的討伐文章。這個姚文元，在一九五五年批判胡風時初露「鋒芒」⑱，在反右鬥爭中受到毛澤東的重視⑲，以後年年都有大批判文集和雜文集問世。這個「青年評論家」，一向以批判他人出名，人稱「姚棍子」。可江青去掉這「棍子」的貶義，將其封爲「無產階級的金棍子」。姚文元這回批吳晗，拿的卻不是一般的棍子，而是狼牙大棒。這根大棒由四部分構成：「《海瑞罷官》是怎樣塑造海瑞的？」、「一個假海瑞」、「《海瑞罷官》宣揚了什麼？」、「《海瑞罷官》要人們學習什麼東西？」文章牽強附會地和一九六一年因自然災害造成經濟困難的形勢聯繫起來，胡說《海》劇是退田搞單幹、「翻案」平冤獄、「恢復地主富農的罪惡統治」。

這場對吳晗的批判，是江青奉命到上海秘密組織的。從一九六五年初開始，姚文元的文章修改了七、八個月，每次修改均由張春橋夾在《智取威虎山》的錄音帶內用飛機送到北京。此行動背著北京市委、中央（包括周恩來），但得到毛澤東的支持，或者說這就是毛澤東「戰略部署」的一個重要組成部分。

物以類聚，人以群分。姚文元的文章立即得到《紅旗》雜誌編委關鋒、戚本禹的喝采。戚本禹是「文革」中的另一名風雲人物，文化激進派的又一代表，其成名作是在康生指導下寫成的《爲革命研究歷史》⑩。此文不點名批判了翦伯贊和吳晗的所謂「資產階級的歷史觀」。毛澤東看後於一九六五年十二月二日在杭州和陳伯達等人說：戚本禹的文章很好，缺點是沒有點名。姚文元的文章點了名，但沒有打中要害。《海瑞罷官》「要害的問題是『罷官』。嘉靖皇帝罷了海瑞的官，一九五九年我們罷了彭德懷的官。彭德懷也是『海瑞』」。陳伯達和康生，是文化激進派的後台。陳伯達很快把毛澤東的話轉告給關鋒、戚本禹。戚本禹立即寫了《〈海瑞罵皇帝〉和〈海瑞罷官〉的反動實質》⑩，另兩位文化激進派關鋒、林傑也不甘落後，寫了《〈海瑞罵皇帝〉和〈海瑞罷官〉是反黨反社會主義的兩株大毒草》⑩。這些文章均經有「文革教父」之稱的康生審定，批判的調子比姚文元更激烈，說什麼《海瑞罷官》的「眞正主題是號召被人民『罷官』而去的右傾機會主義分子東山再起。」這完全是欲加之罪，何患無詞。《海》劇動手創作於一九五九年，定稿於一九六〇年十一月，怎可能未卜先知影射到一九六一年的「退田」現實呢？吳晗是共產黨的忠實朋友，早在抗戰時期就參加了民主革命，正如翦伯贊所說：「如果整吳晗，所有的知識分子都會寒心。」⑩但文化激進派不管這些，整了吳晗，再整廖沫沙、鄧拓，一直整到北京市委第一書記彭眞倒台爲止。「文化大革命」的序幕也就由此揭開。

從以上簡略的敍述中可以看到：㈠文化激進派迷信戰爭年代的經驗，在文化批判上用的戰略戰術是「人民戰爭」辦法，即宣傳機構總動員，從中央到地方的媒體一哄而上。一發批判文章，就是數以百計、千計，還動員機關、學校、工廠甚至農村人人表態。㈡文化激進派靠的是政治權力和文化權力相結合。這種結合，歸根結底是以政治霸權壓服一切，取代一切。正是靠這種政治霸權，他們霸佔了意識形態領導權和重要的輿論工具，如《紅旗》。個別人的地位雖不高（如姚文元只是上海《解放》雜誌編委），但由於有江青的支持，所以其身份也非同尋常。㈢文化激進派是「槍桿子」和「筆桿子」的結合。「筆桿子」一旦和林彪的「槍桿子」結合，文化批判也就變成了武化批判，批判的武器亦變作武器批判，即這時的「筆桿子」具有了鎭壓的功能：鎭壓不同意見，乃至用筆殺人。不過，他們的文章沒有自己的獨立見解，他們只不過是傳達「上面精神」，拉大旗做虎皮，以勢壓人。㈣文化激進派的大本營在「中央文革小組」。他們的成員多半是搞政治的，也有搞歷史的，搞文藝的，但專業性在這裏均不重要，他們均一致視文藝批判爲政治鬥爭的武器和奪權手段。他們所有的文章均服務於毛澤東激進的文化戰略，爲建設一個所謂「紅彤彤」的新文化而努力。

第九節　文化激進派的文藝主張

文化激進派在「文革」中一次重要活動是一九六六年二月二日至二十日，由江青出面在上海召開的部隊文藝工作座談會。出席者有劉志堅、謝鏜忠、李曼林、陳亞丁四人。會議期間看電影十三次，總共看了二十一部影片，另還看戲三場。名爲座談會，實爲江青一言堂。會後起草了一個題爲《林彪同志委託江青同志召開的部隊文藝工作座談會紀要》。定稿人爲江青及未參加會議的陳伯達、張春橋。八月十九日，經過毛澤東修改和同意，然後由林彪以中央軍委的名義將「紀要」報送中共中央。一九六六年四月十日，黨中央批轉了這個「紀要」。

「紀要」說：建國後的文藝界，「被一條與毛主席思想相對立的反黨反社會主義的黑線專了我們的政，這條黑線就是資產階級修正主義的文藝思想和所謂三十年代文藝的結合。」這就是著名的「文藝黑線專政」論，是文化激進派後來徹底「砸爛」文藝界，將許多作家、藝術家打成「牛鬼蛇神」，將衆多作品打成「大毒草」的理論根據。

「紀要」是文化激進派集體創作的產物。其中大肆吹捧江青那段文字，出自陳伯達的手筆。下列對三〇年代文藝的批判，則是陳伯達與姚文元的主意：三〇年代的「左翼文藝運動政治上是王明的『左傾』機會主義路線，組織上是關門主義和宗派主義，文藝思想實際是俄國資產階級文藝評論家別林斯基、車爾尼雪夫斯基、杜勃羅留波夫以及戲劇方面的斯坦尼斯拉夫斯基的思想，他們是俄國沙皇時代資產階級民主主義者，他們的思想不是馬克思主義，而是資產階級思想。」又說：「三〇年代的左翼文藝工作者，絕大多數還是資產階級民族民主主義者，有些人民主革命這一關就沒有過去，有些人沒過好社會主義這一關。」所以，「要破除對所謂三〇年代文藝的迷信。」其中點了程季華等主編的《中國電影發展史》、田漢等人編輯的《中國話劇運動五十年史料集》、陶君起編著的《京劇劇目初探》，認爲他們在「僞造歷史、抬高自己」，並「散佈了許多錯誤觀點」，必須「進行徹底的批判」。批判的惡果是徹底否定我國革命文藝傳統，抹殺左翼文藝家對現代文學的貢獻。極富反諷意味的是，大陸在徹底掃蕩三〇年代文藝，台灣方面也在彈冠相慶，爲這些當年未隨蔣介石來台的左翼作家遭殃幸災樂禍，並在《中央日報》副刊特闢撻伐三〇年代「共匪」文藝專欄，後結集爲《三〇年代文藝論叢》，由《中央日報》社選擇在當年的「雙十節」出版。

中國的社會主義文藝，一向以前蘇聯革命文藝爲榜樣，「文革」中則完全倒過來看。「紀要」說：對於外國修正主義文藝，「要捉大的，捉蕭洛霍夫，要敢於碰他。他是修正主義文藝的鼻祖。他的《靜靜的頓河》、《被開墾的處女地》、《一個人的遭遇》對中國的部分作家和讀者影響極大。」本來，蘇聯文藝對中國文藝的負面影響主要是左傾教條主義，可文化激進派認爲是「修正主義」。這樣便越批越左。至於「紀要」所提出的「要破除對中外古典文學的迷信」的口號，則繼承了二、三〇年代俄國無產階級文化派和「拉普派」的觀點。

「紀要」爲了找「文藝黑線專政」論的理論基礎，把所謂「資產階級、修正主義文藝思想」有代表性的論點，概括爲八種：「寫眞實」論、「現實主義廣闊的道路」論、「現實主義深化」論、反「題材決定」論、「中間人物」論、反「火藥味」論、「時代精神滙合」論、「離經叛道」論。並由此引申說：在這些「黑八論」的指導下，建國以來的文藝創作好的作品不多，「不少是中間狀態的作品；還有一批反黨反社會主義的毒草。」「紀要」聲稱：要「堅決進行一場文化戰線的社會主義革命，徹底搞掉這條黑線。」從此在整個文化領域開展了自上而下的鋤毒草運動。在「鋤草」過程中，一些有正義感的作家流露出對「紀要」不滿的情緒，文化激進派便馬上給其扣上「反『紀要』」、「反毛主席、反林副統帥」、「反黨、反社會主義」的嚇人帽子，對他們實行殘酷鬥爭，無情打擊。各軍區、各部門和許多地方單位，爲貫徹「紀要」，揪鬥了一大批作家、藝術家，製造了大量的冤假錯案。貫徹「紀要」的結果，「雙百」方針被取消，社會主義文學藝術被引進一條死胡同，弄得文藝園地一片荒蕪，形成了眞正的「空白」地帶。

文化激進派破「八論」，是爲了立他們的「文藝理論」。「根本任務」論、「三突出」創作原則和「寫鬥走資派」，便是他們的理論核心。

所謂「根本任務」論，始作俑者爲江青。她在一九六四年七月在《談京劇革命》中說：「我們提倡革命的現代戲，要反映建國十五年來的現實生活，要在我們的戲曲舞台上塑造出當代的革命英雄形象來。這是首要的任務。」「紀要」對此觀點作了這樣的表述：「我們要滿腔熱情，千方百計地去塑造工農兵的英雄形象」，「要努力塑造工農兵的英雄人物形象，這是社會主義文藝的根本任務。」

恩格斯雖然在一八四八年提出過革命文藝應該「歌頌倔強的、叱吒風雲的革命無產者」的戰鬥任務⑩⑭，但並沒有說是「根本任務」。把眞理無限誇大，必然走向荒謬。既然是「根本任務」，那不管什麼體裁、什麼形式，都要塑造英雄人物，這是違反藝術規律的。毛澤東《在延安文藝座談會上的講話》中也只提出表現革命的「新的人物，新的世界」，並未強制各種文體都要去表現「英雄人物」。何況，文化激進派心目中的「工農兵英雄人物」，都是不食人間煙火，只講政治功利而完全失卻英雄作爲普通人的眞實生命，是徹頭徹尾反現實主義的，這樣做根本談不上文學自身的目的。文化激進派還把「根本任務」論作爲衡量無產階級文藝與資產階級文藝的標尺，以此否定不適合他們政治需要的作品。「根本任務」論其實宣揚的是「英雄史觀」，作爲他們提倡個人崇拜、抹殺獨立思考的借口。他們刻劃的「工農兵英雄形象」，像小說《初春的早晨》⑩⑤中的郭子坤、《金鐘長鳴》中的巧姑，均不是具有七情六欲的活人和凡人。他們念念不忘的是路線鬥爭和奪權。他們未卜先知，無往而不勝，處處被拔高和神化。文化激進派控制的刊物《朝霞》所發表的小說，「英雄人物」清一色是奪權先鋒。爲了配合「改朝換代」主題需要，人物關係高度模式化：凡是「老」的都要聽「新」的，男的要聽「女」的，「武」的要聽「文」的，「幹實事」的要聽「耍嘴皮」的……，總之，要聽王（洪文）、江（靑）、張（春橋）、姚（文元）四人的！⑩⑥

「三突出」創作原則，被認爲是「實踐塑造無產階級英雄典型這一社會主義文藝根本任務的有力保證」⑩⑦。這一原則是原文化部長于會泳根據江青的旨意歸納出來的：「在所有人物中突出正面人物來；在正面人物中突出主要英雄人物來；在主要人物中突出最主要的中心人物來」。⑩⑧後又由姚文元修正為：「在所有人物中突出正面人物；在正面人物中突出英雄人物；在英雄人物中突出主要英雄人物」。⑩⑨

根據「三突出」這一原則，文化激進派控制下的「樣板戲」劇組又將其加油添醋，附加上三陪襯、多浪頭、多側面、多回合、多波瀾、多層次、起點高等一套「三字經」。據有關文章解釋：「三陪襯」就是「以成長中的英雄人物來陪襯主要英雄人物」，「以其他正面人物來陪襯主要英雄人物」，「刻劃反面人物，反襯主要英雄人物」⑪⓪。所謂「多側面」，是「多方面地組織戲劇矛盾，有利於表現英雄性格的廣度，即多側面；而將圍繞著英雄人物的各對矛盾適當地、有限制地加以強化、激化，則有利於表現英雄性格各個側面的深度。」其他「多浪頭」、「多回合」、「多波瀾」、「多層次」，內涵也是大同小異。

「三突出」完全是主觀唯心論的產物。它違反創作來源於豐富多彩的生活規律，按照頭腦中事先設置的模式去組合生活，去裝配人物，而不是從生活出發進行藝術構思。不管生活如何瞬息萬變，人物關係如何錯綜複雜，文化激進派均不分青紅皂白規定主要人物只有一個。這種文學理論，其實是一種魔鬼之床，強求作家躺下，凡不符合「三突出」即魔鬼之床要求的，則砍下腦殼或手腳。按照這個形而上學猖獗的「理論」，《三國演義》就不應平分秋色寫劉備、關羽、張飛，《水滸》寫一〇八將也成了違反「三突出」的「多中心」了。文化激進派甚至把「三突出」作爲衡量文藝創作優劣的標準，這樣不僅砍殺了一批好作品，而且給文學創作帶來了公式化、概念化的傾向。像規定戲劇舞台上「一號人物」必須「始終坐第一把交椅」，燈光必須跟著他轉；又如在攝製電影時，鏡頭一定要做到「我近敵遠，我正敵側，我仰敵俯，我明敵暗」，英雄人物一定要「近、大、亮」，反面人物只能「遠、小、黑」。按照這種模式炮製出來的藝術形象，必然是千遍一律的傀儡，那還有什麼藝術創造可言。

文化激進派將藝術園地弄得一片荒蕪，引起毛澤東的強烈不滿。文化激進派爲了掩人耳目，便接過「發展創作」的旗幟，並塞進自己的私貨。一九七三年十一月，他們提出「努力反映文化大革命的鬥爭生活」的口號，企圖爲自己篡黨奪權的行爲樹碑立傳。一九七六年二月，又提出寫「與走資派作鬥爭」的作品，企圖爲打倒一大批老幹部製造輿論。電影《春苗》、《反擊》、《盛大的節日》、《歡騰的小涼河》，便是他們炮製的鬥「走資派」作品的「樣板」。有關這些作品的評論，與政治評論幾乎沒有什麼差別：思維方式極端片面僵化，毫無科學性可言，更不用說其政治立場和觀點的錯誤了。

從以上對文化激進派「文藝理論」的評述中，我們可以看到：在「文藝從屬政治」的觀念沒有改變的前提下，當政治發生嚴重變異時，文藝理論也必將隨著政治路線的改變而變異，使「文革」時期的文藝評論的文學性喪失殆盡，它的絕大部分只爲陰謀政治製造輿論而已。初瀾、江天、丁學雷之流的文章，其作用是羅織罪狀，製造文字獄。他們的文章除了頒佈罪名，就是引用經典，再加一點發揮，與文學評論的科學性不沾邊，更談不上有什麼學術價值。江天和洪途在一九七六年拋出的那本《研究文藝史上儒法鬥爭的幾個問題》，盡管披上了「學術探討」的外衣，但明眼人一看就知道這是爲「批林批孔批周公」張目的。

「文革」期間的「文學評論」，如果要分階段的話，可以一九七一年爲界。嚴格說來，一九七一年以前並無文學理論可言。充斥論壇的、像黃河缺口湧來的是工農兵和紅衛兵撰寫的大批判文章。這些文章除了見諸公開報刊外，還有大量的見諸於各「戰鬥兵團」自編自印的書刊中。較有代表性的刊物有「新北大公社文藝批判戰鬥團」創刊於一九六七年六月的《文藝批判》和「北京大學文化革命委員會」在此前後創刊的《文化批判》。書籍則有人民文學出版社《文藝戰鼓》編輯部、「紅代會中國人民大學三紅文學兵團」編印的《六十部小說毒在哪裏？》⑪、武漢大學中文系六一級延河公社和湖北省文聯造反團編印的《十七年百部小說批判》⑫、鄭州大學中文系六三級二班和河南二七公社鄭大聯委響箭兵團編印的《七十部戲劇批判》⑬等等。在這些自印的大批判文集中，文藝界的主要鬥爭方法不再是文藝批評而是赤裸裸的你死我活的階級搏鬥。即使是當時出版的許多《毛主席詩詞講解》和《魯迅舊詩解析》一類的小冊子，也大都是當時「革命大批判」的政治注腳，並非是學術研究產物。

一九七一年後，文藝政策略有放鬆，充許個人署名寫書。這類論著仍然無法超時代，也打上了左的印記，但畢竟不是文化激進派直接授意炮製的。這方面的代表作是郭沫若的《李白與杜甫》⑭。此外，還有章培桓、黃霖的《宋江析》⑮、王爾齡的《繼承魯迅的反孔鬥爭傳統》⑯、李希凡的《〈紅樓夢評論集〉出版後記》⑰，以及北大、復旦等校工農兵學員編寫的評《水滸》、《紅樓夢》之類的小冊子。影響較大的還有遼寧大學中文系文藝理論教研室編寫的內部教材《文藝思想戰線三十年》⑱。這類「緊跟派」的論著在不少方面誠然與初瀾們唱的是一個調子，在文藝觀念和思維方法方面並無質的不同，但畢竟有「五十步」與「百步」之別，不應與初瀾、江天、丁學雷、羅思鼎、石一歌、任犢乃至洪廣思、辛文彤混同起來。僅在「文革」後期登上文藝論壇的「新人」而論，還有余秋雨、楊匡漢、吳功正等人，前者允當過「筆桿子」，寫過批判斯坦尼斯拉夫斯基體系的文章，後以研讀魯迅佚文引起人們重視，次者與人合作出版過《剪除惡草，灌溉佳花》文集⑲，再次者寫過大量的帶有左傾特點的文藝隨筆。但這些人在新時期均成了評壇的新秀，在各自不同的研究領域做出了引人矚目的成績。正像當代文學理論批評經過否定之否定的道路一樣，這些評論家們同樣經歷過一個苦痛的蛻變過程——乃至包括「文革」前起步、在「文革」中也寫過一些內容左傾評論的謝冕、孫紹振。被扭曲的「練筆」活動對他們新時期起步無疑帶來了阻力，但反戈一擊同時使他們做出了比別人更值得羨慕的成績。這些評論家們完全用不著忌諱自己在舉國皆狂的「文革」中呼應文化激進派文藝主張的經歷（作家中的劉心武、諶容、張抗抗、梁曉聲也走過這段彎路），正像年長後看見自己孩抱時代露屁股、銜手指的照片那樣根本用不著難爲情。

第十節　「地下文學評論」對文化激進派的抵制和鬥爭

文化激進派由於受到最高權力機構的支持，故他們的文學主張居主流地位。但也有不甘隨波逐流者，不時對主流文學主張提出質疑乃至批評。這種質疑和批評，有「地下」和「地上」之分，公開發表和民間流行之別。在階段上，主要有三次：一是對姚文元《評新編歷史劇〈海瑞罷官〉》的反批評，二是批駁文化激進派的喉舌初瀾、丁學雷的文章，三是用信稿形式批判《朝霞》發表的反黨亂軍作品。

姚文元批吳晗的文章，不僅民間有不同意見，而且中央高層也有分歧。彭眞主持的北京市委便以海瑞「剛直不阿」的精神堅決抵制姚文元的極左做法，長達十九天不在北京的報刊轉載，是所謂「針插不進，水潑不進」。後來（即同年十一月二十九、三十日）《北京日報》、《人民日報》不得不轉載時，均加入體現彭眞意圖的編者按：強調要根據「雙百」方針精神，進行平等的、以理服人的討論。正是在這種形勢下，京滬報紙出現了下列和姚文元唱反調的文章：林丙義《海瑞與〈海瑞罷官〉》，《文匯報》一九六五年十二月三日。李振宇《〈海瑞罷官〉是一齣較好的歷史劇》，《北京日報》一九六五年十二月九日。姚全興《不能用形而上學代替辯證法》，《光明日報》一九六五年十二月十五日。羽白《〈海瑞罷官〉基本上應該肯定》，《文匯報》一九六五年十二月十七日。《華東師範大學歷史系三位同志來信》，《文匯報》一九六五年十一月二十九日……。還有許多文章由於媒體的扣壓，無法公開與讀者見面。

這些文章均一致認爲：姚文元以扣帽子、打棍子代替說理，是典型的形而上學。吳晗的《海瑞罷官》並無反黨旨意，應得到肯定。華東師範大學歷史系著名教授李平心則就「淸官」的歷史作用問題和姚文元辯論。青年學生馬捷亦寫了《也談〈海瑞罷官〉》反駁姚文元。可這些文章後來毫無例外地被打成「右派」言論。張春橋、姚文元還親自出馬，在化名「勁松」、「伍丁」的文章中，稱李平心是「自己跳出來的反面教員」，誣陷他是「反黨反社會主義」，逼得他飲恨而死。同情吳晗的另一位歷史學家周予同，則被批鬥得全身癱瘓，臥床不起。馬捷也成爲「反動學生」，反復挨整。以「時漢人」筆名爲吳晗辯護的北京師大中文系學生金宏達，日子也不好過。文化激進派對不同意見的人均實行文化專制主義。用他們的話來說是「我花開後百花殺」。但有骨氣的知識分子均不甘心俯首就擒。李平心在去世前一個月就憤慨地說：「有幾個問題我事先是絕對料不到的：第一，歷史人物要全盤否定；第二，對淸官要一棍子打死，這無論如何也不合邏輯；第三，現在忽然從學術討論轉到政治鬥爭。……」⑳當時對文化激進派的抗爭，未公開的談話比公開發表的激烈，「地下」的比「地上」的更尖銳、更有火藥味。

在「文革」期間，名目繁多的「大批判組」取代了文學理論批評隊伍，有如起訴書、判決書的文學批判在冒充文學評論與研究。「文革」期間前五年，偌大的中國沒發表過有眞正文學評論價值的文章，主要文學評論刊物《文學評論》、《文藝報》被「砸爛」，其他發表文學評論的雜誌被勒令停刊，大批評論家被批鬥，大批文學評論著作被當作「毒草」鏟除。在『十七年』原就盛行過的庸俗社會學批評，在這一時期得到惡性發展，達到登峰造極的地步。原先注重社會的社會學批評則演變成赤裸裸的政治批評，成爲階級鬥爭、路線鬥爭壓倒一切的政治工具。在文學批評與政治批評之間畫等號，這無異於取消文學批評自身。這是社會學批評的蛻化與變質，是那個特殊年代的批評悲劇。

前面說『文革』期間沒有文學評論，是心理的而非歷史的判斷。儘管那個時期非常態的文學批評十分薄弱，但仍有一種來自民間的、在當時看來是失態的文學評論在和激進的文藝主張進行抗爭。一九六七年七月十一日，文化激進派控制的上海市委寫作小組以「丁學雷」的筆名發表評周而復長篇小說《上海的早晨》的文章，誣陷這部描寫私營工商業改造的小說爲替「劉少奇復辟資本主義鳴鑼開道的大毒草」。同年十一月，上海市煤氣公司助理技術員桑偉川，寫了《評〈上海的早晨〉》和丁學雷展開針鋒相對的論辯。桑偉川在給《文匯報》的信中說：「我寫《評〈上海的早晨〉》一文參與戰鬥，以引起爭論，爲落實對（民族）資產階級的政策，與怎樣才算得是一個好的黨的領導者等方面，得到符合毛澤東思想的統一認識來。」文章認爲：《上海的早晨》客觀眞實地反映了「五反」這場鬥爭和勝利，決不像丁學雷說的是「爲資產階級復辟鳴鑼開道。」桑偉川還認爲小說中寫的黨的領導者楊健，是執行「利用、改造、限制」政策的楷模。他沒有搞左傾盲動主義去「消滅資產階級」，丁學雷把他打成「賣身投靠資產階級的工賊」是違反歷史事實的。總之，「作者是站在保護工人階級立場

歌頌了對資產階級鬥爭勝利的。這是作品的主流方向。」㉑

桑偉川的文章難免有當年的某些烙印，但對丁學雷的批駁，在今天看來仍是正確的。桑偉川的文章說明：當時的讀者並非都是盲從者，他們還有良知和判別是非的本領。當然，這樣做要付出巨大代價。如桑偉川的文章先是被丁學雷在《人民日報》一九七一年一月二十四日發表的文章中打成翻案的「毒草」，後來又由各級組織對桑偉川進行殘酷批鬥達二九〇多次。最後桑偉川被扣上「現行反革命」帽子，在鐵窗下過了七年非人的生活，直至一九七八年八月才平反。

桑偉川的文章當時本屬「地下」，後來被引渡到「地上」當「反面教材」發表。類似的文章還有，只是難於和讀者見面。一九七二年春夏之間，山西省文化局創作組趙雲龍寫了《對塑造無產階級英雄形象問題的一些理解》的文章，認爲文化激進派提出的「根本任務」論，是「把文藝描寫內容和文藝社會作用混爲一談，是把文藝手段和文藝目的混爲一談」，在理論上說不通。趙雲龍還批評了激進派的作品在「圖解」政治概念，「在堂堂正正的字面下掩蓋著對生活現實的歪曲」㉒。趙雲龍的文章很快被發現，初瀾們如臨大敵進行圍剿，趙雲龍本人和桑偉川一樣被戴上「現行反革命」帽子，成了毛澤東激進文化路線的犧牲品，直至一九七四年五月三日含恨離開人間。

這時間還有部隊作家高玉寶寫的《文藝創作不能憑空編造假人假事》㉓。文章雖不長，但在一定程度上抵制了文化激進派不許寫眞人眞事、大力鼓吹瞞和騙的文藝的惡劣傾向。此外，李春光寫的揭露江靑一伙壓制故事片《創業》的大字報，對文化激進派的文藝主張作了痛快淋灕的批判，是當時民間文學評論與主流文學評論抗爭的重要代表。

對文化激進派的第三次挑戰發生在『文革』後期。廣大群衆出於對高層的信賴，和對國家前途的關心，紛紛響應毛澤東的號召投入到「文革」洪流中。可後來隨著運動的深入發展尤其是林彪自我爆炸後，不少人對「文革」的發動產生了疑問，從狂熱參加走向冷靜的反思。具體到文藝領域，一些清醒的讀者對文化激進派炮製的「文革文學」產生強烈的反感。如一九七四年二月，《朝霞》發表了毀我長城的亂軍小說《閃光的軍號》，遼寧本溪〇二七部隊戰士白暟、王忠良便於同年四月三十日向《朝霞》投寄了《醜化革命幹部形象，居心何在？——評〈閃光的軍號〉》的信件，嚴正指出小說通過「精心設計『完成』了它蓄意歪曲、醜化我軍領導幹部形象以達到其不可告人的政治目的『創作意圖』」，這正需要我們認眞加以批判」。⑫《朝霞》一九七六年第八期發表的小說《前線》，鄭州柴油機廠後勤組王洪偉在同年九月八日的來信中，亦認爲這篇小說矛頭是指向中國人民解放軍的，「是向無產階級進攻發出的『綠色信號彈』」。⑫

在「文革」期間，文化激進派捉刀代筆，虛擬（或授意）許多工農兵讀者來信「聲討」吴晗、鄧拓、廖沫沙「三家村」及周揚、田漢、夏衍、陽翰笙「四條漢子」的「滔天罪行」。在人們印象中，凡工農兵來信或由工農兵組成的「寫作組」，必然左傾。其實，工農兵讀者也是一分爲二的。王忠良等人向《朝霞》投書或投稿便說明了還有另一類工農兵讀者對文化激進派實行的路線強烈不滿。只不過這不滿屬「地下文學評論」，很難發表出來（王忠良等人的信稿在當時便被《朝霞》編輯部扣壓，一直到《朝霞》停刊後才能與讀者見面)。這裏講的「地下文學評論」，是指在「文革」那種特殊的年代，由普通讀者或評論工作者寫作的，與文化激進派的主張相抗衡的文藝評論。無論是以大字報形式或以筆記形式乃至以學習經典作家論述形式出現，是留下了左傾烙印或完全沒有這種烙印，只要其寫作動機和基本論點是和「文革」時期的主流文藝評論唱反調，均可視爲「地下文學評論」。像趙雲龍、桑偉川的文學評論與「筆桿子」初瀾、江天、丁學雷、梁效、任犢、方澤生等以主流面目出現的文學評論對峙，本質上是兩種話語的對峙。「地下文學評論」由於受時代的限制或爲了保護自己的需要，使用了當時一些流行的話語乃至觀點——也由於當時有修養的評論家被剝奪了寫作權利，地下評論執筆者大多是文學青年，故無法獨立建構自己的話語系統，但他們對主流文學評論所作的某些反叛和抗爭，應大力肯定。

第十一節　新時期對「文藝黑線專政」論的總清算

在「文革」前十七年，儘管開展了這麼多階級鬥爭，當時的文藝隊伍甚至被認爲「跌到了修正主義的邊緣」，但還沒有敢全盤否定「十七年」文學藝術所取得的成績，認爲是「黑線」在專政。可是自從一九六六年二月林彪委託江青召開部隊文藝工作座談會後，「文藝黑線專政」論隨著「座談會紀要」的公佈便流行開了。「紀要」原文是這樣寫的：「文藝界在建國以來，卻基本上沒有執行，被一條與毛主席思想相對立的反黨反社會主義的黑線專了我們的政。這條黑線就是資產階級文藝思想、現代修正主義的文藝思想和三〇年代文藝的結合」。「紀要」還舉了「黑線」的所謂八種代表性論點：「寫眞實」論、「現實主義廣闊的道路」論、「現實主義的深化」論、反「題材決定」論、「中間人物」論、反「火藥味」論、「時代精神匯合」論、「離經叛道」論。「文藝黑線專政」論一經炮製出，便有如一股狂風鋪天蓋地而來，使整個文藝界遭受到一場空前的浩劫。

「四人幫」被掃進歷史的垃圾堆後，廣大文藝工作者揚眉吐氣，對「文藝黑線專政」論做了嚴肅的批判和清算。一九七七年歲末，飽受「四人幫」文化專政主義之苦、久別重逢的一百多位文藝界人士聚集在《人民文學》編輯部召開的座談會上，在郭沫若、茅盾、周揚帶領下旗幟鮮明地揭批了「文藝黑線專政論」。《人民文學》從同年十二期起開闢了《徹底批判「文藝黑線專政論」》專欄，發表了老作家嚴文井、秦牧、峻青、草明的批判文章。從此，全國文藝界掀起了揭批「文藝黑線專政論」、爲三〇年代優秀作品恢復名譽的熱潮。大量的文章以充分的事實證明：「三〇年代」文藝取得了巨大的成績，決不容一筆抹煞。儘管在前進過程中它有過失誤，但方向是完全正確的。文化激進派將「三〇年代文藝」全盤否定，其目的是打擊陷害像田漢、夏衍、陽翰笙等一大批老作家，爲他們的「空白」論和「新紀元」論張目。但限於當時的歷史條件，限於「兩個凡是」⑫⑥觀點的影響，當時的批判很不徹底。有些文章還不能算是批駁，只能說是辯解。在批文化激進派時有人還與文化激進派比高低：「寫眞實論，我們早在反右時就批過了」！這種與文化激進派爭功的做法現在看來有點好笑，但當時卻是理直氣壯，不容分辯的。因爲當時許多冤案還沒有昭雪，許多大是大非問題還沒有得到澄清。

一九七八年夏季，中國文聯於五月底六月初在京召開了三屆三次全委擴大會。這是文化激進派倒台後具有歷史意義的撥亂反正的盛會。會議進一步清算了「文藝黑線專政論」，對文化激進派鼓吹的「三突出」論、「根本任務」論、「題材決定」論、「反寫眞人眞事」論、「徹底掃盪遺產」論等一系列謬論，也開始揭露和批判。鑑於當時對教育戰線的「兩個估計」未完全推翻，因而人們在批判時還難免在觀望、徘徊，以致出現了這樣的奇談怪論：文藝界雖然沒有「黑線專政」，但「文藝黑線還是有的」。有的則仍然全部肯定「十七年」出現的所謂「五大戰役」，如林默涵發表在《人民文學》一九七八年五期上的《解放後十七年文藝戰線上的思想鬥爭》。只有到了眞理標準問題的討論全面展開後，憤怒的政治聲討才不再出現思想鎖鏈的叮噹聲，「文藝黑線專政論」才被徹底推倒。當時發表的一系列批判文章指出：《紀要》是林彪與江青兩個反革命集團摧毁我國文化的一個鐵證；由《紀要》所拋出的「文藝黑線專政論」，是林彪、江青殘酷打擊、迫害大批作家文藝家的主要理論根據，給我國文藝事業造成無法估計的損失；《紀要》以唯心主義形而上學的文藝觀，冒充正確的文藝理論；用反科學、反民主的封建文化專制主義，取代「百花齊放，百家爭鳴」的方針；《紀要》把批判的矛頭指向幾乎所有的作家和藝術家，爲的是奪取文藝工作的領導權，爲建立法西斯專政的林家王朝服務。通過對《紀要》的批判，砸碎了套在文藝工作者身上的精神枷鎖，大大推動了新時期文藝事業的發展。一九七九年五月三日，中共中央正式批轉總政治部的請示，撤消一九六六年二月《林彪同志委託江青同志召開的部隊文藝工作座談會紀要》。以後，所謂「黑八論」重新得到了正確評價，恢復了它們在當代文學理論批評史上應有的地位；同時，大批被打成「毒草」的作品得到了平反，成了「重放的鮮花」。

第十二節　方向調整所面臨的重重矛盾

一九七八年底，中共中央召開了十一屆三中全會，肯定了「實踐是檢驗眞理的唯一標準」這一思想解放的命題，並決定不再使用「以階級鬥爭爲綱」的口號。這對中國社會走向改革、開放的道路，起了決定性的作用，可謂是個劃時代的轉折。正是在政治不再像過去那樣壓頂的形勢鼓舞下，文藝界重新思考文藝與政治的關係，對「文藝是階級鬥爭的工具」這一傳統說法，提出大膽的質疑。以後，中共中央又決定放棄「文藝從屬於政治」這一口號。受鼓舞的作家們紛紛衝破創作禁區，有的甚至發出與統一的社會主調不和諧的聲音，文藝園地呈現出百花齊放的景象。

中國大陸的事情有時難免「一抓就死，一放就亂」。對這「亂」，有人認爲是「無序」，相對過去大一統的局面來說，是正常的。有人則認爲這「亂」，有一個政治方向問題，必須對此嚴格規範，以免思想解放過頭而越軌。他們舉出的例子是白樺與彭寧合作的電影劇本《苦戀》[127]。《苦戀》寫畫家凌晨光非常熱愛祖國，但祖國卻對他沒有感情，在「文革」中百般凌辱他，以致含冤而死。在內部審查這部影片時，有人提出這是一部違反「四項基本原則」的「四反」作品，並寫在中央某單位的「簡報」上。一位中央領導人也認爲此片使人看了後覺得共產黨不好，社會主義制度不好。對此，有人提出這樣的處理意見：要麼禁止上映，要麼像「文革」前批影片《早春二月》那樣公映，然後當反面教材批判。後來作了折衷處理：不上映，但要消毒，消毒的對象不是影片，而是電影劇本。

白樺是學生時期入伍的資深部隊作家，消毒工作理所當然先在部隊進行。於是，一九八一年四月二十日的《解放軍報》發表了一整版批判文章，引人矚目的是以「特約評論員」署名的《四項基本原則不容違反》一文。此文態度強硬，讀來咄咄逼人，不少報刊爭先恐後地轉載，造成一股「山雨欲來風滿樓」的聲勢。海內外與論界作出了強烈反應，還引起不同聯想與猜測。

鑒於過去「不斷的批判，不斷的平反」的經驗敎訓，黨內高層對這次批《苦戀》有不同的看法。爲打破兩個「凡是」、推動思想解放作出重大貢獻的胡耀邦認爲：對《苦戀》的批評現在國內外反映強烈，說我們黨內意見不一致，說胡耀邦、鄧穎超反對這個批評。我們的意見是先把這場風波平息下來，用一兩句話把這事冷卻下來，不要再批判了。胡耀邦這個頂著風險的講話，在遏制《苦戀》事件的進一步發展起到了重要的作用。另一位權威人士周揚的意見則有三條：「一、白樺是一個有才華的作家，但《苦戀》有錯誤，可以批評；二、應該對作家採取幫助的態度，幫他把電影修改好，而不是對作品採取『槍斃』的辦法。三、批評應實事求是。」周揚這種低調的看法，反映了黨領導文藝的新觀念。周揚從「文革」前開展的多次大批判運動中吸取了教訓，他不願重復過去「左」的錯誤。當時擔任《人民日報》總編輯的胡績偉，亦認爲《苦戀》中的畫家還是愛國的，尤其是他受「四人幫」迫害時，還說「我愛祖國」，這點不容易。至於下半句「祖國卻不愛我」，這是他當時產生的錯覺，情有可原，不能因爲他說了這句話，就將作品打成「反黨反社會主義」。胡績偉不主張先載「自由化」的帽子再批判；而主張批判後再作結論，因而《人民日報》不再像「文革」時期那樣緊張《解放軍報》，致使批《苦戀》的文章遲遲難產。

一些文藝工作者對《解放軍報》的文章也接受不了。《文藝報》在一九八一年五月發表的《對〈苦戀〉的批判及反應》的報道中，說該報共收到了十二篇有關《苦戀》的來稿，其中有十篇不讚成批判《苦戀》。人民文學出版社負責人韋君宜在中宣部召開的一次批《苦戀》會上調侃說：「現在批《苦戀》，是否姚文元又放出來了？」胡耀邦把群衆對批判《苦戀》的不同看法轉告鄧小平，鄧認爲《解放軍報》的文章內容沒有錯，但有些方法和提法考慮不周全。因此另行到《文藝報》組稿，並抵制了林默涵、黃鋼等的極左做法，寫出了較注重說理，調子較委婉的文章。這就是著名評論家唐因、唐達成在一九八一年第十九期《文藝報》發表的長文《論〈苦戀〉的錯誤傾向》。

在當時批《苦戀》事件中，還有一篇不大爲人們注意的是署名「顧言」的《開展健全的文藝評論》，發表在一九八一年六月八日的《人民日報》上。此文系周揚授意，由顧驤根據胡耀邦講話精神撰寫的。文章對《苦戀》事件中種種過「左」的做法，從正面闡述中作了批評。本來，《人民日報》

對批《苦戀》一直未表態，故此文發表後，馬上引起駐京國外記者的注意。當日，合衆國際社、美聯社、路透社、法新社發表了十幾條消息。有人說：「中共迅速平息了這場新的整肅知識分子的運動。」據顧驤後來在《此情可待成追憶》中回憶，正是《開展健全的文藝評論》的發表，才使公開批《苦戀》的事件基本告一段落。

與《苦戀》先後受抨擊的還有葉文福反特權的政治抒情詩《將軍，好好洗一洗》[128]和孫靜軒批判個人崇拜的長詩《一個幽靈在中國大地上遊蕩》[129]。當時發表的批判文章措辭嚴厲，使作者無申辯的餘地。其實在文藝領域內，正如葉聖陶早先所說：「接受或者不接受批評應該是自由的，表態或不表態也是自由的」。但在開展政治運動的年月，作家的這種自由被剝奪了，因而無法做到這一點。一部大陸當代文藝批判史，其實也是作家的檢討史。知識分子的檢討傳統，從五〇年代批判《武訓傳》就開始了。從一九五七年開始檢討生涯的白樺，這次也熟練地寫出了《關於〈苦戀〉的通信》[130]的檢討。孫靜軒的檢討則沒有白樺寫得富「藝術性」，他那篇《危險的傾向，深刻的敎訓》[131]的通用化標題，可用在任何犯錯誤的作家身上。

此外，張笑天的中篇小說《離離原上草》[132]、戴厚英的長篇小說《人呵！人》[133]，也受到了尖銳的批評。較重要的批評文章有張炯的《〈人評呵！人〉的思想與藝術傾向》[134]、譚昭的《評〈離離原上草〉》[135]以及張笑天的檢討《永遠不忘社會主義作家的職責——關於〈離離原上草〉的自我批評》[136]。不過這些批評在某種程度上起了一種「廣告」作用，使這些在藝術上並非拔尖的作品在海外受到分外重視，在台港被當作一流作品大肆宣傳。

關於反自由的鬥爭，後來又有反復。一九八七年四月六日至十二日，《紅旗》雜誌文藝部、《光明日報》文藝部、《文藝理論與批評》雜誌聯合在河北省涿洲市召開了反對資產階級自由化的組稿座談會。一向站在大批判前沿的劉白羽、林默涵做了重要發言。陳涌在講話中分析了新時期文學十年的成就與問題。對這次會議的評價亦有不同意見，如北京有人指控此會是以「反自由化」爲名回到以前封閉的老路去。在有些人的發言中，「以階級鬥爭爲綱」的思想呼之欲出。本來，鄧小平說過「不搞精神污染」，可言些人說要「清除精神污染」；本來是指文藝戰線問題，可後來擴大到經濟領域乃至生活方式方面。古耀邦對此非常不滿，還批評某些「理論家不一定是政治家」，因而「清污」只搞了二十七天，再也無法進行下去。

一九八七年二月，還出現了一個「舌苔事件」。大陸最高檔的《人民文學》刊物，在該年一一二期合刊號上發表了馬建的題目不尋常的小說：《亮出你的舌苔或空空蕩蕩》。作品在寫西藏少數民族生活時，用第一人稱手法繪聲繪色地描繪「天葬」、「兄弟共妻」以及母與子、父與女亂搞兩性關係的不道德行爲。中央民族學院學生看了後勃然大怒，覺得醜化污辱了少數民族，要上街遊行以示強烈抗議。後來，刊有這期的《人民文學》被收回銷毀，《人民文學》編輯部作出檢查，主編劉心武停職反省，這件事才平息下來。《人民日報》同年二月二十一日發表的評論員文章指出：從「舌苔」事件中，人們可以看到，資產階級自由化思潮怎樣的侵蝕了我們的創作隊伍和編輯隊伍，使他們迷失了方向，對人民和民族的團結、對文藝工作者的社會責任感等政治方向問題，都可以置之不顧……因此，必須加強思想教育，以澄清思想上的混亂。⑬《人民文學》改組後，作品的思想性是加強了，然而刊物的發行量卻由於種種原因在下降。

以上一系列批判作家作品的鬥爭，雖然在重新規範文藝方向方面起過一定的作用，但應該承認，對以《苦戀》爲代表的批判，因面臨重重矛盾遠未收到預期的效果。這是因爲時代不同了，八〇年代的中國大陸與七〇年代以前有了重大差異。這是一個從領袖獨斷以權力話語爲中心的時代，逐步走向一個相互理解、平等對話的時代。這時沒有「最高指示」，權威的削弱使大一統的局面建立已不復可能。爲各種思想傾向和功利目的所催生的多元化趨勢銳不可擋。從中央高層到一般老百姓，對過去馬不停蹄的大批判做法都不同程度地作過反思，都表現出一股厭倦的情緒。他們均希望健全法制，不希望再以「思想犯」名義給作家定罪。各級作家協會本是運轉大批判的極好機器，「文革」前只要北京發出「我們必須戰鬥」的旨令，便可組織寫作班子連夜炮制出衆多炮擊式的文章，可現在的作家協會已不是當年搞運動的「戰鬥堡壘」，其權威地位亦已今非昔比。如當時中國作家協會黨組書記張光年就極力抵制中宣部長王任重把批《苦戀》弄成變相的「反右」運動的過左做法。加上作協有時還扮演保障作家權益的角色，因而政治干預力量已不可能像過去那樣在這些單位中暢通無阻。即使是新聞媒體——那怕是「黨委機關報」，有時也留有「空隙」給作家「逃避」。如前面提及的一九八三年在北京發動的「清除精神污染」不算運動的運動，當時擔任中共上海市委宣傳部長的王元化就作過抵制，將

《解放日報》已排好的兩版擁護「清污」的表態文章取消。他認爲「不重復過去的運動方式，不要人人表態」，這意見得到當時上海市委負責人汪道涵的支持⑬⑧。這種北京發動而上海卻在消極抵制的做法，是很耐人尋味的。

註釋

①《中華全國文學藝術工作者代表大會紀念文集》，第三頁，新華書店一九五〇年版。

②③④ 周揚：《新的人民的文藝》。

⑤⑥⑦⑧⑨ 周恩來：《在中華全國文學藝術工作者代表大會上的政治報告》。

⑩ 夏衍：《糾正錯誤，改進領導，堅決貫徹毛主席的文藝方針》，《文藝報》一九五二年第十一、十二號。

⑪ 一九四九年七月十九日。

⑫《胡喬木說對電影〈武訓傳〉批判非常片面、極端和粗暴》，《人民日報》一九八五年九月六日。講話全文見《黨史通訊》一九八五年第十二期。

⑬ 參看張國光：《古典文學論爭集》，武漢出版社一九八八年版，四三二頁。

⑭《人民日報》一九五四年十一月二十日。

⑮《人民日報》一九五一年五月二十日。

⑯《人民日報》一九五一年六月十日。

⑰《文藝報》第四卷第八期（一九五一年八月十日）。
⑱《文藝報》第四卷第五期（一九五一年六月二十日）。
⑲《文藝報》第五卷第一期（一九五一年十月二十五日）
⑳陳自仁：《批判蕭也牧的庸俗社會學及其影響》，《甘肅師大學報》一九八一年第三期。
㉑參看馮征：《應該正確地塑造人民解放軍的英雄形象——評影片〈關連長〉》，《人民日報》一九五一年六月十七日。
㉒參看《解放軍文藝》一九五二年二月號的三篇文章。
㉓陳企霞：《光榮的任務》。
㉔《解放軍文藝》第一卷第二期。
㉕《希望》創刊號（一九四五年一月）。
㉖㉗康濯：《〈文藝報〉與胡風冤案》，《文藝報》一九八九年十一月十一日、四日。
㉘《中共中央關於建國以來黨的若干歷史問題的決議》，第十五頁，人民出版社一九八一年版。
㉙轉引自王道乾：《從許傑幾篇文章看他的右派面目》，《文藝月報》一九五七年第七期。
㉚舒蕪：《關於改進文學刊物現狀的一個建議》，《文藝報》一九五七年第八期。
㉛《文藝報》一九五六年第十八期。
㉜《文藝報》一九五七年第四期。

㉝何其芳：《保護黨的原則，保衛社會主義的文藝事業》。
㉞《文藝生活》光復版三號（一九四六年三月一日）。
㉟《人民日報》一九五四年十二月十九日。
㊱原載一九四二年三月十三、二十三日延安《解放日報》丁玲主編的《文藝》副刊。
㊲原載一九四二年三月九日《解放日報》副刊。
㊳原載一九四二年八月二十五日在重慶出版的《文藝陣地》第七卷第一期。
㊴原載一九四二年四月八日《解放日報》。
㊵原載一九四二年三月十二日《解放日報》。
㊶原載一九四二年三月十一日《解放日報》。
㊷新文藝出版社一九五八年。
㊸上海文藝出版社一九五九年。
㊹《人民文學》一九五九年十一、十二月號。
㊺《人民日報》一九七七年三月三十一日。
㊻李輝：《胡風集團冤案始末》。
㊼一九六〇年第二期。
㊽爲中國人民大學中文系文藝理論研究班一九五九級的集體筆名。主要成員有郭拓、王春元、譚霈生、何西

來、繆俊傑、劉建軍等人。
㊾《文藝報》一九六〇年第十二期。
㊿參看光未然：《歷史唯物主義與歷史劇、神話劇問題——評楊紹萱同志反歷史主義的傾向》，《新華月報》一九五一年十二月號。
(51)《紅岩》一九五八年第三期。
(52)《劇本》一九五六年十一月號。
(53)參看黃宗英：《我只望你遺風長存》，《文藝研究》一九七九年第三期。
(54)《文藝月報》一九五六年第十二期。
(55)《文匯報》一九五九年三月九日。
(56)《萌芽》一九五九年第十一期。
(57)《上海文學》一九六一年第一期。
(58)(86)《勞動報》一九五六年九月二十三日。
(59)《文藝報》一九五二年第五號。
(60)《文藝報》一九五五年第一號。
(61)《解放日報》一九五五年五月十七日。
(62)《文匯報》一九五七年二月六日。

⑥③ 轉引自葉永烈：《姚文元傳》，時代文藝出版社一九九三年十一月版。
⑥④ 《文匯報》一九五七年六月十日。
⑥⑤ 《人民文學》一九五七年第十一號。
⑥⑥ 《文藝報》一九五八年第四期。
⑥⑦⑨① 《文藝月報》一九五七年第十二期。
⑥⑧ 《文匯報》一九五七年十一月二十六、二十九日，十二月六、十七、二十三、二十七、三十日。
⑥⑨ 《收穫》一九五八年第二期。
⑦⓪ 《文藝月報》一九五八年第三期。
⑦① 《人民文學》一九五七年第九期。
⑦② 《展望》一九五七年第三十五期。
⑦③⑨② 《學術月刊》一九五八年第五期。
⑦④ 署名金文，《文藝月報》一九五七年第八期。
⑦⑤ 《文藝月報》一九五七年第十八期。
⑦⑥ 共七篇，分別發表在《文匯報》一九六一年一月十七日、五月二日。《學術月刊》一九六一年第六期。《上海戲劇》一九六一年第七——八期。《上海文學》一九六一年第十一期。《新建設》一九六二年第三期。《新建設》一九六三年第四期。

⑰《上海文學》一九六二年五月號（有刪改）。全文見《巴金六十年文選（一九二七—一九八六）》，上海文藝出版社。
⑱姚文元：《論文學上的修正主義思潮》，新文藝出版社一九五八年版，第一九五頁。
⑲同上書，一一二頁。
⑳姚文元：《敵友之間》，《解放日報》一九五七年六月十日。
㉑姚文元：《一點補充》，《文匯報》一九五七年五月七、八日。
㉒《新聞日報》一九五六年七月二十四日。
㉓《文匯報》一九五五年三月二十八日。
㉔《文藝月報》一九五七年八月號。
㉕姚文元：《奮發圖強、自力更生的人們一定勝利——論〈第二個春天〉主題思想的現實意義》，《解放日報》一九六三年一月十二日。
㉗姚文元：《請看一種「新穎而獨到的見解」》，《文匯報》一九六三年五月二十日。
㉘姚文元：《興滅集》，第一六一頁。
㉙參看葉永烈：《姚文元傳》，第一七五頁。
㉚《文藝報》一九六〇年第二期。《解放日報》一九六一年三月十四日。
㉓王紀人：《姚文元的「左」及其教訓》，《上海文學》一九七九年二月號。

⑭ 毛時安：《重返中世紀》，《上海文論》一九八八年第六期。
⑮ 《文藝月報》一九五七年第二期。
⑰ 吳晗：《〈海瑞罷官〉前言》。
⑱ 姚文元：《分清是非，劃清界限！》，《文藝報》一九五五年一—二期。
⑲ 姚文元在一九五七年二月六日的《文匯報》上發表了《敎條和原則——與姚雪垠先生討論》，毛澤東十分讚賞此文。同年六月十日，姚文元在《文匯報》發表了《錄以備考》，毛澤東下令《人民日報》轉載。
⑩ 《紅旗》一九六五年第十三期（十二月八日）。
⑩ 《人民日報》一九六六年四月二日。
⑩ 《紅旗》一九六六年第五期（四月五日）。
⑩ 引自高治：《震動全國的大冤案》，《光明日報》一九七八年十二月二十九日。
⑩ 《馬克思恩格斯全集》第二卷，第二二四頁。
⑩ 《朝霞》叢刊第一輯（一九七三年）。
⑩ 桑城：《評「四人幫」的幫刊〈朝霞〉》，《上海文藝》一九七七年十月號。
⑩ 小巒：《堅定不移，破浪前進》，《人民戲劇》一九七六年第一期。
⑩ 《讓文藝舞臺永遠成爲宣傳毛澤東思想的陣地》，《文匯報》一九六八年五月二十三日。
⑩ 《努力塑造無產階級英雄人物的光輝形象》，《紅旗》一九六九年第十一期。

⑩ 見北京京劇團《杜鵑山》劇組、上海京劇團《智取威虎山》劇組和江天的有關文章。
⑪ 一九六七年十月。
⑫ 一九六八年六月。
⑬ 一九六八年《教育革命紅旗》第七、八期增刊。
⑭ 人民文學出版社一九七一年。
⑮ 上海人民出版社一九七五年。
⑯ 內蒙古人民出版社。
⑰ 人民文學出版社。
⑱ 此書的最早版本是一九七一年由該教材組編寫的《當代文藝戰線二〇年》。
⑲ 內蒙古人民出版社一九七四年。
⑳ 轉引自高治：《震動全國的大冤案》，《光明日報》一九七八年十二月二十九日。
㉑ 桑偉川：《評〈上海的早晨〉——與丁學雷同志商榷》，《文匯報》一九六九年十一月二十日。
㉒ 參看韓鐘昆、賈明生：《慧眼識鬼蜮，熱血衛眞理——記革命文藝戰士趙雲龍同志》，《山西日報》一九七八年七月二十二日。
㉓ 《解放軍報》一九七二年八月十四日。
㉔㉕ 《不許毀我長城——被「四人幫」一伙扣壓的批判〈朝霞〉的讀者信稿選刊》，《上海文藝》一九七七

年第二期。

⑫⑹「凡是毛主席做出的決策，我們都要堅決擁護；凡是毛主席的指示，我們都要始終不渝地遵循」的概稱。這段話見於《人民日報》、《解放軍報》、《紅旗》雜誌一九七七年二月七日社論：《學好文件抓好綱》。

⑫⑺即《太陽和人》，發表於《十月》一九七九年第三期。

⑫⑻《蓮池》一九八一年第一期。

⑫⑼《長安》一九八一年第一期。

⒀⑽《文藝報》一九八二年第一期。

⒀⑴《文藝報》一九八一年第二十二期。

⒀⑵《新苑》一九八二年第二期。

⒀⑶廣東人民出版社一九八〇年版。

⒀⑷《學習與探索》一九八三年第四期。

⒀⑸《文藝報》一九八四年第二期。

⒀⑹同上。

⒀⑺《接受嚴重教訓，端正文藝方向》。

⒀⑻王元化：《爲周揚起草文件始末》，載《憶周揚》，王蒙、袁鷹主編，內蒙古人民出版社一九九八年四月版，第四四五頁。

第二章　從困惑中走出

回顧一下中國大陸當代文學理論批評史——尤其是「文革」前那單一、純正、封閉的審美階段，我們就會發現：政治理論、政策條文與文學理論的混合，一直作爲當代文學理論政治化、政策化的實踐，使那些忠誠於文學藝術、富有高度藝術良知的作家和文學理論家感到極度困惑。爲了從困惑中走出，他們極力想擺脫政治模式的影響，抵消政治運動帶來的消極後果，這便成了理論創新和觀念變革的心理動力；另方面，文藝創作提出的新問題與思維定勢的撞擊，爲人們提供了討論和爭鳴的機會，以致迎來了多元、綜合、開放的審美階段。對此，我們從文學創作論、作者論、文學接受理論等方面對以往的理論反思和爭鳴進行歸納、評析。

第一節　文學創作論的歷史性演變

如《緒論》中所述：首屆文代會的召開，標誌著藝術變革時代的開始。尤其是新政權建立後的現實生活和文學創作的新情況，每時每刻都提供機會折磨著作家和評論家。他們顯然需要新的文學觀念作爲創作和評論的依據，才能適應新的時代要求。

當時面臨的問題是：面對工農當家做主人的現實和工農兵文學思潮的蓬勃發展，作家還能不能寫小資產階級？表面看來，這是有關題材、人物問題的爭鳴，其實牽涉到如何貫徹一九四九年七月召開的首屆文代會所確立的「爲工農兵服務」的方向問題。這場爭論由《文匯報》報道上海影劇協會歡迎返滬文代會代表的新聞所引發①。會議的參加者洗群認爲：第一次文代會並沒有否定以小資產階級爲主角的作品的精神。後來討論中出現兩種意見：一種以張畢來爲代表，他在《應不應該寫小資產階級？》②中認爲：「無產階級的人物應該多寫，肯定地寫；小資產階級的人物應少寫，批判地寫；大資產階級的人物更應少寫，否定地寫。」另一種意見，以喬桑、左明爲代表，他們認爲小資產階級人物絕對不可以作爲主角。後來，何其芳在一九四九年十一月十日出版的《文藝報》第一卷第四期上，發表了帶有總結性的《一個文藝創作問題的爭論》。他認爲，「如果能夠通過作品中的人物正確地生動地寫出小資產階級的特點和命運，寫出他們的政治覺悟和思想改造，是可以用這樣的人物爲主角來教育人的」。關於「寫什麼」和「怎麼寫」問題，何其芳認爲在今天，只強調「怎樣寫」不夠，我們的文藝應更多地去表現工農兵和他們的生活。何其芳的文章儘管對討論中出現的「題材決定論」批評不力，但總的說來顯得比較客觀、公正，沒有對持不同意見的人亂扣帽子。可是在一九五一年開展的文藝整風運動中，有關領導部門對這場論爭做了重新評價。首先提出可以寫小資產階級並讓其當主角的洗群做了公開檢討，並認爲「犯了以小資產階級的思想立場，來保衛小資產階級文藝傾向的錯誤」，「實際上，是阻撓了工農兵文藝方向的宣傳」。接著，主持爭論的《文匯報》編輯唐弢也做了自我批評。

關於不能讓小資產階級充當作品主角的理論，後來發展爲把作品的主要人物與作者所歌頌的人物等同起來，以及題材可以決定作品優劣的「題材決定論」。一九六一年三月，《文藝報》發表了由張光年執筆的《題材問題》專論，提出要擴大創作題材，主張「廣開文路」，這個正確的理論在「文革」中曾被文化激進派指控爲「反『題材決定』論」。從五〇年代初期盛行的「題材決定論」，一直到新時期才得到徹底的糾正。

繼關於寫小資產階級問題的討論之後，《文藝報》在一九五二年五月至十二月又開展了關於創造新英雄人物問題的討論。在此之前，當時還是中南軍區文化部長的陳荒煤，在一九五一年四月二十二日的《長江日報》上論證這個問題時，明確提出「表現新英雄人物是我們的創作方向」，批評了「從落後到轉變」的創作模式。後來《文藝報》闢專欄討論時，發表了張立雲、魯勒以及其他十九位作者的文章，除了左傾批評家張立雲的文章值得注意，影響較大——他首次把反對「從落後到轉變」的創作模式上綱成是「肅清資產階級、小資產階級思想最有力的措施」，「打垮了它就摧毀了資產階級、小資產階級所盤踞的重要陣地」外，其餘文章均缺乏典型性，只是泛泛而談。第二次文代會後，文藝界通過學習社會主義現實主義，又對創造英雄人物問題展開了討論，討論集中在關於描寫英雄人物的缺點和反映矛盾衝突問題上。當時蘇聯文藝界正在反對無衝突論和將英雄人物理想化的創作傾向，這正好成了《文藝報》討論的參照系。在衆多的作家和評論家寫的文章中，馮雪峰發表在《文藝報》一九五三年二十四期上的《英雄和群衆及其他》比較有理論深度。他不是一般的肯定創造新英雄人物是「十分尖銳」的「迫切任務」，而是提出應把創造否定人物和中間人物的藝術形象放在創造正面典型「同等重要地位」。這與周揚在第二次文代會的報告中提出「決不可把在作品中表現反面人物和表現正面人物兩者放在同等的地位」的觀點是相逆的。可惜他這種能開啓新思路的意見未引起人們的重視。

一九五九、一九六三年的文藝報刊也陸續發表過一些討論英雄人物問題的文章。鑒於當時的政治氣候，討論無法正常進行。到了一九六四年底，《文藝報》發表了該報資料室編寫的綜合材料，題爲《十五年來資產階級是怎樣反對創造工農兵英雄人物的？》，將遠至一九四九年八月《文匯報》開展的「可不可以寫小資產階級」問題的討論及歷次關於英雄人物創造問題的討論全盤否定，認爲均是「同表現工農兵的任務相對抗」的「形形色色的資產階級、修正主義理論」。這是「文革」風暴到來的預兆，是不遠處飄來的隱隱雷聲。由此可見在「政治化」趨勢中開展的文學爭論，無論爭得如何熱烈，最終都難逃脫被政治審判的命運。

「文革」結束後，塑造英雄人物的討論擺脫「三突出」的桎梏，逐漸回到文學理論自身。一個重大變化是用「描寫社會主義新人的形象」取代了過去「塑造英雄形象」的提法。「社會主義新人」雖然包含了「英雄」在內，但比「英雄」的概念有更深刻的含義和更豐富的內容。有的論者提出，馬克思、恩格斯曾要求文藝表現叱吒風雲的革命的無產者，毛澤東又提出刻劃工農兵形象。寫社會主義的新人，正是上述觀點「在新的歷史條件下必然做出的合理的繼承和發展」。「在新的歷史背景下，人民的概念，它的內部結構和組合狀況，已經和正在發生著巨大的變化」。文藝表現對象上的這種巨變，使得「無產者和工農兵形象這些傳統的概念，無論在數量上和質量上，已難以確切、周詳、細密地概括歷史和時代所賦予的新的特點和內涵。在這樣轉折性的歷史關頭，提出社會主義新人的命題，正是順應歷史發展需要的理論上的新貢獻」。在討論中，大家對社會主義新人範圍的問題發表了或按歷史時期劃分、或按思想範疇劃分的不同意見。對社會主義新人的本質特徵，或認爲社會主義新人是普通人、好人，或認爲是普通人但又不等同於普通人，或認爲新人是指我們時代的光明和前進力量的代表，或強調新人具有社會主義的自覺性，或強調新人的時代特徵，或強調新人性格的複雜性，或根本認爲沒有必要給新人下定義找特徵。不同觀點的出現，乍看起來令人眼花撩亂，但亂中正表現出理論界蓬勃的生機和生氣。對如何寫新人的探討，也表明具有自主意識、懷疑意識和創造意識的科學思維的品格已在文學理論批評界重新確立。

典型問題的討論，則實現了從典型論向性格組合論的轉換③。一九四九～一九五五年，巴人、蔡儀雖然較早著文涉及典型問題，但多半是沿襲舊說或照搬蘇聯某些學者帶有機械唯物論傾向的理解。一九五五年，蘇聯《共產黨人》發表了批評把典型歸結爲一定社會力量的本質、典型問題任何時候都是政治問題的庸俗社會學觀點後，大陸文藝界對典型問題展開了熱烈的討論。前後發表了張光年、巴人、茅盾、王愚、蔡儀、鮑昌、何其芳、陳涌、馮雪峰、黃藥眠、唐弢、李澤厚、周天、李希凡、林默涵、毛星等新老評論家的論文。這些論文，或認爲典型代表本質，或持典型代表主流說，或持典型代表大多數說，或持典型即一類事物最完備的狀態說，均是從一般出發找特殊。在這種情況下，何其芳在一九五六年十月十六日《人民日報》上發表的《論阿Q》所提出的「共名說」，雖然還有缺憾，但它不僅突破了一個階級一個典型之說，而且超越了僅僅用階級性來解釋典型性的流行典型觀，在突破思維定勢方面具有驚世駭世的意味。李澤厚關於從本質必然和現象偶然的聯繫上去認識典型的共性與個性及兩者的統一觀點，爲人們了解典型的性質提供了一條新途徑。但由於「從屬論」和「以階級鬥爭爲綱」深入許多理論家的骨髓，故當時要對典型問題討論中出現的封閉思維方式做有力的衝擊和堅定的超越，幾乎是不可能的。

進入新時期後，由於思想的解放，這時的典型理論研究取得了重大的進展。人們掙脫了長期在我國理論界佔統治地位的「統一」說的束縛，趨向「特殊」說和「中介」理論（即認爲藝術典型是以特殊形象存在的，具有審美認識功能的藝術「中介」）。當然，對「特殊」說也有人持不同意見，或在「特殊」說之外提出典型體現普遍人性說。無論有什麼不同意見，這時的典型討論均十分重視對典型深層本質的探索，不再圍繞著類型說、統一說或個別說做文章。這時期典型研究的另一動向是不滿足於就典型現狀論典型問題，而把視野轉向典型問題的綜合研究和系統研究，尤其是將典型理論的歷史發展提上了研究議事日程。在一九八一年，還出現了徐俊西與程代熙等人關於恩格斯典型問題的辯論。④一九八四～一九八五年，劉再復發表了《論人物性格的二重組合原理》等一系列論文，對典型人物的性格組合進行了獨到的、自成一家之說的系統研究。直到一九八六年，他的《性格組合論》的出版，典型問題的討論才不再成爲熱門話題。這本書儘管有些觀點經不起推敲，在當時也出現了許多不同意見，但作者從人的主體性出發研究典型，體現了新時期典型觀念的演變和典型討論從簡單化走向複雜化的歷程。

在創作方法的討論上，也實現了從獨尊現實主義到重鑄現實主義與重視現代主義的轉換。其理論參照系由前蘇聯文藝理論轉入西方現代文藝理論。

關於現實主義理論問題討論，從一九五二年底中共中央宣傳部的負責人號召文藝工作者掌握社會主義現實主義原則起，一直經過多次的學習和討論、爭辯。這些討論和爭辯，雖然對社會主義現實主義文學思潮的傳播起了積極的作用，但當時把社會主義現實主義確定爲我國文藝批評唯一正確的原則，把革命現實主義創作和爲政治服務、爲階級鬥爭服務等同起來，以爲革命現實主義已臻完美、無須發展的觀念，則是反科學的。新時期以來，現實主義問題的討論逐漸擺脫了教條化、僵滯化和單一化的局面，而變爲湧動著無限生力和活力的張力場。其進步和發展主要表現在：「文革」前的革命現實主義，只強調歌頌鶯歌燕舞的大好形勢，要暴露只能暴露牛鬼蛇神，現在的開放現實主義，除歌頌光明外，也批判人民內部的過錯和失誤，並同時抨擊敵人。在題材上，不局限於革命歷史題材和現實題材兩條道路、兩種思想的鬥爭，而涉及到各個方面。在指導思想上，不限於無產階級世界觀，而更強調唯物史觀，還把社會主義人道主義作爲開放現實主義指導思想的一個組成部分。在對革命現實主義本身的理解上也有了發展，即不僅認爲革命現實主義可以作爲藝術地認識、反映和掌握現實的創作方法和作爲文藝流派存在，也可以作爲一種精神或傾向的理論。這樣，路子就愈走愈寬，而不是愈走愈窄，以致在創作和有關評論中出現了各種現實主義的變體，如批判現實主義、結構現實主義、心理現實主義、文化現實主義、魔幻現實主義。此外，還有各種非現實主義的文學創作與理論的追求，如荒誕小說與戲劇、現代味小說與電影、新感覺小說、唯美小說等等。這種種現象表明：現實主義之樹長青，同時現代主義或別的其他主義的成長也不可阻擋。這種多元的創作方法的理論探索，無論是用「群鶯亂飛」還是「亂箭齊發」形容，均說明論壇的活潑不羈與雲譎波詭。

第二節　從停滯到活躍的「作者論」

「作者論」是對作家的創作歷程、創作思維、創作心態等問題的闡釋和研究。「文革」前，由於政治運動的干擾，尤其是「從屬論」、「工具論」的束縛，致使這方面的研究沒很好展開。但在形象思維的研討方面，取得了一定的成績。

關於形象思維的討論由來已久。在我國，自從高爾基和俄國革命民主主義者別林斯基等人的文藝理論著作被翻譯過來後，胡風在三〇年代中期開始省悟到這個美學觀點對文藝創作與批評的重要性，於是將其做了簡要而精粹的說明。蔡儀在一九四三年由重慶商務印書館出版的《新藝術論》中，也論及這個問題。一九四九年後從一九五二年底討論胡風文藝思想時接觸到此問題，到一九五六年至六〇年代中期較大規模地展開討論，先後寫過文章的有陳涌、霍松林、溫德富，任秉義、周勃、蔣孔陽、以群、毛星、李澤厚、吳調公、狄其驄、蕭殷、周揚、李樹謙、虹夷、鄭季翹等人。形象思維的討論和典型問題討論一樣，均以蘇聯文藝理論爲參照系。提倡形象思維的目的是爲了指導創作，反對公式化、概念化的傾向。當時舉座皆驚的公式化通病，本來是提倡爲政治服務、特別是爲政策服務⑤造成的，但要反對這一點，容易「觸礁」，因而便改用離政治較遠的形象思維問題去糾正。當時涉及的主要問題和代表性論點是：一、有無形象思維的存在，它爲什麼會存在？二、形象思維的特點是什麼？三、形象思維與抽象思維的關係和兩者在藝術創作過程中所起的作用。討論文章全建立在反映論和認識論的基礎上，所引的語錄不是別、車、杜就是高爾基，外加中國文藝運動領導者的指示。建立在這樣理論基礎上的討論，雖然也有助於人們認識文藝的特徵和規律，但要想大力革故鼎新，張揚新說，是困難的。且看當時肯定形象思維存在的原因：有的從文藝反映的特殊對象和形式上立論，有的從文藝作品的形象性立論，有的從文藝的不同心理類型立論。對形象思維的特點，有的認爲形象思維就是通過形象的方式，在個別的、具體的事件和人物中揭示生活的本質規律；有的認爲形象思維是把基於生活實踐而在意識中產生的表象，通過創造性想像而改造製作成爲一種新的形象的過程；有的認爲形象思維的過程就是典型化的過程；還有的論者認爲形象思維是形象化了的思維、思維化了的形象。這些說法儘管也有一定的科學性和合理性，但只不過是角度不同而已，其思維模式並沒有很大的差異。

十年浩劫中，形象思維問題遭到批判，成了禁區。一九七八年第一期《紅旗》發表了毛澤東致陳毅談詩的一封信後，形象思維重新成爲人們的熱門話題。不過，當時政治批判多於學術探討，從「文革」中普遍否定形象思維到現在全部肯定形象思維，這兩種一邊倒均是不正常的，無助於理論上的突破和進展。後來，即一九七九年朱光潛在《美學》第一期發表了《形象思維：從認識角度和實踐角度來看》，在一九八〇年第二期《中國社會科學》又發表了《形象思維在文藝中的作用和思想性》；李澤厚分別在《學術研究》一九七八年第一期和一九八〇年第三期《文學評論》發表的《形象思維續談》、《形象思維再續談》後，情況才有所改變。特別是李澤厚的「再續談」，提出藝術不只是認識，美學也非認識論：「以情感爲中介，本質化與個性化的同時進行」是形象思維的規律，也可以說是「情感的邏輯」以及創作的非自覺性的思想等，觸及了當時形象思維討論的弊端，擴大了討論問題的領域，在一定程度上體現了形象思維理論在我國發展的實績。後來，隨著文藝心理學研究的興起，文藝心理學從形象思維領域中獨立出來，因而形象思維問題的討論熱度才逐漸冷卻下來。

在「作者論」方面，新時期還出現了一場關於如何評價「深入生活」這一口號的論辯。這場論辯是由查志華發表在一九八〇年十一期《上海文學》上的《對「深入生活」這個口號的再認識》引起的。查文認爲：「深入生活」這個口號不僅在實際運用上是弊多利少，就是口號本身也是「不準確、不嚴密的」。「深入生活」一開始提出時，就帶有明顯的質的規定性，那就是特指深入工農兵生活，這對於「革命戰爭這樣一個特定歷史時期」和「小資產階級知識分子大批奔赴根據地但又一時不熟悉工農兵鬥爭生活這一特定環境」中文學的發展，「有著積極的意義」，但「深入工農兵生活」「只能在一定的空間和時間內是正確的」，不能「無限地擴展和推廣」。查文還認爲「深入生活」常常要求作家深入到「最基層」，「還一定要同吃、同住、同勞動」，這是一種「庸俗社會學和機械反映論」；而且「深入生活，有時還有形無形地被利用成爲一根作難作家的棍子」。劉心武在《我掘一口深井——生活問題隨想》⑥中，也反對「單單強調深入工農兵生活」的做法。李基凱等人堅決反對查文的意見⑦。這場爭論雖然最後並無軒輊，但對人們思考一些問題還是有啓發的。

第三節　文學接受理論研究的拓展

讀者接受理論，在大陸當代文學理論批評史上一直沒有取得應有的地位。這與我們在文學接受中長期強調文學的教育作用、宣傳作用，無視讀者參予再創造的作用，將其降爲被動的接受者有密切的關係。但在「十七年」中，也有過一些值得注意的論著。如錢鍾書發表在一九六二年第一期《文學評論》上的《通感》，就是一篇很有份量研究讀者接受心理的論文。王朝聞也是一個高度重視讀者在閱讀文藝作品過程中再創造作用的文藝評論家。他的《一以當十》⑧、《喜聞樂見》⑨，不僅注意作品在讀者中的影響，而且還把讀者（或觀衆）提高到參與文學再創造和自身再創造的地位。一九六一年

《文學評論》所開展的文學共鳴討論同樣涉及到文學接受理論問題。當時的討論是由外國文學研究工作者柳鳴九發表在一九六〇年第五期《文學評論》上的《批判人性論者的共鳴說》引起的。討論的中心是產生共鳴現象的階級基礎。參加討論者主要有閔開德、文禮平、陳燊、柳鳴九、陸行良、馮植生等人。他們爭論的焦點是：共鳴是指讀者和作品之間的思想感情相一致的情況，那麼，是不是只有相同的階級思想感情才能成爲共鳴的基礎？一種意見認爲，共鳴不一定非要相同的階級思想感情爲基礎不可，屬於不同階級的人在一定的條件下，在某個方面，或某一點上，由於存在某些相同（或類似）的思想感情，彼此間也可產生共鳴。另一種看法與此相反，認爲共鳴只能在相同的階級思想感情的基礎上才能產生，思想體系的階級性質正是貫串在具體的觀念、感情之中，因此不同階級的人在思想感情上不可能有相通之處。這兩種對立意見儘管在共鳴的概念、條件、基礎、範圍等一系列問題上存在著分歧，但討論時雙方的用力方向上均給人一種大大傾斜了的感覺。在爭論雙方的心目中，除了文藝的階級性問題外，其他問題似乎早已被遺忘。他們所爭的、所論的，幾乎全是對著讀者的有階級性（或階級標誌不那麼明顯）的耳朵，而不是或很少考慮到讀者的審美心理差異。柳鳴九的論文雖然較有深度，注意到了文藝欣賞閱讀中的情感運動形式，但仍缺乏從人類審美心理結構的普遍性來看待文學藝術中的共鳴問題，還沒有很好進入科學的、實證性的歸納和研究。在文藝批評標準方面，「十七年」流行的是毛澤東在一九四二年確立的政治標準第一、藝術標準第二的觀點。爲了捍衛這一標準，不惜罷黜百家，將企圖修正——哪怕是小小翼翼修正的馮雪峰、秦兆陽，用那些勝過火燒、油炸的懲罰文字將其打了下去。由於批評標準被定於一尊，正常的學術討論得不到開展，所以我們的批評論和文學鑑賞理論不健全：文壇上只有作家和批評家在忙碌著，文學生產者未與消費者組成一個整體，原是理所當然的。

這種不足，在新時期的文學理論批評中得到了彌補。特別是一九八四年張隆溪、張黎等人對接受美學的介紹和引進，給向來不重視讀者研究的當代文學理論批評以極大的衝擊，給建設具有中國特色的文學接受理論提供了新的借鑒。在這方面做出突出成績的是劉再復。他的長篇論文《論文學的主體性》⑩，有一章專門論述了文學接受者的主體性問題。林興宅對藝術魅力本質的考察⑪，也是通過對審美主體與審美客觀關係的深入剖析，揭示了欣賞者的審美感應在藝術魅力構成中所起的不可忽視的作用，給人們重新認識作品與讀者的關係提供了新視角。余秋雨一九八五年出版的《戲劇審美心理學》，在我國第一次從觀衆審美心理入手，系統地研究戲劇家如何了解觀衆、適應觀衆、征服觀衆、提高觀衆等問題，溶戲劇理論、美學、心理學於一爐。對於廣大戲劇家和戲劇接受觀衆來說，這是一門既切身相關又頗爲陌生的學科。有了這門學科，戲劇家就可以更好地考慮消費，把戲劇的接受對象放在自己心靈上應有的地位，戲劇文學理論就將不再是畸形的。朱立元一九八八年十二月出版的《接受美學》，圍繞接受美學的基本思想——以讀者的審美接受爲中心，在綜合研究的基礎上，系統論述了文學本體論、作品效果、個體接受心理、群體接受社會心理以及批評觀和文學史觀，在構築自己的理論體系方面作了較大的努力。該書沒有簡單的移植西方的接受美學理論，而是在引用大量中外美學史上的實例的同時，高度重視綜合中國傳統的美學理論，使該書論述的接受美學具有本民族的特色。在作家與讀者不同的藝術思維、文學語言的「偏離效應」方面，則表現了著者獨到的觀點。一九八八年一月三十日王蒙以「陽雨」筆名在《文藝報》上發表的《文學：失去轟動效應以後》引起的討論，也與文學接受理論有關。總之，文學接受理論的新建設，更新了讀者的欣賞趣味，使多年習慣於線性思維的讀者發生了分化。高下歸位，雅俗分離，各有所愛。各種不同的文學圈子和讀者群，既競爭又互補，使讀者審美的兼容性大爲增強。

在文學批評學建設方面，先後出現了傅修延等的《文學批評方法論基礎》⑫、王先霈等的《文學評論教程》⑬一類的專著。這不僅是我國文藝批評學，而且也是文學接受理論建設上的鋪路之作，是值得文藝界重視的新的理論現象。在文學批評的分工方面，不僅有從前有過而新時期得到進一步充實、完善的企求創作發展的「爲創作的批評」，幫助接受主體認識、理解所讀作品的「爲讀者的批評」，而且出現了過去沒有過的求批評自身發展的「爲自身的批評」，如對批評理論的探討，對批評方法的研究，對批評現狀的回顧和批評歷史的總結，對著名評論家如胡風、周揚的研究等等。在評論作品方面，進入八〇年代以來，政治性的價值判斷越來越少，而代之以思想與藝術結合的分析越來越多。在批評標準方面，從劉再復等人提出的眞、善、美標準轉換到衆多學科而又貼近審美價值尺度的理論。在「十七年」執牛耳的社會學評論，在新時期得到進一步重鑄和改造，在向審美的社會歷史批評方法過渡。所有這些均表明，文學接受理論研究的成果和文學創作論、「作者論」一樣，正在從困惑中走出，在理論建設尤其是在觀念更新方面取得了新的進展。

第四節　文藝新學科的興起

只要稍加注視八〇年代後半期文藝學科的發展趨勢，就會驚喜地發現：一批新興學科正在文藝領域崛起。這些新興學科，脫掉了顏色單調、式樣陳舊的外套，以煥然一新的面貌呈現在人們面前。

文藝新學科的建立，並不是哪個文藝理論家心血來潮的產物，而是取決於時代發展的需要，文藝事業發展的需要，尤其是改革文藝學、美學的需要。具體說來，它的興起有下列幾方面的原因：

一是文藝研究領域的擴大和新課題的提出。拿文藝學來說，以往對經典作家的論述「捍衛」有餘，發展不足。如有的論者所說，我們過去很少提出過發展文藝學應允許有不同的學派，並在學派形成的基礎上建立新的分支學科。而現在，通過批判極「左」思潮，解放思想，文藝學研究工作者煥發出青春的活力，他們在用不同的研究角度、研究方法去研究傳統的文藝學。這樣，不同研究方法的發展、轉移和綜合，便形成了如文藝社會學、文藝心理學、文藝風格學、文藝分類學、文藝文獻學、文藝倫理學、文藝教育學、文藝比較學、文藝系統論等這樣一些學派和學科。

新課題的提出，與改革、開放的形勢分不開。正是在這種形勢的鼓舞和激勵下，文藝研究工作者沒株守過去陳舊的一套，而是大膽提出了各類新學科的建設問題。比如「文藝思潮學」，過去強調與論一律，不允許在流行的文藝主張之外再提別的文藝主張；加上「文藝從屬政治」、「文藝是階級鬥爭的工具」的提法沒有改變，文藝研究工作者便生怕踏入文藝思潮研究這塊是非之地。這樣，文藝思潮的研究便無形中成了禁區。即使有人想突破這個禁區，也由於當時文藝思潮的單一化，引不起研究者的絲毫興趣。新時期以來，這種狀況有了根本的改變。於是，不僅創辦了《當代文藝思潮》這樣一個連過去想都不敢想的敏感的文藝理論刊物，而且還在這個刊物的帶動下，出現了一系列研究當代文藝思潮的論著，爲「文藝思潮學」的建立，奠定了基礎。

二是各種學科互相滲透、互相聯結和綜合、交叉、分化的趨勢造成文藝新學科的興起。長期以來，人們用矛盾論和實踐論，即辯證唯物主義認識論去研究文藝，收到了較大的成效。對這「二論」，今後必須繼續堅持。但僅堅持還不夠，必須在堅持的基礎上發展。發展的結果，便是用系統論、控制論、信息論、模糊數學等方法去研究文藝。新方法批評實踐的另一種途徑是借鑒西方批評模式形成新的學科，如文藝闡釋學、文藝符號學就是這樣形成的。還有一種途徑是拓寬加厚某些新興學科的探究，如司馬雲傑等人對文藝社會學的研究。

三是研究方法的更新，也是文藝新學科產生的另一個重要原因。一門新學科的興起，首先要有基本原理、研究對象和研究方法三種要素。這三種要素，隨著學科的綜合和分化，它們也在發生變化。這變化，便孕育了新學科的產生。這新學科的產生，從結構方式看，有的屬非交叉結構形式，如文藝學學。另一種則是交叉結構型的，如電影社會學是電影學和社會學綜合，交叉而成。除綜合交叉外，近幾年來各種文藝學科均出現了由整體塊狀到分層和分枝的趨勢。如中國當代文學史這門學科。

文藝新學科，係相對傳統學科而言。通俗說來，過去沒有的、現在出現的或正在出現的，便叫新興學科。這個「現在」從國外來說，是指第二次世界大戰前後出現的，但由於種種原因，直至八〇年代以後才傳到我國的學科；從國內來說，則主要是指八〇年代在文藝領域出現的、包括正在醞釀和建設中的新學科。有些學科，雖然在一九四九年前就有，但由於長期受到壓制，沒有得到發展，八〇年代又重新復甦，這種學科我們仍稱其爲新學科，如文藝心理學。

文藝新學科，其特點正在於一個「新」字。它「新」在多義性的學科定義、多重疊的研究範圍、多樣化的研究方法、多成份的研究隊伍。文藝新學科的學科帶頭人，有不少是朝氣蓬勃的青年學者。如滕守堯自成體系的《審美心理描述》⑭，雖然還是經驗描述性的著作，但它對審美心理學的建設，無疑有突出的貢獻。黃子平等三人對《二〇世紀中國文學》⑮的研究，在論壇引起過廣泛的影響。這些學者研究文藝新學科的論著，沒有凝固化的角度，思維空間呈廣闊的狀態，均使人感到一種活潑敏銳的精神風貌，有如從原野上長驅直入的清風給我們帶來喜悅。

中年評論家的知識結構雖然與老年評論家接近，但他們也易與青年學者溝通，他們能把一些新知識和老的但仍有用的觀點嫁接起來去研究文藝新學科。這是他們的優勢，這優勢一旦發揮出來，能取得極大的成果。

如魯樞元的《文藝心理闡釋》⑯、杜書瀛的《文藝創作美學綱要》⑰、余秋雨的《戲劇審美心理學》⑱等，都不是一般的給文藝新學科的建設繪製草圖，而且在努力給具體的文藝新學科建立起結構模型。可以毫不誇張地說，他們是文藝新學科建設的中堅力量。

老一輩學者在文藝新學科建設中所起的作用也不容忽視。應該看到，不少文藝新學科，老一輩學者在一九四九年前就做了許多鋪路工作。如我國文藝心理學的奠基者朱光潛，比較文學的先行者錢鍾書等，他們的功勞就不可埋沒。這些新學科在新時期「復活」後，他們仍在起著領路的作用。有的老學者還寫出了新著，很值得重視。鍾惦棐、鄭雪來在建設電影學和電影美學方面所做出的成績，也十分顯著。王朝聞對門類美學的建設，亦起到了帶頭的作用。那種認爲老學者對建設文藝新學科沾不上邊或輕視他們的作用的看法，均是偏頗的。

由於許多文藝新學科還不成熟，不少正處於萌芽狀態，這就決定了不論是老專家還是中、青年學者寫出的文藝新學科論著均缺乏權威性。他們是彼此競賽，誰也壓不倒誰。他們的不同觀點、主張並存，一起組成了文藝新學科建設的百家爭鳴局面。

下面再談談文藝新學科的進展和發展趨勢。從數量上看，文藝新學科研究取得了不少成績。據不完全的統計，報刊上已發表了數千篇論及文藝新學科的文章，其中涉及的文藝新學科有近三百門之多。

從質量上看，文藝新學科的研究也在向縱深方面發展：一、對西方文藝新學科如文藝符號學、接受美學等做了許多介紹工作，也翻譯出版了不少有關這方面的著作。這些介紹和翻譯，是有一定質量的。二、已寫出了一批文藝新學科的專著和小冊子。三、在工具書方面有了初步的成果，如林驤華、朱立元等主編的《文藝新學科新方法手冊》⑲、古遠清編寫的《文藝新學科手冊》⑳。四、文藝新學科研究趨向已從論壇向教壇轉化。大家知道，從文化史和文藝發展史的角度看，一門學科的形成和發展，一般有以下幾種標誌：⑴創辦本學科刊物；⑵出版本學科的理論專著；⑶成立本學科的學術研究團體；⑷進入高等學校課堂。文藝新學科進入高等學校，正是它發展趨向成熟的一個標誌。八〇年代以來，已有北京大學等院校開了有關新學科的課程，有的院校還招了研究生，至於有關文藝新學科的學會以及討論會、講習班，也出現了一些。

文藝新學科的研究，也還存在著不少問題：一、有的研究者過分熱衷「基建籌備辦公室」這類機構的工作，愛好從異域不斷採辦新名詞、新術語的「磚料」，並毫不憐惜地拆毀原有的房基，致使新學科的建設失卻紮實的根基。二、有的論述文藝新學科的文章，生搬「三論」（系統論、控制論、信息論）和自然科學知識。在文風上，則有當年蘇東坡批評楊雄「以艱深文飾淺陋」的現象出現。有的人在「引進」西方論著時，自己還沒很好理解消化，就以其昏昏使人昭昭。三、在研究成果上，從微觀上探索某一門新興學科的文章多，從宏觀上研究文藝新學科建設的文章少；忙於為文藝新學科畫藍圖的多，眞正爲文藝新學科的建設紮實寫專著的少。

在建設文藝新學科過程中，雖然出現了上述問題，但它的前景畢竟是美好的：

一、文藝新學科的傳播、研究工作將由「再現期」向「獨創期」過渡。㉑二、在以系統綜合爲標誌的文藝新學科大發展的同時，分支學科和邊緣學科將陸續湧現。三、有關文藝主體理論的學科將進一步得到發展。四、比較研究將向縱深發展。五、應用性新學科將進一步增加。

總而言之，文藝新學科前程似錦，它終將由一棵棵新苗長成一片鬱鬱蔥蔥的森林。㉒

註釋

① 一九四九年八月二十二日。
② 一九四九年八月三十一日《文匯報》。
③ 參看張首映：《十七年文藝學格局及其在新近十年轉變鳥瞰》，《文藝研究》一九八八年二期。
④ 徐俊西：《一個値得重新探討的定義——關於典型環境和典型人物關係的疑義》，《上海文論》一九八一年一月號。程代熙：《一篇遲發的稿件——答徐俊西同志》，《上海文學》一九八四年第四期。
⑤ 周揚在第一次文代會報告中就曾大談作家學習政策的重要。
⑥ 《文藝研究》一九八一年第一期。
⑦ 李基凱：《根深才能葉茂》，《新港》一九八一年第六期。
⑧ 作家出版社一九五九年九月版。
⑨ 作家出版社一九六三年六月版。

⑩《文學評論》一九八五年第六期、一九八六年第一期。
⑪林興宅：《藝術魅力的探尋》，四川人民出版社一九八五年四月版。
⑫江西人民出版社一九八六年版。
⑬華中工學院出版社一九八六年八月版。
⑭中國社會科學出版社一九八五年十一月出版。
⑮黃子平、陳平原、錢理群：《論「二十世紀中國文學」》，《文學評論》一九八五年第五期。
⑯上海文藝出版社。
⑰遼寧大學出版社。
⑱四川文藝出版社。
⑲一九八七年五月，上海文藝出版社。
⑳一九八八年，華中理工大學出版社。
㉑參看周耀樂：《當代新學科的理論模式和基本特徵》，《社會科學》一九八六年第六期。
㉒本節根據拙作《試論文藝新學科的興起》（《文學研究參考》一九八七年第十期）改寫而成。

第二編　文學理論建設的艱難之旅

第一章　衆芳薈萃的美學領域

第一節　美學問題上的百家爭鳴

美學，帶著它二〇〇〇年短暫歷史的胎記和二〇〇〇年輝煌傳統的血脈，風塵僕僕地邁向二〇世紀，疾步走向神州大地。可是它自近代傳到中國，反應並不熱烈，只有少數人在這片荒涼的土地上插犁耕耘，如在新文化運動中大力提倡「美育」的蔡元培、新文學的奠基者魯迅。當然，成績最大者是後來的朱光潛，此外是蔡儀。

美學在我國從哲學中獨立出來，成爲文藝理論家普遍關注的課題，則是在一九四九年之後的事。特別是幾次大規模的美學問題討論，吸引了許多文藝理論家參加，對當代文學理論批評建設做出了重要的貢獻。

近四十年來，大陸對美學問題的討論，用粗線條劃分，可分做兩個階段：一是一九五六～一九六五年。這一時期主要討論的是一些哲學性的問題，如美的本質、自然美等等。二是新時期。這一時期，各種各樣的美學（如技術美學）都被提了出來，美學在八〇年代已成了一個「家族」。鑒於本章評述的美學家，大都是「文革」前乃至一九四九年前就確立了自己的美學體系，因而這裏只介紹第一階段的討論情況。第二階段著重介紹發展趨勢（見本章第七節）。

一九四九年底至一九五〇年底，《文藝報》曾發表了蔡儀、朱光潛、黃藥眠討論美學問題的文章，一九五三年又發表了呂熒批評蔡儀《新美學》的論文。但這些文章，影響有限。

一九五六年六月，朱光潛在《文藝報》十二期上發表了《我的文藝思想的反動性》的長文。後來在「雙百」方針指引下，《文藝報》、《人民日報》、《哲學研究》等報刊陸續發表了賀麟、黃藥眠、敏澤、王子野、蔡儀批評朱光潛一九四九年前美學思想的文章。李澤厚在《人民日報》上發表的文章，則提出了自己的獨立見解。《新建設》、《學術月刊》也發表了文章參與美學問題的爭鳴。據不精確的統計，從一九五六～一九六一年，發表的論爭文章約三〇〇多篇，當時共出版了六本《美學問題討論集》。爭論主要集中在下列三個問題：

一、美的本質。第一種意見認爲，「美是觀念」，是主觀的。呂熒和高爾泰是這派意見的代表。呂熒在一九五三、一九五七年發表的《美學問題》、《美是什麼》等文中認爲：「美是人的一種觀念。」

又說：「美是人的社會意識，它是社會存在的反映，第二性的現象。」高爾泰在一九五七年寫的《論美》中對此回答更明確：「客觀的美並不存在。」他們的意見，附和者極少。

第二種意見認爲「美在物本身」，美是客觀的。蔡儀在四〇年代寫的《新美學》中，提出了「美是典型」說，認爲凡是典型的東西都美，因爲美的本質就是事物的典型性。美是客觀的，它並不是「和道德觀念一樣隨著它所反映的基礎的消滅而消滅。」呂熒等人反駁了這種觀點，蔡儀爲此又做了說明。

第三種看法，認爲美是主客觀的統一。朱光潛是這種觀點的代表。他對美下的定義如下：「美是客觀方面某些事物、性質和形狀適合主觀方面意識形態，可以交融在一起而成爲一個完整形象的那種特質。」「美既有客觀性，又有主觀性；既有自然性，也有社會性；不過這裏客觀性和主觀性是統一的，自然性和社會性也是統一的。」「凡是未經意識形態起作用的東西都還不是美，都還只能是美的條件。」朱氏的這種觀點，有人讚同，有人則認爲是朱氏舊著《文藝心理學》的翻版，仍屬主觀唯心主義。

第四種看法，認爲美是客觀性與社會性的統一。李澤厚認爲：「美是人類的社會生活，美是現實生活中那些包含著社會發展的本質規律和理想而用感官可以直接感知的具體的社會形象和自然形象。」「美就是包含社會發展的本質、規律和理想而有具體可感形態的現實生活現象。簡言之，美是蘊藏著眞正的社會深度和人生眞理的生活形象（包括社會形象和自然形象）」。總之，客觀社會性和具體形象持不同意見。

性是美的兩個基本屬性。李澤厚這種觀點，有人認爲是馬克思主義觀點在美學領域中的運用，也有人

二、關於自然美。

還在四〇年代，蔡儀在《新美學》中就認爲：「樹木顯現著樹木種類的一般性的那枝樹木，山峰顯現著山峰種類一般性的那座山峰，它們當作樹木或山峰是美的。」這便是自然美。在這次美學討論中，他的意見仍沒有變，認爲「自然美是自然事物的個別性顯著地表現一般性」，自然美並不依附於人類而存在。

朱光潛卻認爲：「自然中本來無所謂美，在感覺其爲美時，自然即已變成表現情趣的意象，就已經是藝術品。」「單靠自然不能產生美，要使自然產生美，人的意識一定要起作用。」「我們覺得某個自然物美時，那個客觀方面的對象必定有某些屬性投合了主觀方面的意識形態總和。」即是說，自然美不能離開欣賞者的主觀意識的作用，自然美必須是「主觀與客觀的統一」。

李澤厚的觀點與上述相左，他認爲自然美是「一種客觀的社會性的存在」。這裏講的自然的社會性，是指自然在人類產生以後與人類生活所發生的一定的客觀社會關係，在人類生活中所佔有的一定客觀社會地位，所起的一定的客觀社會作用而言，這些便構成了自然或自然物的社會性，使自然變成了一種社會的客觀物質存在。所以這種社會性就不是人們主觀意識作用的結果，而是不以人們意志爲轉移的客觀存在，它是人類社會生活中的自然和自然本身所具有的屬性。爲了進一步闡述自己的觀點，李澤厚還對客觀實際上的「自然的人化」（社會生活所造成）與藝術或欣賞中的「自然的人化」

（意識作用所造成）作了區分。

三、關於美學的對象。朱光潛、馬奇認爲，美的本質最集中地反映在藝術當中，因此，美學研究的對象是藝術，美學就是藝術科學。朱光潛在《美學研究什麼？怎樣研究美學？》一文中，從美學史、社會功用和方法論三方面進行了論證。洪毅然不讚成美學只研究藝術，認爲美學與藝術是有區別的。在他看來，「美學應當廣泛全面地研究自然、社會生活與藝術的美，以及人的審美意識諸客觀規律。」李澤厚則認爲美學研究的對象是「客觀現象的美，人類的審美感和藝術美的一般規律」，「其中，藝術美更應該是研究的主要對象和目的，因爲人類主要是通過藝術來反映和把握美而使之服務於改造世界的偉大事業的。」

大陸的文學理論討論，不少均是以學術探討始，以政治批判終，最後老是「東風壓倒西風」。美學討論卻有些例外，開始是三派，末尾仍然是三派，始終保留著別的理論領域較少存在的學術自由度。這主要是因爲美學比一般文學理論遠離現實和政治，爭論的問題大都是純學術問題，毫不觸及當前的文藝政策。

在美學建設的初級階段，討論「美是什麼」的問題，很有必要。如不明確美的概念，研究起來就難免歧義迭出。這次討論雖偶爾有過「齟齬反目，幾揮老拳」的不快，但總的說來，多數論者神經放鬆，心態端正，注意以理服人。這次討論的主要收穫在於：在佈滿政治術語的毛澤東語錄系統中找到縫隙，並在縫隙中產生出一種和《在延安文藝座談會上的講話》不同的概念術語。正如劉再復所說：

這是在「文革」前唯一的一套有別於主流話語的邊緣話語，因此，它沒有遭到棍子的襲擊。其次，這次爭論出現了一種諸如「美感的二重性」之類的新命題，比傳統的「美是生活」、「美是典型」的命題更深入地探討了美的本質。第三，開始發現美學研究的關鍵問題以及對這些問題的分歧所在，爲解決問題廓清了道路。雖然意見不一致，但彼此都亮了相，明白了各派的主張及其長處和劣處；彼此都感到難於說服對方，爲了說服他人和建立完備的科學的美學體系，非認眞學習不可。爲使美學討論進一步深入下去，《新建設》雜誌於一九五九年七月邀請朱光潛、孫定國、何其芳、宗白華、蔡儀、李澤厚座談。接著，美學界主要討論了自然美和美感以及美學對象、審美標準和藝術美等問題。有些問題雖然沒充分展開討論，但在大的問題上經過激烈的交鋒，已形成了當代美學的三大派別。如果說朱光潛是美學界三〇年代的宿將，那蔡儀則是四〇年代美學代表，李澤厚則體現了五〇年代美學發展的新水平。當然，朱、蔡的美學思想在一九四九年後也有變化，如朱光潛在討論中日益重視勞動實踐在美學和藝術中的重大作用。他所說的主客觀統一，有時是指統一於勞動實踐，這說明他的觀點有時和李澤厚靠近。這正是論爭時互相影響的結果。總之，正是這些美學界新老理論家的共同努力，美學作爲一門學科，在五、六〇年代才初步建立起來。

第二節　朱光潛：橫跨古今、溝通中外的美學橋樑

朱光潛（一八九七～一九八六），安徽桐城人，一九二二年畢業於香港大學，一九二五年出國留學，一九三三年回國，先後在北京大學、四川大學、武漢大學任教，主編過《文學雜誌》。一九四九年後，一直在大學教書，歷任北京大學教授、中國美學學會會長、中國外國文學學會常務理事等職。

朱光潛是中國美學史上一座橫跨古今、溝通中外的橋樑。他的文藝思想，經歷了三個發展階段。第一階段是從二〇年代到一九四九年前夕。這一時期，他的著述甚豐，先後出版了《悲劇心理學》（一九三三年用英文寫成，一九八三年由人民文學出版社出版中譯本）、《文藝心理學》（一九三六年，開明書店）、《談美》（一九三二年，開明書店）、《詩論》（一九四三年，重慶國民圖書出版社）、《孟實文鈔》（一九三六年，良友圖書印刷公司）、《談文學》（一九四五年，重慶正中書局）等著作，以見解的獨到精闢、文筆的優美精煉蜚聲於海內外學術界。雖然作者在這時提出的「美是心靈的創造」屬唯心主義觀點，作者寫這些書的目的，是爲了引導人對世界進行「無所爲而爲的玩索」，使大家都不涉時事去「悅情養性」，這與當時蓬勃興起的文化運動不協調，有時還起了反作用，但客觀地說，這些著作——特別是作爲三〇年代最重要的文藝理論著作《文藝心理學》，在評述克羅齊的直覺說、布洛的距離說、立普斯的移情說、谷魯斯的模仿說和普及美學基本知識方面，還是有建樹的。關

於此書，香港評論家林以亮寫過一篇長文《詳批朱著〈文藝心理學〉》，發表在臺灣一九七七年十月十日出版的《現代文學》復刊號第二期上。此文指控朱著「錯誤百出，謬論連篇，給予讀者以不正確的指導和混淆的知識，積年累月爲害不淺」。這種指控是不能成立的。①《詩論》融合中西藝術的精義，用西方詩論來解釋中國古典詩歌，用中國詩論來印證西方著名詩論，也發人之未發。在藝術創見上，在展示詩人的心靈深度與廣度上，《詩論》雖然與艾青的同名書《詩論》有所遜色，但在識見的淵博與宏肆上，對中國詩的音律和爲什麼中國詩後來走上格律詩的道路所做的科學分析上，卻是別的著作難以企及的了。

從一九五六年的美學大討論開始到「文革」前夕，是朱光潛文藝思想發展的第二階段。這一階段，他通過理論學習，初步清理了自己文藝思想中存在的錯誤觀點，批判了過去形成的唯心主義文藝觀。但他不滿足於清理舊思想，而是在清理的基礎上試圖用新的觀點來研究美學問題。在一九五六年十二月二十五日《人民日報》上發表的《美學怎樣才能既是唯物的又是辯證的》文章中，他提出了美是主客觀統一的基本論點。他認爲「美是主觀與客觀的辯證統一，現實事物必須先有某些產生美的客觀條件，而這些客觀條件必須與人的階級意識、世界觀、生活經驗這些主觀因素相結合，才能產生美」。這種認爲美既有客觀性，又有主觀性的觀點，比朱光潛原先完全建築在主觀唯心論基礎上的美是心靈的創造的觀點，有不少進步，與機械唯物論的觀點也有顯著不同。因爲作者不僅看到了人不能離開社會而獨立，而且還看到了美的歷史發展。當然，朱光潛這種觀點，學術界有不同的看法。爲此，朱光潛在《生產勞動與人對世界的藝術掌握》②一文中，做了補充說明。

和美的本質密切相關的是自然美問題。關於這個問題，朱光潛和蔡儀、李澤厚也有明顯的分歧。朱光潛認爲：「自然美就是一種雛形的起始階段的藝術美，也還是自然性與社會性的統一，客觀與主觀的統一」。蔡儀則認爲，自然美就在自然本身的屬性。李澤厚卻認爲，自然美是一種客觀的社會性的存在。關於美學的對象，朱光潛和主張美學是研究美的科學的洪毅然，也針鋒相對。朱光潛認爲，美的本質最集中地反映在藝術當中，因此，美學研究的對象是藝術，美學就是藝術科學。在《美學研究什麼？怎樣研究美學？》③一文中，朱光潛分別從美學史等三方面去論證了他的觀點，並得到了另一美學家馬奇的讚同。

一九六二年七月十六日，朱光潛還在《光明日報》上發表了《美感問題》，認爲有兩種美感，即審美的能力與審美的情感。該文較詳細介紹了西方對美感的不同看法，提出了比較重大的理論問題，在美感研究領域做出了自己的建樹。朱光潛還試圖用實踐觀點探討美學問題。無論是談美感的起源，還是談美的產生及其根源和本質，他總是力圖用實踐觀點去研究，以圖促進美學理論的發展。當然，由於朱光潛還沒有做到對唯心主義「免疫」，因而當他從實踐的觀點出發時，又難免走向實踐的反面。

朱光潛一九四九年後最重要的學術著作是《西方美學史》。這是我國第一部研究西方美學史的專著。此書上下兩卷，於一九六三年和一九六四年由人民文學出版社出版。一九七九年再版時，重寫了緒論，還增加了形象思維一節。作者寫此書時，力圖寫出有新意。如前所說，作者原是克羅齊的信徒和康德的追隨者。他是在五〇年代美學討論中接觸馬列主義的。爲了適應新形勢的需要，只好孜孜不倦地學習，努力用新觀點去評論西方美學思想。具體說來，在介紹美學家的美學思想時，聯繫其本人的世界觀去分析，力圖用歷史唯物主義的觀點去說明他在美學史上的地位。和全局觀點相關的是歷史觀點：把西方美學史寫成一個有機的相互聯繫的歷史過程。作者還善於從歷史發展的對比中來突出每個美學家的思想特色，用具體分析的方法而不是點綴些馬列主義的詞句去評述康德等人充滿矛盾的美學特點。尤其是下卷中對別林斯基、車爾尼雪夫斯基、杜勃羅留波夫的分析，沒有政治朝聖的俗套，而將他們當做一群實實在在的俄國青年學者來研究，並注意將其放在西方近代美學的宏偉背景上去與康德、黑格爾這些世界級大師進行比較，然後再確定其在美學史上的位置。在當時一片崇拜別、車、杜的聲浪中，朱光潛對車氏在中國的負效應保持警惕，這體現了他的清醒。

「四人幫」垮台後，天日重明，朱光潛又以古稀之年，耕耘在美學原野上，並由此開始了他文藝思想發展的第三階段。在這一階段，他以實踐觀點指導自己的美學研究，從實踐的角度對「美的規律」做了新的認識，將自己的美學思想向前推進了一大步。

首先，朱光潛於一九八〇年八月由上海文藝出版社出版了《談美書簡》，此書與《談美》在思想方法和美學觀念上有巨大的不同。四十八年前，他引誘讀者把「有利害關係的實用世界搬家到絕無利害關係的理想世界裏去」；今天，他卻強調研究美要從現實生活出發，美學要「爲現實社會服務」。四十八年前，他譏諷現實主義，認爲典型是過時的東西；現在，他認爲現實主義必須創造出典型環境中的典型性格。當然，要求這位美學老人完全跳出克羅齊、康德的掌心，成爲徹底的唯物主義者，是不切合實際的。《談美書簡》在有些地方，談得不夠科學，給人的感覺好像是在「調和」辯證唯物主義與自己原先美學觀的矛盾。在見解的獨到、結構的嚴謹和文筆的洗煉方面，《談美書簡》也比《談美》遜色。

其次，在第三階段，朱光潛除堅持「文革」前提出的「美是主觀和客觀的統一」這一觀點外，還做了新的發揮和補充：側重從人與自然的實踐關係去論證主觀與客觀在美學中的關係。具體說來，是從「人的整體」觀點去探討主觀和客觀在審美活動中的關係；在人的兩重的改造中，論證主觀和客觀在美的創造和審美活動中的關係；在勞動實踐的主觀與客觀的關係上說明「美的規律」，也就是人的實踐改造活動的規律。在藝術的本質問題上，他比六〇年代更明確地強調「藝術是一種生產勞動，是精神方面的生產勞動。」他分別從精神生產和物質生產的一致性去論證這一觀點，從物質生產和精神生產都有審美問題方面，論證藝術的生產勞動屬性。他還從藝術是一種生產勞動的觀點出發，探討了現實主義問題。他認爲，藝術作爲生產勞動，既是根據了自然的客觀實在性，又是根據了人要對自然加工改造的能動性，這樣便充分肯定了文藝的現實主義，排除了自然主義傾向。不僅如此，他還從文藝創作的生產勞動角度，論證了現實主義文藝創作過程中的主客觀相統一的性質，從而發展了他在一九五六年提出的觀點。有關文藝上層建築性質問題，朱光潛於七〇年代末分別發表的《研究美學史的觀點和方法》④、《上層建築和意識形態之間關係的質疑》⑤，提出了文藝「非上層建築」的新論點，對「十七年」流行的文藝理論做出了勇敢的挑戰，後來又在《〈西方美學史〉再版序論》⑥中做了進一步的闡述。他的基本看法是：經濟基礎、上層建築屬於社會存在，意識形態屬於社會意識；經濟基礎、上層建築是客觀存在，意識形態是主觀意識。爲了強調文藝的獨立價值，把文藝從與政治、法律並列的上層建築中解脫出來，他批評了斯大林在《馬克思主義與語言學問題》中把上層建築與意識形態等同起來的觀點。後來雖然引起了吳元邁、陸梅林⑦的反駁，但這種爭鳴對我國文藝學的現代化，畢竟是一種促進。

從以上論述可以清楚地看到，朱光潛在第三階段文藝思想異常活躍，仍然充滿了青春活力。他突破了斯大林的模式，爲文藝創作自由提供了理論依據。後來魯樞元受了他的啓發，寫了引起曾鎮南、李思孝、陳遼等人質疑的《大地和雲霓》⑧。在研究方法上，朱光潛的出發點是馬克思主義的實踐觀。這一實踐觀，是他「文革」前文藝思想的發展。從一九七九年起，他比過去「更全面地論述了美學中的實踐問題，並以實踐觀爲基礎從多方面論證美的主客觀統一性。可以說，朱光潛晚年思想的全部成果，就在於從實踐方面論證了美的主客觀統一性思想的合理性和科學性。說朱光潛先生晚近美學思想向他以往觀點的『回歸』，其實也應該說是向他早些時候已經萌芽了的美學的實踐觀回歸，而不是單純的對他以前的某些觀點的重復」。⑨

朱光潛是在美學領域內不知疲倦的開拓者。在他的一生中，除寫作了二〇〇萬字的論著，出版了像《文藝心理學》、《西方美學史》那樣具有開拓性的美學專著及向廣大青年普及美學知識外，還翻譯了四〇〇萬字的西方美學資料。柏拉圖的對話、萊辛的《拉奧孔》、歌德的談話錄、黑格爾的《美學》、維柯的《新科學》和克羅齊的《美學》這些必讀的西方美學名作，正是通過他流利暢達的翻譯而被大家所了解和掌握。他一生道路雖然坎坷，但卻矢志不渝，耕耘不息，奮鬥不止，這種精神令人敬佩。

第三節　蔡儀的新美學

蔡儀（一九〇六～一九九二），原名蔡南冠，湖南攸縣人。一九二五年入北京大學預科，後休學。一九二九年赴日留學，回國後投身於抗敵救亡活動。從四〇年代起陸續出版有《新藝術論》（一九四三年，重慶商務印書館）、《新美學》（一九四七年，上海群益書店），還有《文學論初步》（一九四六年，生活書店）。一九四九年後出版有《中國新文學史講話》（一九五二年，新文藝出版社）、《唯心主義美學批判集》（一九五八年，人民文學出版社）、《論現實主義問題》（一九六一年，作家出版社）、《文學常識》（一九六二年，作家出版社）、《探討集》（一九八一年，人民文學出版社）、《蔡儀美學論文選》（一九八二年，湖南人民出版社）、《美學論著初編（上、下）》（一九八二年，上海文藝出版社）、《蔡儀美學講演集》（一九八五年，長江文藝出版社），還先後主編了《文學概論》（一九七九年，人民文學出版社）、《美學原理提綱》（一九八二年，廣西人民出版社）、《美學原理》（一九八五年，湖南人民出版社），並出版了改寫後的《新美學（第一卷）》（一九八五年，中國社會科學出版社）。

美學作爲一門獨立學科，是近代的產物。它難度大，在我國發展較遲。這門學科後來能在我國生根、開花，其中有蔡儀的功勞。他寫於一九四二年的《新藝術論》，其「新」意不僅在於談了別人較少系統論及的現實主義藝術創作問題，是一九四九年前罕見的規模宏大的藝術論著作，而且還在於它試圖用馬克思主義觀點來探討藝術理論問題。全書重點研究了藝術的認識作用、典型認識中感性與理性的統一。該書對藝術的整體考察、對藝術表現的考察、對藝術的特性和藝術相關的諸屬性問題的論述，均達到了哲學的高度，顯得比較全面、合理。至於書中對藝術眞實與典型問題的探討，更是爲作者後來寫作《新美學》作了充分的理論準備。《新美學》中的許多觀點，均可從《新藝術論》中找到根據。

寫於一九四二年～一九四四年的《新美學》，無疑是蔡儀所有美學論著中最富代表性的。這本書問世不久，便有人評論它「破壞的一面優於建設的一方面」⑩。這種情況的造成，完全是由時代決定的。在三、四〇年代，在我國美學界佔統治地位的是朱光潛的唯心主義美學思想。對朱光潛的美學理論，魯迅在《題「未定草」(七)》中曾做過批評。但魯迅的批評主要是從政治角度著眼，而不是從哲學的基礎上，從美學的根本問題上立論的，再加上篇幅的限制，故未能觸及朱光潛美學思想的體系。這種不足，正好由蔡儀的《新美學》做了彌補。但蔡儀批判朱光潛的美學思想並不是他的終極目標。他的目標是要在破舊美學的基礎上建立自己的新美學體系。這個體系，總的說來是認爲美應在美的事物本身去尋找，不能求諸於冥冥中的宇宙觀念，也不能祈求在人的內心中去挖掘。爲了確立這一體系，他從方法論角度批判了各種唯心主義美學流派，確立了新美學的唯物主義方法論；淸算了唯心主義者在美的本質問題上的錯誤觀點，確立了新美學認爲「美的本質就是事物的典型性，就是個別之中顯現著種類的一般」的觀點；批判了舊美學所謂「美感經驗是形象的直覺」的美感論，確立了新美學關於美感不僅是由於形象的認識，而且也由於透過形象而進入事物本質的認識的觀點。總之，貫串這本書的指導思想是與幾十年乃至幾百年來所流行的舊的美學觀點針鋒相對的。簡言之，蔡儀的「新的觀點」，就是用辯證唯物主義和歷史唯物主義的觀點、方法，充實、推進和發展美學科學。在四〇年代的中國，尤其是在白區，極少有人在寫美學論著時，把解決美學的基本問題同馬克思主義哲學的基本原理聯繫起來加以考察，尤其是把美的本質問題同馬克思在《一八四四年經濟學——哲學手稿》中提出的美的規律聯繫起來加以考察。蔡儀在此書中提出的「美的東西就是典型的東西」的觀點，不管後來引起人們多麼激烈的反駁，應該承認，這個觀點的提出，爲正確解決美的本質問題提供了一條新的途徑。作者從批評舊美學系統——形而上學美學派、心理學的美學派、客觀的美學派入手，在破中立「由現實事實去考察美」的美學觀點，使那些對舊美學有留戀情緒的讀者看到了新美學的希望。蔡儀對美學的貢獻還表現在他擴大了美學的研究領域：不囿於傳統的自然美和藝術美研究，還提出了研究社會美這一具有重要學術價值的主張。蔡儀關於美感論中美的觀念的理論，克服了以往唯物主義美學只在客觀事物的形式上尋求美的局限，也具有重要的理論意義。當然，他的美學理論並非完美無缺，如帶有機械唯物論的傾向，忽略了人化自然的社會性，沒確切指出美的觀念產生的根源等等。正因爲存在著這些缺陷，所以他的美學理論在五〇年代受到了挑戰。一九五三年第十六～十七期的《文藝報》，發表了呂熒的《美學問題》，措辭異常激烈地批評了《新美學》的主要觀點。稍後，《人民日報》也分別發表了朱光潛、李澤厚評蔡儀美學觀的文章，其中李澤厚的文章，著重從自然美有沒有社會性的問題以及美是否是典型的問題批評了蔡儀。蔡儀爲此寫了許多答辯文章，後來大都收集在《唯心主義美學批判集》一書中。這些答辯文章，重復之處過多，遠不像李澤厚與劉小楓爭論時，讓人欣賞「論敵」的智慧而忘卻其是非判斷。

美學和文藝理論，在通常情況下是很難分開的。美學成爲哲學的一個組成部分，是歐洲十八世紀後半期的事。但就在這以後，美學與文藝理論的關係仍異常密切。這種藕斷絲連的情況，不但沒有損害美學的獨立性，反而有利於豐富美學的內容。在我國，有許多美學家意識到這點。他們既是美學家，同時又是文藝理論家。蔡儀也是這類一身而二任的學者。他的文藝理論著作，最有代表性的是作於一九五六年至一九五九年的《論現實主義問題》。此書的主要內容，也是蔡儀對文藝理論的貢獻，是正確闡述了現實主義創作原則。長期以來，人們均認爲恩格斯所說的「除了細節的眞實之外，還要正確地表現出典型環境中的典型性格」是現實主義的典範定義。可是蔡儀並不滿足於這種從經典著作中尋章摘句的思維方式，而是在認眞研究經典作家有關言論的基礎上，提出了自己對現實主義的看法。他認爲，恩格斯的話主要是針對小說、戲劇來說的。不僅在文學體裁上，而且在時代上，這都「不是一般的現實主義的定義」。把那段名言當做現實主義定義，是不確切的。那麼，一般的現實主義定義應怎樣下呢？蔡儀認爲，「眞實地描寫現實的關係」，才是現實主義的根本精神或基本原則。他這裏講的「現實」，「不僅是指表面現象的，同時也是指內在本質的」；眞實地描寫現實，「既要求『現實的面貌』的眞實，也要求『現實的關係』的眞實」，就是由表面現象到內在本質都是眞實的，「也就是『描寫的一切眞實性』，創造藝術的典型」；這種描寫的眞實性，「是藝術性和眞實性的有機統一」，而「不是別的眞實性」；所謂「眞實地描寫現實」，就是按現實原有的面目和規律描寫現實。蔡儀這些觀點，不僅在理論上而且在創作實踐上，都有指導意義。它不僅將現實主義和浪漫主義區分開來，和自然主義藝術區分開來，而且將難於塑造「典型環境中的典型性格」的抒情詩、山水花鳥畫納入現實主義範疇之中，並避免了將我國南宋或唐代以前的作品一概拒之於現實主義大門外的弊端。

在典型問題上，蔡儀總是力圖從藝術典型性格本身去揭示典型的性質，認爲典型人物「不僅是個別性與普遍性的統一，而是以鮮明生動而突出的個別性，能夠顯著而充分地表現他有相當社會意義的普遍性」。這個看法突出了典型個性，與當時流行的「統一說」不甚相同，與蔡儀四〇年代的看法也有區別。不足之處是終究還沒有對「統一說」做出徹底的超越。至於他主編的於一九七九年正式出版的《文學概論》，比起「十七年」出版的同類書來，理論水平有一定的提高。編著者試圖對文學的基本原理，做一些探索。該書敘述完整，資料翔實，文字通俗易懂，適合教學的實際。特別是全書的構架，像蔡儀早期的著作《新藝術論》那樣，邏輯性很強。全書的主要觀點，均可視爲《新藝術論》在文學論領域的擴展；不僅哲學理論基礎沒有兩樣，而且在文學的特性、作用及創作方法等問題的論述上，均與《新藝術論》十分一致。但由於此書寫得較早，無論是對文藝的本質、功能、作用方面的理解，還是論述方式上，都顯得拘謹，思想不解放，現已完成了它的歷史使命。

早在《論現實主義問題》寫完之後，蔡儀就準備修改《新美學》，但因編寫《文學概論》，這個工作一直被擱置下來。到了「文革」末期，當他恢復了工作權利後，便寫了正確評價車爾尼雪夫斯基的美學思想以及批判蘇聯所謂「馬克思主義美學」的虛僞性的兩篇文章，做爲改寫《新美學》的起點。改寫後的、在三〇年來曾受到各方面批評的《新美學》，雖然不能說已達到全「新」的境地，但至少不像以往那樣把自己的思考囿於舊美學所遺留的問題上，而是根據新的原則對重大的美學問題做出新的闡述，減少了過去存在著的形而上學的傾向。首先在內容上做了大幅度的擴充，把舊作中只是提綱式談到的自然美、社會美等問題，改爲獨立成章，從新的角度並以許多新的事例展開充分的論述和論證，使它以簇新的面貌出現在讀者面前。更應該提到的是，新增寫的《馬克思的美學思想》、《當前流行的所謂「馬克思主義美學」述評》等章，實事求是地探索、研究美學上的根本問題，使讀者對美學的本來面目有一個基本的了解。其次，在不放棄原有基本觀點的前提下，對舊作中的個別論點作了修正。如對於美是物的屬性這一觀點的說明，在改寫本中就曾做過補正，比舊本顯得更爲完善。所有這些改寫均說明，任何一個學派都應隨著時代前進而前進，而決不應故步自封，停止不前。

另方面，又不能看風行事，而必須堅持原有的正確觀點。在新時期蔡儀出版的一系列美學著作中，正是這樣做的。如在《探討集》等著作中，他認爲美學有唯物主義與唯心主義之分，美學研究應堅持唯物主義觀點；美在於審美客體，不在於審美主體的主觀意識，即在物不在心；自然美在於自然界事物本身，不在於自然界和人的關係或所謂自然的社會性。這是作者一貫的觀點，它構成了一個與衆不同的美學體系，體現了作者獨立思考、實事求是的科學態度。

第四節　李澤厚探討美的歷程

李澤厚（一九三〇～　），湖南長沙人。一九五四年畢業於北京大學哲學系，爲中國社會科學院哲學研究所研究員。出版的著作有：《門外集》（一九五八年，長江文藝出版社）、《康有爲譚嗣同哲學思想研究》（一九六一年，上海人民出版社）、《批判哲學的批判——康德述評》（一九七九年，人民出版社）、《中國近代思想史論》（一九七九年，人民出版社）、《中國古代思想史論》（一九八五年，人民出版社）、《美學論集》（一九八〇年，上海文藝出版社）、《美的歷程》（一九八一年，文物出版社）、《李澤厚哲學美學文選》（一九八五年，湖南人民出版社）、《中國美學史》（與劉綱紀共同主編一～二卷；一九八四年、一九八七年，中國社會科學出版社）、《華夏美學》（一九八八年，香港三聯書店）等。

李澤厚是五〇年代中期美學論爭中騰空昇起的一顆新星。他還在成名之前，就嘗過大批判的滋味，在反胡風時被當作胡風集團的一員批了一年之久，然後宣佈是「思想問題」。這從反面促使了他思想的早熟。一九五六年，他在第五期《哲學研究》上發表第一篇美學論文《論美感、美和藝術》，一鳴驚人提出了美感的二重性、美的本質和藝術範疇，並產生了「積澱」說的萌芽。那時，大陸學術界正圍繞著美的本質、自然美、美學的對象等問題，展開了激烈的論爭，李澤厚在這場論爭中有如異軍突起，提出美是客觀性與社會性的統一的看法，遭到了權威們措辭尖銳的反駁。在批評與反批評的論爭中，李澤厚進一步深化了自己關於美的本質以及認為自然美是「一種客觀的社會性的存在」，美學的對象是「客觀現實的美，人類的審美感和藝術美的一般規律」等觀點，從而確立了一個新學派，他本人也成了和朱光潛、蔡儀這些美學前輩不同時代的代表人物。

一九七二年至一九七六年，李澤厚「客串」到哲學界，寫成《批判哲學的批判——康德述評》，此書提出了人類主體性的實踐哲學命題，並將它的內容歸納為：「人類主體性的『自我』由這兩個方面（工藝——社會結構和文化——心理結構）組成。」李澤厚描述的這個公式，在某種程度上直接導致了文學界從人→心理→文化→主體性而展開的新思潮的發生，尤其是給劉再復後來提出「文學主體性」問題提供了深厚的哲學基礎。

「文革」結束後，李澤厚又對美學問題（尤其是美學史）進一步做了系統、認真的研討，還對自己過去講過的美學對象等問題做了程度不同的修正。他用實踐觀點做指導，進一步發展了自己的美學思想：儘可能把美學容納在哲學思考中，使美學在他的哲學中成爲一種動力式的中心。他的美學思想，具有如下特色：

㈠把主體性實踐哲學的美學體系建立在歷史唯物論的基礎上，並科學地改造和吸取了中國的美學傳統和當代西方美學的研究成果。㈡他把自然人化說和歷史「積澱說」貫穿在整個美學中。他強調人類以社會實踐做爲本體核心對世界的實際征服與改造，同時造成雙向進展的自然人化。人類全部的物質文明與精神文明都是自然人化的歷史成果，而美和美感、藝術不同於其他物質文明和精神文明的地方，就在於它們的結構一定要經過歷史的積澱，這是人類物質文明和精神文明的最高層次。這裡講的「積澱」，正如有的論者所概括的：並非純粹美學，而是包括美學在內的、重在系統闡釋人性的歷史生成的藝術—文化學。這個「積澱論」，不僅影響了人們的美學觀點，而且還影響了人們在文化研究上的觀點。㈢他認爲美誕生於人類使用製造工具對世界的征服和改造，亦即人類的客觀物質活動的動力系統中，是「由動態過程到靜態成果」，深刻地揭示了美的本質離不開人的本質、美的存在離不開人的實踐、美的歷史發展離不開以物質生產爲基礎的人類文明的歷史發展。㈣人類在勞動生產實踐中，由於內在的自然人化與歷史積澱，構建的主體審美心理結構便成了美感的內在根據。他從內在的自然人化和歷史積澱入手研究人類的審美心理結構，不但深入揭示了美的根源本質、特徵和美感的能動作用，而且還深刻地揭示了美感的差異性與共同性，藝術的歷史性和永恆性的內在心理根據。㈤他認爲藝術做爲審美對象的存在，既是一定時代的產兒，又是這樣一種主觀心理結構的對應品，對做爲審美對象的藝術品的研究，正是對物態化了的一定時代社會的心靈結構的研究。這就把對藝術與社會生活的外在研究，轉變爲對藝術的內在分析，要求人們通過審美經驗這個中心，從怎樣塑造人的心靈著眼來研究分析觀察藝術。這樣，就爲對藝術的審美本質的研究開闢了一條新的、廣闊而深刻的道路。㈥他把美學研究落實到物質文明和精神文明的建設上。這裏講的精神文明，其中包括一代新人的心靈塑造和陶冶，培養人們的審美能力和正確的審美趣味觀念和理想，使人們自覺地創造美好生活。⑪

對李澤厚的美學思想，一些人儘管持保留意見乃至進行激烈的批評，但對李澤厚各類著作——如作爲「中國美學史」「外篇」的《美的歷程》和作爲「內篇」的《華夏美學》所涉及的哲學問題，尤其是後者提出中國美學應以儒家爲主流（這是與中外同類著作頗不相同的地方），是首肯的；對李澤厚在美學研究中所展現的獨立判斷與追求精神，是敬佩的。朱光潛在晚年就曾贈詩給他：「長江後浪推前浪，翻新自有後來人」。

由於科學分工趨向精細化，在當今學術論壇上，亞里斯多德百科全書式的學者越來越鮮見。但這不等於說，亞里斯多德的精神已經過時。特別是在各種知識相互滲透、邊緣學科方興未艾的時候，更需要一些繼承我國古代鎔文史哲於一爐的優良傳統的學者。李澤厚無疑正是這樣的學林俊彥。乍看起來，他做學問缺乏「從一而專攻」的精神：既研究中國思想史，又攻外國哲學；既研究文學，又治美學；治美學又不限於美學理論，還潛心鑽研美學史……。這在他人看來也許是「雜」，其實正體現了李澤厚博學的特點。不僅在研究領域上，而且在方法論上，他也有獨到之處。他研究美學，把格式塔心理美學的同構說，弗洛伊德的精神分析的無意識深層心理學和貝爾「有意味的形式」等各種觀點加以改造，讓他們建立在自然人化的基礎上，使美學研究無論在宏觀探討還是微觀分析上，都往深化方向發展。這裏要特別提到的是：《美的歷程》這樣一部研究中國古代文藝思潮更迭、塡補我國文藝發展史研究空白的力作，無論是在顯示作者對美學，對中國文學史、藝術史、哲學史乃至對中國歷史發展和考古學的不同尋常的學識上，還是在新時期最早顯示研究方法的更新上，都極富於啓示性和典範性。著者遵照馬克思關於現代工業是一本打開了的社會心理學和審美意識與審美對象之間辯證發展的論述，將古代藝術作品看作打開了的時代靈魂的心理學，並根據這個原則在古代藝術天地中尋幽探勝，在探勝中表現出一種高度開放的、廣為容受的博大氣度和充分自信。在不少篇章中還滲透著強烈的哲學本體論意識，體現了對人類發展進程的哲學反思。正如有的論者所指出，作者在許多地方重視的不僅僅是人類歷史的發展，更是歷史發展中的人類；作者強調的不只是文藝作品的認識價值，而是其中的抒情的、形式的功能。可以毫不誇張地說，這是一部將藝術社會學、藝術心理學、藝術美學融為一體的具有示範意義的學術著作。它體現了八〇年代以來文藝方法更新的基本原則：將藝術的研究引向深層結構；批判和改造西方學者關於哲學、心理學、文藝學、美學的觀點，將彼俘來而不是彼來俘我，以及歷史與邏輯、理論與實踐、觀點與方法的統一。⑫

在文藝理論研究方面，李澤厚也以他敏銳的思想和細膩的藝術感受力，寫下了不少閃耀著創造光芒的論文。比如在他早年寫的《「意境」雜談》⑬中，他指出「意境」是一個美學範疇，它包含生活形象的客觀反映和藝術家情感理想的主觀創造，後者就是所謂「意」，前者就是所謂「境」。「意」與「境」的統一，從「境」方面說是「形」與「神」的統一，從「意」方面說是「情」與「理」的統一。這個觀點，雖然是一九五七年提出的，但至今仍覺新警啓人，可見其生命力之所在。一九五九年發表在《文學評論》第二期上的《試論形象思維》，在文學批評史上首次提出了形象思維的規律：以情感爲中介，本質化與個性化同時進行。文學創作必須遵照這一規律，否則就不能寫出優秀作品。又如典型問題，李澤厚在六〇年代初期提出了一條與何其芳、李希凡、巴人等不同把握典型性質的途徑，即從本質必然和現象偶然的聯繫上去認識典型的共性與個性，以及兩者的統一。他認爲，藝術典型作爲共性與個性的統一，不能從共性個性的一般關係上去看它的數量上的普遍性或代表性，而應從其充分反映或體現客觀現實生活的本質規律的角度去闡釋。藝術典型所體現的階級性並不一定是這個階級的階級性之全部，甚至也並不一定是這個階級的主要屬性、方面和特徵，亦有可能是非主要屬性、方面和特徵。但是，只要這種屬性、方面和特徵「是特定歷史時期的階級關係和階級鬥爭的本質必然問題，或與整個社會發展和階級鬥爭是有本質必然的聯繫，它就可以具有典型性質，具有一定的社會普遍意義。」李澤厚在《典型初探》⑭中所體現的這種觀點，雖然還可以討論，但它是發展的、辯證的而不是凝固的、形而上學的，因而也就在更高的邏輯層次中對典型階級性的複雜性和多樣性提出了另一種與流行觀點不同的答案。不僅如此，李澤厚在論述典型問題時還揭示了典型創造與藝術家審美意識和審美理想的密切聯繫，這也是不少理論家在談論典型問題時容易忽略的。

李澤厚曾說過，他先前出版的幾部書由於客觀和主觀方面的原因，對好些重要問題均一筆帶過，「語焉不詳」；雖然細心的讀者不難從書中分辨出共同的指向，但這個方向本身是什麼，他認爲暫時不和盤托出爲好。現在隨著新時期改革浪潮的興起，李澤厚對有些重要理論問題已不再採取隱而不宣的寫法。比如形象思維這一有爭議的學術問題，他就一論再論：繼五〇年代末寫了《試論形象思維》⑮後又連續寫了《形象思維的解放》⑯、《關於形象思維》⑰、《形象思維續談》⑱、《形象思維再續談》⑲闡明自己的觀點。衆所周知，中國學術界關於形象思維的討論，基本上有兩派意見。第一派觀點可稱之爲「否定說」，即公開或不公開地通過否認形象思維的存在，實際上否定藝術創作的特殊規律，這一派以鄭季翹爲代表。另一派可稱爲「平行說」，即認爲形象思維是一種與邏輯平行而獨立的思維，此說以何洛爲代表。這兩種說法他均表示不同意。值得重視的是，他在《形象思維再續談》中，提出了三個重要觀點：㈠藝術不只是認識，不只是反映。他理解的藝術創作中的形象思維「即是藝術想像，是包含想像、情感、理解、感知等多種心理因素、心理功能的有機綜合體，其中確乎包含有思維——理解的因素，但不能歸結爲等同於思維」。㈡藝術創造的基本特徵在於它的情感性，藝術創作過程是遵循「情感邏輯」的發展過程。情感性重於形象性，情感是貫穿在創作過程中的一個潛伏而重要的中介環節。㈢創作中的非自覺性問題。他認爲，藝術家一經進入創作過程，就應該完全順從形象思維自身的邏輯去進行，而儘量不要讓邏輯思維去從外面干擾、損害它。又認爲：藝術家在創作過程中根本沒有用理論探索、邏輯思維去思考，而只是憑自己的感受、情感、直覺、形象思維在創作和思考。李澤厚提出的這些觀點，自然可以爭鳴、討論，但它對創作的指導意義，是很難否認的。如第二個問題，對作家理解藝術的本質，促使文藝創作開拓人的靈魂世界，極富啓發性。第三個問題，也決不是降低文藝創作和藝術作品的思想性、傾向性，而是對作家提出了更高的要求，即要求他們將思想性「作爲創作的基礎，溶化在創作之中，成爲與情感、想像、感知合成一體的東西」。李澤厚後來成了人們審視八〇年代中國文化思想嬗變的關鍵人物，不過，這已超出了本書的論述範圍。

李澤厚的美學實際上是哲學美學，包括他研究的藝術史。對他的美學觀，有「黑馬」之稱的劉曉波曾寫過專書批判⑳，這位劉曉波是頗有才氣的青年評論家，同時對「文壇登龍術」的鑽研頗有心得：要出名，就得找名家開戰。因而，他在和李澤厚「對話」時，採取這樣的策略：凡是李澤厚肯定的他就否定，凡是李澤厚漠視的他就高揚。以李澤厚主張的「理性——社會本位」即「積澱」說爲例，劉曉波以「感性——個體本位」相對抗。李澤厚主張以「和諧爲美」，劉曉波便反其道而行之：以「衝突爲美」。劉曉波逆反心理雖然非常突出，但並不全靠胡扯「對話」。只要細讀他的文章，便可發現他的某些觀點還是自成一家之言的。尤其是他把包含有李澤厚哲學性質方法、構架、目的、特色的「積澱說」作爲重點「攻擊」對象，算是牽牛找到了牛鼻子。只可惜他的「對話」由於「集一針見血的眞知灼見與不合情理的荒謬要求爲一體」而湮沒在歷史的喧囂中了。後來楊春時在「文學主體性」論爭中，又借用了劉曉波的觀點，所不同的是楊春時更具學者風度，而不像劉曉波那樣缺乏理智和充滿情緒語。

新時期以來，還沒有那位美學家擁有李澤厚那樣多的擁護者和反對者。海內一些武林名派，氣勢嚇人地猛烈批判他是「自由化」的「精神領袖」，是反馬克思主義的禍首；海外（也含海內）的學人，則批判他是死守馬克思主義的「保守派」。於是，是「馬」非「馬」，眞「馬」假「馬」，已經難辨。好在到了八〇年代，「馬」已統一，無需統一，也難於統一。在海內年輕一代的反對者中，最引人矚目、連李澤厚也不敢小視的是劉小楓（對劉曉波，李澤厚有點不屑一顧，作了「冷處理」）。這位青年評論家不是從政治上批判李澤厚，而是在學術層面上不讚成李氏的觀點，如對道家美學的評價。另方面，劉小楓經過痛苦的反思後，把基督教引入中國文化，以解決中國文化的終極關懷問題。李澤厚由此感到這個年輕人有思想，對自己構成了眞正的「威脅」，但他認爲中國人接受上帝很難，應另找一條出路。李澤厚和劉小楓兩人的論爭，是一場很精彩的辯論。

李澤厚新時期以來使用的一些美學概念和命題如「主體性」、「心理本體」、「積澱」，一時間被學術界許多學者共同使用。尤其是「主體性」的概念在劉再復與陳涌、姚雪垠的論爭中，被一些論者作爲文藝現代化的一個重要詞滙使用，致使一些人稱李澤厚爲學術界的「思想庫」，而他的美學思想，在八〇年代便佔有了主流的地位。當然，李澤厚在新時期影響學術界的不限於美學，還有涉及文史哲領域的思想史論稿和哲學專著。這些論著與中國意識形態領域出現的新思潮相互呼應和補充。這些新思潮新在與流行看法採取修正乃至對立的態度。李澤厚的觀點和主張不僅集新思潮之大成，而且還給新思潮的弄潮兒提供理論依據。因此，李澤厚在新時期的論著能反映出八〇年代中國學術思想動態，由此也引起極大的爭議。

第五節　在品鑒中沉思的王朝聞

王朝聞（一九〇九～　），四川合江人。一九三二年在杭州藝專學雕塑。一九四〇～一九四九年先後在延安魯迅藝術學院、華北聯合大學藝術學院從事藝術教育工作和美術創作。一九四九年後，擔任過中央美術學院教授、《美術》雜誌主編等職。他出版的文藝評論著作有：《新藝術創作論》（一九五〇年，新華書店）、《新藝術論集》（一九五二年，人民文學出版社）、《面向生活》（一九五四年，藝術出版社）、《論藝術的技巧》（一九五六年，藝術出版社），《一以當十》（一九五九年，作家出版社）、《喜聞樂見》（一九六三年，作家出版社）、《王朝聞文藝論集》（共三集。一九七九～一九八〇年，上海文藝出版社）、《創作、欣賞與認識》（一九七九年，四川人民出版社）、《論鳳姐》（一九八〇年，百花文藝出版社）、《開心鑰匙》（一九八一年，四川人民出版社）、《不到頂點》（一九八三年，上海文藝出版社）、《再再探索》（一九八三年，知識出版社）、《適應與征服》（一九八三年，江西人民出版社）、《了然於心》（一九八四年，中國文聯出版公司）、《審美談》（一九八四年，人民出版社）、《審美的敏感》（一九八六年，上海文藝出版社）、《王朝聞曲藝論文選》（一九八六年，中國曲藝出版社）、《似曾相識》（一九八七年，文化藝術出版社）。另主編有《美學概論》（一九八一年，人民出版社）。

作爲雕塑家、美術家，王朝聞充分發揮自己具有創作實踐經驗的優勢，深入各種藝術形式本身，探討藝術創造和藝術欣賞規律。尤其在五〇年代他將自己的研究課題深入到藝術技巧這個在當時來說是頗爲生疏的領域。早在一九四九年，他就連續寫了《矛盾的魅力》、《論傳神》、《多樣統一》、《含蓄與含糊》等有深度的文章。一九五六年又出版了由十篇論文組成的《論藝術的技巧》。此書從著名的繪畫、小說、雕塑等藝術作品的分析聯繫到藝術創作上深入生活、提高技巧等問題。作者無論是談創造性的構思、人物的心理描寫，還是談語言藝術的肖像，均做到論述新穎，分析透闢，材料豐富，語言活潑有味，把帶有某種神秘色彩的技巧問題講得具體生動，因而獲得文藝家和理論工作者的好評。

王朝聞的藝術論評，絕大部分是分散的單篇，多用專論、漫話、對話、書簡、隨筆、序跋等組成，顯得既「雜」又「多」，但這不等於說它們沒有論述中心、彼此間缺乏有機的聯繫。比如他的各類文章中有一個重要線索，那就是用唯物辯證法去觀察、分析一切文藝現象。拿理論與實踐的統一來說，王朝聞總是注意從具體到抽象，從個別到一般，從藝術實踐中歸結爲藝術理論，從紛紜繁雜、特點各異的藝術形式中，從數以百計的雕塑、繪畫、電影、戲劇、詩歌、小說的分析中上昇爲藝術規律。像「不全之全」這一著名論點，就是王朝聞從木刻、中國畫及各類文學作品裏總結出來的。他認爲，藝術「必須通過部分反映全體」，只能從不全中求全；不全之全，即「外形上的不求全，實質上是爲了獲得更高意義的完全」，因爲不看對象的內在意義，斤斤計較外形的周全，追求形體的細緻和龐大，必然對生活亦步亦趨，談不上主觀能動的反映。這不全之全說，與我國古典文論中講的「以少總多」是完全一致的。這以少總多、不全之全說，不僅適用於造型藝術，而且適用於語言藝術。對於一切從事文學藝術創作的人來說，誰掌握了「不全之全」這一藝術規律，誰就能創作出既單純又豐富的作品。

由此也可見，強烈的辯證法精神，正是王朝聞藝術論的一大特色。大家知道，辯證法本身是充滿生命力的。它的生命力不是表現在文藝教科書中，而主要體現在具體的生活和藝術創作實踐中。王朝聞研究藝術辯證法，主要從生活中去研究，從藝術實踐中去探討。他從各種藝術門類中去打開藝術奧秘之門。他的論著，深刻地闡述了內容與形式、主題與題材、思想與形象、傾向性與眞實性、形象與方法、局限性與優越性、虛中見實與寓實於虛……等各種對立統一的藝術關係。以《一以當十》來說，他在《欣賞，「再創造」》、《適應爲了征服》等文章中，重點論述了創作與欣賞的辯證關係。他認爲，「創作是欣賞的對象，欣賞的需要推動了創作，同時創作又創造著欣賞的需要，提高了的創作提高欣賞水平，提高了的欣賞水平又反過來促進創作的提高。」這裏講的是創作與欣賞的關係，也就是藝術生產與藝術消費的關係。這兩者既是矛盾的，又是統一的。這統一表現在創作者以不似之似反映生活和欣賞者閱讀作品時以「不確定的確定」去把握藝術。也就是說，創作者在反映生活時不求形似、求無限的「十」，而只求神似、求有限的「一」。這樣，欣賞者便可在寓無限於有限，即一以當十的藝術形象基礎上激發情感，進行再創造。這種主觀表現的「一以當十」與欣賞者的再創造，是密切相關的。如果不是一以當十，而是以十當一，那欣賞者再創造的餘地就會被堵死。這就告訴我們，作者創作時要適應讀者的審美要求，要給他們留下想像的餘地。適應雖不是創作的目的，「但是爲了征服藝術的服務對象，在內容上和形式上都必須適應服務對象的需要、興趣和愛好。」只有適應了這種要求，創作與欣賞才能像一對戀人那樣，我中有你，你中有我，即我創造你，你創造我。研究創作時一定聯繫到欣賞，研究欣賞時一定要講到創作，這正是王朝聞藝術論的獨特之處。

王朝聞的全部藝術論的歸宿點爲創造喜聞樂見的作品。他寫於一九六二年的《喜聞樂見》，從三方面闡述了文藝要怎樣才能成爲群衆喜聞樂見的問題：「第一，文藝成爲群衆的代言人，反映群衆對文藝的需要，它才能成爲群衆需要的教育者，才能實現教育群衆的目的。第二，文藝欣賞有特殊規律，群衆在文藝欣賞這一特殊的精神活動中認識文藝所反映的生活，從而接受教育。第三，適應群衆對文藝的需要，文藝必須發揮文藝的審美特性，依靠文藝的審美特性的發揮而達到教育群衆的目的。」他這些觀點，較好地回答了文藝與群衆、文藝與政治的關係等問題。和《人民日報》爲紀念《在延安文藝座談會上的講話》發表二十週年而寫的社論《爲最廣大的人民群衆服務》一樣，《喜聞樂見》是當時出現的創造性地闡述和發展了權威話語的好文章。

新時期以來，王朝聞不甘伏老，仍然壯心不已，永遠不會像浮士德那樣發出一聲滿足的讚嘆。他不倦地追蹤著時代和文藝創作的步伐，寫了一本又一本的論著。他這時期出版的書，不再像過去僅僅是論文或隨筆的匯編，還有系統的專著。另方面，他不再像五〇年代僅僅研究審美關係中審美對象的特徵，而是同時重視研究審美主體的心理特徵。正如有的論者所說，《審美談》圍繞審美主體與審美對象的關係，著重談審美主體想像、聯想等複雜的心理變化及其規律，是一部審美心理學。他的長篇曲藝評論《臺下尋書》，也表明他的研究對象已由審美客體向審美主體過渡。他的另一部專著《論鳳姐》，開始寫於四兇橫行的一九七三年。當時他一方面深感《紅樓夢》藝術的卓越，另一方面深感文壇上橫行霸道的幫八股的可惡。在四隻鐵蹄踐踏文藝園地的日子裏，王朝聞只得通過《紅樓夢》的藝術讚賞，去表示自己對「三突出」幫理論的蔑視。這裏講的讚賞，並不是一般的讚賞，而是建立在科學研究基礎上的、對鳳姐所進行的「圓雕鑑賞式的面面觀。既注意到曹雪芹對鳳姐的態度，也注意到其他人物對鳳姐的看法；既從鳳姐本身的言行獲得印象，也從她與其他人物的比較中找出異同；既抓住了鳳姐性格發展的一貫性，又沒有放過鳳姐性格展開的多樣性……對於這個不朽典型的多種層次，他一一『細按』，果然是『深有趣味』。其中，對人物心理特徵的社會內容和鳳姐才智的社會本質的挖掘，更是在藝術分析中體現出歷史的深度。筆鋒所向，直探到典型這一美學現象背後那並不簡單的現實關係。」㉑在當時大談《紅樓夢》是寫階級鬥爭的政治教科書的情況下，《論鳳姐》大談《紅樓夢》的藝術價值，表現了王朝聞做爲評論家的藝術勇氣。

文藝批評家必須講究批評方法。無科學的批評方法，就很難做到評品精當，就很難探索到藝術的奧秘。王朝聞藝術批評的方法論準則，是「堅持一元化的批評方向，把美學的批評和歷史的批評統一在對藝術的形象整體眞實的感受、理解和具體分析之中。他的批評活動，總是從觀賞開始，注意先鑑別藝術品所賴以構成的基本藝術因素和藝術特徵，以期獲得審美印象。同時，對該藝術品的獨特之處則分外留心，因爲它是價值判斷的重要根據。」㉒在《不到頂點》中，他像一位嚮導，帶領欣賞者涉足電影、戲劇、音樂、舞蹈、美術、曲藝、園林藝術、工藝美術等各種領域，抓住人們司空見慣的文藝現象、藝術作品的個別部分，進行入木三分的分析，然後歸納出帶規律性的問題。

王朝聞做爲理論家，他善於思辨；做爲批評家，他擅長於鑑賞。他的藝術論評，處處體現了這「品鑑中沉思」的特點。在評論文風上，他的藝術論既注意學術性，也不忽視藝術性。他在新時期出版的幾本新著，仍像過去那樣追求文論的「論」與「文」的統一，即理論色彩與文藝色彩的並茂。像《開心鑰匙》中的《黃山觀石》、《黃山好》，既是出色的遊記文章，又是有深度的美學論文。長達三萬餘字的《你怎麼繞著脖子罵我呢》，是評老舍劇作《茶館》的。它從一個走卒的臺詞談到藝術技巧上的「繞功」，顯得別開生面，機智橫生。其他文章，或談認識與表現、對象與方法、偶然與必然，或談共性與特性、繼承與革新、主動與被動，無不充滿了評論者自己對作品的藝術感受、藝術分析和審美發現，與那種面面俱到、四平八穩的所謂「放之四海而皆準」的評論不可同日而語。

第六節　作爲美學家與評論家的蔣孔陽和高爾泰

蔣孔陽（一九二三～　），四川萬縣人。四〇年代後期畢業於中央政治學校經濟系。一九五一年到復旦大學中文系工作，同年九月在《人民文學》上發表《學習蘇聯小說描寫英雄人物的經驗》，這是他正式跨上文學論壇的第一步。現爲復旦大學中文系教授。「文革」前出版的文藝理論著作有：《文學的基本知識》（一九五七年，中國青年出版社）、《論文學藝術的特徵》（一九五七年，新文藝出版社）。新時期出版的論著有：《美和美的創造》（一九八一年，江蘇人民出版社）、《德國古典美學》（一九八一年，商務印書館）、《形象與典型》（一九八〇年，百花文藝出版社）、《先秦音樂美學思想論稿》（一九八六年，人民文學出版社）、《蔣孔陽美學藝術論集》（一九八八年，江西人民出版社）。

蔣孔陽和錢谷融同屬「海派」評論家。他們均在五〇年代崛起，且走過一段坎坷的道路。㉓但他們的評論個性不同：錢谷融的文章大多有深切的藝術感受，屬感受型；蔣孔陽的文章理論性和系統性較充分，屬研究型。在理論探索上，錢谷融是從「人學」的角度去探討文學特徵的，蔣孔陽則主要是從文藝的階級性問題去闖新路。他在《文學的基本知識》一書中，認爲在階級對抗的社會中，存在有不反映作家的階級意識，「不爲某一階級利益服務」的作品，在六〇年代初掀起的「反修」文學思潮中，被當作異端邪說批判。

在五〇年代，較少有人將文藝理論和美學結合起來研究。蔣孔陽在這方面是先行者之一。他在《文學的基本知識》中，特意增設了「論美」專節，這後來成了他參與五〇年代美學討論《簡論美》㉔的論文，在當時產生了巨大的影響。

如果說，《文學的基本知識》以普及性和探討性相結合著稱的話，那《論文學藝術的特徵》主要以學術性見長。該書始終貫徹著文學研究必須面向文學的原則。基於這個原則，在典型問題上，他主張「應該把典型性格與階級性格分開」㉕，認爲「在階級社會中，雖然任何的典型性格都是直接或間接地與階級鬥爭發生聯繫，然而我們卻不能由此就認爲：任何文學作品中的典型性格，都必須是某一社會集團或階級本質性格的體現者，或者代表者。」蔣孔陽這一看法，在一定程度上深入到了典型的內在層次。《論文學藝術的特徵》更值得重視的是第三部分對形象思維的論述。作者用類比的方法，闡述了形象思維與邏輯思維過程的各個階段的聯繫和區別。他指出：「不僅邏輯思維應當從生動的直觀到抽象的思維，從感性的階段上昇到理性的階段，形象思維同樣地要經過這樣的一個過程。」「形象思維也是從個別到一般，但一般卻是始終體現在個別的形式中，並且通過個別的形式來反映一般的規律性。」這些論述都很有見地。雖然在個別地方有矯枉過正之處，對形象思維與邏輯思維的共同本質論述欠充分，但該書對形象思維的研究，畢竟爲進一步深化人們對形象思維的認識，做出了自己的貢獻。

蔣孔陽在「文革」前出的兩本學術著作，不但沒有給他帶來應得的榮譽，反而給他添來了一系列的麻煩。經過大批判，他被調去講西方美學史。「塞翁失馬，安知非福」，從一九五九年起到一九六五年，他便由原先的專攻文藝理論轉入研究美學基礎理論及美學史時期。八〇年代後，雖然沒有完全放棄文藝理論研究，但仍以主要精力從事美學探索，他的美學思想也由此進入系統化、深刻化時期。

蔣孔陽的美學思想，不屬於大陸美學幾大派（朱光潛、蔡儀、李澤厚、高爾泰）中的任何一派。他對美學研究的對象、美的本質、美與勞動實踐、美與藝術、形象與形象思維等一系列問題上，與上述幾大家有同有異。舉例說，在美是主觀的還是客觀的或是主客觀統一的問題上，他認爲美是客觀的、社會的，美來源於勞動實踐，這與李澤厚的觀點是接近的，然而也僅僅是接近而已。因爲在對實踐中主體意識的能動作用的強調上，以及從審美主體與對象共同依存的關係出發去研究美學問題的方法上，蔣孔陽是靠近朱光潛這一邊的。

對美的定義的界說，是劃分美學派別的重要標誌。關於什麼是美，蔣孔陽是這樣認爲的：「美是一種客觀存在的社會現象，它是人類通過創造性的勞動實踐，把具有眞和善的品質的本質力量，在對象中實現出來，從而使對象成爲一種能夠引起愛慕和喜悅的感情的觀賞形象。這一形象，就是美。」㉖他和李澤厚之間的不同，主要表現在：蔣孔陽認爲美的實質是在對象中實現了人的本質力量，李澤厚則認爲美的實質是形象化了的眞理；在美的定義中，蔣孔陽著重的是美對於欣賞主體的依存性，而李澤厚並不強調這一點，甚至否認這一點。

他們兩人同認爲美是客觀的、社會的，可是在對美下定義時卻出現上述差異，這主要是由於兩人研究方法不同。這種不同主要表現在「對於馬克思主義實踐觀點的理解和運用，以及對於審美關係的把握上。蔣孔陽對於實踐是採取『內觀』的方法，堅持實踐主體的內在精神與外在活動的統一，堅持實踐的主觀目的性與客觀規律性的統一」㉗。此外，他還特別重視通過總體把握審美關係的方法去研究美學問題。正因爲這樣，蔣孔陽心目中的美，「偏重於目的實現的善」，而李澤厚心目中的美，「偏重於客觀存在的眞。」由此可見，蔣孔陽的美學思想是自成體系、自成一家的。

在美學研究道路上，蔣孔陽也有自己的特點。他不是由藝術創作實踐走向美學，也不是從哲學研究轉向美學，而是由文藝理論探討闖進美學領域。「他在探尋文藝的特質和規律時必須進行哲學的沉思，這促成了他的美學觀；他在論證美的本質與規律時，必須用實踐作爲印證，而藝術欣賞與藝術創作正是美的哲學的最好證據，從而使他的文藝思想得以上昇到美學高度。堅持馬克思主義哲學認識論的實踐觀，從藝術創作實踐出發，文藝理論與美學密切結合，這是蔣孔陽美學思想的最大特色。」㉘

如果說蔣孔陽美學思想有什麼缺憾的話，這主要表現在他對藝術創作中的主體自由性研究不夠，尤其對這自由性在藝術形象和藝術典型中的表現論述不充分，或很少涉及。在體系自身內部，也存在著某些矛盾。這在一定程度上影響了他美學體系的嚴謹性和科學性。

高爾泰（一九三五年～　），江蘇高淳人。一九五五年畢業於江蘇師範學院。一九五六年開始研究美學。一九五七年被錯劃爲右派。一九七八年到蘭州大學任教，一九八五年調四川師範大學中文系，現爲教授。主要著作有：《論美》（一九八二年，甘肅人民出版社）、《美是自由的象徵》（一九八六年，人民文學出版社）。

三十多年前，高爾泰以年輕人的藝術敏感，用相對論來構築他的「美是主觀」的論題。他那篇題爲《論美》㉙的文章，現在看來還有稚嫩之處，但它能一鳴驚人，贏得中國當代美學史的地位，主要在於它具備了構築美學體系的要素，體現了將美學理論放在以人爲研究主體的哲學本體論的基礎上的理論勇氣。這是繼呂熒之後又傲然豎起的一面美學大旗。高爾泰並未以此爲滿足，在二十多年後，又發表了《美是自由的象徵》，充實、完善、修正了他原來的美學觀點。他的「美是自由的象徵」這個結論，是通過「人的本質是自由」這個中間的小前提，由「美是人的本質的對象化」這個大前提提出的。這一命題，體現了高爾泰對人和自然、美和藝術的簇新理解。在他看來，生命力的昇華便是自由，具備了自由信念的美便成了自由的象徵。他用這種觀點去看待審美活動，並得出這樣的結論：「審美活動是體驗自由的活動，藝術創作活動是追求自由的活動。」自由在這裏成了體驗到的自由，於是一切便又回到他過去講的主觀。但這不是簡單的復歸，而是螺旋式的上昇。他所揭示的「美是自由的象徵」這個命題，不僅可用來充分解釋現代美學給予美的許多定性，而且對理論界深入認識人性、人的文化心理結構、認識人的創造力與美的關係，均具有重要的啓示意義。

高爾泰美學理論中有些概念，乍看起來有些含糊，其實深入進去，可以發現這裏有奇光異彩。在他的美學字典裏，人道主義是宏觀歷史學，現代美學則是微觀心理學。在他看來：「人道主義是沒有被意識到的美學。而美學，在本質上來說，則應當是被意識到了的人道主義。」正是基於這種對人道主義和美學的深刻理解，使高爾泰的美學理論具有紮實牢固的哲學基礎。他論述的揚棄異化的觀點，又使他能進一步把對美的探討置於人類歷史的背景之上。

高爾泰和李澤厚雖然同是五〇年代崛起的美學新人，但兩人的觀點不同，文化態度亦有極大的差異。李澤厚強調「歷史的積澱」，高爾泰強調變化和發展；李澤厚強調理性的結構，高爾泰重視感性動力。「李澤厚傾向於哲學思辨的闡述，高爾泰則偏重感性經驗的把握」㉚。和沉穩厚重的李澤厚比較起來，高爾泰則顯得尖銳犀利。他那不盲從權威，不迷信傳統的叛逆精神以及深入淺出的文風，再加上他坎坷的經歷，使他在青年學者中獲得了崇高的威望。

在美學界，高爾泰最早提出方法論的問題。在一九八二年《當代文藝思潮》上發表的《現代美學與自然科學》，典型地體現了他美學思想的活躍和開放，以及他研究問題與衆不同的角度。他在此文中主張，美學必須同自然科學結合起來。具體說來，功能模擬法、信息方法、反饋方法、系統方法等，對揭示審美過程的奧秘，均有重要的借鑑作用。耗散結構理論、數學方法，對於定量研究生命運動的過程，研究人的內心世界與外部世界存在的同構對應關係，也非常富於啓發性。他在《美是自由的象徵》中，就用系統論、信息學的觀點解釋美學問題，並將熵定律首次引進美學界，用它去論證多樣統一的規律，劉再復從他這裏受到啓發，用熵定律的一些觀念去分析人物性格二重組合過程㉛。在美學能否用熵定律問題上儘管仍有爭論，但高爾泰所倡導的方法論和現代科學精神，已越來越被中青年理論工作者所高揚，成爲他們進行理論革新的起點。

隨著「以階級鬥爭爲綱」時代的終結，革命文論與認識文論聯手稱霸的地位受到挑戰，審美文論和感興文論由此揚眉吐氣，乃至有人極力貶低社會學的評論。高爾泰敏感地看到了這一點，他認爲不能因審美文論的興起而完全否定社會學的評論。在《爲「社會學的評論」一辯》㉜、《爲「社會學的評論」再辯》㉝中，他批評了文學評論中脫離社會、脫離我們經驗到的人生的傾向，主張文學批評應立足自我和人生，應反映我們的理想、願望和迷惘，在文學批評界產生了強烈的反響。但他有些文章，存在著憑激情去評價複雜的美學現象、論證欠充分的弊端。這種好似絕對眞理在手，不容他人分辨的文風，欠寬容的氣度。須知，義憤出詩人，但不一定出學問。

第七節　美學的進展和趨勢

從七〇年代末開始後，尤其是十一屆三中全會以來，通過撥亂反正，美學和其他學科一樣，得到了蓬勃發展。

這一階段，飛鳥投林，游魚返淵，被「文革」炮擊得四分五裂的美學隊伍又聚會在一塊。除了老一輩的朱光潛、宗白華、蔡儀、王朝聞、伍蠡甫、洪毅然，以及「文革」前已成名的學者李澤厚、蔣孔陽、高爾泰、汝信外，馬奇、劉綱紀、楊辛、朱狄、周來祥、郭因、楊安崙、涂武生、王世德、胡經之、曾繁仁、葉朗，均出版發表了有份量的論著。此外還扎進了不少面孔陌生的新秀：如滕守堯、李丕顯、凌繼堯、朱立元、劉寧等人。回想五、六〇年代論美學問題，參加者人數極爲有限；開美學課程的，也只有北京大學、中國人民大學等少數院校。現在隊伍愈來愈壯大，研究水準也水漲船高。除討論了過去被列爲禁區的共同美、形象思維、人道主義、悲劇問題外，在美學研究、美的本質和審美意識的特徵等問題上，研究水平也在不斷提高。

關於美學研究對象，在「十七年」時期有的論者主張美學是研究美和美的規律的學科，有的人認爲是研究藝術的本質、特徵和一般規律的學科，美學即藝術學。還有的人認爲美學是研究審美關係的學科。進入新時期後，這方面的研究有所前進。李澤厚提出新說，認爲美學是以美感經驗爲中心，把美和藝術結合起來研究，美學由美的哲學、審美心理學、藝術社會學三部分構成。審美關係說的研究也有所深入。這些論者在與認識關係、倫理關係的聯繫和區別中，對審美關係的本質特徵，做了更深入和具體的闡述。與此相聯的是歷史地考察了美學對象，認爲美學的對象隨著社會的發展而變化，古代美學、近代美學與現代美學研究重點不同。現代美學體系如葉朗主編的教材㉞，不從美的本質這樣玄妙的問題講起，而是放眼歷史與世界，從對西方文化影響最爲深遠的「雙希精神」（即希伯萊精神和希臘精神）與對中國文化影響極大的「儒道互補」談起，從文化的差異引出不同的審美形態，把全部根本性問題引入到對審美哲學的思考。

關於美的本質問題，「十七年」時期形成了主觀說、自然說、主客觀統一說、社會性與客觀性統一說。新時期以來，對這些問題的研究也有了深化：圍繞著實踐派美學的哲學基礎問題，進行了新探索；實踐派美學在本體論——歷史唯物論和認識論、實踐論二位一體化中，提出了美是「自由的形式」說，對美是人的本質力量對象化的觀點，做了更深入的發揮，並從實踐觀點出發，提出了美是和諧說。值得重視的是一九八三年以前，人們在討論《一八四四年經濟學——哲學手稿》時，「什麼是美的本質」問題變成了「美的本質是否人的本質力量對象化」問題。儘管各家對此理解有很大的分歧，但大多數人讚同這個命題。這是「十七年」美學爭鳴與八〇年代美學討論的一個重大差別。

關於審美感受和審美意識的探討，不再滿足於從前對美感矛盾的二重性分析，而是從心理學角度著手，對審美感受問題做深入細緻的研究。這也與五、六〇年代不同。

新時期以來，由於思想的解放，環境的寬鬆，絕大多數美學工作者飛舞起靈思充盈的筆鋒，譜寫出美學新篇章，使美學研究領域在迅速擴大。文藝美學、門類美學、比較美學等新學科的建設，取得了令人滿意的成績。

比起思辨性極強的哲學美學來，文藝美學與文學理論有更直接的聯繫，因而也更容易引起文學理論家的興趣。在過去，人們著重於從政治學、社會學、倫理學、教育學的角度去研究文藝，現在人們認識到還必須從美學角度研究文藝，才能使文藝理論更好地研究創作規律，研究創作與欣賞的心理，研究形式美。八〇年代的文藝美學研究，一方面在討論它的研究對象和範圍，在編寫教科書和工具書；一方面在著手門類美學的建設，像電影美學、電視美學、戲劇美學、攝影美學、書法美學，已發表或出版了有份量的論著。當然，也有人對某些部門美學的研究對象感到十分可疑，如認爲烹飪美學、工業美學雖還不像「性美學」那樣離奇，但畢竟容易導致美學的泛化。因而他們急於去審查它們的「美學資格」，而有的人卻積極地爲這些門類美學搭理論框架，出版論文集。

在比較美學研究方面，八〇年代出現了三種層面。其中一種是社會、文化、哲學方面的宏觀性比較，另一種是著眼於某個作家作品方面的微觀性比較，更多是中西美學理論、詩學、各藝術門類的中觀性比較。在老一輩美學家中，朱光潛和宗白華的比較美學研究顯得完善、深刻。所不同的是，朱氏著眼於文學，宗氏偏重於藝術；朱氏的文章和思維方式是推理的，宗氏是抒情的；朱氏是近代的、西方的、科學的，宗氏是古典的、中國的、藝術的。李澤厚和劉綱紀、葉朗等人編著的美學史㉟，也在不少地方採用了中西比較的論證方式。青年學者曹順慶出版的《中西比較詩學》㊱，則是這方面的突出成果。

新時期美學研究的收穫還表現在美學教育的理論與實踐得到普遍開展以及審美心理學探索勃然興盛，中國美學史的資料整理和系統論著層出不窮，西方當代美學思潮、流派的評論與翻譯也做了許多工作。現在，大家都在埋頭建設，無所不及的探索興趣取代了過去糾纏不休的論戰紛爭。在近代學科襁褓中成長起來的美學，一九四九年以來幾經曲折發展得這麼有聲有色。更吸引人的魅力還在於它的發展趨勢。趨勢之一是外部學科廣泛滲透。如前所述，美學王國的版圖在日益擴大。與此同時，也面臨著被外部學科瓜分的危險。或者說，美學研究領域的擴大，很大程度上是靠外部學科（諸如心理學、人類學、生態學、語言學、符號學、經濟學、民俗學……）的滲透造成的。這些學科毫無顧忌地闖入美學，固然有利於豐富發展自己，但也有可能爲外部學科吞併。接受外部學科的饋贈，使有識之士驚呼「美學正在消失」。這確實使人感到困惑。趨勢之二是綜合、分化同時進行。哲學在追求一體化，美學也趨向一體化。彼此相關的多種方向的出擊，使當代美學進入了多層次的系統綜合研究階段。如果把美學這門學科比做一棵大樹，在這棵大樹的茁壯枝幹上，既有滲透交叉、高度綜合的共同生長點，又有依美學而生、循脈絡而長的分枝在不斷衍生分化。以文學美學爲例，小說美學、詩歌美學、散文美學，都是衍生分化的產物。小說美學本身還可再分化成古代小說美學、現代小說美學以及小說結構美學、小說敍事美學等等。文學美學或曰文藝美學，正是在這種分化與綜合矛盾運動中得到發展。趨勢之三是應用性新學科將進一步增多，人們早已對艱深難懂的深奧思辨、超驗原理的繁複推衍感到極大的厭倦。在這種情況下，美學從只做形而上的概念分析中解脫出來，開始面向實際生活，面向各類具體的藝術問題，旅遊美學、廣告美學、服飾美學便由此應運而生。這些應用學科的出現，有可能變成一種脫離基礎學科（哲學美學）的離心運動，但它使美學不再躲在傳統的樊籠中深居簡出，因而受到群衆的歡迎。趨勢之四是美學研究方法的不斷改進。未來美學的探索重點之一必然是方法論的研究和創新。創新便意味著不間斷的改造封閉式的思維方式，在學術上採用開放性眼光，多方面吸取外部學科的研究成果，其中「進化論和人類學激發了現代學者的智慧火花，社會學啓發美學家的靈感，文化史拓寬了方法手段，語言學模式引進美學，教育學方法躋身於美學研究，使現代美學研

究方法五光十色，蔚爲大觀。」㊲

註釋

① 參看古遠清：《香港當代文學批評史》，湖北教育出版社一九九七年版第一三七—一四〇頁。
② 《新建設》一九六〇年第四期。
③ 《新建設》一九六〇年第三期。
④ 《文學評論》一九七八年第四期。
⑤ 《華中師範學院學報》一九七九年第一期。
⑥ 人民文學出版社一九七九年版。
⑦ 吳元邁：《也談上層建築與意識形態的關係》，《哲學研究》一九七九年第九期。陸梅林：《文藝和政治是上層建築範疇內的問題》，《文學評論》一九八〇年第一期。
⑧ 《文藝報》一九八七年七月十一日。
⑨ 以上參看鄒士方、王德勝：《朱光潛晚近美學思想述評》，《文藝研究》一九八六年第三期。
⑩ 轉引自蔡儀：《美學論著初編（上）》，十二頁。
⑪ 參看梅寶樹：《再談李澤厚的美學思想》，《文藝研究》一九八六年第三期。
⑫ 參看張志忠：《近年文學研究新方法述評》，《批評家》一九八六年第一期。

⑬《光明日報》一九五七年六月九日、十六日。
⑭《新建設》一九六三年第十期。
⑮《文學評論》一九五九年第二期。
⑯《人民日報》一九七八年一月二十四日。
⑰《光明日報》一九七八年二月十一日。
⑱《學術研究》一九七八年第一期。
⑲寫於一九七九年，載《美學論集》。
⑳劉曉波：《選擇的批判——與思想領袖李澤厚對話》，台灣風雲時代出版公司一九八九年版。另有一九八八年上海人民出版社初版本。
㉑㉒陳宏在：《王朝聞藝術論初探》。
㉓一九六〇年四～五月，上海召開爲期四十九天的批判修正主義大會，蔣孔陽和錢谷融成了主要批判靶子。
㉔《學術月刊》一九五七年四月。
㉕蔣孔陽：《談談阿Q的典型性格問題》，《學術月刊》，一九五八年第八期。
㉖蔣孔陽：《美和美的創造》，四十八頁。
㉗高楠：《蔣孔陽美學思想研究》，遼寧人民出版社一九八七年版，十一頁。
㉘邱紫華：《蔣孔陽美學思想的特點》，《文藝研究》一九八六年五期。

㉙《新建設》，一九五七年二月號。
㉚屈選：《美學家和批評家的高爾泰》，《批評家》一九八七年第六期。
㉛劉再復：《性格組合論》，上海文藝出版社一九八六年版。
㉜《讀書》，一九八五年第十一期。
㉝《中國》，一九八六年第三期。
㉞葉朗主編：《現代美學體系》，北京大學出版社一九八九年版。
㉟李澤厚、劉綱紀主編（劉氏執筆）：《中國美學史》第一、二卷，一九八四、一九八七年，中國社會科學出版社。葉朗著：《中國美學史大綱》，上海人民出版社一九八五年版。
㊱一九八八年，北京出版社。
㊲周憲：《現代美學的大趨勢》，《江蘇美學通訊》，一九九四年第四期。

第二章　現實主義的新探索

第一節　他們是癡心的一代

「現實主義」是一個彈性很大的模糊概念。約翰·詹普在他主編的《文學批評術語》中所列舉的現實主義品種，就有三十多門。人們常常從不同視角去理解現實主義內涵，如有的將其看成是一種正視現實的創作精神，或理解成一種並無諱飾地反映生活的創作方法，也有的將其看作一種創作流派或特定意義上的文學思潮。不管人們的理解有何種差異，在「十七年」時期，現實主義均被抬到至高無上的地位，以至在各種文學思想進行激烈碰撞時，均標榜自己是正宗現實主義，而對方是冒牌現實主義或反現實主義。而一旦被戴上「反現實主義」的帽子，文學理論也就與「反動」沾上了邊。當時對現實主義的神化不限於文學評論領域，還擴展到文學史研究領域。茅盾的《夜讀偶記》①，就將一部複雜豐富的中國文學史概括爲「現實主義同反現實主義的鬥爭史」。其實，反現實主義並非像愛滋病那樣可怕，如繪畫中的印象派、文學中的荒誕派，今天人們照樣可以欣賞它。但當時並不這樣看，而是獨尊現實主義，以致無限擴大現實主義的疆域，連馮雪峰這樣權威的理論家，在其寫的《中國文學從古典現實主義到無產階級現實主義的發展的一個輪廓》中，也把李白這樣有定評的浪漫主義詩人，借其「精神的積極方面」，將其「概括到現實主義之內去」。

我們毫不懷疑馮雪峰們的赤誠之心。他們的確想借現實主義去繁榮社會主義文學藝術，或用現實主義精神爲階級鬥爭服務，但殘酷的階級鬥爭現實卻與他們的主觀願望相反。因爲現實主義——無論是按生活本來面目反映現實的現實主義，抑或高揚「主觀戰鬥精神」的現實主義，一個重要的特徵是直面人生，不忌諱現實中的陰暗面存在。而這一點，恰好是那些只推薦、只提倡或僵化地理解歌頌「新的人物、新的世界」這一現實主義流派的評論家們所厭惡的。於是，圍繞現實主義問題，中國文藝界發生了一場又一場歷史大誤會。假如那些還沒失去良知的理論家和作家，索性看破了紅塵，放棄現實主義批判的職能，在人民的疾苦面前睜一隻眼閉一隻眼，不去揭露生活中存在的陰暗面，跟著某些作家盲目地唱讚歌，也許他們就能保全自己，不致被趕出文壇。但「文革」前的不少理論家和作家不願昧著良心寫作。「他們是癡心的一代」。他們怎麼也想像不到探索現實主義理論還會有風險，運用現實主義創作方法「干預生活」反過來會被政治所干預。他們也怎麼不明白，自由派評論家、右翼派評論家被清除出文壇後，左翼派評論家對文藝與政治、現實主義是偏重於主觀還是客觀、先進世界觀是從生活中來還是從書本中獲得等問題的分歧，會成爲一九四九年後理論批評界的主要矛盾。於是，高揚現實主義旗幟的作家王蒙及理論家胡風、馮雪峰、秦兆陽、邵荃麟等人均無法被極左政治所容忍，一個一個被驅趕到沒有水草的流沙中生活，許多待問世的理論著作只好胎死腹中，他們或長或短的評論生涯、創作生涯也只好無疾而終。

八〇年代後，儘管傳統的現實主義理論仍顯出巨大的活力，但現代主義、「反」現實主義的理論出現已成了一種不可否認的現象。那些復出後的評論家，不少人已不滿足於用傳統的現實主義理論去評價創作，他們中的有些人對現實主義理論做了重新調整或有新的發展。不過，限於新時期現實主義理論還沒有出現足以和「十七年」現實主義理論相並肩的代表人物，故本章不設節單獨評述。

第二節　胡風：保持獨立學術品格的理論家

胡風（一九〇二～一九八五），又名張光人，湖北蘄春人。文藝理論家、詩人、翻譯家。二〇年代中期先後在燕京大學、清華大學學習。一九二九年赴日留學，參加了日本反戰同盟和日共，並積極從事革命文藝活動，後被日本警察廳押解出境回國，不久參加中國左聯，任宣傳部長和常務書記，與魯迅過從甚密，對魯迅的鬥爭起到了配合的作用。這期間，他主要致力於輔導青年作家的社會活動和革命文學實踐，爲左翼文藝運動做出了一定的貢獻。一九三六年，他出版了《文藝筆談》（文學出版社），後來又出版了《密雲期風習小紀》（一九四七年，海燕書店），從此他成了一個著名的文學評論家。他的整個理論活動，雖然貫穿現代、當代文學兩個階段，但由於他在一九四九年後不久即喪失了從事理論批評活動的權利，因而他的理論批評建樹主要體現在新民主主義階段。他的現實主義文學觀，是在那個時期形成並加以系統化的，這主要表現在寫於一九四八年的《論現實主義的路》（上海青林社）一書中。一九四九年後他的理論文章寫得少。他的全部理論文章，主要見諸《胡風評論集》（三冊，一九八四～一九八五年，人民文學出版社）。而杜鵑啼血般的「意見書」，則是他全部文藝思想的薈萃，同時又是討伐創作唯理論、改造先行論、題材決定論等庸俗社會學的戰鬥檄文。

魯迅在《文藝與政治的歧途》的演講中說：「政治家最不喜歡人家反抗他的意見，最不喜歡人家要想，要開口。」而文學家又偏偏喜歡如此，政治家便據此認定文學家「破壞他們的統一」，「是社會擾亂的煽動者。」胡風正是這樣不喜歡安於現狀而喜歡向政治家提不同意見的文學家。他深知，文學史上任何一個有建樹的文藝理論家，都不是以注釋經典作家的思想爲使命，而是以赤誠的社會良知和獨立思考的精神，給文藝理論領域帶來新的活力。五〇年代初，我國作家面臨著與國統區完全不同的情況，對解放區文藝運動取得的經驗，不應簡單的照搬。就是當年在國統區，胡風認爲作家改造思想的途徑與解放區作家也不一定要完全相同。毛澤東在一九四二年曾說：「中國的革命的文學家藝術家，有出息的文學家藝術家，必須到群衆中去，必須長期地無條件地全心全意地到工農兵群衆中去，到火熱的鬥爭中去，到唯一的最廣大最豐富的源泉中去」。這段話，胡風認爲對國統區的作家，卻不見得完全適用。因而他提出國統區作家改造世界觀的另一種途徑：到群衆中不一定都要到工農兵群衆中去。「人民在哪裏？在你底周圍。詩人底前進和人民底前進是彼此相成的。起點在哪裏？在你底腳下。哪裏有生活，哪裏就有鬥爭，鬥爭總要從此時此地前進」。一九四九年後，他同樣反對「只有工農兵的生活才算生活，日常生活不是生活」的狹隘見解，而繼續主張「到處有生活」。實踐證明，「到處有生活」是個深刻的命題。本來，每個作家都有權利選擇自己生活的方式和表現方式，既可以寫工農兵的生活，也可以寫自己熟悉的生活。如果用行政命令強迫作家只準寫某一種生活，層層設置各種禁區，五把「刀子」就會割斷作家和生活的廣泛聯繫，文學創作的題材和風格就不可能多樣化，創作自由也就成了一句空話。一九四九年後許多老作家不敢寫自己熟悉的生活而勉爲其難去寫鐵水奔流，去寫三千里江山，去寫十三陵水庫而未獲得成功，其中有一個原因就是吃了否定「到處有生活」的虧。

一九四九年以來，主流派爲了樹自己的話語霸權，強調統一思想、統一行動。本來，對文藝理論問題，應該允許有不同意見。就是對與政治關係密切的重大文藝理論問題，也應當允許有不同的聲音存在。可是在當時做不到。而胡風卻不那麼馴服。他除了認爲改造思想並非一定要深入工農兵外，還認爲作家的創作實踐也可以改造思想。他一向強調「藝術和眞實人生的一致」，強調文藝創作是一種實踐過程和勞動過程，反對低估創作實踐對轉變作家思想的作用。

當然，胡風並沒有完全否認世界觀對創作的指導作用。這從他寫於三〇年代中期的《張天翼論》、《〈大地〉裏的中國》論述張天翼的創作、論述美國女作家賽珍珠的《大地》，均可證實這一點。胡風與主流的文藝思想的不同之處，在於他不僅重視世界觀對創作的制約作用，還重視創作實踐的作用，即它對世界觀的反作用：「創作實踐就是克服著本身的二重人格，追求著和人民結合的自我改造的過程」。②在一九三七年寫的一篇文章中，又說：

如果一個作家忠實於藝術，嘔心鏤骨地努力尋求最無僞的、最有生命的、最能夠說出他所要把握的生活內容和表現形式，那麼，即使他像志賀似地沒有經過大的生活波濤，他的作品也能夠達到高度的藝術的眞實。因爲，作者苦心孤詣地追求著和自己底身心底感應融然無間的表現的對象，同時也就是追求人生。這追求底結果是作者和人民的擁合，同時也就是人生和藝術的擁合了。這是作家底本質的態度問題，絕對不是錘字煉句的功夫所能達到的。如果用抽象的話說，那就是，眞實的現實主義創作方法，能夠補充作家底生活經驗上的不足和世界觀上的缺陷。③

創作實踐所以能幫助作家改造思想，能夠塡補作家「世界觀上的缺陷」，是因爲作家的世界觀，並不像有些人說的是「一元的」，純粹得像蒸餾水。它往往有正確的成份，也有錯誤的成份（正是在這個意義上，胡風講作家有「二重人格」）。而實踐，是檢驗眞理的標準。在檢驗過程中，無疑可幫助作家糾正錯誤的成份，即對生活不夠正確的評價，矯正不符合現實發展規律的構思和情節，從而幫助作家端正創作態度，更好地向眞理靠攏。這樣的事，在文學史上屢見不鮮，恩格斯就稱讚過巴爾扎克通過創作實踐，用現實主義戰勝了反動的世界觀，即推翻了保皇黨的信仰，尖銳地諷刺了他原先同情的貴族婦女。法捷耶夫、魯迅也有過類似的創作實踐。總之，胡風把創作過程看爲作家達到自我變革的終結性的實踐過程，是有一定道理的：一方面，他沒將複雜的文學創作過程簡單化，認爲只要有了健康的人生觀就可寫出成功的作品（即只看到作家的人生觀與創作心境相一致的時候，而沒有看到不一致的時候）。對那些不具有先進世界觀或對生活有主觀偏見的作家，也不排斥他們有可能出現眞正的藝術創造；另一方面，胡風沒有低估藝術實踐的重要意義，簡單地認爲只有世界觀才能決定作家的藝術創造，同時還看到了作家對生活認識的廣度和深度，對作家創作出成功的作品仍具有重要的意義。在這個問題上，如果說胡風的理論有什麼缺陷的話，那就是他沒有同時指出作家用眞實的現實主義創作方法去彌補作家生活經驗不足時，最終還是要以作家的經驗、知識爲依據。

胡風對現實主義這種理解，系根據斯大林在聯共（布）第十七次代表大會中的講話：「寫眞實！讓作家在生活中學習吧。如果他能以高度藝術形式反映出了生活眞實，他就會達到馬克思主義。」這段話，胡風是從日文介紹中讀到的。斯大林的本意是作家一時還沒有確立共產主義世界觀，但如果他能虛心向生活學習，反映生活的眞實，那他仍可以學到活的馬克思主義。這就可吸引那些雖然還沒有站在工人階級立場上，但願向革命靠攏的進步作家逐步掌握社會主義現實主義創作方法。胡風在一九四九年前宣傳斯大林這一觀點，有它的針對性。對國統區作家來說，能直接從經典著作中學習馬列主義，這固然最好。但這不符合當時作家的鬥爭環境和學習條件，因而是不切實際的過高要求。對國統區作家來說，「恐怕只能從學習去慢慢獲得一些，但基本上要通過『在群眾生活群眾鬥爭裏實際發生作用的活的馬克思主義』，去獲得一些，然而，這些一定要在藝術實踐過程中通過辯證的關係一步一步前進、上昇，一直達到世界觀的高度。如果不通過藝術實踐，無論是從學習得來的或者群眾生活和群衆鬥爭中得來的，對於作家說，那是『不生產的資本』，都不會成爲經過了血肉的考驗以後的、化成了自己的東西的東西」。胡風這種觀點，不僅團結了國統區廣大進步作家，使他們認識到革命現實主義創作方法並不是高不可攀的，要先具備了馬克思主義世界觀才能運用，而且他在這裏還對創作過程做了科學的闡明。過去，主流話語只強調生活是創作的唯一源泉，而對作品產生過程，即對生活要經過作家的頭腦加工這一創作實踐過程重視不夠。胡風認爲生活和思想與創作實踐脫節，對藝術來講是「不生產的資本」。這種表述方式對有的讀者來說，也許會感到費解，但他高度重視創作實踐對作家思想改造的積極作用，認爲這也是通向馬克思主義的途徑之一，那意思還是淸楚的，它至少彌補了主流話語長期對於創作過程本身的美學探討的不足。這正是胡風對革命文藝思想做出的貢獻之一。

在現實主義問題上，同樣表現了胡風赤誠的社會良知與獨立意識，和對傳統現實主義文學觀念的偏離。在胡風看來，現實主義並不是一個封閉凝固的觀念，它本身也是在不斷發展和完善的。現實主義之所以有持久常新的生命力，在「五四」以來的文學創作中佔主導地位，正在於它能根據現實生活和創作實踐不斷豐富和充實自己。基於這一點，他在談現實主義和創作過程時，大力倡導主流話語所忽視了的「主觀精神」和「主觀戰鬥精神」。

胡風講的這種「主觀戰鬥精神」，在各類文章中含義不完全一致。在一九四三年寫的《在混亂裏面》，「主觀精神」是指爲了反映「人生的眞實」，作家需得「有和人民痛癢相關的胸懷」；在一九四四年寫的《逆流的日子》，「主觀精神」是指抗戰初期那種民族解放、人民解放的高揚的熱情；在一九五一年出版的《論現實主義的路》，「主觀精神」則爲「主觀的思想立場」。還有的文章則是指「銳敏的感受力」、「燃燒的熱情」與「深邃的思想力量」。這多種解釋，反映了胡風的文學觀念嚴密性的不足。但如果我們不是揪住他的個別論述不放，或只看到他的論述有時陷入自相矛盾的境地，而是從整體上看到他強調作家進行藝術實踐時對創造主體的側重，看到他反對作爲創作源泉的生活「不必通過作家內部，不必在作家內部進行鬥爭，而是自動地流成作品似的」，④我們就會感到他反復強調「主觀精神」其實是肯定認識是一種辯證過程。因爲文藝創作受客觀現實的制約，這只觸及了人類一般勞動的共性。文藝創作作爲複雜的精神勞動，有它的特殊之處。這獨特處便是它對生活不做被動的反映，而做能動的反映。這種反映取決於作家的創作態度，其中充滿了反映者的主觀能動性、自主性和創造精神，諸如上面說的「銳敏的感受力」、「燃燒的熱情」，還有胡風在別處說的「生命力的衝動」、「感情的爆炸」等等。因而胡風強調「主觀精神」是創作過程中的動力（這和舒蕪在《論主觀》中講的「主觀」是哲學本體論和客觀對立的概念不同），一方面是爲了抵制過去機械地強調客體對主體的決定作用的說法，使作家能充分地意識到自己的精神主體的所有靈性，最大限度地調動自己的創作才能。另一方面，也是爲了將作家的勞動過程與勞動結果區分開來。所謂勞動結果，是指作品的誕生。勞動過程，是指作家用主觀精神去選擇題材、改造素材、塑造典型。胡風看到這兩者的區別，強調作家作爲審美創造主體的能動作用，不僅是爲了創造出與人民痛癢相關、高揚著戰鬥熱情的作品，也是爲了創造出沒有空洞的叫喊和灰白的敍述，有「『藝術個性』、或性格」的文藝作品。這種強調，無疑是符合藝術創作規律的，是高度重視作家主體性的表現。胡風把現實主義創作者看成是作者主體與現實客體擁抱、突入，並認爲作家主體能否對現實客體「突入」、「搏鬥」、「體驗」、「擴張」，是衡量一部作品有無現實主義精神的重要標尺。在以往以馬克思主義評論家自居的人當中除提倡主體美學意識的盧卡契外，還很少有像胡風這樣重視作家的主體性，把「主觀戰鬥精神」強調到如此突出程度的。

一九四九年以來，大陸的文藝理論建設缺少大的建樹。這當然可以從多方面尋找原因，但對於缺少創造性，不允許偏離流行的、自以爲十分正確的理論，這一點尤應該進行深刻的反思。以題材問題來說，主流話語多年來強調的是「題材決定論」，認爲只有寫重大題材，才有教育意義，而「不問什麼作家，不問作家底生活基礎和鬥爭要求底內在根據，也不問具體作品所包含的眞實性和思想意義」，「都必須描寫工農兵。尤其是必須寫他們的覺悟性，描寫他們有組織有領導的鬥爭，描寫他們中的先進人物」。⑤對這種庸俗社會學，胡風非常反感。他認爲：㈠如果承認題材有決定作用，即何其芳在批評他的文章中講的題材「對於作品的價值」有「一定的決定作用」，「作家對於題材的選擇正常常和他的立場有關」，⑥或認爲一九四九年後只能寫工農兵，「沒有寫『工農兵群衆的生活』就是舊現實主義，那就等於逼得還只能寫這『以外』的生活的作家放棄創作」。⑦這樣，就不利於調動一切作家的積極性。一九四九年後，有不少老作家沒創作出新作品，或寫了卻多半成了廢品，與這種理論的指導是分不開的。㈡爲了使從舊社會過來的老作家和對題材問題持有不同看法的作家有用武之地，胡風反對從五〇年代初就流行的「分配題材給作家去完成任務」，以及「要作者帶著所謂『主題計劃』去『生活』、『搜集』了『材料』回來寫」的做法。胡風認爲，這種強制性的做法，是違反藝術規律的。在他看來，「創作過程，總是作家底內心要求某一點和對象發生了血肉的感應，從這裏突進了對象的內部……，這才達到了創造勞動的高度」。正因爲如此，「不但題材不能決定作品底藝術價值，而且也絕對不能分配題材給作家去完成『任務』，『搜集材料』也都是一種本末倒置的機械論的提法，那只有引起作家喪失黨性的投機心理，害死作家而已。」⑧㈢「題材決定論」不僅會將文學這門「人學」變爲「題材學」，而且會給人民群衆帶來「政治痲痹」的「精神狀況」：

> 革命勝利了，一切光明燦爛了，從此萬事大吉大利了。誰的作品裏有否定的現象，那就是「不眞實」。誰的作品裏寫的工農兵生活不是一帆風順的勝利故事，那就是歪曲了革命，是小資產階級。誰的作品裏寫的革命鬥爭有了犧牲者，那就是散佈悲觀情緒，是小資產階級。誰的作品裏寫的工農兵也有「落後」的思想情緒，是在鬥爭中得到成長的，那就是歪曲了工農兵，是小

資產階級。誰的作品裏把敵人寫得複雜一點，不像紙人一樣，空空洞洞，一碰就倒，那就是立場不穩。誰的作品裏不把工農兵底思想感情寫成只能說光明的政治話或思想話，還有一些複雜的內容，那就是歪曲了工農兵，是小資產階級。至於工人，那就沒有一個不是「先進人物」的等等。……幾年來，批評家慣用的「我們的生活是這樣的嗎？」（以《文藝報》的批評爲代表），成了一個流行的公式或棍子。⑨

如同層層堅冰上吹過來的陣陣熱風，從五〇年代初期就開始形成的教條主義理論空氣，在胡風的「反題材決定論」的衝擊下活泛了。然而也因爲衝擊得厲害，不留情面——認爲不能光寫工農兵，也可寫其他階層人物；不僅可以寫光明面，也可以寫陰暗面；不僅可以寫轟轟烈烈的生活，也可以寫日常生活；不僅可以寫先進的工人，也可寫落後的工人，因而胡風被戴上了遠比「小資產階級」更重的帽子。現在看來，如果早些吸取胡風意見書中這些閃耀著戰鬥鋒芒的合理部分，也許我們的文藝就不會走這長的彎路。

胡風和盧卡契都是用批判的武器進行戰鬥的驍將。胡風的「意見書」，還有不少地方體現了機敏睿智的思想。如強烈要求評論自由，反對一邊倒的批判，希望挨批者有申辯的權利；批評他人，必須用「討論問題的彼此學習的同志的態度」，決不能居高臨下，以勢壓人，「採用的又儼然是代表黨中央的口氣」；評論文風要改進，反對斷章取義，把對方的話攔腰斬斷，「鮮血淋漓地割下來」。特別值得重視的是，意見書中堅決反對用行政手段干預作家的創作，「一切都簡簡單單地依仗政治」，「用『政治』解決一切問題」。胡風認為，這種做法「完全否定了沒有個性就沒有共性，這個唯物論的基本原則，完全忽視了文藝底專門特點」。胡風對「用『政治』解決一切問題」的做法之所以深惡痛絕，是因為他的創作理論和這正相反：重視個性，重視文藝的特徵。雖然他的理論和實踐有相矛盾之處，如一九五四年他在中國文聯和中國作協主席團聯席會上發言批評《文藝報》時，對自己的論敵朱光潛、袁水拍也採用了用「政治」解決問題的錯誤做法，⑩但他本人畢竟是用「政治」解決問題的最大受害者。在批判胡風中形成的這種用政治解決學術爭論的做法，對當代文學批評產生了極為惡劣的影響。它窒息了學術討論空氣，助長了「棍子」乃至「刀子」式的批評。人們不會忘記，姚文元就是從批判胡風運動中發跡的。⑪

「意見書」的最後一部分是《做為參考的建議》，談的是文學運動的方式（包括刊物、作家協會等問題）、話劇運動的方式和電影劇本的創作諸問題，計二萬餘字。這個建議，經過縝密的深思熟慮，寫得具體而周到。

作為這個「建議」的動機，是反對「宗派主義統治」。也就是探索歷史轉折時期新中國文藝應如何擺脫宗派主義、教條主義的影響，獲得更多的創作自由，並在新的歷史條件下，黨領導文藝的方式應如何更新。如關於黨的領導問題，胡風堅決反對外行領導，在「支部工作底兩項特殊保證」中，規定「從對於文藝事業特殊性的理解上，建立某些相應的工作方式」；他主張改善黨的領導，不要黨支部包辦一切，實行主編負責制和文責自負。還主張辦同人刊物，進行「作品競賽」，以利形成風格流派；辦群衆性的文藝選刊，實行創作自由，「不向特定作家指定特定主題，或把特定主題分派給特定作家去『搜集材料』或『體驗生活』」。所有這些，無論是對保護作家權益繁榮創作，還是「各刊物根據條件自由發展」辦出有獨特個性的文學刊物乃至形成當代文學流派，都是有好處的。其它如對作協、劇院體制的建議，對今天文藝體制的改革仍有重要參考價値。卅多年過後，也還沒有那個人能提出像胡風這樣全面、系統的改革方案。

當然，胡風的文藝思想也有較明顯的缺陷，對新舊現實主義沒作明確的界說：認爲「五四」文學革命運動是「以市民爲盟主」以及籠統地反對學習技巧、對民族文學遺產有輕視的傾向，有些論述打上了左的烙印，有些文章帶有經驗論的色彩，有的地方十分偏激（尤其是對某些領導人嚴重不滿），對不同觀點、不同派別的作家還表現出一種排斥態度，這本應該通過採取與人爲善的態度幫助其提高思想認識，而不應該無限上綱，欲置之死地而後快。

第三節　馮雪峰的現實主義文學理論

馮雪峰（一九〇三～一九七六），原名馬福春，筆名雪峰、畫室、呂克玉、洛揚、易水、成文英、何丹仁、O·V·等。浙江省義烏縣人。

在創作方面，馮雪峰既是著名的「湖畔詩人」，也是寓言家、雜文家、電影劇作家、翻譯家，晚年還在寫反映太平天國的長篇小說。然而他對現、當代文學史的貢獻，主要在文藝理論和文藝批評方面。他從事文學活動三十餘年來，寫了近二百篇、近百萬字的文藝論文和著作。抗日戰爭時期著有《魯迅論及其他》（一九四〇年，桂林充實出版社）、《鄉風和市風》（一九四四年，重慶作家書屋）、《有進無退》（一九四五年，上海國際文化服務社）。四〇年代著有《過來的時代》（一九四六年，上海作家書屋）、《論民主革命的文藝運動》（一九四七年，上海作家書屋）。一九四九年後著有《論文集》（第一卷。一九五二年，人民文學出版社）、《回憶魯迅》（一九五二年，人民文學出版社）、《論〈保衛延安〉》（一九五六年，新文藝出版社）、《論〈野草〉》（一九五六年，新文藝出版社）。一九八一年，人民文學出版社除出版了《論文集》三卷本外，還出版了四卷本的《雪峰文集》（一九八一年～一九八五年，人民文學出版社），其中二、四卷收進了他的全部文藝論著和有關魯迅的文字。

遠在二〇年代中期，馮雪峰做爲文藝理論建設的先鋒戰士，爲了介紹蘇聯的文藝理論和馬克思文藝理論，他毅然放棄了已取得一定成就的新詩創作，翻譯了普列漢諾夫、盧那察爾斯基、梅林、沃羅夫斯基等人的論著；在左翼文藝運動中，寫了不少嚴肅思考新文學發展中一些重要問題的論文；在四〇年代，他總結五四以來文學的經驗，強調繼承現實主義的戰鬥傳統，始終捍衛著面向生活、深入生活的現實主義創作原則；在五〇年代，他用「中國文學現代化」去概括「五四」新文學的總體特徵和性質，這比人們通常用反帝反封建來概括顯得更全面、準確和科學。

馮雪峰的文學觀，主要是現實主義文學觀。從三〇年代起，他就極力倡導現實主義創作方法的靈魂典型化原則，他更是做過認眞思考。他的典型論與一般人不同的是，沒有停留在共性與個性統一的論述上，而是強調典型必須首先根據生活和歷史的內容達到應有的廣度和深度。他用「社會的、世界的、歷史的矛盾性」的提法，去概括他對典型深入生活、深入歷史的根本要求，這便與那種把「共性」當做某種本質的代名詞的論者劃淸了界限。他還反對把人物及其環境「理想化」。這與他的現實主義文學主張完全吻合。強調表現理想，本來是件好事，然而「理想」後面加上一個「化」字，就有可能拔高人物，掩飾環境醜惡的一面，這就容易違反眞實性的原則。尤其是把「理想化」做爲描寫英雄人物的一種尺度，更不利於創造藝術典型。所以，在五〇年代初期馮雪峰指出這一點，無疑有預見性。但馮雪峰同時把「擴張」（即擴大、放大）做爲典型化的一種重要方法⑫，卻未必科學。因爲「擴張」容易將豐富多彩的生活簡單化，將複雜的人物性格單一化。他的典型論沒有很好觸及人物個性化問題，這也說明他只是把典型做爲社會學問題探討，而忘記它同時是一個美學問題。這是五〇年代現實主義文學理論家常犯的毛病。

馮雪峰的現實主義文學觀，既是一貫的，又是有所發展變化的。在四〇年代，他曾認爲現實主義「是從先進國輸入進來的」⑬。在一九五二年寫的《中國文學從古典現實主義到無產階級的發展的一個輪廓》的長文中⑭，他糾正這種看法，認爲中國文學史上有過古典現實主義，且主要在宋元以後，「即所謂市民文學或平民文學開始有比較顯著的發展的時候」。這就溝通了革命現實主義與古典文學中

的現實主義之間的聯繫。不但如此，他還進一步論證了五四新文學中現實主義的社會基礎及其發展到無產階級現實主義的經過，其中認爲「魯迅後期是無產階級現實主義者」，但又認爲「無產階級現實主義作品，只能從一九四二年延安文藝座談會以後算起，而不能從魯迅算起。」⑮這種算法，倒不是自相矛盾，更不是像有些論者認爲的那樣：「把魯迅的創作完全劃入所謂資產階級古典現實主義的行列」去了⑯。因爲馮雪峰在這裏說的「作品」，是「以小說和劇本等爲代表」，而不包括特殊品種雜文。

儘管馮雪峰等理論家在大張旗鼓宣傳現實主義，但由於主觀主義創作思想的作怪，庸俗社會學的盛行，造成五〇年代初期，「現實主義路線常是被丟在一邊的，它的地位非常可憐」，報刊上發表的不少「作品」，「與高中、初中的作文差不了好多」⑰的情況。針對這個事實，他以後又陸續寫了《目前中國文學上的現實主義》、《關於社會主義現實主義》等文章。這些文章中體現的觀點，和主觀主義的創作思想以及離開典型化的原則和方法去談文藝的教育作用，離開社會實踐和現實的客觀運動的法則去談文藝爲政治服務，是針鋒相對的。他這些談現實主義的文章，無論是對建設社會主義文學理論，還是建設現代文學這門學科和克服文學創作中公式化、概念化的傾向，都有重要的意義。

由於各方面的條件和原因，每個批評家在當代文學史的地位及其所起的作用均有所不同。比起當代文學批評史上的另一大家周揚來，馮雪峰的文學理論不可能對當代文藝思潮起全局性的決定作用。但馮雪峰就他的地位和條件來說，他的文學觀對當代文學發展中某些較重大的問題，還是起到了指導作用。比如五〇年代初期，在社會上很有一些人懷疑「現在還要不要封建時期的文化遺產」，以至影響到從事中國古典文學方面的編輯也信心不足。正是在這個時候，馮雪峰在上述論文中肯定了從《詩經》起，到屈原、司馬遷、杜甫、施耐庵、曹雪芹等人的作品。其影響之大，今天的讀者是難於理解的。舒蕪在回憶這段往事時曾說：「雪峰同志還說過：對遺產的批判，就是通過具體的分析和綜合性的總結，達到科學的、歷史主義的新看法，達到對遺產的看法上的革新；至於『對於遺產本身，本來並無所謂革新，例如我們就不能修改古書』。這對於五〇年代初期的中國古典文學整理出版工作，更是直接有用的提示。當時，弄不清我們出版古典文學是否應該學太平天國刪改《四書》、《五經》的榜樣，這種糊塗觀念還是比較普遍的。我們對古典作家的思想進行具體分析的時候，常常苦於究竟哪些是民主性的精華，哪些是封建性的糟粕，不大好區別。這時，我們從雪峰同志的論文得到一個深刻而又簡明的公式。他說：古典作家的成體系的思想，往往是封建的，而他們同情人民疾苦、痛恨黑暗政治和殘酷剝削的思想傾向，則是有人民性的。這個公式曾經幫助我們解決了不少糾纏不清的問題。」⑱

五〇年代初期，不但在出版界，而且在部分文藝工作者中存在著否定文學遺產的錯誤思潮。如中國作家協會文學講習所第二期的課表上排有學習《水滸》的日程，有的學員就奇怪地問：「《水滸》裏面，既沒有毛主席和共產黨，也沒有沙布洛夫、董存端和黃繼光，有啥學頭？」又說：「古典文學作品中寫的是封建社會，這樣的社會和古人現在都不存在了；這個社會所遺留下來的文學，對我們大概也就沒有什麼現實意義了。」針對這種思潮，馮雪峰於一九五三年年底，寫了《回答關於〈水滸〉的幾個問題》⑲。這篇長文通過答難展開了對《水滸》的全面論證，作者高度評價這部小說，認爲「《水滸》所描寫的北宋末年的社會生活是非常眞實的。它做爲一部描寫北宋末年一次農民起義的書來看，從它的根本精神上說，有其極高度的眞實性。主要的是它大膽地描寫了封建社會中的階級鬥爭，創造了一系列的農民起義中的英雄形象，反映了中國人民的革命的、正義的鬥爭和思想。」這個觀點，現在看來殊覺平平，可是在當時，澄清了多年來瀰漫在《水滸》研究中的唯心主義迷霧，不但對《水滸》研究，而且在整個古典文學的研究帶有指導意義。其它關於宋江受招安和武松復仇時殺了廚房丫頭等問題的精闢分析，不但有利於提高讀者鑒賞古典文學的水平，而且對新時代的文藝工作者如何寫英雄人物的缺點、錯誤，加強作品的眞實性，也很有啓發。

五〇年代初期，大陸的文學理論的建設處於闢荊開路的階段。在這個階段的文藝批評，不但擔負著批評否定文化傳統的錯誤思潮和淸除封建主義文藝思想的影響任務，而且還擔負著表彰反映革命鬥爭的優秀作品和扶助文藝新人成長的任務。馮雪峰雖然也受過極左思潮的影響，化名「李定中」寫過激烈地批判蕭也牧的《反對玩弄人民的態度，反對新的低級趣味》⑳的錯誤文章，但他也寫過許多培養新生力量的文章——尤其是他出任人民文學出版社社長後。這裏應特別提到他對《保衛延安》的評論。當時，此書的作者杜鵬程還是一個名不見經傳的新人。馮雪峰看到此書的初稿後，非常興奮，多次約作者長談，幫其修改。書出版後，他寫了《論〈保衛延安〉的成就及其重要性》㉑，以犀利的眼光論述了這部作品在中國現代文學史的地位與意義，認爲該書在反映人民戰爭方面「眞正可以稱得上英雄史詩的，這還是第一部」，「這不但說明我們走的路是正確的，而且也說明我們的文學能力在逐漸成長起來。」字裏行間，充滿著對新中國自己培養出來的作家熱情推崇和對年輕的當代文學茁壯成長的堅定信心。

對新人新作，馮雪峰表示了自己巨大的熱情，而對妨礙革命現實主義文學健康成長的「左」的文藝傾向，馮雪峰卻表示了自己強烈的不滿，他在《克服文藝的落後現象，高度反映偉大現實》和一九五三年六月在全國文協關於社會主義現實主義學習座談會上的總結發言中，在《關於創作和批評》等論文中，批評不少作品之所以不眞實，是因爲犯了「文藝思想上的主觀主義的錯誤」，用「行政方式」去領導文藝。對當時流行的奉命寫作、「奉命體驗生活」的做法，他認爲不利於發揮作家的能動性和獨立思考能力。從外國歸來不久的老舍寫的《春華秋實》之所以失敗，就是「奉命」配合「三反」所結的苦果。「這條路是走不通的，我們要把老舍先生走得很苦的道路停下來；我們要否定這條路，否定這樣反現實主義的創作路線。」揚朔的《三千里江山》雖然要好些，「但現實主義是不充分的」，作家寫作時有顧慮，「好像要討好誰似的。」這種顧慮的造成，是因爲「我們沒有實際上的形式上的管制，而是思想上的管制。」爲打破這種「管制」，他大聲疾呼：「打倒創作上的主觀主義思想」，「尊重作家創作的權利和自由。」

反對創作上的主觀主義，反對機械地配合政治鬥爭，這是馮雪峰一貫的觀點。還在四〇年代，他在《論民主革命的文藝運動》中就表示過這樣的看法：問題「是使文藝與政治之戰鬥的結合變成了機械的結合，使文藝服務政治的原則變成了被動的簡單的服從，取消了文藝之對於人民的豐盛的現實生活的具體掘發和反映，也取消了文藝的反映和推動群衆的意識鬥爭的更爲根本的任務，取消了從具體生活和鬥爭的反映中文藝的教育、戰鬥和創造的機能。」正因爲有這個看法，所以他在一九五三年爲第三次文代會起草大會總結報告時，列舉了新中國成立後文藝界出現的一系列嚴重問題，這個報告自然爲主流派所不容，被胡喬木、周揚所否定。

馮雪峰的文藝思想，在總的方向上與流行觀點是一致的。但在某些重要理論問題上，則有相悖之處。比如毛澤東提出的「政治標準第一，藝術標準第二」的觀點，他就不十分讚同。一九四六年，他用畫室的筆名在重慶發表的《題外的話》，對「政治性」、「藝術性」的提法表示了異議，認爲這是「代數學式的說法」。過了十年，他在《在文學期刊編輯會議上的講話》中又認爲：「政治標準是第一，這是天經地義的，但作品首先應該是藝術品，如果不是藝術品，那問題就不存在了。」這裏的措辭雖委婉，但對「第一」的提法有不同看法，讀者完全可以明顯感覺出來。他辦刊物，向來主張「應當把藝術性做爲選稿的主要標準，不能把政治性放在第一位。」他寫評論文章，常常不是首先拿著抽象的政治尺子去衡量，而總是從現實主義成就的角度去評價㉒。又如一九五四年下半年，圍繞《紅樓夢》研究問題，毛澤東親自發動了對俞平伯「開火」式的批判。對這種用搞運動的方式去解決學術問題的做法，馮雪峰另有自己的思考。這種思考，充分表現在他執筆寫的、爲《文藝報》轉載李希凡和藍翎的文章所加的編者按中。這個按語，沒採取盛氣凌人的態度，去指出俞平伯的所謂「錯誤實質」，而是向讀者表明李、藍的文章「基本正確」，但「顯然還有不夠周密和不夠全面的地方」㉓。這樣一來，他便招來嚴厲的「質問」和批判㉔，以至《文藝報》的編輯機構被徹底改組。現在通過卅多年的實踐檢驗，馮雪峰當年寫的「編者按」是符合「雙百」方針的。

正因爲馮雪峰的文藝思想與毛澤東的某些文藝思想有不一致之處，因而他在一九五八年被戴上「胡風派」帽子。說馮雪峰是「胡風派」，是爲了證明他和胡風「沆瀣一氣」，是所謂「老牌反革命」，這自然是誣陷，要推倒。但實事求是地說，在文藝思想方面，馮雪峰有許多觀點確實與胡風相似——不但觀點相似，有時連用語也相近。在一九三六年「兩個口號」論爭中，他們兩人都是「民族革命戰爭大衆文學」的倡導者和鼓吹者。又如胡風主張用「主觀戰鬥精神」去「擁抱客觀」，然後才能寫成我們「時代的史詩」；馮雪峰也認爲作家只有用「強大的主觀力」去「擁抱強大的人民力」，才能走向現實主義。胡風這樣給現實主義下定義：「由於作家底獻身的意志，仁愛的胸懷，由於作家底對現實人生的眞知灼見，不存一絲一毫自欺欺人的虛僞」而產生的一種「精神」，就是現實主義。㉕「作家的本質的態度問題」，也就是「現實主義的創作方法問題。」㉖。在經過圍剿所謂「胡風集團」後的一九五六年，馮雪峰仍認爲「現實主義與其說是創作方法，不如說是創作精神，即鬥爭的、爲改造社會而奮鬥的態度。僅僅說創作要忠於現實，創造典型等等，是不夠的。」㉗在這裏，馮雪峰重視作家在創作過程中的主觀力量，不外乎是強調作家在創作實踐中的主體地位，強調作家寫作時主觀內在的感情、熱情和想像力，使作家的創造精神始終得到充分的發揮。在他的文章中，沒有把「主觀精神」當作創作源泉，而是要求主觀與客觀的結合和統一。至於對現實主義的理解，歷來有廣義與狹義兩種。他傾向於胡風的廣義說法，這是他的學術自由，又何罪之有？

任何一個理論家，都有自己的學術個性。只看到馮雪峰的文學觀與胡風的相似之處而看不見他們之間的相異之處，是不科學的。誠然，胡風文藝思想的形成，最初受了馮雪峰的影響，後來發展成獨立的體系，轉過來又影響了馮雪峰。但馮雪峰在解決文藝的主觀與客觀統一的途徑，與胡風有明顯的不同。對主觀精神的具體理解，也有差異。在現實主義問題上，馮雪峰和胡風一樣均強調作家的「精神」和「態度」，但馮雪峰還同時強調文學深入生活和穿透歷史，且比胡風更有膽識地突出以魯迅爲代表的現實主義主線。

不管是胡風還是馮雪峰，都比別人更多的親聆過魯迅的教誨，受過魯迅文藝思想的哺育。尤其是馮雪峰，是高擎魯迅旗幟的英勇旗手，是被人們公認爲了解魯迅後期文學遺產的「通人」㉘。他在一九二八年就研讀魯迅，發表了《革命與知識階級》的文章。不過他這時對魯迅理解得很不夠，且受了機械論的影響。後來他糾正了自己的偏頗，逐漸在革命鬥爭實踐中領會了魯迅精神的精髓，幾十年如一日地宣傳、維護、捍衛魯迅的旗幟。在他一生中，寫的關於魯迅的文章和專著，約有六十餘萬字（包括回憶錄、作家作品研究、紀念性的專論和學術報告）。其中一九四九年後寫的屬於作家論性質的有《魯迅和俄羅斯文學的關係及魯迅創作的獨立特色》、《魯迅的愛國主義》、《思想的才能和文學的才能》、《魯迅生平及其思想發展的梗概》等。

馮雪峰研究魯迅，強調魯迅與民族、與人民、與革命鬥爭是「血淋淋地相結合著的」關係，同時十分重視魯迅敢於直面慘淡的人生的現實主義精神。他分析魯迅創作，不局限在解釋和重傳統論證上，但有時未能注意時代的變化和聯繫當前的創作實際。如一九四九年後的第一年，雜文創作不夠景氣，其中一個重要原因是雜文觀念的混亂。當時有不少人認爲只有魯迅的雜文或用魯迅筆法寫的雜文，才配稱爲雜文。對這種妨礙作家從根本上全面地學習魯迅的做法，馮雪峰在《談談雜文》㉙中雖進行了批評，但未能做出充分的論述和令人信服的回答，有些地方還顯得過於拘謹。

在馮雪峰一九四九年後寫的有關魯迅的論著中，一九五二年出版的《回憶魯迅》，影響極大。書名爲「回憶」，但沒局限於回憶。作者在爲廣大讀者提供許多極爲寶貴的史料的同時，對這些史料作了精闢的分析，由此令人信服地論證了魯迅前後期思想變化的歷程，尤其是突出了魯迅與中共的親密關係，眞實地反映了魯迅的思想和感情。一九五七年出版的《論〈野草〉》，對《野草》各篇由艱深的文字表達的內容做了明確和深入的解剖，並在這個基礎上探討了魯迅思想悲觀與樂觀、理想與現實、希望與絕望等矛盾主要方面。它既是出色的作品論，又是優秀的作家論，在整個《野草》研究中，帶有奠基的意義。在《阿Q正傳》研究方面，他在一九五一年發表的《論〈阿Q正傳〉》中，曾提出阿Q「是一個思想性的典型」，「是阿Q主義或阿Q精神的寄植者」的看法。這種觀點，實質上是對阿Q的階級屬性（流浪雇農、落後的農民之類）界定的一種否定和超越，在一定程度上表現了馮雪峰對典型共性即階級性的說法的挑戰。這在當時是要有一定的理論勇氣才能做到的。但由於這種說法只注意了阿Q這個人物形象的共性和普遍的社會意義，而忽視了做爲一個具體人物的活生生的個性特徵，因而引起不少人的批評和否定，以至作者本人在再版《論文集》時，也抽掉了這篇文章。但不管怎樣，由馮雪峰這個看法引起的爭議，在促進魯迅代表作的研究和探討典型理論方面，起了積極的推動作用。何其芳後來提出的典型「共名」說，無疑是吸收了馮雪峰「思想典型」觀點的合理內核的㉚。

第四節　巴人對人情、人性的呼喚

巴人（一九〇一～一九七二），原名王任叔，浙江奉化人。一九二三年加入文學研究會，寫過大量的詩歌和小說。三〇年代末期編輯《申報·自由談》，後流亡南洋開展華僑文化活動和統戰工作。一九四九年後，任人民文學出版社副社長、《文藝報》編委，出版有雜文《遵命集》（一九五七年，北京出版社）及文學理論著作《文學論稿》（一九五四年，新文藝出版社）、《論魯迅的雜文》（學習雜誌社）、《從蘇聯作品中看蘇維埃人》（一九五五年，中國青年出版社）、《魯迅的小說》（一九五六年，新文藝出版社）、《讀〈青年近衛軍〉》（一九五九年，上海文藝出版社）。一九八四年後，由谷斯範編輯出版了《巴人文藝論集》，內收巴人一九三五～一九五九年所寫的論文三十六篇。此外，還出版了《巴人文藝短論選》(一九八八年，花城出版社)。

一九四九年前，我國出版過《文藝論》、《文學論》、《文學概論》等十八種文藝理論教材。巴人寫於一九三九～一九四〇年的《文學讀本》㉛，是其中一種。此書寫作時，曾參考了蘇聯諾格拉多夫的《新文學教程》。後來作者又出版了《文學讀本續編》，思想性比同類書有所增強。此書於一九四九年由海燕書店再版時，更名爲《文學初步》。一九五三年，作者又在原來的基礎上改寫，定名爲《文學論稿》，分上、下冊，於次年由新文藝出版社出版。一九五六年十二月重新修訂出了第二版。一九五九年和一九八二年還分別再版過。

《文學論稿》歷版不衰，不但因爲它是新中國成立以來出版的第一本文藝理論教材，而且還因爲此書比起五〇年代後出版的劉衍文的《文學學概論》、霍松林的《文藝學概論》、李樹謙等人的《文學概論》、冉欲達等人的《文藝概論》，另有自己的獨到之處。如對人性、人情問題，巴人除在理論上做論證外，還結合《史記》中「士爲知己者死」，和「中國人共同的東西」阿Q精神等大量的文學現象，做了具體切實的分析。他又根據馬克思、恩格斯對古典藝術的有關論述，認爲在古典文學作品中所表現的愛情的歡樂、母親的悲哀、情誼與友愛，爲反對不公正和陰險狡詐的惡行而鬥爭的英雄氣概等，無不激動著各個階級的人們。在盛行階級論的五〇年代，巴人提出這一點，是有膽識的。此外，此書並非完全是「教材型」。它的讀者對象除中文系師生外，尙有廣大的文學愛好者和文學工作者。鑒於這一點，作者把創作規律的探討放在重要的位置上。像下冊第三篇《文學的創造》，對組織題材、創造人物、肖像與環境的描寫等問題，都做了科學的、有一定深刻性的邏輯概括。在概括時，作者不僅以一般的研究者的眼光，而且以作家的眼光去看待和分析文學的創造。在其他問題上，作者亦不受流行觀點的約束，敢於獨張新幟。如在論文學批評的標準時，作者特別強調眞實性，以爲「文學的思想性和藝術性必須在現實主義的範疇中來加以考察和評價；即必須從作品的整個的藝術構成中來考察它反映現實生活的眞實性如何，然後，才能給予它以適當的評價。」巴人之所以這樣看，是因爲他認爲現實生活的眞實性包括了思想性與藝術性。他這個觀點，與毛澤東把政治標準放在第一位的做法顯然有所不同。

《文學論稿》雖然突出了創作論，但仍注重概述文藝基本理論，注重傳授基礎知識。該書存在的嚴重缺陷是過多介紹社會科學常識，沒跳出文藝是一種特殊的上層建築、受經濟基礎制約的框框，所使用的概念範疇，哲學的多於文藝學，如社會基礎、上層建築、思想性、階級性、黨性原則、人民性、遺產繼承與批判、內容與形式等等，大都是從哲學範疇移植過來的。正因爲是移植，所以存在著將哲學的反映論簡單運用於文學理論研究的情況。如在談典型問題時，把人物的創造看成只是反映社會現象的本質，就是片面的。不過，在五〇年代初期還沒有系統的文藝學專著出現的情況下，巴人能寫出這五十萬字的專著，而且拿出六十三頁的篇幅去論典型問題，也就難能可貴的了。

思想的變化是伴著時代的變化而來的。就巴人的《文學論稿》而言，與其說表現了一位文學理論家的思辨力和洞察力，毋寧說是更多的顯示了他做爲一個作家的銳敏的藝術感受力。到了一九五六～

一九五七年上半年，巴人隨著時代的開放，思想發生了變化。這時的他，比過去更加注意和關心「『人』這個社會的存在」。他在《遵命集·後記》中認爲，「我們對待一切工作……，人是相與始終的主體。」拿典型創造來說，它反映社會現象的本質最終「正是爲人自己」。這種思想裂變，在他這時期寫的文藝批評多於社會批評的雜文《遵命集》得到了鮮明的體現。

《遵命集》的雜文筆調談不上驚人，然而它所閃現的思想火花異常深刻。裏面的雜談、雜憶和雜感、雜抄，都爲一條紅線所貫穿：那就是要關心人、愛護人；作家在觀察社會和現實時，要努力排除形而上學的影響，學會用唯物辯證主義去透視社會、透視人物——包括英雄人物的複雜性。關於後一點，他在《重讀〈毀滅〉隨筆》一文中說：「法捷耶夫在創造這些人物形象時，沒有一個不賦予複雜的思想和感情。這是一種以某種的基本階級特徵爲主線而與其他階級的雜質相摻和著的複雜的思想感情。這就是說，他們都賦有階級戰士的剛強、勇敢和堅毅，但又各自具有不同的那人類本性的弱點和缺點。」巴人這種看法，表現了他敢講眞話、敢於針砭文壇時弊的一個理論家追求眞理的可貴品德。儘管他的觀點受雜文體裁的限制，沒有充分展開論述，但他講的英雄人物也是人，英雄的思想感情不可能純粹又純粹的觀點，是符合辯證法的。因爲「現實的人，決不是單純的『階級性』的體現者，而是具體的『階級的人性』的體現者」；還因爲在現實社會中，不可能有眞空地帶，任何人都不可能一點不受非無產階級思想的影響。只具有剛強、勇敢和堅毅的品德而沒有別的弱點的「高、大、全」的英雄人物，在現實中是很難找到的。可是，有些受形而上學思想影響的作家，不敢刻劃和描繪英雄人物複雜豐富的內心世界，認爲寫單純以至單純到像「水晶」那樣透明的內心世界才是理想的極境，結果創造出來的「英雄」，既沒有血肉，也談不上有什麼靈魂，這只能使人感到可敬不可親，可愛不可信。可見，巴人當時強調寫英雄人物要用辯證法，正是爲了寫活英雄人物，使他們不是平面地而是立體地站立在讀者面前；另方面，也是爲了使英雄人物多樣化，改變英雄人物都是無產階級出身，都是「最堅決、最優秀、最完美」，毫無人類本性弱點的「超人」的單一化局面。

在巴人的雜文中，更富於膽識而引起軒然大波的，是發表於《新港》一九五七年一月號上的《論人情》。此文雖然只兩千多字，但它立論新穎、尖銳，用馬爾庫塞的人本解放思想，對阻礙和壓抑社會主義文藝發展的左傾教條主義做出了勇敢的衝擊，一針見血地指出在大陸的文藝創作中，長期以來存在著「矯情」的傾向：動輒「鬥」字掛帥，以人爲的階級鬥爭取代感情描寫，缺乏人人所能共同感應的東西。爲了改變文藝作品中普遍存在的「政治氣味太濃，人情味太少」的狀況，巴人向作家們提出要求：「在爲階級鬥爭服務的作品中，應該有更多的人情味，並且使作品中的階級戰士閃耀著更多的人性的光輝。」在《遵命集·後記（初稿）》㉜中，他認爲這個要求和「希望是可以成立的」。之所以「可以成立」，是因爲階級戰士除了有最本質的階級特徵外，的確還存在著前面講的人類的共同本性。對這「共同本性」，巴人在《論人情》中具體解釋爲：「飲食男女，這是所共同要求的。花香鳥語，這是人所共同喜愛的。一要生存，二要溫飽，三要發展，這是普通人的共同的希望」。在《眞的人的世界》、《典型問題隨感》以及爲反駁他人對《論人情》的批評而寫的《給〈新港〉編輯部的信》㉝、《以簡代文——關於批評〈論人情〉的答覆》㉞等文章中，他又對自己的人性觀做了進一步的闡述。一方面，他認爲人性的階級性取決於人的階級性；另方面，他又堅決反對對人性的階級性作僵化的理解，尤其是反對給人物亂貼階級標籤來「劃清界限」。他還以大量的材料，從各方面論證了在階級性外確實存在著的共同人性。它既表現在道德精神上，也表現在「美的觀點」和文學藝術的繼承性上。此外，巴人還探討了「共同人性」產生和發展的原因。這其中，有些觀點是值得商榷的。如他在《論人情》中對馬克思在《神聖家族》中的「異化」說的解釋，以及認爲「階級鬥爭也就是人性解放的鬥爭」；「藝術的最大使命是要把人類的靈魂從階級的束縛中解放出來」㉟，這些觀點或許還需要進一步展開論證。但無論如何，他當時對人情「魂兮歸來」的呼喚，是眞誠的，有極大的魄力的，且是正確的。因爲人的階級屬性做爲階級社會的特定產物，的確不能包括一切。世界上有不少事物，光用階級性去解釋說不通。如果完全排斥人類的共同性，對人的階級性做絕對化的理解，那倒是說不通的。毛澤東曾明確地說過：「各個階級有各個階級的美，各個階級也有共同的美，有如『口之於味，有同嗜焉』」。㊱但五〇年代的報刊並沒披露過毛澤東這類意見，因而巴人在當時豎起「人情文藝」的旗幟，被視做「離經叛道」的行爲，以至被康生判爲宣揚資產階級人性論的「標本」。當時進行的聲勢浩大的批判，不僅禍及談論了「階級的『人』還是人類的『人』」的《文學論稿》，而且株連了《過了時的紀念》㊲作者徐懋庸、《論「文學是人學」》㊳作者錢谷融、《論人情與人性》和《關於人性問題的筆記》㊴作者王淑明、《文學的基本知識》㊵著者蔣孔陽。針對這種情況，周恩來在一九六一年的一次講話中，曾批評文藝界「把『人性論』、『人類之愛』、『人道主義』、『功利主義』都弄亂了」，並明確指出「革命者是有人情的」㊶，文學作品寫了人情不算錯。但由於「左」的勢力根深蒂固，周恩來的意見無法貫徹下去。

巴人的評論題材廣泛。除上面談到的外，還有研究魯迅的論文《魯迅小說的藝術特點》。此文借紀念魯迅，提出大家要像魯迅那樣「對文藝採取相當寬容的態度」。這是對過去單純強調魯迅的戰鬥性的一種反撥，或者說是一種補充。在《雜憶、雜感和雜抄——紀念魯迅先生》中，作者還要我們把批評的標準「放得寬點」。這對動輒把探索作品打成「毒草」的五〇年代中期的文壇來說，巴人這種意見顯示了一位批評家不迎合時尚的獨立思考精神。寫於反右運動以後的《也談徐志摩的詩》㊷，是針對陳夢家的《談談徐志摩》㊸而寫的。陳夢家對他的老朋友的詩作評價過高，巴人表示不同意。但巴人並不完全否定徐志摩的人和詩。他認爲，徐志摩雖是紳士詩人，生活的天地很狹小，但他的不少作品在今天仍具有較高的認識價值。「他那表現資產階級人道主義的詩，對今天的讀者說來，也不至於有害，同時，讀者也還可以從它們看出一些時代的影子」。這種論斷，沒有縮小徐志摩作品的認識價值和審美價值，有著自己的眞知灼見。如果因爲這篇文章有批評陳夢家「過分讚揚」徐詩的文字，就認爲此文的發表是一種「收」的信號，那是不符合作者原意的。後來此文被批判爲「冷箭」㊹式的文章，也從反面證明了這一點。

在《遵命集·後記》中，巴人說：「坐而論道的人，兩腳左右擺開，用手擊膝，非左即右。走而行道的人，左右兩腳永遠是一前一後交互前進的。片面主觀論者與辯證唯物論者的不同怕就在於此吧。」巴人無疑是屬於走而行道者。他在人情、人性研究方面雖然存在著隨想多於研究、雜感多於論證的缺憾，但畢竟表現了跳入荊棘叢中的勇氣。他選擇了一個被人視爲畏途的論題，進行著無畏的追尋、探求和跋涉。遺憾的是，這個呼籲大家要「注意人」、「關心人」的走而行道者，後來失去了跋涉的權利，受到了非人的折磨和獸性的突擊，在大革文化之命的年月中含冤倒下。他用血淚和生命換來的經驗教訓，値得我們永遠記取。

第五節　開闢現實主義新路的秦兆陽

秦兆陽（一九一六～一九九四），湖北黃岡人。三〇年代中期開始發表作品。一九四九年後出版有短篇小說集《鄉村散記》（一九五四年，人民文學出版社）和長篇小說《在田野上，前進》（一九五六年，作家出版社）等等。一九五五年任《文藝報》執行編委，一九五六年任《人民文學》副主編。八〇年代任《當代》主編。

自一九四九年《人民文學》創刊後，秦兆陽一直在做文學期刊的編輯工作。在做編輯的過程中，他接觸了大量來稿，經常與作者們討論作品中的構思、人物形象的塑造和語言運用等問題。再加上五〇年代初期，文藝界特別是理論界存在著機械地搬用條文而忘記生活實際的現象，嚴重地妨礙了創作的繁榮，於是，促使他拿起筆來，寫了一些與青年作者談形象與感受、素材與剪裁、環境與性格、理想與眞實等問題的輔導文章，結集爲《論公式化概念化》，於一九五三年由人民文學出版社出版。書中的八篇論文，不僅列舉了當時反映新婚姻法公佈等題材的小說脫離生活硬編故事的各種傾向，而且還鮮明地體現了作者批判進取的精神，批評了諸如認爲只有寫新人物才是唯一正確的創作方法，寫英雄人物不應該出現夏伯陽式的毛病等觀點。

但他這時期的文章，主要還局限於青年作者中不良創作傾向的批評而未能深入挖掘出公式化產生的眞正根源；只局限於小說創作中具體藝術問題的思考，還未很好地轉入現實主義創作規律的探求，因爲未能產生巨大的反響。

一九五六年五月，毛澤東在最高國務會議上提出了促進我國科學文化和文學藝術繁榮發展的「百花齊放，百家爭鳴」的方針。在這股春風的吹拂下，文藝園地爭妍鬥艷，出現了各種不同題材和風格——尤其是敢於衝破「禁區」，尖銳地揭露生活中的矛盾和衝突的作品。在文藝理論研究上，思想也顯得異常活躍和解放。面臨著這一片令人興奮的文藝復興景象，敏感的秦兆陽，從個別作品的評論開始走向全局性的思考，從現狀的批評走向歷史範疇的高屋建瓴的評論與研究：一九五六年六月，他用「何直」的筆名，寫了《現實主義——廣闊的道路》，發表在《人民文學》一九五六年九月號上。這篇文章，命題莊重，規模宏大。它抓住了文藝反映現實生活這個關鍵問題，闡明了文學創作的內在規律和它的特殊的社會作用，對長期存在文學創作中圖解政策、圖解概念的公式主義及理論批評的庸俗社會學，做了系統的清算和激烈的抨擊。

這篇文章，以「對於現實主義的再認識」爲副題，首先提出了對做爲社會主義文學的基本創作方法的現實主義看法。秦兆陽認爲，現實主義不是人們的世界觀，而是「文學藝術實踐中所形成、所遵循的一種法則。它以嚴格地忠實於現實，藝術地眞實地反映現實，並反轉來影響現實爲自己的任務。」在這裏，他強調的是人們在文學藝術實踐中對於客觀現實和對於藝術本身的根本態度和方法，而不是否認世界觀對現實主義的影響和制約。他認爲，這是討論現實主義的一個大前提。現實主義的其他具體原則，均由此派生出來。他還提出，在上述的前提下，現實主義文學有一個它自身衡量標準，「那就是當它反映客觀現實的時候，它所達到的藝術性和眞實性，以及在此基礎上所表現的思想性的高度」。因爲「現實主義文學的思想性和傾向性，是生存於它的眞實性和藝術性的血肉之中的。」秦兆陽對這些問題的論述，尤其是把現實主義當做客觀法則強調，是正確的，但當時的極左政治並不需要秦兆陽所倡導的眞實地描寫生活、直面現世的現實主義，因而秦兆陽開闢的現實主義新路很快被貼上「禁止通行」的標語。

五〇年代，我國的文藝理論從蘇聯那裏借鑑了不少東西。在借鑑時，存在著較嚴重的生呑活剝現象，以至把蘇聯文藝界中存在的許多教條主義東西也帶到中國來了。爲了挖根尋源，秦兆陽和馮雪峰一樣，批評了當時被認爲神聖不可侵犯的蘇聯文學中的教條主義。還由於西蒙諾夫的啓發，秦兆陽對蘇聯作協章程中關於社會主義現實主義的定義提出了不同意見，尤其是認爲定義後半部分（「藝術描寫的眞實性和歷史具體性必須與用社會主義精神從思想上改造和教育勞動人民的任務結合起來」）不科學。因爲「作家的思想——世界觀，是在探索、認識、反映客觀眞實時，伴隨著形象思維，起其能動性的作用，因此，這種作用是有機地表現在藝術的眞實性裏面，是無須在藝術描寫的眞實性之外再去加進或『結合』進一些什麼東西去的。」秦兆陽還認爲社會主義現實主義定義自產生以來，還沒有人能對它做出最能使人信服的解釋；要想從現實主義文學的內容特點上將新舊的兩個時代的文學做出明確的界說，也有困難。根據這一點，他認爲，「如果從時代的不同，從馬克思主義和革命運動對於人類生活的巨大影響，從現實主義文學已經發展到了對於客觀現實的空前自覺的階段，以及由此而來的現實主義文學的某些必然的發展，我們也許可以稱當前的現實主義爲社會主義時代現實主義。」關於文藝的眞實性與思想性的關係、新舊時代的文學應如何區別等問題，秦兆陽在有些地方表述得欠周密，但他認爲思想性不應附加在藝術描寫之中，以及認爲社會主義現實主義這一定義應該完善充實乃至修正，是發人深思的。事實上，秦兆陽對這一定義提出批評後的兩年，人們已習慣於用革命現實主義與革命浪漫主義相結合的創作方法去取代社會主義現實主義的提法，這說明批評蘇聯的定義乃至根據中國國情不提社會主義現實主義，不一定就大逆不道，是什麼「修正主義」。

文藝思想上的一切是非，都離不開文藝與政治的關係這一問題。對此，秦兆陽也有自己的思考。限於當時的歷史條件，他不可能對「文藝爲政治服務」這一口號直接提出質疑，但他已感到這個口號有不少弊端。在他一九五六年秋天擬定的《〈人民文學〉改進計劃要點（十八條）》中，其中說到：

「決不一般地配合當前的政治任務，對全國性或世界性的重大政治事件和社會變動，要表示熱情的關切，但也不做勉強的、一般化的、枯燥無味的反映。」在《現實主義——廣闊的道路》中，他更是旗幟鮮明地反對對《在延安文藝座談會上的講話》所做的庸俗理解。他認爲，這種理解，特別是「片面地機械地強調文學藝術配合任務」，是造成文藝創作千人一面的重要原因。他還認爲，我們的文藝批評，有「千萬條敎條主義的繩子」，「不允許作家在寫作上有一點新鮮的試探。」他這個看法，是建立在充分的事實根據上的。如《柳堡的故事》本來是有鮮明的藝術個性的小說，然而某些批評家以「八路軍不能談戀愛」爲理由否定了它。陳其通的史詩般的作品《萬水千山》，也有人企圖用主要矛盾次要矛盾一類的公式去扼殺它。在《論公式化概念化》一書中，秦兆陽曾尋找過醫治公式化的藥方，但一般都將其局限在防止作家生活經驗不足和藝術修養欠缺方面，而不像這次從「只顧眼前的政治宣傳任務」和文藝批評標準方面去找原因，因而也就不像這次那樣切中時弊和擊中要害。

面對現實主義在中國的昇降沉浮，秦兆陽以一個批評家的勇氣和獨立思考的精神，對一九四九年以來文藝思想戰線的階級鬥爭做了勇敢的挑戰。他在論文中說：「政治標準第一，也並不等於說，作品中的任何成功或錯誤，作者任何文藝思想上的傾向，都應該從政治上去找原因。」他這段話，是針對五〇年代對蕭也牧、碧野等人的一系列批判均從政治上挖根尋源來說的。這樣「挖根」，混淆了藝術與政治的界限，是實行「政治標準第一」所帶來的消極後果。在雜文《論「尖銳」之風》裏，秦兆陽對一九四九年以來文藝思想鬥爭的不滿看法體現得更明顯：「試翻開歷年來的報刊雜誌看一看吧。

從最初的那兩年文藝批評看起，那些文章不是幾乎篇篇都有『小資產階級卑劣的感情』，『有意歪曲工人的形象』一類嚇人的詞句嗎？甚至，『小資產階級』呀，『卑劣』呀，『誣蔑』呀，還覺得不夠尖銳（他們總是嫌批評得不夠尖銳），還必須加以『最壞的小資產階級』之類才甘心」。「問題還不僅僅在於尖銳，問題還在於『風』，在於一陣一陣的風，在於隨風而起，捕風捉影，看風駛舵，望風生畏！」這裏講的「一陣一陣的風」，顯然是指一次一次的文藝批判運動；「望風生畏」，也就是他幫蕭也牧修改《百花齊放百家爭鳴有感》一文所加的「一棍子打死」，「使被批評者再也不能『復活』」，並且給其他的作者造成了一種無形的威脅」。他如此大膽地否定從批判《武訓傳》開始的文藝鬥爭，說明了他以清醒的理智取代了在批判胡風運動中的盲從（那時他也寫過「批判」胡風的文章）㊺。這是自我摒棄開始的痛苦的早醒。正因為早醒，早醒後又不僅以文藝批評為武器向教條主義宣戰，而且以文藝批評家的眼力和心血為現實主義新作提供發表園地，在提倡、推薦的同時，還幫忙修改王蒙、黃秋耘、蕭也牧、柳溪等人「嚴正地正視現實、勇敢地干預生活，以及對藝術的創造性的追求」的作品，並熱情呼喚「大智大勇者」做反教條主義的中流砥柱。他在一九五六年八月致報告文學作家劉賓雁的信中說：「我是覺得，你的這篇」作品，「至少是給我們的創作開始打開了一條新路，開始使作家們去注意，去描寫我們周圍生活中人們的靈魂深處，而不僅僅去注意那些工人農民。而且，這不是普通的注意和描寫，而是『挖掘』。這就是說，你在開闢一條自己的現實主義的新路，同時也在給別人做出榜樣來。」其實，不僅這位報告文學作家在開闢現實主義新路，而且秦兆陽本身也在努力開闢現實主義新路，爲別人做出榜樣。正因爲如此，所以他的名字短時間內爲整個文藝界所注目，一下招來三十二篇文章的圍剿㊻，他也從此以自己富有創見的現實主義理論和富於革新精神的編輯實踐，登上了中國當代文藝批評這一最莊嚴的聖殿。可是當政治風雲突變，「尖銳之風」又一次颳來時，秦兆陽和他的支持者，即《論現實主義及其在社會主義時代的發展》㊼一文的作者周勃，外加與他取同一觀點的叢維熙、劉紹棠、鄭秀梓、鄒酆、葉櫓等青年作家和批評家，無不被擺到審判席上，長期受到誣陷和打擊。其中秦兆陽還因在反右期間寫了一封信批評周揚在反右中夾進宗派主義的私貨，因而在一九五八年七月被補劃爲右派，並以《拔掉文藝界的一面白旗》爲題公佈於報端而終止其編輯生涯。一九五八年第九期《人民文學》還發表了當時專門負責抓右派的大左派劉白羽的《秦兆陽的破產》，從此秦兆陽由呼喚「廣闊的道路」而走上了二十多年「艱苦的道路」。

當可怕的噩夢逝去後，秦兆陽於一九七九年「復活」重返文學崗位。於是，他又重整旗鼓，「策馬長途學健兒」，寫了許多論文，結集爲《文學探路集》，於一九八四年由人民文學出版社出版。此書除舊作外，新作計十六萬字。這是作者對現實主義探索的新成果。它或通過對全國獲獎短篇小說的賞析，或通過談寫眞實、寫觀念、寫人物、寫意識流等這些與文學創作的眞實性和深刻性有關的問題，更深入、完善地闡發了他在新的歷史時期對現實主義的理解。像《斷絲碎縷錄》、《讀〈邵荃麟評論選集〉札記》、《「眞實」雜談》，都是值得一讀的。他這些文章，在分析作品時從美感的直覺性出發，顯得細膩和透澈，有如庖丁解牛，游刃有餘。但由於作者不再處在文藝思潮的前沿陣地，文章本身主要是在微觀評論上顯示出力量，在宏觀批評上有所有不足，因而影響遠不及「文革」前的文章大。

第六節　在迂迴道路上行進的陳涌

陳涌（一九一九～　），廣東南海人。一九三九年下半年至一九四一年入延安魯迅藝術學院文藝理論研究室工作，任延安《解放日報》副刊負責人。一九四九後，先後在《人民文學》、《文藝報》工作。出版有《文學評論集》（一九五三年，人民文學出版社）、《文學評論二集》（一九五六年，作家出版社）。八〇年代後出版有《陳涌文學論集（上、下冊）》（一九八四年，上海文藝出版社）、《魯迅論》（一九八四年，人民文學出版社）等著作。任《文藝理論與批評》主編。

陳涌是延安時期成長起來的文藝理論家。但他寫作文藝評論，主要是一九四九年以後。從一九四九年底發表《對〈關於學習舊文學的話〉的意見》㊽到一九五五年，他的文章主要體現了對五〇年代初期文學創作成就與發展中存在問題的敏感。他的具體作品評論則沒就事論事，而是闡發了自己的現實主義文學觀點和主張。

在五〇年代前期，陳涌評論的對象是著名作家的作品，如丁玲、周立波、劉白羽、孔厥等人的小說。這些作家，大都在一九四九年前後發表了震動文壇的力作。其中丁玲的《太陽照在桑乾河上》，雖然在一九四八年秋就有了初版，但對這篇作品的深入評論，應該說是從陳涌寫的《丁玲的〈太陽照在桑乾河上〉》開始的。這篇寫於一九五〇年的文章，從現在看來，作者對《太陽照在桑乾河上》的某些批評，如把典型的共性與階級性混同，要求每個人物要富有本階級特徵，帶有敎條主義傾向。尤其是對書中有關土改政策的文學轉述，不但沒有指出，反而還嫌這種政治式寫作不徹底。對周立波《暴風驟雨》、劉白羽自選集《戰火紛飛》和中篇小說《火光在前》的分析，也存在著把政治意識形態，甚至把一時的政策作爲評論的指導思想的傾向，其目的是要文學去適應外在的政治權威和政治意識形態。

陳涌有些評論在當時看來很敏感，很有感憾力，但時過境遷，便會感到這類文章是政治學文藝學型，有片面性。如《論文藝與政治的關係》，是爲批評阿壠《論傾向性》中所講「藝術即政治」的觀點而作。阿壠認爲，「藝術和政治，不是『兩種不同的原素』，而是一個同一的東西」，「不是藝術加政治，而是藝術即政治。」陳涌認爲：這種表面上說藝術與政治可以等同的論調，實質上在鼓吹脫離無產階級政治。陳涌的批評有些簡單化，並未正確闡述政治性與藝術性既有聯繫又有區別的複雜關係。在一九五一年大陸文藝界展開的關於戲曲改革問題的討論中㊾，陳涌還發表了《什麼是〈牛郎織女〉正確的主題》㊿，批評了楊紹萱改編的《新天河配》，牽強地將歷史故事比附今天的反歷史主義傾向，強調改編歷史劇和神話劇時，必須把人民民主革命勝利的時代與過去的一切時代區分開來。

五〇年代前期的陳涌主要是「趨時」的評論家。他的某些文章，還充當了「筆桿子」的作用。所謂「筆桿子」，就是別人出思想，你奉命而寫，只是「桿子」——工具而已。如他五〇年代初期批評小資產階級創作傾向，率先寫的《蕭也牧創作的一些傾向》㊶，沒有自己的獨特感受，是個性化思想被文件、政策取代的時文。該文沒充分肯定蕭也牧對五〇年代初期幹部生活中出現的新矛盾做了敏銳的思索和描寫，反而抓住作品中某些細節大做文章。陳涌離開了現實生活和作品的實際，用文藝只能表現重大題材、一個階級一個典型、只能寫光明面不能寫陰暗面的錯誤理論來否定具有現實主義傾向的作品，給創作帶來了危害，這和陳涌只強調文藝的教育作用和直接實踐作用而忽視文藝的認識作用的觀點，是密切相關的。《〈財主的兒女們〉的思想傾向》，雖然批評路翎時調子較溫和，但裡面體現的仍是政治感覺而非藝術感覺。本來，做一名文藝評論家，不能光靠政治嗅覺還要靠藝術敏感，但當時自覺或不自覺充當了政策傳聲筒的陳涌做不到。

一九五六年至一九五七年上半年，則是陳涌文藝評論才華迸發時期，也是他的文藝觀的突破期。在「雙百」方針的鼓舞下，陳涌解放思想，不願再充當「筆桿子」角色，大膽地發表了他對文藝理論一系列重大問題的看法。在政治與藝術關係問題上，他不僅認爲政治與藝術是一種矛盾統一的關係，而且還進一步指出了政治與藝術應互相滲透，即「藝術不但有政治內容，而且還有藝術內容」這種看法，和「筆桿子」所信奉的「政治是內容，藝術是形式」的觀點顯然不同。陳涌在這裏沒把藝術看作是脫離內容的東西。他看到了藝術特點並不是一種結果，而是貫穿全部創作過程，從內容到形式都有所滲透。這對糾正當時有不少作者把政治當作外在的「黑痣」貼進作品之中的公式化傾向，有重要的指導意義。和這相聯繫，陳涌十分強調文學藝術的特徵。一九五六年五月在《文藝報》發表的《關於文學藝術特徵的一些問題》中，他認爲「科學家和藝術家都需要反映現實生活的本質，但他們認識和反映現實的方式是各不相同的。藝術需要通過人，從人的思想感情上，道德上，——總之是從人的精神上的變化來表現現實生活的這個變化。」這就是說，文學藝術並不是直接反映現實生活，而是通過人的精神去反映現實生活。他這裏講的人和人的精神與現實生活是相互聯繫的，而不像某些人曲解的那樣是分割的。這種理論，不外乎是把人作爲文學反映現實生活的主要對象。在現在看來，不過是講了「文學是人學」這一類常識，但在當時宣傳這一「常識」，卻需要一定的理論勇氣。難能可貴的是，陳涌在闡述第二個文藝特徵時，提出了作家在創作時必須具有感覺、感受或感受力。這種藝術感受力，不是一般的認識能力，而是一種特殊的精神能力，即通常所說的形象思維的才能。這在只強調思想能力，只重視作家理性的邏輯思考的五〇年代，這個觀點同樣是新鮮的、切中時弊的。在世界觀與創作方法關係問題上，陳涌通過對前兩年批判胡風的反思，在總的傾向上或明或暗讚成胡風的意見，認爲「作家的世界觀和創作方法可能有矛盾。」因作家在創作過程中，不僅在克服著他的材料，而且在矯正著自己對生活的看法。可是在當時的批評者看來，這是爲胡風「翻案」。其實，這只不過是和否定文藝的特殊任務和特殊規律的庸俗社會學水火不容罷了。在庸俗社會學論者那裏，總不能正確解決政治與藝術的關係。當他們在強調文藝的政治性的時候，總是離開了文藝的特殊規律；當他們強調作家的世界觀改造問題時，總是忽視了作家的藝術實踐；當他們強調作家必須重視理論學習時，總不承認作家主要是用形象思維進行創作。當然，限於歷史條件，陳涌的文章還不可能對「文藝從屬政治」一類的提法做出質疑，但他強調文藝特徵，反對用一般的政治鬥爭或思想鬥爭的方式要求文藝，與姚雪垠當時寫的《創作問題雜談》、黃藥眠的《初學集·問答篇》一起，衝擊了否認藝術特徵的教條主義，在當時產生了積極的作用。

這一時期，陳涌還十分強調文藝創作中的現實主義，強調藝術的眞實性。藝術眞實性，正是他的現實主義理論的核心。他在《爲文學藝術的現實主義而鬥爭的魯迅》52中說：「眞實是藝術的生命，沒有眞實，便沒有藝術的生命。」他在這裏講的藝術眞實，包括「感情的眞實」、「熱情的眞實」、「內在的眞實」。這些「眞實」，來自生活但又不同於生活中的眞人眞事。陳涌是把美的理想納入眞實性的範疇的。他在各類文章中之所以這樣強調藝術眞實，是由於長時期以來，藝術眞實在文學中沒有地位。尤其是批判胡風時，把「寫眞實」拱手讓給了「資產階級」。在本節開頭提及的陳涌寫的《論文藝與政治的關係》一文中，他也曾錯誤地認爲「藝術的條件首先是眞」的觀點是「超階級」的。現在，他重新認識了藝術眞實性問題，這顯然是他的文藝思想的一個躍進。尤其值得重視的是，他不是簡單的強調藝術眞實性，而是進一步研究了作家如何才能創造出眞實的藝術。他認爲，重要的是，「對於爲美好事物而鬥爭的眞誠和熱情」。沒有這種「眞誠和熱情」，就不可能產生能夠激動讀者和觀衆的藝術。這裏講的「眞誠和熱情」，和胡風說的對人生的眞誠和「燃燒的熱情」，是相通的。這從側面說明，陳涌文藝思想從胡風那裏吸取了某些合理的內核。這在當時來說，是異常大膽的。陳涌文藝思想的另一來源、也是更重要的來源是魯迅。如陳涌強調藝術眞實，就是從魯迅那裏「拿來」的。魯迅在《漫談「漫畫」》中說過：「因爲眞實，所以也有力。」陳涌寫的其他論文，還結合魯迅的創作實踐，認爲爲了藝術的眞實，作家必須「在生活上和現實結合」，在思想感情上和現實結合。在這樣的結合中，具有最深刻意義的眞實藝術才能產生出來。這種觀點，和毛澤東講的作家不僅要和人民大衆在生活上打成一片，而且要和他們在思想感情上打成一片，其基本精神是相通的。但由於人們多年來習慣於文藝思想只能定於一尊，定於毛澤東的表述方式，因而陳涌這種看法當時被認爲是離經叛道。現在看來，陳涌對藝術眞實性的深入探討，尤其是認爲「藝術的眞實性包含著思想性」，「政治上的尖銳性、戰鬥性不應該離開藝術上的眞實性而抽象地孤立地存在，政治上的尖銳性、戰鬥性應該以眞實性爲基礎」的觀點，是陳涌的文藝思想擺脫教條主義的影響，形成自己的理論個性，由藝術眞實性生發出一系列現實主義觀點的一個重要標誌。

從八〇年代開始，陳涌迎來了理論的高產期。在此之前，陳涌受到不公正的待遇，被剝奪了正常的寫作權利。雖然在六〇年代初期的艱難條件下，也寫了《魯迅小說的思想力量和藝術力量》、《文藝與政治的幾個關係問題》等論文，但畢竟很難再保持他原有的理論個性。陳涌於七〇年代後期重返文壇後，寫了評《騙子》、《在社會的檔案裏》以及《今夜星光燦爛》等有爭論的作品的論文。發表在一九八六年第六期《紅旗》上的《文藝學方法論問題》，反響最大。此文闡發了他在文藝學方法論問題上的一些基本觀點，其中對劉再復把文學規律分爲「內部」與「外部」的觀點，尤其是對劉再復提出的文學主體性問題提出了不同的意見。陳涌認爲，劉再復「看到了我們過去的文藝思想在這方面的錯誤和缺點，但問題是他沒有把我們有些人在解釋和運用馬克思主義時的錯誤和觀點，和馬克思主義的本來面目區別開來，卻在否定我們的錯誤和缺點時，實際上連同在這些問題上的馬克思主義的觀點和方法也一起否定了。」在主體性問題討論中，由於陳涌的文章帶有「筆桿子」性質：提的問題極爲尖銳，具有代表性，即不是批評劉再復的某一篇論文，而是批評劉再復發表的一系列論著；不是單純不同意劉再復提出的具體理論與批評方法，而且批評劉再復文藝理論體系的指導思想，因而格外顯得引人矚目，香港《大公報》在同年四月二十四日報導此文時，說它使人回想起「文革」，「嗅到十年前『兩報一刊』的味道」，由此引起雙方激烈的論辯。支持陳涌觀點的有主張回到反映論的姚雪垠、程代熙、侯敏澤、陸梅林等人，支持劉再復的有主張超越反映論、不應簡單「回到馬克思」的楊春時、孫紹振、程麻、白燁等人。也有的論者介於兩者之間，如陳遼。

在陳涌的文學評論中，對魯迅的研究佔有重要的地位。他與那些老資格的魯迅研究家的不同之處在於：不以掌握豐富的生平資料著稱，也不以微觀分析見長，而以做綜合研究、對研究對象進行深入的理論概括取勝。像他寫於五〇年代中期的《論魯迅小說的現實主義》，對《吶喊》《彷徨》所包藏的中國社會的豐富容量，對魯迅如何在現代文學史上第一個深刻地提出農民和其他被壓迫群衆的出路問題，均做了深刻的分析。論文明確地將《吶喊》《彷徨》當做魯迅對中國革命道路探索的記錄，也很有新意。新時期以來，陳涌又寫了《魯迅與無產階級文學問題》、《阿Q與文學的典型問題》、

《魯迅與現實主義和浪漫主義問題》等一系列文章。這些文章所達到的學術水平，即對魯迅思想的發展過程（如認爲魯迅在思想上眞正轉變爲馬克思主義者是在一九二八年以後），對魯迅的創作方法等複雜問題所做的令人信服的合理分析，在同類文章中是鮮見的。

陳涌在新時期寫的文藝理論文章，也有明顯的不足。一是理論聯繫實際不夠，尤其是對新時期的文學現狀缺乏深切的了解和研究，因而他的某些文章有時給人一種「隔」的感覺。如對張煒長篇小說《古船》的分析，仍停留在當年評丁玲的《太陽照在桑乾河上》的水準上，以至認爲作家揚棄土改時的清算意識的寫法「不可以」。其實，藝術作品不同於政治文獻，沒有什麼可以不可以的。這說明陳涌對《古船》中的藝術變化和豐富複雜的情感沒很好體會出來。二是知識更新較差。如《文藝學方法論問題》在談文藝的「本質規律」時，仍沿用關於一般意識形態與經濟基礎之間的關係、任人皆知的結論代替對文藝的特殊審美方式的具體研究；在藝術典型的社會評價上，仍堅持五〇年代那種「社會力量本質」論的觀點，就顯得陳舊。由於他對八〇年代提倡學術理論上全方位開放性的研究很不理解，因而使人感到他新時期的某些重要論文的觀點仍停留在「十七年」的理論水平上，這就難怪他成了文學革新力量的對立面。

第七節　黃秋耘的「瑣談」與「斷想」

黃秋耘（一九一八～　），原籍廣東順德，生於香港。一九三五年入清華大學中文系，後從事革命軍事工作和地下工作。五〇年代中期任《文藝學習》編委，一九五九年起任《文藝報》編輯部副主任。後任中國作家協會理事、中國作家協會廣東分會副主席。

黃秋耘是個多面手。一九四九年以來，他寫了許多文藝評論、散文隨筆和一些小說、遊記、報告文學。在他發表的上千件作品中，發生了較大反響的是文學評論、散文和短篇歷史小說。在文藝評論方面，建國後他先後出版有《苔花集》（一九五七年，上海新文藝出版社）、《古今集》（一九六二年，作家出版社）、《銹損了靈魂的悲劇》（一九八〇年，人民文學出版社）、《瑣談與斷想》（一九八〇年，河北人民出版社）、《黃秋耘文學評論選》（一九八三年，湖南人民出版社）等。

黃秋耘開始寫文學評論，主要是政治形勢的選擇。一九五五年批判胡風時，他曾寫過一本《論胡風的五把刀子》的小冊子，認爲胡風的「主觀戰鬥精神」是一種抽掉階級內容的虛僞概念。過了不久，蘇共二十大對斯大林的批判，給了他猛烈的震動，使他對原先批判胡風的做法產生了疑問。正是這一類苦楚的經驗，再加上他原先就受羅曼羅蘭的進步思想和魯迅的大勇主義影響很深，這便促使他拯救自己的靈魂。而一旦拯救過來，他便勇猛向上，慷慨悲歌，疾惡如仇，高揚著「寫眞實」與「干預生活」兩面旗幟，義無反顧和庸俗社會學傾向作鬥爭。他在一九五六～一九五七年上半年寫的文藝評論，正是出自一種個人的選擇，即自覺意識到歷史提出的新課題，並勇敢地承擔起來。在他寫的《刺在哪裏？》、《不要在人民的疾苦面前閉上眼睛》、《啓示》、《銹損了靈魂的悲劇》(53)、《犬儒的刺》、《從分子和分母說起》等文章中，他慷慨陳詞，不避鋒芒，矛頭直接指向官僚主義、教條主義、宗派主義等「三害」。他針對某些盲目的樂觀情緒，看不到前進道路上還有荊棘、深坑、石塊等現象，大聲呼籲「不要在人民疾苦面前閉上眼睛」：「只要是常常深入到生活中去的人，誰都會看到人民群衆還有這樣或那樣的苦難和痛苦。今天在我們的土地上，還有災荒，還有飢饉，還有傳染病在流行，還有官僚主義在肆虐，還有各種各樣不愉快的事情和不合理的現象。作爲一個有高度政治責任感的藝術家，是不應在現實生活面前，在人民的困難和痛苦面前心安理得地保持緘默的。如果一個藝術家沒有勇氣去積極地參與解決人民生活中關鍵性的問題，沒有勇氣去正視現實生活中的困難和痛苦，他還算得是什麼藝術家呢？」在只強調唱頌歌的五〇年代，黃秋耘反對空洞的讚美和廉價的頌歌，號召作家們去抨擊一切畸形的、病態的、黑暗的東西，這需要有膽有識才能做到。正是基於這樣的認識，他高度評價一九五七年前後湧現的大膽揭露生活陰暗面的作品。像劉賓雁的報告文學，他讀後心底激起了波瀾：「每當讀它一遍，就得準備度過一個失眠之夜，好像是對一個知己的朋友傾吐了自己一切心事中最大的心事，而又挨了他一頓狠狠的批評似的，又是痛快，又是難堪！」在《光明日報》和當時還在北京出版的《大公報》上，他還有幾篇措辭尖銳的雜文因反右鬥爭開展來不及面世。

六〇年代以後，他仍不改初衷，一面鼓吹寫「中間人物」的主張，在沭陽（謝永旺）的文章中添加進去「中不溜兒的芸芸衆生」的著名的「中間人物」定義，一面繼續推薦孟超改編的歷史劇《李慧娘》、歐陽山的《三家巷》、陳翔鶴的《陶淵明寫〈挽歌〉》、孫犁的《風雲初記》等這些在後來幾乎都成了「毒草」的文藝作品。由此也可見黃秋耘眼力的銳敏。

一個作家的最大歡樂，莫過於能充分地抒發自己的內心感受。黃秋耘文章的可貴之處，正在於有直抒胸臆的眞情眞感。他的文章眞誠、坦率。哪怕是山雨欲來，作者均不屈從於壓力，毫無顧忌地頌揚著自己所愛，抨擊著自己所憎。讀他的評論，總感到有一顆赤誠的心在跳動，有一位「曾經滄海而胸無城府，善良忠厚而疾惡如仇，多愁善感而性格剛強」㊹的長者在和我們談心。他從不喜歡隱瞞觀點，哪怕是面對狂風惡浪，依然把自己的眞實思想和盤托出。一九五七年，流沙河的《草木篇》遭受圍攻，黃秋耘寫了《刺在哪裏？》㊺，站出來打抱不平說：「要把它們一棍子打死，這無論如何是使不得的。」有人「聯繫到作者的政治、歷史和家庭情況」去批判，他極爲不滿。他尖銳地指出：「這股教條主義、宗派主義的『寒流』造成一種極其可怕的氣氛：凡是批評生活中陰暗的、不健康的，甚至是畸形的東西的文章，凡是描寫人民群衆的困難和疾苦的作品，不管其動機如何，效果如何，大都被不公正地指責爲『歪曲現實，詆毀生活，誹謗社會主義制度』，有時甚至給作者加上一條莫須有的罪名，硬說他們是在有意識地進行『反黨反人民的勾當。』」過了一個月開展的反右派鬥爭，完全證實了黃秋耘的說法。這種講眞話的評論，就是這樣準確地傳達了文藝界那一小批助紂爲虐，爲惡而生，爲惡而死，從灯設法救贖和重鑄自己靈魂的「左派」們狠狠整人的信息，充分發揮了當代文藝評論作爲新的社會信息的作用。

八〇年代以來，經歷了風霜雨雪磨難的黃秋耘，心無餘悸，鬥志益堅，除及時評論了劉賓雁勇於干預生活的力作《人妖之間》及諶容的有爭議作品《人到中年》外，又寫出了一批如《「文藝法庭」芻議》、《雜文應當復活》、《「國家不幸詩家幸」》等文筆銳利的雜文隨筆。這些文章，有善意的規勸，有針砭時弊的議論，有旗幟鮮明的說理，有往日的直率和爽快。這正如龔定庵的詩所云：「黃金華髮兩飄蕭，六九童心尚未消。」

黃秋耘的文藝評論，較少論及「以雄渾的筆墨，高亢的調子，宏偉的氣魄，寫出轟轟烈烈的生活場面，驚天動地的英雄業績」的作品。容易引起他激動並發之爲文的，是那些「通過對日常生活和人物心靈深處的微妙活動的細緻刻劃，展示出人物精神面貌的變化，描繪出一幅幅色彩鮮明、詩意濃鬱、風趣盎然的生活圖畫」㊻的作品。如果說，文學創作要百花齊放，可以有專寫重大鬥爭題材或日常生活題材的作家的話，那麼，文學評論也應不拘一格，也可以有偏愛評論某一題材或某一風格的評論家。在這方面，黃秋耘無疑是有自己的傾向性的。他除喜愛評論大膽干預生活的作品外，在藝術上，他更多評論的是「杏花春雨江南」式的作品，如周立波的《山鄉巨變》、秦牧的《花城》、張潔的寫愛情故事的作品、孫犁的《風雲初記》等。正如有的論者所說，黃秋耘「雖然曾是鐵馬金戈中出生入死過來的軍人，但他的心理氣質並沒因此而變得粗獷彪悍，依然保持著在南方秀麗的山水陶冶中形成的細膩柔和。他對藝術的要求，更多的是『蘇州園林』式的精巧秀麗，『肇慶風光』式的舒緩清雅，『荷花流水』式的含蓄蘊藉。」⑰這和他的散文創作少用金鉦羯鼓寫風雲變幻之壯麗，多用錦瑟銀箏傳花前月下之淸雅的藝術追求是一致的。

在當代文壇上，有偏重於思辨型或感受型的評論家。黃秋耘無疑屬於後一種。對作家創作道路的勾勒以及對文學作品系統的分析和傾筐倒篋的論證，不是他的所長。他的許多評論，均是讀書時記下的直覺印象和片斷感覺。然而就是這些「瑣談」和「斷想」，對作家的藝術風格和作品的藝術特色，做了準確的概括和精當的分析。像他用「從微笑到沉思」來說明茹志鵑觀察生活的神態，用像「一幅幅優雅而娟秀的淡墨山水畫，詩情畫意被籠罩在一層由溫柔的傷感所構成的朦朧薄霧之中」去比喩自己讀張潔某些作品時的感受，用有如「雨景空濛，峰巒映翠的湖南山鄉」景色去形容《山鄉巨變》的景物畫，就是異常精彩的。在行文上，他的評論文章帶有濃鬱的散文色彩。他的不少爲人稱道的評論，都不是嚴格意義上的評論文章，而是「議論式的散文」，或散文式的評論。還在一九五〇年出版的傳記文學《羅曼·羅蘭》中，他就嘗試用散文筆法寫評論。不僅在評論的選材、評論的角度和行文構思上，黃秋耘的評論有自己的特色，而且在評論語言上，他也有自己的色彩和聲音。他的評論語言，可以說是一種美的語言。這種語言，不僅能確切地道出作品的思想和藝術特點，而且能賦予評論文章一種特殊的藝術魅力。尤其是他那短小的文藝隨筆和詩話，寫得是那樣生動靈活，意味雋永，旣有韻味，又有抒情色彩，從中也可看出他的深厚功力。

第八節　錢谷融的「人學」新論

錢谷融（一九一九～　），江蘇武進人。一九四二年重慶中央大學師範學院國文系畢業。一九五一年起在華東師範大學中文系任教，爲該系教授。八〇年代出版的文學評論著作有《〈雷雨〉人物談》（一九八一年，上海文藝出版社）、《論「文學是人學」》（一九八一年，人民文學出版社）、《文學的魅力》（一九八六年，山東文藝出版社）。

一九五六年上半年到一九五七年反右前夕，隨著「百花齊放，百家爭鳴」方針的提出，文藝界迎來了早春天氣：創作上出現了繁榮景象，理論界也開始活躍起來。在這種早春天氣裏，錢谷融寫了長達三萬餘字的《論「文學是人學」》的論文㊿，表現了勇闖禁區、大膽探索的精神。

這篇論文，有些觀點現在看來也許不新穎，但在當時提出來，卻要冒一定的風險。因爲文章的主要矛頭是指向左傾教條主義的。在五〇年代，大陸文藝界普遍流行著季摩菲耶夫在《文學原理》中說的「人的描寫是藝術家反映整體現實所使用的工具」的觀點。這種觀點，把反映現實當做文學的直接的、首要的任務；尤其是把描寫人僅僅當做是反映現實的一種工具和手段，是違背文學的性質和特點的。還有的論者把文學的目的和任務規定爲揭示生活本質和反映生活的發展規律，這也「抽掉了文學的核心，取消了文學與其他社會科學的區別，因而也就必然要扼殺文學的生命。」因爲這種觀點，把結果看做原因，把結論視爲前提，與不重視人的作用和價值，把典型規定爲僅僅反映社會力量的本質並和社會力量相一致的定義是同工異曲。按照這種觀點進行創作，作家的注意對象就將不是人而是抽象的「生活的本質」和「生活的發展規律」。這樣，作家就會去圖解概念，而不可能將人物寫成有思想感情、有靈魂的藝術典型。基於這一點，錢谷融認爲描寫人才是文學的目的和任務。

錢谷融這一觀點，在當時引起強烈反響。《文匯報》「學術動態」欄內報道時，認爲錢文「否定了文學反映現實的理論」[59]，這與作者的原意雖不完全相符，但也不是毫無根據。錢谷融認爲，「文藝反映現實」是唯物主義命題，但這個命題只告訴了我們存在的第一性和意識的第二性這類常識，絲毫不能說明文學的性質和特點。他還認爲，在文藝中，現實和人不應該是對立的。所謂現實，就是指人的個性。人是現實的焦點，「抓住了人，也就抓住了現實，抓住了生活。」

《論「文學是人學」》除在第一部分談了文學的任務問題外，第二部分談了作家的世界觀與創作方法，認爲作家「對人的看法，作家的美學理想和人道主義精神，就是作家世界觀中起決定作用的部分」。第三部分談到評價文學作品的標準時，認爲人道主義是「一個最基本的、最必要的標準。」第四部分談到各種創作方法的區別時，認爲區分點不在描寫的方法和對待現實的態度上，而在於對待人生的態度上。第五部分談人物的典型性與階級性時，認爲只要能寫出人物和他周圍環境的具體聯繫，寫出他的個性的形成根源，任何一個人都可以成爲典型。

錢谷融這些觀點，有許多是精闢的，特別是他把高爾基提出的論點正式作爲文學理論的命題加以系統的闡述，並用如此確定的語氣斷言「文學是人學」，這在過去是沒有的。無論是在文學理論的建樹上還是在文學創作的指導意義上，都有重要的貢獻。當然，個別論點也許有偏頗，如認爲人道主義是評價作品的最低標準，認爲巴爾扎克創作的成功，與其說是現實主義的勝利，不如說是人道主義的勝利。但當時收集在《論「文學是人學」批判集（第一集）》中的許多文章，不是看主流，而是攻其一點不及其餘。以後愈演愈烈，將學術批判弄成了政治批判。在這種情況下，原先準備公開答辯的錢谷融，只好在一九五七年十月寫了一篇《論「文學是人學」一文的自我批判提綱》⑩，在「檢査」的名義下爲自己的觀點做變相的申辯。

一九六二年，黨對文藝政策做了調整，公佈了《文學八條》，文藝界又由沉寂走向活躍。在各方面的鼓勵和敦促下，錢谷融動筆寫了幾篇文章。《管窺蠡測——人物創造探秘》⑪，便是他這一時期的代表作。此文選擇了文學大師們是怎樣塑造他們的人物、賦予他們的人物以生命這一角度，繼續闡述了《論「文學是人學」》後面所講的典型性問題。在此文中，錢谷融認爲人和環境是一種有機的聯繫，「在什麼樣的環境下，就會有什麼樣的人；而從一定的人的身上，也可以看出他周圍的一定的時代環境」。這種看法，不像有些論者那樣把人與環境分割開來，更沒有把環境狹窄地視爲「階級關係的總形勢」。他還反對作家「讓他的主人公處在極端突出的情勢中」，「在特別緊張的場合下去表現自己」的形而上學的觀點。這對匡正當時脫離日常生活專門去寫「極端緊張」的矛盾衝突的文風，有一定的現實意義。

文藝評論工作與評論主體有密不可分的關係。在我國當代文學評論家中，有的是專門從事學術探討的「研究型」理論家，有的是專門追蹤當代文學發展步伐的「評論型」批評家，還有像錢谷融這樣專注於探索文學創作規律、審美意識特別銳敏的「感受型」評論家。錢谷融這一特點，在《〈雷雨〉人物談》中有突出的表現。此書於一九五九年動筆，到一九六二年只完成了周家四個人物的評論，直到階級鬥爭不再天天講的一九七九年，才又完成了魯家的四個人物研究，歷時二十年。全書用七萬字的篇幅分析作品的人物，另用五萬字的篇幅談到曹禺的創作概況及其他有關問題。最精彩的部分是對天眞而有心機的四鳳、在屈從與反抗中徘徊的繁漪、既剛強又軟弱的侍萍、既狠毒又還有點懷舊之情的周朴園等八個人物輪番的評論。在評論時，作者充分運用了他在《論「文學是人學」》中的美學思想，即「不僅要把人當做文學描寫的中心，而且還要把怎樣描寫人、怎樣對待人作爲評價作家和他的作品的標準。」此外，他還用欣賞者的感覺和評論家的智慧來分析劇作的思想內容和藝術特色。他挑開舞台上的一切幃幔，將筆深入到人物形諸言表的幽思情懷、意識潛流，充分揭示出人物性格和人物情感的複雜性。對周萍，他認爲單純用階級性是無法概括其個性特徵的。對周朴園，他認爲周的性格中確有「僞善」的一面，但不能認爲周僞善到底，對周萍完全熄滅了懷戀之情。劇中寫的這種懷戀，不能認爲事事都是裝出來的。這種分析，曾被商榷者認爲模糊了周朴園的階級特徵⑥②。其實，這種分析法，正是作者在《論「文學是人學」》中講的作家「不應該去寫那只存在於抽象概念中的階級性。創作家所注意的只是具體的人和他的具體的活動」這一理論的運用。由此可見，錢谷融的理論是自成體系的。無論是理論的闡述還是具體作品的分析，他始終都是把「活生生的、獨特的個性」放在重要位置。不足之處是後面缺乏人物總論，未能把不同人物形象刻劃方面的得失加以比較。

收集在《文學的魅力》中的四十多篇文章，則可視爲作者歷年來寫的論文選集。其中最早的寫於一九五四年，最近的寫於一九八四年。此書分四輯：第一輯是關於文學的一般理論，涉及文學的性質、特點等問題；第二輯是關於文藝批評問題；第三輯是對魯迅、郁達夫、柯靈等人的評論；第四輯是對《秋夜》、《祝福》、《雷雨》等作品的分析。這些文章雖然系統性不是很強，但它們均很重視文學的審美特徵，十分強調作品的藝術感染力。在行文上，寫得雄辯，說理之中常伴有生動形象的例證，讀來毫不枯燥。像《藝術的魅力》，語言沒有鑲金嵌玉，而是洗盡鉛華，顯得平易樸實，但又淡秀生姿，雋永有味。《文藝創作的生命與動力》，也具有這種特點：思想綿密，藝術分析透剔，文筆優美，下筆如流水行雲，充分顯示了「感受型」文學批評的魅力。

此外，錢谷融主編的《中國現代文學作品選讀》、《中華現代文選》、《中國現代文學社團流派叢書》，也體現了他的獨到鑑賞力和文學觀。

註釋

① 《文藝報》一九五八年第一至十期。

② 胡風：《論現實主義的路》。

③ 胡風：《略論文學無門》。
④⑤ 胡風：《對文藝問題的意見》。《文藝報》一九五五年第一、二號附冊。
⑥ 何其芳：《現實主義的路，還是反現實主義的路？》，《文藝報》一九五三年第三號。
⑦⑧⑨ 胡風：《對文藝問題的意見》。
⑩ 見《文藝報》一九五四年第二十二期。
⑪ 姚文元：《分清是非，劃清界線！》，載《胡風文藝思想批判論文彙集（三集）》，作家出版社一九五五年版。
⑫ 參看馮雪峰：《英雄和群衆及其他》。
⑬ 馮雪峰：《論民主革命的文學運動》。
⑭ 《文藝報》一九五二年第十四、十五、十七、十九、二〇號。
⑮ 馮雪峰：《〈太陽照在桑乾河上〉在我們文學發展上的意義》，《文藝報》一九五三年第十期。
⑯ 王瑤：《關於現代文學史上幾個重要問題的理解》，《文藝報》一九五八年第一期。
⑰ 馮雪峰：《關於目前文學創作問題》。
⑱ 舒蕪：《忠貞的靈魂》，《讀書》一九八二年第十期。
⑲ 《文藝報》一九五六年第二、五、六、九號。
⑳ 《文藝報》第四卷第五期，一九五一年六月二十五日出版。

㉑《文藝報》一九五四年第十四、十五號。
㉒當然，馮雪峰在某些文章中解釋政治與藝術的關係時，也有說得不準確之處。
㉓《文藝報》一九五四年第十八號，第三十一頁。
㉔袁水拍：《質問〈文藝報〉編者》，《人民日報》一九五四年十月二十八日。
㉕《在混亂裏面》，五十八頁。
㉖《密雲期風習小記》，一〇〇頁。
㉗《在文學期刊編輯工作會議上的講話》，一九五六年十一月。
㉘許廣平：《欣慰的紀念·研究魯迅文學遺產的幾個問題》。
㉙《文藝報》二卷九期（一九五〇年七月三十日）
㉚何其芳：《論阿Q》，《人民日報》一九五六年十月十六日。
㉛上海珠林書店一九四〇年版。
㉜《人民文學》一九五七年七月。
㉝《新港》一九五七年四月。
㉞《北京文藝》一九五七年五月。
㉟《典型問題隨感》。
㊱轉引自何其芳：《毛澤東之歌》，《人民文學》一九七七年九期。

㊲《文匯報》一九五七年六月七日。

㊳《文藝月報》一九五七年五月。

㊴《新港》一九五七年七月；《文學評論》一九六〇年第三期。

㊵一九五七年，中國青年出版社。

㊶《在文藝工作座談會和故事片創作會議上的講話》。

㊷《詩刊》一九五七年十一月。

㊸《詩刊》一九五七年第二期。

㊹殷晉培：《巴人的一支冷箭——駁巴人〈也談徐志摩的詩〉》，《詩刊》一九六〇年五月號。

㊺秦兆陽：《論胡風的「一個基本問題」》，《文藝報》一九五五年第四期。

㊻據茅盾在《夜讀偶記》中的統計。

㊼《長江文藝》一九五六年第十二期。

㊽《文藝報》第一卷第六期（一九四九年十二月十日）。

㊾參看《新華月報》一九五一年十一月號。

㊿《文藝報》四卷十一、十二期（一九五一年十月一日）。

51《人民日報》一九五一年六月十日。

52《人民文學》一九五六年十月號。

53 《文藝報》一九五六年十三號。
54 曾曄：《黃秋耘作品初探》，《新文學論叢》一九八三年第三期。
55 《文藝學習》一九五七年第六期。
56 《黃秋耘文學評論選》，十八頁。
57 林青：《梅花滿園觀一枝》，《批評家》一九八五年第四期。
58 《文藝月報》一九五七年五月號。
59 《文匯報》一九五七年五月五日。
60 《文藝研究》一九八〇年第三期。
61 《文藝報》一九六三年第三期。
62 王永敬：《讀〈「雷雨」人物談〉後的異議》，《文學評論》一九六三年第三期。

第三章　政治的傾斜和評論家的二元理論

一九四九年七月至一九五七年上半年，儘管出現過批判胡風那樣重大的失誤，但相對說來，那時政治生活較正常化，再加上經濟的迅速恢復與發展，給作家和評論家帶來一定的藝術民主，使評論家有選擇自己批評視角的權利，自由討論的氣氛較濃。可是自從開展反右派鬥爭後，文學理論批評領域的生動活潑的局面很快消失。尤其是「大躍進」期間政治、經濟領域的「左」傾盲動主義，以後又提出「反修防修」的口號，使文學理論批評受到極大的干擾。從一九五八年到一九六〇年，和政治經濟領域極左思潮的氾濫相適應，這時的文學理論批評領域，颳起了批右傾的颱風。以後由於周恩來等人的抵制，在一九六一年至一九六二年間又出現了短暫的文學理論批評活躍局面。可是自中共八屆十中全會提出「千萬不要忘記階級鬥爭」後，文學理論批評又急劇向左轉。這時期的文學批評，不再是一般意義上的從事思想鬥爭的重要武器，而是成了開展政治運動的重要手段。正是這種政治傾斜導致了文學理論批評的傾斜。爲了適應這種乍寒乍暖的氣候，許多評論家的理論品格都不再是一元，而成了二元。

第一節　周揚：從文運的領導者到思想解放的先鋒戰士

周揚（一九〇八～一九八九），原名周起應，湖南益陽人。一九二七年在上海大夏大學求學時加入中國共產黨（一九三二年重新入黨）。曾留學日本。一九三〇年回上海後，參加領導了中國的革命文學運動。一九三三年擔任左聯黨團書記（還由馮雪峰引薦擔任過上海中央局文委委員），主編過左聯機關刊物《文學月報》。抗戰爆發後，於一九三七年秋到延安，任陝甘寧邊區教育廳長、陝甘寧邊區文協主任、魯迅藝術學院院長、延安大學校長。一九四六年至一九四九年，先後擔任中共晉察冀中央局、華北局宣傳部部長。一九四九年七月，與郭沫若、茅盾共同籌備召開全國第一次文代會，當選爲副主席。後擔任文化部副部長、中國作家協會副主席、中共中央宣傳部副部長等職。文藝理論著作有：《表現新的群衆的時代》（一九四六年，太岳新華書店）、《新的人民的文藝》（一九四九年，新華書店）、《堅決貫徹毛澤東文藝路線》（一九五二年，人民文學出版社）、《我國社會主義文學藝術的道路》（一九六〇年，人民文學出版社）、《哲學社會科學工作者的戰鬥任務》（一九六三年，人民出版社）、《高舉毛澤東思想紅旗，做又會勞動又會創作的文藝戰士》（一九六六年，人民文學出版社）、《關於社會主義新時期的文學藝術問題》（一九七九年，廣東人民出版社）、《周揚文集》（第一、二卷，一九八四～一九八五年，人民文學出版社）、《周揚序跋集》（繆俊傑等編。一九八五年，湖南人民出版社)、《周揚近作》(顧驤選編;一九八五年,作家出版社)。此外,還編有《馬克思主義與文藝》(一九四四年,解放社),與郭沫若合編《紅旗歌謠》(一九五九年,紅旗雜誌社)。另外,還翻譯了車爾尼雪夫斯基的《生活與美學》(一九四八年,讀書出版社)。

在左聯時期,周揚是以文藝理論家、美學家、翻譯家的三重身份出現在三〇年代前期文壇上的。他發表於一九三二年的《巴西文學概觀》,表現了他作為文學史家的史識。一九三三年十一月發表在《現代》四卷一期上的《關於社會主義的現實主義與革命的浪漫主義——「唯物辯證法的創作方法」之否定》,否定了所謂「唯物辯證法的創作方法」,把蘇聯文藝界正在討論和倡導的社會主義現實主義理論首次引入中國文壇,對中國文藝理論的建設起了重大的作用。一九三六年發表在《文學》六卷上的《現實主義試論》、《典型與個性》,批評了胡風的典型觀,文中提出了「新的現實主義的方法必須以現代正確的世界觀為基礎」的觀點;還對典型的共性與個性、想像和創造典型的關係做了論述,初步展示了周揚作為理論家的才能。一九三七年發表在《光明》二卷八號上的《論〈雷雨〉和〈日出〉——並對黃芝岡先生的批評的批評》,表現了他作為批評家的鑑賞能力。一九三七年六月發表在《認識月刊》創刊號上的《我們需要新的美學——對於梁實秋和朱光潛兩先生關於「文學的美」的論辯的一個看法和感想》,則是中國現代美學史上的一篇重要文獻。在此文中,周揚將車爾尼雪夫斯基、別林斯基和杜勃羅留波夫的美學理論運用於和梁實秋、朱光潛等人的美學論爭中,提出美和藝術的統一,讓美與藝術都建立在人類社會實踐基礎上的觀點,還主張「新的美學的正當的名稱應該是

『藝術學』」。這一年，他還留意到《一八四四年經濟學——哲學手稿》，這說明青年時代的周揚，具有過人的理論敏感和睿智。一九三六年六月，周揚分別發表在《文學界》創刊號、《光明》一卷二號上的《關於國防文學》和《現階段的文學》所提出的「國防文學」的口號，雖然沒有胡風等人提出的「民族革命戰爭的大衆文學」口號那樣旗幟鮮明、立場明確，但實踐證明這個口號大方向沒有錯。去延安後，周揚在一九四〇年前後發表的文章仍有較多自己的見解。如《一個偉大的民主主義現實主義者的路——紀念魯迅逝世二周年》、《精神界之戰士——論魯迅初期的思想和文學觀，爲紀念他誕生六〇周年而作》、《郭沫若和他的〈女神〉》、《關於「五四」文學革命的二三零感》、《從民族解放運動中來看新文學的成長》、《對舊形式利用在文學上的一個看法》、《文學與生活漫談》、《唯物主義的美學——介紹車爾尼雪夫斯基的〈美學〉》。這些文章，從中說到外，從古論到今，詞鋒犀利，閃耀著辯證法的光芒。一九四二年後，周揚的文藝理論思維方式有了巨大的轉變，他不再輕意發表個人見解，他只是作爲毛澤東文藝思想的「宣傳者、解說者、應用者」而活躍在文壇。那本《馬克思主義與文藝》，雖然從西北到東北，在解放區一再翻印，但畢竟是語錄長編而不是個人專著。

一九四九年後的周揚與從前的周揚顯著不同的是：由「三〇年代左翼文藝運動的宿將，四〇年代解放區文藝的組織者」，變成「五〇年代文藝鬥爭的領導者，六〇年代毛澤東文藝思想的代言人」。在他身上，幾乎濃縮了一部中國大陸當代（「十七年」部分）文藝思潮史。難怪《二〇世紀世界文學大百科全書》將他稱爲「中國文藝界的首領和文藝政策的設計師」。

作爲中國大陸當代文學理論批評史上的權威理論家與文藝政策的制訂者，將理論與政策融合得這麼巧妙，在馬克思主義文藝理論批評史上很難找到像周揚這種先例的。「盧卡契雖然以自己的理論影響了蘇聯文藝政策的制訂，但他本人幾乎沒有參與制訂過文藝政策；盧那察爾斯基倒是參與過文藝政策的制訂和實施，但盧那察爾斯基還不能說是一位權威的文藝理論家，他所參與制訂的文藝政策也缺乏充分的理論依據。只有周揚，不僅有自己的整套理論，而且還能將這種理論凝聚爲文藝政策，從而直接影響和制約文藝創作。」①

正是這種雙重身份，使周揚的文藝理論探索在「十七年」時期幾乎陷入停滯狀態。從履歷表上看，他在上海時期乃至延安年代青春煥發的光輝紀錄，在「文革」前消失得快要無影無蹤。作爲文藝界的領導人，他的一切理論都得與上頭保持一致，對當時蔓延的極左思潮只能迎合以至推波助瀾。他正變得身不由己。即使他曾想將自己的理論探索轉化爲文藝政策，但由於政治運動的需要，這種可能已愈來愈少。因而他在一九四九年以後所作的許多重要報告均不全是他個人的觀點。這些報告中不準確、不科學乃至爲錯誤的文藝思潮起到催化的作用，主要表現在下列幾方面：

一是提出「文藝為政治服務」的口號。毛澤東儘管認爲「文藝從屬於政治」，但作爲口號，他從未提過「文藝爲政治服務」。而周揚則進一步發展了毛澤東對文藝與政治關係論述的不科學之處。他在一九五二年五月發表的《毛澤東同志〈在延安文藝座談會上的講話〉發表十周年》中提出了「文藝……爲政治服務」的問題；在一九五六年九月發表的《讓文學藝術在建設社會主義偉大事業中發揮巨大的作用》中，又一次論及「文藝爲政治服務」問題。當時極左思潮還未廣泛流行，因而他這時對「文藝爲政治服務」的解釋，還沒有過於出格的地方，如認爲「文藝爲政治服務，在今天就是爲建設社會主義祖國和保衛世界和平的事業服務」。但後來隨著毛澤東晚年思想的重大失誤，「文藝爲政治服務」的口號越來越被文化激進派所利用，其對文藝事業的危害性是顯而易見的。

二是以政治運動方式解決文藝問題。延安文藝整風，開創了用政治運動方式解決文藝是非問題的先例。一九四九年後，毛澤東又將這一經驗加以推廣和引申，先後在五〇年代發動了電影《武訓傳》批判、《紅樓夢》研究批判、胡風文藝思想批判、反右派鬥爭，等等。作爲文藝戰線的負責人，周揚忠實地執行了毛澤東這些指示，領導了這些遠遠超出文藝界限的政治鬥爭，先後發表了《反人民、反歷史的思想和反現實主義的藝術》②、《我們必須戰鬥》③、《文藝戰線上的一場大辯論》④等大塊文章。特別是最後一篇，點了丁玲、馮雪峰、陳企霞、秦兆陽、鍾惦棐等許多作家的名。對這篇由林默涵、劉白羽、張光年等人執筆，沒有收進《周揚文集》的重頭文章，自然應歷史地看。它存在的問題，正是中共在文藝工作中搞嚴重的階級鬥爭擴大化問題的反映，而這些問題和毛澤東對文藝界的形勢做出錯誤的估計緊密聯繫在一塊。周揚爲了做「緊跟派」，只好犧牲自己的理論追求。如在左聯時期，周揚曾眞誠地擁護過斯大林提出的「寫眞實」的口號，認爲「眞實性——是一切大藝術作品所不能缺少的前提」，而後來卻認爲「寫眞實」是修正主義的文藝主張；周揚在一九三七年七月發表的《現實主義和民主主義》中，是「不主張文學成爲政治附庸」的，到後來卻積極宣傳和誓死捍衛「文藝爲政治服務」的方針；在解放區，周揚是高揚「創作自由」旗幟的，後來反過來說「創作自由」是資產階級極右派否定黨的領導的主要論點；在一九五三年召開的第二次文代會上，周揚本是反對公式化、概念化的帶頭人，後來卻把秦兆陽們反對公式化、概念化說成是反對「新生活的本身，社會主義制度本身」。一九五四年批判《紅樓夢》研究時，周揚原先認爲李希凡、藍翎的文章「很粗糙、態度也不好」，並以「黨報不是自由辯論的場所」爲理由拒絕在《人民日報》轉載，可後來卻號召大家起來戰鬥。還有，一九五七年《文藝報》、「毒草」叢生本來是他施的「肥」，可他後來把責任推到下面。這種出爾反爾或曰時清醒時迷惘的精神狀態及由此帶來的二元理論品格，使我們很難辨認那一方面才是周揚本人的眞面目。基於這種時左和所謂「時右」的表現，使姚文元在「文革」時有機可乘，將「兩面派」的高帽擲給周揚⑤。不過，周揚這種「兩面派」並不具有「反革命」性質，即是說不是策略意義上的兩面派，而是人格世界意義上的兩面派，是身不由己、有苦難言情況下出現的矛盾狀態。是執政黨借周揚手中的筆發號施令，而周揚依仗領袖的威信寫帶有全局指導意義的權威性文章。當階級鬥爭處於「時伏」階段時，周揚還能稍微保持自己的學術品格；當階級鬥爭處於「時起」階段時，周揚就只能充當階級鬥爭的號角和傳聲筒。他的文藝政策的制訂人——尤其是文藝鬥爭的領導者的地位，決定了他能把最高領導者的片言隻語變成加在三、四〇年代的宿敵胡風、馮雪峰、丁玲及魯迅的幾乎所有弟子頭上的深沉災難，然後把他們全部送上歷史的審判臺。這樣便出現了五〇年代的周揚和四〇年代及至五〇年代前期的周揚唱反調的滑稽局面。周揚在「十七年」時期所做的這些報告和充滿火藥味的「戰鬥」型文章，最多只有史料意義，而毫無理論價值可言。

三是為錯誤的文藝方針路線提供理論基礎。從六〇年代開始，毛澤東給全黨佈置了反對修正主義鬥爭的任務。在文藝界，也如法炮製，開展了一場「批修」鬥爭。爲了給這場鬥爭鳴鑼開道，周揚在第三次文代會上作了《我國社會主義文學藝術的道路》的報告。這個報告儘管有個別內容可取，但大部分宣揚的均是左的文藝思潮：爲錯誤的「大躍進」、「反右傾」辯護，爲向文藝界的「現代修正主義」開刀做輿論準備。報告中儘管強調「文藝爲政治服務的途徑和方式應當是多種多樣的」，但這是建立在反對「修正主義」前提下的「多樣」，而且還強調文學創作上爲工農兵服務，就必須以工農群衆中的先進人物做爲作品的主角。在創作方法上，繼續強調《新民歌開拓了詩歌的新道路》⑥的觀點，並做了進一步引伸，將「兩結合」看作是唯一的最好的創作方法。

報告中最值得注意的是對「雙百」方針的解釋。「雙百」方針本是毛澤東於一九五六年五月在最高國務會上提出的。這個方針作爲促進科學進步和藝術發展，尤其是促進文學藝術的繁榮，曾激勵過廣大文藝工作者，以致在一九五七年上半年出現了一個當代文學史上難得的短暫的「百花時代」。但毛澤東提出這一方針，在一定程度上含有實用主義的成份，即是出於階級鬥爭策略的考慮。毛澤東認爲：資產階級思想必然要頑強地表現自己，禁止它表現不可能。即使禁止了，它仍然會在地下存在。與其讓它地下存在不如讓其公開發表。牛鬼蛇神只有出籠才好殲滅，毒草只有出土才方便鋤掉。可見，提出「雙百」方針，並不像當年人們天眞地理解的純粹是爲了繁榮文化藝術，而在實際上（至少是從客觀效果上）是一個在意識形態領域中進行階級鬥爭的方針，是一種同代表「資產階級意識形態」的絕大部分知識分子作鬥爭的一種策略。⑦對這種「雙百」方針的錯誤理論基礎，盲從的周揚不可能幫其從馬克思主義關於認識發展規律和文化發展規律的理論角度加以修正（要修正也難或曰根本不可能），而是用自己領導的錯誤文藝運動實踐去豐富和完善毛澤東這一經過扭曲、變形的階級鬥爭理論。如報告中把許多違背「雙百」精神的做法看做貫徹「雙百」方針的成功經驗加以肯定，並聲稱「百花齊放、百家爭鳴的內容，必然包含著放百花和鋤毒草兩個互相對立又互相聯繫的方面」：「放百花，是人民內部問題」，「鋤毒草，是敵我問題」。這就使無論是毛澤東還是陸定一，均來不及深刻闡述作爲特定意義上的「雙百」方針，使其在理論上得到充實和豐富。由此也可見，「雙百」方針在字面上雖無可非議，也不排除倡導者確含有繁榮社會主義文化的用意在裏面，但通過「引蛇出洞」、「興無滅資」的途徑去繁榮文學藝術，是注定繁榮不了的。果然，不出一年，毛澤東「所預言的『可以自由發展』、『可以自由爭論』的局面非但沒有出現，而以剝奪數十萬知識分子的『自由』的反右運動卻遽然發生了。這是頗有點諧謔劇意味的。」

周揚曾一再說：在共產黨內，五〇年一貫負責全黨的文藝領導工作的，只有他一人（「文革」是當代文學理論批評發展的凋零期，可以不算在內）。在「十七年」，共產黨成了執政黨。周揚這時擔負的責任比起延安時期更爲重大：保證輿論的一律，不許任何人去修正、去否定（那怕是局部的否定）在延安文藝座談會上所確定的黨的文藝方針路線。爲此，每場意識形態鬥爭均由他臨陣發令，充當著魯迅生前戲之爲的「總管」、「工頭」與「元帥」、「大人物」的角色，並留下一系列總結性的大塊文章。這些「嘩啦啦大寫口號理論」的總結，不少經過毛澤東的審閱乃至潤色，對身不由己的周揚來說，並不能完全代表他自己，但大的方面仍反映了周揚的文藝思想。在六〇年代初期，周揚等人急迫地從各地抽調人馬編寫《中國現代文學史》，爲的使他們對丁玲、胡風、馮雪峰的批判用「史」的名義「正典化」，以加強周揚等左翼文學主流派別的統治地位。爲了給文學史——特別是當代文學史的編寫定調子，在「文革」前夕——在那將完成他領導歷次文藝運動使命的一九六五年，周揚在全國青年業餘文學創作積極分子大會中所做的報告中，提出了所謂一九四九年後文藝戰線上的五次大辯論、大戰役的觀點。這是他在「十七年」做的最後一次大型報告，彷彿他已預感到自己不久將交出文藝戰線的領導權似的。他這五大戰役的觀點，一直影響到八〇年代出版的各類當代文學史教材的編寫。「五大戰役」的劃分不能說完全沒有道理，但周揚全盤肯定這「五大戰役」，則是對當代文藝思想鬥爭史的歪曲。把這些傷害了大批文藝界精英的文藝運動用總結的形式肯定下來，並給這些浸透了「左」的文藝思潮毒汁的東西披上「理論」外衣，其副作用就更大了。

周揚在一九四九年以後的「十七年」中，所以會扮演對所有文化人氣指頤使，一呼百應，即爲極左文藝思潮推波助瀾「大佈圍剿陣」的「群仙」（魯迅語）的角色，一個重要原因是個人崇拜在作怪。他本來是信奉人性論的（在《論〈雷雨〉和〈日出〉》中宣傳過「人性的解放」），可是後來由於毛澤東反對「人性論」，便和人性論一刀兩斷，並在一九四二年寫了《王實味的文藝觀與我們的文藝觀》；在三〇年代初與蘇汶論爭時，周揚本來是否定「鏡子反映論」，十分推崇藝術創造的主體性的，可是後來他並沒有堅持，反而隨著形勢的需要大批胡風的「主觀戰鬥精神」。當然，周揚的「轉向」也有其內在的原因，當鬥爭的形勢和左的文藝思潮需要尋找一個身居高位而又懂理論的文藝政策的制定者、文藝運動的領導人時，周揚自然是最合適的人選，周揚本人也樂於這種從文藝理論家、翻譯家向文藝戰線首席長官的過渡。但周揚從本質上來說畢竟是文化人而非職業的革命家。其風雅生涯，多於戎馬生涯，這種特質決定了他在「十七年」複雜多變的文學思潮中仍未泯滅自己的藝術良知，仍在一定的程度上抵制過他身不由己時參與制定的「左」的文藝政策。這主要表現在下列幾方面：

在第二次文代會上所做的《爲創造更多的優秀的文學藝術作品而奮鬥》的報告中，著重反對了文學藝術創作上存在的概念化、公式化的傾向，局部上彌補了由於開展批判《武訓傳》和小資產階級傾向而帶來的消極後果。在黨的第八次代表大會後，他帶頭解放思想，敢想敢說，於一九五七年四月他在一次會上說：「知道是毒草放了，不是錯；把毒草當香花放出來，不算大錯。」並寫了《就「百花齊放，百家爭鳴」問題答〈文匯報〉記者問》⑧，批評了陳其通等四人的《我們對目前文藝工作的幾點意見》⑨所表現的「左」的教條主義傾向，把「雙百」方針解釋爲「有效地調動科學界的一切積極因素來共同建設社會主義文化的政策」(而不是他後來解釋的便於「鋤毒草」的一種策略)，便是較能經得起時間沉澱的一篇力作。六〇年代初，在黨中央制定的「調整、鞏固、充實、提高」的八字方針的鼓舞下，曾受過反右派鬥爭挫折的文藝界重新又活躍起來。在這種情況下，周揚主持撰寫了爲紀念

《在延安文藝座談會上的講話》發表二十周年的《人民日報》社論《爲最廣大的人民群衆服務》，將長期以來奉爲圭臬的「爲工農兵服務」修正成「爲以工農兵爲主體的全體人民服務」。社論雖然沒有否認「工具論」和「從屬論」，但這一服務對象提法的改變，對於人們科學地認識文藝與政治的關係，以及復甦現實主義精神，畢竟向前邁進了一步。社論還向「一切文藝部門的黨的領導者」發出呼籲，要充分發揚民主，尊重藝術規律，爲文藝創作和文藝活動上的「自由競賽、自由討論」、生動活潑和繁榮昌盛的局面創造條件。這些論述，同樣爲文藝創作的繁榮和理論的活躍起了促進作用。後來「四人幫」的御用文人將這篇社論誣爲「修正主義」的「全民文藝論」⑩，正好從反面證明了這篇社論在一定程度上阻止了當時氾濫的「左」傾思想。在此之前，周揚還主持起草了《文藝八條》⑪，這對糾正「大躍進」以來新造成的文藝思想混亂，也起了積極的作用。

除文件、文章外，周揚還有一些內部講話。這些講話，比起文章來更能反映周揚的眞實思想。如一九六一年七月十七日《在文藝工作座談會上的講話》中，他不讚成將毛澤東講的每句話均當作方針、政策。一九六一年六月十六日，在文藝工作座會談上的發言中，他反對思想僵化——「如果我們搞得不好，雙百方針不貫徹，都是一些紅衣大主教、修女、修士，思想僵化，言必稱馬列主義，言必稱毛澤東思想，也是夠叫人惱火的了。」在六〇年代初委託以群編寫文學原理的講話中，多次強調別、車、杜的理論，爲的是從美學上補救延安方針。對上海提出的「寫十三年」⑫，周揚也不同意。一九六三年四月二十三日《在文聯委員擴大會閉幕式的講話》中說：「如果作家是進步的精神狀態，即使畫山水畫、寫歷史題材，也可以代表時代精神」。「提出寫十三年，……可能割斷歷史」。對沒表現階級鬥爭內容，即「政治上無害，生活上有益」的作品，周揚在一九六三年四月九日文藝工作會議上的講話中也曾提出要加以保護，不能以是否表現階級鬥爭題材作爲衡量作品好壞的唯一標準。

周揚這些方面的表現與他作爲毛澤東《在延安文藝座談會上的講話》的宣傳者、捍衛者、運用者的形象是不大相符的，與他歷次運動中號召大家「必須戰鬥」的身份也是相悖的。周揚憑著自己多年的理論修養和批評良知，在身不由己時盡可能做點理論求索，盡可能呼喚現實主義的魂兮歸來。

有少數老一代理論家，一到暮年便走下坡路，再也無法做到有所創造，有所前進。而周揚不同。經過「文革」的教訓，使他認識到「文革」極左的全面統治並非「一日之寒」，是「十七年」左的文藝思潮——包括他自己領導的一系列文藝思想鬥爭的必然惡性發展，因而他下決心用實際行動糾正自己過去所犯的錯誤，在新時期特別注意反「左」，較早揭起思想解放的旗幟，開展實踐是檢驗眞理標準的討論。他在一九七九年春天所做的第三次思想解放運動的講演，對黨的十一屆三中全會所倡導的思想解放運動的偉大意義與歷史地位，做了科學的論證和極高的評價，有力推動了哲學社會科學界和文藝界思想解放運動的開展。⑬尤爲可貴的是，他不僅動員別人解放思想，而且自己帶頭和阻礙解放思想的觀點和行爲作鬥爭。當有人指責「傷痕文學」是「暴露文學」時，周揚立即爲之辯解，認爲「人民的傷痕和製造這種傷痕的反革命幫派體系都是客觀存在，我們的作家怎麼可以掩蓋和粉飾呢？」

復出後的周揚與以往的不同之處，是十分注意總結歷史經驗。在七〇年代末，當有人懷疑「十七年」中是否存在左的錯誤時，他以親身經歷作證，毫不掩飾地承認自己過去工作中，存在「左」的傾向，這種傾向「給黨的文藝事業帶來的損害是嚴重的」。根據過去所犯的對毛澤東文藝思想只強調堅持不強調發展的封閉式錯誤，周揚在七〇年代末特別強調反對「兩個凡是」觀點，認爲毛澤東《講話》發表的時代和我們今天所處的時代不同，「如果看不到今天所處的不同環境和不同時代的特點，不把《講話》的基本原則和當前實際情況相結合，只是照抄照搬，那就很不恰當了。」他在七〇年代末、八〇年代初期的講話，始終貫串著對歷史的反思精神，力圖從歷史經驗尤其是從自己所犯的錯誤中總結出規律性的東西，以指導今後文藝事業的發展。正因爲他有這種反思精神，故對八〇年代初出現的批《苦戀》事件他持消極抵制的態度（見本書第一編第一章第十二節）。

粉碎「四人幫」後的周揚，常做自我批評，除對丁玲仍流露出冷淡無禮的高慢神情外，一般都能向被整錯的作家賠禮道歉，但他給人的基本印象仍是理論權威的形象。這不是簡單的復歸，更不是「十七年」形象的重復，而是青年時代鋒芒銳利的「周起應」的某種再現。他在一九八三年爲紀念馬克思逝世一百周年所作的學術報告《關於馬克思主義的幾個理論問題的探討》中，談到馬克思主義與人道主義的關係時說：「在馬克思主義中，人佔有重要地位。」並認爲「只有用馬克思主義的人道主義，才能眞正克服資產階級人道主義。」⑭周揚如此重視人的尊嚴，強調提高人的價值，如前所述，並不是從八〇年代始。從他三〇年代後期的文章中，可以找到類似的論述。所不同的是，他不是一般的談人的尊嚴和人的價值，而是站在理論高度對這些古老論題重新加以審視，提出了必須克服我國經濟領域、政治領域和思想領域的異化現象，才能實現和提高人的價值的主張。這是周揚在新時期對人道主義問題所做的獨到貢獻。由此他付出了代價，受到胡喬木的嚴厲批評，並以此爲由頭發動了一場清除精神污染運動。周揚無奈只好檢討。這檢討與學術反省不同：前者違心，後者則是沒有壓力下進行的。不過，周揚在檢討中安了一根釘子——諷刺胡喬木的話：「至於資產階級政客所講的人道主義，不過是鱷魚的眼淚罷了」。胡喬木勸周揚檢討時眼裡含著淚水，「眼淚」便指此事。

第二節　林默涵：指導型評論家

林默涵（一九一三～　），原名林烈，福建武平人。早年大部分時間擔任報刊編輯工作。曾協助艾思奇編《解放日報》副刊，其後主編《新華日報》副刊，出版雜文集《獅與龍》（一九四八年，香港人間書屋）、論文集《在激變中》（一九四八年，香港新中國書店）。但他正式從事文藝工作，是一九五二年調任中央宣傳部副部長和中國文聯副主席等職後的事。出版有《浪花》（一九五七年據《獅與龍》重編的雜文集，作家出版社）、《更高地舉起毛澤東文藝思想的旗幟》（一九六〇年，文化藝術出版社）、《林默涵劫後文集》（一九八七年，文化藝術出版社）等著作。

五〇年代的當代文學評論家，專業的極少，他們或來自領導崗位，或來自作家隊伍，或來自編輯部門，或來自高等學校。其中第一類評論家，既不同於以寫專著爲主的「研究型」和以闡述藝術規律著稱的「感受型」評論家，也有別於產量甚豐的「追蹤型」評論家。他們文章的內容，大都是闡發黨的文藝方針政策，多以報告、講話、發言的形式出現，具有號召性和指導性，但缺乏的往往是學術性，或過多的政策性研究取代了對理論本體的闡述，或破中少立乃至無立，雖言必稱馬列卻未能對馬克思主義文藝理論的本體建設做出實質性貢獻。拿林默涵「文革」前取材於文藝思潮和文藝運動、在當代文學史上曾發生過廣泛影響的不少指導型的大塊文章來說，就有這種弊病。

還在一九四八年，林默涵就和喬冠華、邵荃麟、胡繩、黃藥眠一起參與在香港出版的《大衆文藝叢刊》，發表《個性解放與集體主義》的文章，批評胡風派的「主觀論」。一九四九年後，鑑於胡風固執地堅守自己的理論立場，對批評他的人有嚴重的「對抗」情緒，林默涵便在一九五二年全國文協召開的「胡風文藝思想討論會」上作了批評胡風文藝思想的發言，後來又將這發言稿整理成《胡風的反馬克思主義的文藝思想》，交《文藝報》一九五三年第二期發表。《人民日報》在一九五三年一月三日全文轉載時，加了編者按語，肯定了林文「從一些基本問題上揭露了胡風的文藝思想的實質」。這裏講的「揭露」，無疑帶有政治鬥爭的性質，難免在批評時存在著簡單粗暴的傾向。它堂而皇之以正統的馬克思主義姿態，重點批判胡風在《在延安文藝座談會上的講話》發表後寫的文藝論著，認定胡風的文藝思想「和毛澤東同志的文藝方針沒有任何相同點，相反地，是反馬克思主義的」，用嚴厲的口氣對當代中國確實存在著《在延安文藝座談會上的講話》註釋派以外的馬克思主義文藝思想進行宣判。這宣判具有極大的權威性，使胡風陷於被告的地位。像這類文章，與其說是文藝批評，不如說是判決書。以裁決者的姿態寫文章，根本不可能平等地討論，更不可能給被裁決者以申辯的權利。這就是以胡風爲代表的、不通過註釋政治權威的思想體系的批評流派在當代中國的悲劇命運。但林文與後來開展的所謂「粉碎胡風反革命集團」中發表的「妖魔化」大批判文章還是有所不同的。該文還沒有把胡風當成惡魔，而是首先肯定了他政治上的進步立場。

一九四九年以來的文藝思想鬥爭，絕大部分是以政治運動的形式進行的。這種做法，混淆了兩類不同性質的矛盾，嚴重地挫傷了作家和理論家的積極性。對這種危害性，當時很少有人能認識到。林默涵作爲主管文藝的負責人，也無法超越這一局限，寫了不少爲錯誤文藝思潮推波助瀾的文章。其中影響較大者除上面所說的那篇外，尚有批判秦兆陽的《現實主義，還是修正主義？》⑮。在六〇年代初則有揭開文藝界「反修防修」運動序幕的長篇論文《更高地舉起毛澤東文藝思想的旗幟！》⑯。這類文章，雖然不能說毫無可取之處，如《更高地舉起毛澤東文藝思想的旗幟！》一文對毛澤東文藝思想做的體系性的理論概括，促進了文藝學理論建設的拓展，催生了一批直接以林默涵上述論文爲提綱，舖陳、詮釋毛澤東文藝思想爲內容的新編文藝學概論教材。⑰但從總體說來，這類文章有許多「左」的觀點，並不能眞正代表馬克思主義的文藝批評，而是一種爲具體政策服務的實用主義批評；倒是林文中所批判的那些所謂「修正主義」文學思想，在探討文藝理論方面做出新的貢獻。當然，我們不必懷疑作者「高舉」的政治動機和熱情，但可惜的是這種政治熱情被極左思潮借用了過去，給當代文學運動帶來了深重的災難，敎訓是沉重的。

在以階級鬥爭爲綱的年月裏，不少指導型文藝理論家都具有這種兩重性：既宣傳過極左文藝思潮，也發表過對左傾教條主義不滿的言論。既寫過許多似乎總是代表黨、階級、主義，以時代的代言人自居的文章，也寫過一些並非「爆破」型的論文。一九五六年，林默涵就寫過兩篇建設型的文章：一是爲一九五三年九月至一九五五年的《短篇小說選》寫的序《兩年來的短篇小說》⑱。在此文中，他不僅及時地肯定了一大批優秀的短篇新作，而且通過評論批評了粉飾現實的傾向，主張社會生活的描寫應和個人生活的描寫結合起來。二是在討論典型問題時寫的《關於典型問題的初步理解》⑲。此文反對「在創作中，在批評中，簡單地抓住階級本質來要求作家、分析作品的現象」，認爲「作家完全有權利甚至有責任去描寫黨員中的落後分子和反面人物。」這種主張無疑是針對庸俗社會學傾向而發的。在一九五九年寫的《關於題材》一文中，他反對當時流行的「題材決定論」，認爲「不能說只要寫了重大事件就是好作品」，「作品的題材和主題決不是一回事」。針對有人把工農兵形象寫得十分乾癟的傾向，他強調：「把工農兵的生活機械地分成革命鬥爭和日常生活，甚至把兩者對立起來，是不對的。」一九六一年第三期《文藝報》發表的《題材問題》的專論，他也曾爲之潤色。這些文章的觀點對題材多樣化和更好地寫出血肉豐滿的工農兵形象，無疑有指導意義。

在三年困難時期，林默涵對「三面紅旗」進行了反思，認爲「人民公社辦早了」。這種反思反映在文藝問題上，便強調文藝工作者進步的一面，不再片面誇大資產階級思想影響的嚴重性；注意團結，強調共度困難，不再像過去那樣強調思想鬥爭。此外，還強調提高業務水平，強調發揮藝術家的作用。所有這些，都反映在他參與起草的關於文藝工作若干問題的意見中。後來又表現在一九六二年五月他參與起草的《人民日報》爲紀念《在延安文藝座談會上的講話》發表二十周年的社論中。寫這篇社論時，正值人大和政協會議剛開過不久。人大會提出要加強統一戰線，廣泛團結各愛國階層⑳。林默涵便和周揚等人一起把這種精神貫徹到文藝方面，提出文藝要爲以工農兵爲主體的最廣大的人民服務，其中包括愛國資產階級。這對當時固定不變的文藝的工農兵方向是一種超越，一種前進。爲此，林默涵在「文革」中被打成「文藝黑線頭目」，坐了九年牢，受盡了折磨。

「文革」結束後不久，林默涵主持了新編十六卷《魯迅全集》的出版編輯工作以及領導中國文聯和各協會的恢復工作，並對「十七年」的文藝工作進行了回顧，認識到「文革」前確實犯有片面強調階級鬥爭等各種錯誤。在這種認識基礎上，他和大家一起投入了批判「文藝黑線專政論」的戰鬥，於一九七七年底在《人民文學》召開的揭批會上作了《解放後十七年文藝路線上的思想鬥爭》㉑的長篇發言。此發言由於寫於黨的十一屆三中全會前，論述顯得拘謹。一九七八年底，他又在廣東創作座談會上作了《總結經驗，奮勇前進》㉒的長篇講話。此講話論述的衝破禁區問題、「文藝黑線」和三〇年代論爭問題，對當時撥亂反正和批判「文藝黑線專政」論，發揮了一定的作用。

新時期以來，林默涵雖然進入古稀之年，但仍在時刻關心著文藝創作的繁榮和文藝理論的發展。他這時總的指導思想是：要堅持毛澤東文藝思想的基本原則，「我們的文藝要走自己的道路」。㉓基於這種思想，他在新時期寫了兩篇較長的「指導型」文章，一是受文化部黨組委託做的專題報告《談文藝戰線清除精神污染問題》㉔，二是在文化部舉辦的文藝理論學習班做的《堅持眞理，修正錯誤》㉕的報告。鑑於新時期指導型評論家日漸式微，以作報告的方式領導文藝運動，已不可能取得往昔一呼百應的效果，因而林默涵還拿起了隨筆雜文的武器，在《光明日報》上發表了一些短文批評「貶損」魯迅和不健康小報等傾向。其中影響較大的是《應該用什麼準則來要求作家》㉖。這些文章，反映了他對文藝問題的敏感，但由於說理膚淺和欠充分，且以「文藝哨兵」的身份出現，因而引起了一些作家的反感與批評。他在政協六屆五次大會上所作的《堅決而持久地反對資產階級自由化》㉗的發言，堅決反對色情文學，完全應該。但由此籠統反對「性心理」描寫，則欠科學；將「性心理」描寫上綱爲「資產階級自由化在文藝上的表現和影響」，更難使人接受。他的另一些文章，亦表明他的思維方式和「十七年」時期沒有多大變化。如前面提及的一九七八年五月在《人民文學》上發表的長篇論文，他對所謂「五大戰役」做了全盤肯定。在一九七九年春《文藝報》召開的文藝理論工作座談會上，他將剛興起的「傷痕文學」斥之爲「感傷文學」。一九八八年四月，他在談《紅燈記》和《紅色娘子軍》的創作和演出時，雖然對「文革」前後的不同版本做了區別，但未能看到「以階級鬥爭爲綱」的陰影仍在「文革」前的版本中存在。他後來發表的《胡風事件的前前後後》㉘，在對胡風事件中自己所擔負的責任做了自我批評的同時，還對胡風存在著偏見。

有兩種類型的評論家會被載入當代文學史：一種是有自己的理論體系，做出獨特貢獻的評論家，另一種雖無獨特貢獻，但和當代文學思潮有密切聯繫的指導型評論家。不用多加論證，林默涵無疑屬後一種。在新時期出版的衆多當代文學史著作中，不少編著者均將林默涵列入當代著名評論家，這多半是從文學思潮的角度來看的。嚴格說來，林默涵的影響主要在「十七年」。若不是他身居要職，參與和「指導」了一系列重大文藝思想鬥爭，其評論文章常常和權力話語聯結在一起，他就不可能在當代文學理論批評史上給人留下較深的印象。

第三節　張光年與《文藝報》的風雨歷程

張光年（一九一三～　），筆名光未然、華夫。湖北光化人。這位以寫歌詞、劇本、長篇敍事詩而步入文壇的批評家，一九四九年後長期擔任文藝界的領導工作，先後任《劇本》、《文藝報》主編、中國作家協會常務書記、中國作家協會副主席等職。主要理論著作有：《戲劇的現實主義問題》（一九五七年，中國戲劇出版社）、《文藝辯論集》（一九五九年，作家出版社）、《風雨文談》（一九八二年，上海文藝出版社）、《新時期社會主義文學在闊步前進》（一九八五年，百花文藝出版社）。

在當代文藝評論刊物中，一九四九年九月開始出版的《文藝報》是創刊最早、影響面最廣的刊物。比起以理論性、學術性見長的《文學評論》（一九五七年創刊，原名《文學研究》）來，它主要以新聞性、指導性取勝，並以信息量大著稱。該刊始終針對全國文藝運動和文藝思潮中最迫切的問題發言，探討文藝理論和文藝創作中的敏感問題。它雖然也有洋洋大文，但更多的是短小精悍的文章，迅速而準確地提供關於全國文藝工作、創作、理論及作家、藝術家的最新動向，對文藝創作問題進行及時的報道和評介。由於它不僅具有藝術性和知識性，而且還具有新聞性和評論性，因而它常常成爲人們觀察文藝思潮和了解創作、評論動向的一個窗口。《文藝報》本身隨著文藝運動載沉載浮的歷史，又使它成爲當代文藝思潮的最好縮影。

張光年從一九五二年第二期起爲《文藝報》編委（用的是「光未然」筆名），一九五六年爲常務編委。一九五六年歲末，周揚開始《文藝報》的改版工作，企圖把該報辦成蘇聯《文學報》那樣的「權威性的報刊」，通過文藝批評這種社會方式實現中宣部對文藝的領導。一九五七年四月，《文藝報》改爲周報，張光年榮任主編，一直到一九六五年第九期爲止。他之所以能在《文藝報》擔負這長時期的領導工作不落馬，而不像他的前任丁玲、陳企霞、馮雪峰很快倒在這個陣地上，是因爲他的總的思想傾向與當時的文學大潮相一致。還在《文藝報》一九五四年改組時，他就研究過馮雪峰失足的原因，作過《從〈文藝報〉的錯誤吸取教訓》㉙那樣的報告。在主編《劇本》月刊時，他時刻牢記「我們的刊物，應當是思想鬥爭的武器」的信條。但這不等於說，張光年已完全被當時左的思潮所同化。他畢竟是創作過《黃河大合唱》歌詞的優秀詩人。當他走上《文藝報》的負責崗位時，不可能完全按當時的政治條文行事。何況他出任主編時，正值「百花齊放，百家爭鳴」方針提出後不久。當時的主要任務是「放百花」，而不是後來講的「鋤毒草」。周揚爲刊物確定的方針是「大放」，還說「當前最大的政治是團結，從陳企霞到朱光潛都要團結起來」。在這種形勢下，張光年先是在《文藝報》

一九五六年第八期上發表了《藝術典型與社會本質》，把鋒芒指向文學創作中的公式化和理論批評中的教條主義傾向，後來和副總編輯侯金鏡、陳笑雨、蕭乾以及代理文學部主任唐因、總編室負責人唐達成、文藝批評組長侯敏澤等一道在《文藝報》上大膽除舊佈新，內容上進行重大改革，由純文藝評論刊物改爲以文藝評論爲主的政治、社會、文學、藝術評論的刊物：「積極干預生活，鼓勵文藝創作，開展自由討論，加強文藝報道。」改版後的這種特色，使《文藝報》成爲名副其實的全國文藝信息中心和評論中心。從一九五七年上半年起，該刊第二期發表了陳涌的《關於社會主義的現實主義》，第四期有于晴的《文藝批評的歧路》，第七期有姚雪垠的《打開天窗說亮話》、程千帆的《從同志說到紅色專家》，第九期有黃藥眠的《解除文藝批評的百般顧慮》，第十一期有洛雨的《從一篇雜文的遭遇談到「今不如昔」的問題》，第九期有張葆莘的《能用帶兵的方式帶劇團嗎？》，在第十、十一期發表部隊作家揭露矛盾的文章時，還連續用了《讓部隊作家從淸規戒律裏解放出來》的醒目大標題。唐摯（唐達成）在《文藝報》十期上發表的批評周揚的文章《煩瑣公式可以指導創作嗎？》，八、九期上發表蔡田批評陳荒煤的《現實主義，還是公式主義？》，當時也曾產生過轟動效應。至於以針砭時弊爲己任的《文藝茶座》專欄，其鋒芒更是賽過了以思想解放著稱的《文匯報》。

自然，這組文章的觀點張光年並非都讚成，有些文章也並非他本人簽發。但如果張光年不對編輯部的所謂「右派思想和右傾情緒」做出「妥協和讓步」，那《文藝報》就不可能形成當時思想解放、生動活潑的局面，以致多少年過去了，《文藝報》的老讀者仍念念不忘《文藝報》在一九五七年春天所做的掃除磚頭瓦塊、破除清規戒律的工作。正是這些工作，使于晴（唐因）、唐摯這些思想解放戰士得到縱橫馳騁的愉快，也讓那些搔首踟躕的君子，免除了瓜田李下的杞憂。

正當《文藝報》出現了自創刊以來從未有過的大好局面的時候，政治風雲突變，傾盆暴雨式的反右鬥爭很快在文藝界開展起來。對這個突變，張光年缺乏充分的思想準備。儘管他在一九五六年底就寫過文章和站在思想解放前列的何直（秦兆陽）、剛從武漢大學畢業的年輕人周勃商榷過社會主義現實主義問題，但那是作爲學術問題和對方爭鳴的。現在，抓「右派」作爲黨的決議下達，另又有周揚傳來鄧小平指示：「要張光年把腦殼後面的一些小辮子自己揪下來。」張光年當然得無條件服從。於是，他連忙做檢討：在「右派」放出的寒流面前，抵抗力不強得了「傷風感冒」。現在「經過醫療，嗅覺比那時好了一些」。於是，便強打精神，擺起架式，按照鄧小平的「要突出《文藝報》這個戰場，對右派實行反擊」的意旨，連續炮製出《從一篇文章看黃藥眠的右派思想》、《揭穿大陰謀》、《蕭乾是怎樣一個人》、《胡風派？雪峰派？》、《徐懋庸的好心腸》、《文藝界右派是怎樣反對教條主義的？》、《應當老實些》、《好一個〈改進計劃〉！》……這樣充滿火藥味的「炮擊」式文章。這些記錄了當時文藝界風風雨雨的時文，全都收集在《文藝辯論集》中。對張光年這位批評家的臉譜變化，也許有人感到難以理解，其實並非不可思議。還在一九五七年第一期《文藝報》上，他就以「黎青」的筆名發表了《片面性的論斷》，批評鍾怙棐很有生氣的《電影的鑼鼓》㉚，並把「鑼鼓」看做是右傾機會主義的表現。在那個特殊的年代裏，你不整人就得被整，決沒有中間道路可走。張光年的倒退（包括後來積極參加「再批判」及批判郭小川的《望星空》），一半是出於明哲保身的需要，一半是出於愚忠意識。

張光年在一九八〇年爲自己的舊作《風雨文談》做序時說：「社會主義新中國的歷史，經歷了多麼令人痛心的曲折過程！這在人們的頭腦裏，也會從不同角度不同程度上得到反映。就我來說，經過的曲折，恐怕比別人還要大一些。」事實確是這樣。但如果僅憑《文藝辯論集》那些咄咄逼人的文章，判斷他是「棍子」，那就難免以偏概全。我們在看到他身不由己被「左」的文藝思潮裹挾進去的同時，還應該看到他在反右後批右的同時又對「左」的文藝思潮做過一定程度的抵制。如一九五九年，在一片厚今薄古聲中，有人在報紙上著文《托爾斯泰沒得用》㉛，理由是「托爾斯泰不會反映我們的時代」，托氏用六、七年時間才寫成《戰爭與和平》，這不符合當今「多快好省」的精神。張光年看了此文後，立即寫了《誰說「托爾斯泰沒得用」？》㉜進行反駁。在談到「厚今薄古」這個口號時，他還做了這樣的解釋：「該薄的薄，不該薄的不薄。該薄的不薄，是不對的；不該薄的薄了，也是不對的。」在當時政治風雨連綿不斷的條件下能講這樣的話，非常難能可貴。

張光年在《文藝報》工作期間寫的反「左」文章，更重要的、也是在中國大陸當代文學批評史上留下記載的是爲該刊一九六一年第三期寫的專論《題材問題》。當時經過反「右派」和「大躍進」，題材已狹窄到不能再狹窄的程度：「似乎無產階級的文藝只能表現當前的重大題材；似乎重大題材只能是今天群衆運動中的新人新事，而群衆運動只能是當時當地的中心工作，新人新事只能是現成的模範人物、模範事例。個別同志甚至把重大題材和新聞報道中的重大事件等同起來，指望作者按照新聞報導的內容來結構情節，把眞人眞事原封不動地搬上舞臺」。這裡所說的「重大題材」，是指五〇年代後對題材所作的新的的分類——「工業題材」、「農業題材」、「革命歷史題材」。這裡說的「工業題材」與現代文學史上出現的「都市文學」含義不同。「農業題材」也與三〇年代出現過的「鄉土小說」有重大差異。這些題材的內涵，均淸一色要求表現革命戰爭和工農兵火熱的鬥爭生活，而拒排蕭也牧《我們婦夫之間》所寫的家務事、兒女情。鑒於這種情況，該文強調不要把是否處理了重大題材作爲衡量作品價值的首要或主要標準；強調廣開文路，不要把寫新人新事絕對化，以免使寫反面人物和寫舊社會的題材受到冷遇。這其實是主張無產階級的文藝職責不僅是歌頌光明，還可鞭撻黑暗，其結論是文藝運動的道路十分寬廣。這和何直在一九五七年說的「現實主義——廣闊的道路」，可謂是殊途同歸。這和邵荃麟次年在大連會議上提出的「現實主義深化論」，也無本質的區別。正是在這種廣開文路的思想指導下，張光年或親自動手或組織別人在《文藝報》發表了一系列評論文章，推薦了在「文革」前後分別被打成毒草的各種有藝術獨創性的作品：《抓壯丁》、《李慧娘》、《三人行》、《兵臨城下》、《革命家庭》、《陶淵明寫輓歌》、《苦鬥》、《三家巷》、《歸家》等等。

政治風雲變化無窮，評論家的道路也變得彎彎曲曲。在六〇年代所掀起的「反修防修」思潮中，張光年又不揣冒昧以「黨的喉舌」自居，在《文藝報》上寫了些像《駁李何林同志》㉝、《現代修正主義的藝術標本——評格·丘赫萊依的影片及其言論》㉞那樣濫用經典名義、濫用政治權力壓制對方的文章。這類文章，其論述的主題是批判文學上的「修正主義」，強行灌輸來自上面的意見，帶有不容申辯性。這類文章由於多半是奉命寫的，所以說總是嚴峻中夾雜著生硬枯燥，使人難於卒讀。

和周揚、何其芳等身不由己的理論家一樣，張光年不似胡風留下的是一元理論人格，而是二元理論人格。在文藝運動的風雨中，他時迷惘，時淸醒。淸醒多半在文藝風浪暫時寢息之後，這時他又脫去緊身的政治外套，繼續做起一九五七年上半年做過的心平氣和探討文藝理論問題的自由健身運動：如一九六一年，張光年在《文藝報》除組織了題材問題筆談外，還組織了兩次影響較大的討論：一是「批判地繼承中國文藝理論遺產」，專門邀請在歷次政治運動受過不同程度的衝擊和批判的老作家、老教授田漢、宗白華、俞平伯、孟超、朱光潛、陳翔鶴等人發表意見。二是美學討論會。張光年以主編身份，召集朱光潛、宗白華、王子野等人座談。事後在《文藝報》以顯著位置發表王子野所寫的《和姚文元同志商榷美學上的幾個問題》㉟，批評姚文元《照相館裏出美學》㊱、《論生活中的美與醜》㊲，「缺乏辯證法沒有歷史發展的觀點」，「忘了前人的理論遺產」，「對別人的研究成果一概存疑」，經驗主義味道十足。對姚文元形而上學的美學觀，張光年本人雖然沒有直接撰文，但從他在發王子野文章前一期的《文藝報》上寫的《展望》中，可看到他對這場論爭的態度。他認爲：「我國學術界、文藝界最普遍、最經常的矛盾，是無產階級思想同資產階級思想的矛盾，唯物主義同唯心主義的矛盾，辯證方法同形而上學的矛盾。」而百家爭鳴、學術討論的群衆化，是「不斷地解決矛盾、改造思想、發展眞理的最好的方法。」他組織王子野的文章，其用意也正在於此。

在「文革」前，張光年除寫有關文藝思潮和文藝論爭的文章外，還寫有作家作品論。像《〈贍劍篇〉的思想性》㊳，對曹禺的《贍劍篇》做了深入的分析，表現出一種高超的藝術評判力量。尤其是《〈贍劍篇〉枝談》，由火、劍、膽、馬、米五小節組成，每一節均寫得神采飄逸，靈活自由，體現了評論者的詩人氣質。在這類文章中，最值得重視的是詩人論。張光年的這些詩人論，不像公木、沙鷗的詩評以發現和獎掖青年詩人著稱，而以研究老詩人的創作特色和評價青年詩人的風格特點見長。是他，在《論郭沫若早期的詩》中㊴，認爲郭沫若《女神》以後的作品，它們既有「新的民族氣派」，又有「郭沫若式的沖淡飄逸及其狂風暴雨般的內心感情的完滿的結合」。是他，在《談臧克家近作短詩》時㊵，精卓地勾勒出臧克家幾十年詩作發展的輪廓，對其近作則採取一種既寬博又嚴格的態度。是他，在爲李瑛《紅柳集》作序時，第一次對李瑛詩作的藝術風格作出「寓剛健於細緻之中」的準確概括，並論證了「歌頌正面形象的時候，詩人心目中也要有一個對立面存在」的問題，觸及了一代詩人「通體透明」地唱頌歌的通病。《「共工不死」及其它》㊶，把精微的藝術分析與思想的品鑑結合起來，從一個小小典故的解釋談到在學術問題上不必把領袖的每句話當做方向，把領袖的按語當做「只能有唯一正確的解釋和運用」。在當時對毛澤東詩詞只做規範性宣傳的情況下，張光年不隨俗附和，這表現了他的理論勇氣和獨立思考的精神。

進入新時期後，張光年重返文藝崗位，把撥亂反正當做自己的頭等任務。在還有兩個「凡是」束縛的情況下，他勇敢地挺身而出，向「四人幫」扼殺社會主義文藝的理論支柱犯顏發難，在一九七八年《人民日報》上發表了《駁「文藝黑線」論》，其意義不僅在於揭開昭雪文藝界一系列冤案的序幕，而且爲後來進一步批判《林彪同志委託江青同志召開的部隊文藝工作者座談會紀要》廓清了道路。對新時期湧現的短篇小說《班主任》、報告文學《小木屋》、長篇小說《沉重的翅膀》，張光年不僅熱情支持和鼓勵，而且還尋找作家們獨特的藝術發現，研討作家們的審美傾向。但嚴格說來，這些文章理論深度還不夠，而且產量上也不夠豐盛。張光年後來作的《新時期社會主義文學在闊步前進》的報告，在一定程度上彌補了這方面的不足。此文回顧總結了第三次作協會員代表大會以來，新時期社會主義文學發展中出現的問題和經驗，研究了現實生活向作家提出的新問題、新任務，尤其是對人們過去諱莫如深的「創作自由」的口號做了旗幟鮮明的肯定和科學的闡釋，使人讀了後覺得大快人心。此文發表後不久，被有些人指責爲宣揚了資產階級自由化思想，但作者並不以爲然。這說明在飽經風雨後，張光年比過去變得更爲堅定。雖然不能說他的思想已徹底解放，但他總算從「唯上」的狀態下解放了出來，開始按自己的思考發言。特別是在批《苦戀》事件中，他不顧自己中國作協「黨組書記」的烏紗帽，旗幟鮮明地抵制王任重、黃鋼等人的極左做法，這點飛躍來之不易。在中國作協「四大」選舉主席時，他的選票和劉賓雁一樣多（僅次於巴金），便是會員們對他這一「飛躍」的鼓勵和肯定。

第四節　右手編教材左手抓批判的以群

以群（一九一一～一九六六），原名葉以群，安徽歙縣人。一九二九年秋入日本東京的政法大學經濟系，一九三一年底歸國，並加入左聯，擔任組織部長，主編《北斗》等雜誌。在抗戰和四〇年代時期，他活躍於上海、武漢、重慶、香港等地，是國統區一位著名的左翼文學理論批評家。一九四九年前出版的文藝理論著作有：《創作漫話》（一九三六年，重慶天馬書店）、《文學底基礎知識》（一九四三年，重慶生活書店）、《文藝閱讀與寫作》（一九四三年，重慶學習生活社）。一九四九年後擔任上海文聯副主席、中國作家協會上海分會副主席、《上海文學》和《收穫》副主編等職。這時期出版的文藝理論著作有：《文藝思想問題筆記》（一九五四年，新文藝出版社）、《在文藝思想戰線上》（一九五七年，新文藝出版社）、《魯迅的文藝思想》（一九五七年，新文藝出版社）、《談有關文學特徵的幾個問題》（一九五八年，上海文藝出版社）、《蘇聯文學的光輝成就從哪裏來？》（一九五八年，上海文藝出版社）、《我們的文藝方向和創作方法》（一九五八年，新文藝出版社）、《文學問題漫論》（一九五九年，作家出版社）、《論無產階級革命文藝的發展方向》（一九六〇年，上海文藝出版社）、《今昔文談》（一九六二年，上海文藝出版社）。在他去世後，出版了《以群文藝論文集》（一九八三年，上海文藝出版社）。此外，他還主編了《文學基本原理》（上、下冊，一九六三年，上海文藝出版社）。

以群的一生，爲文學理論的發展進行了孜孜不倦的追求。他在研究和總結「五四」以來現代文學的經驗教訓時，不就事論事，而是注重從宏觀上把握，並力求理論批評的系統化和科學化。還在左聯時期，他就以一九三二年出版的日本川口浩的《新興文學概論》做爲藍本，以華蒂的筆名編寫了《文藝創作概論》㊷。此書有不少是川口浩的見解，但從中也摻有他個人的意見，體現了作者年輕時對文學理論的初步探索。此書最重要的缺陷，是把蘇聯「拉普」派提出的「唯物辯證法的創作方法」誤爲「國際最先進的理論」加以肯定性的介紹。後出的《創作漫話》，淸除了「拉普」的影響，表現了作者思想在一步步走向成熟。

在抗戰至一九四九年前，以群除繼續注重文學基本原理的研究和普及工作外，還注重譯介蘇聯的文藝理論，先後翻譯了維諾格拉多夫的《新文學教程》㊸、高爾基的《給初學寫作者》、塞唯林的《蘇聯作家論》㊹等。其中《新文學教程》曾被廣大文藝工作者看做是學習馬列主義文藝理論的主要基礎讀物，是以群譯著中流行最廣的一部（直到一九五二年，還有新版本問世）。一九四〇年八月，以群在南泉完成的《文學底基礎知識》，比他過去編寫的《文藝創作概論》有較大的進步。這本書共有十二節，用了四節談創作方法，其中第八節以高爾基的論述爲依據，專門談社會主義現實主義（即「新現實主義」）與舊現實主義的區別。此書與巴人的《文學初步》一樣，是四〇年代的讀者㊺獲得基礎文藝理論知識的最初源泉之一。

一九四九年後，以群仍爲普及文藝基礎知識嘔心瀝血。五〇年代中期，他爲《文藝學習》撰寫專欄稿件，後結集爲《談有關文學特徵的幾個問題》出版。文章是爲文藝愛好者寫的，但作者沒滿足於傳授基礎知識，還對有爭議的學術問題發表了看法。如在典型問題上，他認爲不僅普遍的、習見的事物可以成爲典型，正面人物可以成爲文學的典型，反面人物也可以成爲文學的典型。但是，以正面和反面兩個範圍來總括或劃分現實生活中的一切人物，卻往往會流於牽強，甚至不可能。這不僅因爲現實中的人複雜多變，而且還因爲簡單化的劃分，容易導致千人一面：「正面人物」「百分之百地正確」；「反面人物」「從語言到行動，從內心到外形，一律貼上『壞人』的標籤」。以群在五〇年代中期反對將人物性格簡單化，尤其反對將「正面人物」寫得十全十美，這對後來所謂「高、大、全」英雄人物的出現，不失爲有預見性的批評。

以群後來忙於行政領導工作，連寫作這種專題小冊子的時間也沒有，但他仍一直關心著文藝學教材的建設。這從他六〇年代初主編的《文學的基本原理》便可看出這一點。這部教材是一九六一年四月全國文科教材編寫會議上確定編寫的，它的初稿完成於六〇年代初，從書名、理論框架到章節的安排，以群均認眞思考，愼重處理，這才使此書成爲「十七年」時期文藝理論界公認的同類教材中的佼佼者。它基本上擺脫了季莫菲耶夫《文學的基本原理》及其學生畢達可夫《文藝學引論》的影響，側重總結祖國大陸和蘇聯的文藝實踐，同時又不排斥中國古代和世界上主要國家的歷史的、現實的文藝運動和文藝實踐的經驗教訓。它把文學鑑賞和文學評論獨立出來，作爲文學原理的三要素之一，是大膽的嘗試。應該說，這嘗試是成功的。它突破了蘇聯文藝理論「三大部分」（一般學說、構成、文學發展過程）的傳統模式。但這本脫胎於「階級鬥爭爲綱」年代的教材，其缺陷也異常突出。除了我們在「緒論」中說到的外，還在於它的板塊式結構，以及書中所闡述的一系列重大文學觀念——如文學與政治、人性與人道主義、文學批評方面，顯得拘謹，有不少在出版前臨時加進去的「防右」論述，更是帶有形而上學的影響。

一九四九年後以群雖然在建設文藝學教材方面做出了突出的成績，但他給人的印象主要還是一位宣傳型兼批判型的理論家。鑒於他的地位和職務，使得他要緊跟當時的文藝運動，要宣傳「階級鬥爭，一抓就靈」的方針，要清除自己尤其是他人與「從屬論」不一致的文藝觀。《論無產階級革命文藝發展的方向》這本書，就是把文學批評單純看作是思想鬥爭的武器乃至從事政治批判的武器這一評論觀的最好說明。收在這本論文集中的主要文章，乍看來有高屋建瓴之勢，其實多半經不起時間的沉澱和檢驗。像爲紀念《在延安文藝座談會上的講話》發表十八周年寫的《論無產階級革命文藝的發展方向》、爲紀念毛澤東《新民主主義論》發表二十周年寫的《論現階段文藝工作的中心任務》等文章，把在戰爭年代所證實的文學原理不加分析地照搬於和平年代，把在解放區奏效的理論不顧時空轉換用於「十七年」，其願望不能說不好，但其效果卻很不妙。鑒於他對領袖的個人崇拜和極左思潮缺乏辨別能力，即使自己曾受到過審查也矢志不渝，因而當鬥爭運動一來，他就披掛出陣，亮出戈矛，不是對準何直、陳涌、周勃，就是對準敢於給群衆創作「潑冷水」的吳雁（王昌定）。爲了證明自己的立場堅定，以群和當時不少身居領導崗位的文藝理論家一樣時左時右，忽左忽右：有時抓破壞性的批判，有時又編建設性的教材，幹了許多違心和不違心的事，可是到了「文革」期間仍沒逃出被打成「牛鬼蛇神」的怪圈，以致含冤而死。

第五節　何其芳進行理論探索時的矛盾心態

何其芳（一九一二～一九七七），四川萬縣人。一九三一年入北京大學哲學系，一九三五年畢業，先後從事詩歌、散文創作，出版過合集《漢園集》（一九三六年）以及《畫夢錄》（一九三六年）、《預言》（一九四五年）等。一九三八年到延安，後任魯迅藝術學院文學系主任。四〇年代中期被派往重慶做統戰工作，任《新華日報》副社長等職。一九四九年後任中國作家協會書記處書記、中國科學院文學研究所所長、《文學評論》主編。出版的論著有：《關於現實主義》（一九五〇年，海燕出版社）、《西苑集》（一九五二年，人民文學出版社）、《關於寫詩和讀詩》（一九五六年，作家出版社）、《論〈紅樓夢〉》（一九五八年，人民文學出版社）、《沒有批評就不能前進》（一九五八年，人民文學出版社）、《詩歌欣賞》（一九六二年，作家出版社）、《文學藝術的春天》（一九六四年，作家出版社）。

何其芳是大家敬仰的文學前輩，是跨越兩個不同時代的作家和理論家。他一生不斷追求眞理，不斷追求光明，不斷追求理想，從一個耽於夢幻的詩人變成不常寫火藥味甚濃文章的革命文藝戰士。他的道路曲折，他的努力十分艱辛。當他來到革命大家庭思想上產生了質的飛躍時，藝術上卻在走下坡路。他去世前，用詩的語言表示了自己失掉了藝術個性的惋惜心情：「錦瑟塵封三十年，幾回追憶總淒然。」在理論探索上，他在一九四九年後同樣出現了新的痛苦和困惑。一方面，作爲肩負重任的黨的文藝理論家，義不容辭地投入一九四九年以來的文藝思想鬥爭，寫批判《武訓傳》、批判俞平伯、批判胡風、批判馮雪峰、批判田漢的所謂「戰鬥檄文」。另方面，作爲文學研究機構的負責人，他又不能光趕時髦，老是槍聲不斷對準別人開火。尤其是作爲一個有藝術良心的作家，作爲一個嚴謹認眞的學者，他不能不排除干擾探索理論問題，不能不和那些違反藝術規律的左傾教條主義進行鬥爭。在這種極端矛盾的狀況下，在自己所尊崇的政治觀念與在現實中的深切感受不一致的情況下，何其芳和張光年等評論家一樣，人格上出現了分裂：左手寫咄咄逼人的《現實主義的路，還是反現實主義的路？》㊻一類的討伐文章，右手寫強調尊重藝術規律、按藝術規律辦事的文章。這兩類文章，雖然不是一半對一半，而是根據政治氣候的不同有所側重。但從總體上來說，他的「右手」比「左手」聽使喚，寫的理論研究文章數量要多，且影響要大。這一類文章，是他留給我們雙重遺產中最重要的一份遺產。

配合形勢的文章作爲遺產，雖然內容上不可取，但仍有認識價値和借鑑意義。他批評俞平伯，盡可能放在學術範圍內，有時正如後來紅衛兵所指責的那樣「假批判，眞包庇」，即一面表示要和俞平伯所代表的資產階級唯心主義劃淸界限，對自稱是馬克思主義紅學家的人表示虛心學習的態度，一方面在會後又十分尊重俞平伯，頂著被打成「投降派」的壓力將俞氏評爲一級研究員，並到處爲《人民日報》指責俞氏「壟斷古籍」一事進行開脫和澄淸。而一旦批俞的大潮過去，他便拿出長達七、八萬字的《論〈紅樓夢〉》，把紅學研究的方向拉回寶黛愛情的題旨上，把人們的注意力從「紅外線」引導到《紅樓夢》文本自身和藝術特點上來。此外，他還影響、團結了一批像蔣和森這樣的青年學者，雄辯地反駁市民說、農民說，形成一個新的紅學流派，「這流派的精神威力一直堅持到六〇年代中期，以至於像茅盾這樣的大人物打著市民說的旗幟捲土重來時，也絲毫沒有動搖這派理論的堅固地位。」㊼這篇論文，無疑起到了「正風」的楷模作用。

由此可見，整個學術在大批判開路的時代，何其芳仍帶著詩人赤誠的心靈和學者堅韌不拔的意志進行不懈的求索，和當時自己曾信奉過、宣傳過的簡單粗暴地對待文學藝術的現象進行鬥爭。他除了寫《〈靑春之歌〉不可否定》㊽、《托爾斯泰的作品仍然活著》㊾這些針對性極強的論文外，還寫了一系列面對整個文藝運動、文藝思潮的文章，如發表在《文學研究》一九五七年第二期上的《回憶、探索和希望》，淸醒地意識到文藝理論的生命力正來自於它隨著時代的前進而發展，他極力主張文藝家的生產力必須從敎條主義的束縛下解放出來，反對斯大林授意批評家干涉法捷耶夫的《靑年近衛軍》的做法，提醒我們的領導不要步斯大林的後塵，這表現了何其芳的卓識和遠見。對當時被奉爲經典的「文藝爲政治服務」的觀念，他提出宜寬不宜緊的理解：由於生活的複雜性和文學樣式的差異，「在文學服務於政治的問題上是不宜做簡單的一樣的要求的。不可能也不應該要求所有的作品爲每一個具體的政治鬥爭服務，所有的作品都成爲宣傳每一個具體政策的工具。」何其芳在這裏雖然沒有對

「工具論」提出根本性的質疑，但他敏銳地覺察到把文藝變爲政策工具的觀念不利於創作上的繁榮。值得注意的是，這篇文章還表露了他和剛批判過的胡風類似的意見：反對題材決定論，強調無論寫什麼題材，關鍵在於作者有切身的感受和不可抑制的創作激情。但迫於形勢的險惡，他馬上又聲明自己是不同意胡風的「題材無差別論」的。就是前面提及的反對粗暴干涉的尖銳意見，他在收進集子時均毫不留情地删去。由此可見，不僅在批判他人的文章中體現了何其芳人格的分裂，而且在批判教條主義的文章中也體現了他瞻前顧後、欲醒還迷的寫作心態。正是這種心態，妨礙了他向庸俗社會學做出更勇敢的衝殺。

紙是包不住火的。在兩種思想激烈進行鬥爭的時候，有時候何其芳又衝破種種顧慮，忍不住去發表極不合時宜的見解。典型的是寫於「大躍進」後期的《文學史討論中的幾個問題》㊿，對「厚今薄古」、全面否定祖國光輝燦爛的古代文化遺產的思潮做了旗幟鮮明的抵制。他指出，北京大學中文系（一九）五五級學生編著的所謂「紅色」《中國文學史》，用現實主義與反現實主義鬥爭作爲文學史發展的基本線索，把民間文學作爲我國文學發展的主流，是不符合文學實際的，因而是不科學的、錯誤的。對毛澤東提出的「政治標準第一，藝術標準第二」的原則，何其芳雖然沒有表示反對，但他反復告誡別人不要用政治標準第一作爲作家放鬆艱苦的藝術創造的藉口，也不能作爲批評家忽視藝術分析或沒有能力進行藝術分析的辯解，這種委婉的措辭或多或少透露了他與毛澤東提出的批評標準有微妙差別的信息。特別是他提出的「帶中間性的作品」的概念，對當時流行的「人民的＝全面肯定」、

「反人民的＝全面否定」的公式，無疑是一種反撥。

在典型問題上，同樣可以看出何其芳在惡劣的學術環境中苦苦求索的精神。五〇年代初期，文學界流行著把典型的共性與階級性等同起來的形而上學觀點。何其芳爲了矯正這種偏頗，提出了著名的典型「共名」說：「一個虛構的人物，不僅活在書本上，而且流行在生活中，或爲人們用來稱呼某些人的共名，或爲人們願意效仿或者不願意仿效的榜樣，這是作品中的人物所能達到的最高成功的標誌。」[51]後來，又在《論〈紅樓夢〉》中進一步發揮了這個觀點。他這裏說的「共名」，明顯是指具有豐富複雜內涵的性格整體特徵。他講的阿Q可以看做「精神勝利」的共名，唐·吉訶德可以看做「主觀主義」的共名，林黛玉可以看做「多愁善感」的共名，是一種客觀存在的精神現象。值得注意的是，他在分析阿Q的「本來深惡造反而後又神往革命」一類的性格時，還注意到了人物一元化的二重結構。這不僅切中時弊地批評了在文學研究中簡單地用階級性去套無限豐富的人物形象的做法，而且對鼓勵作家打破性格描寫的平面化、追求性格的豐富性和描寫的立體化，均有指導作用。但鑒於何其芳對階級分析法不敢從根本上做出超越，對胡風提出的描寫人民的「精神奴役的創傷」的理論不敢公開肯定和吸取，想突破又不便直截了當地突破，這便使他前進的道路顯得狹窄。故與其說他的「共名說」在文藝理論上有巨大的建設價值，不如說在遏阻正在流行的庸俗社會學思潮起到了重要作用。

在新詩理論問題上，同樣體現了何其芳既想突破思維定勢但又無法完全超脫時代局限的矛盾心理狀態。當時，正值新民歌「車載」「船裝」地佔領了整個報刊陣地。作爲一個有新詩創作實踐並取得高度成就的詩人，他不願意違心地說民歌完美無缺，更不同意只有勞動人民的詩歌才是主流，而作家的創作不算主流的極端看法。面對「開一代新詩風」的大潮，他堅持自己提出的建立現代格律詩的主張㊾，反對把新時代的知識分子稱做「文人學士」，把專業作家與群眾對立起來。他認爲「今天我們的一般人民能創造新事物，我們的專業的作者也是能創造新事物的。」大力爲文人詩歌爭主流，爲知識分子爭地位，這在「大躍進」年代是犯忌的，因而他被左傾評論家戴上了「懷疑民歌」、「輕視民歌」、「否定民歌」、「資產階級的藝術趣味和個人主義傾向」等各種帽子。天眞、誠懇的何其芳怎麼也難於理解，爲什麼自己說了實話就會犯下這麼多錯誤，就會走向他原先並不想反對的新民歌運動。因而他和卞之琳一樣，一再申辯自己是熱愛民歌的，說他輕視民歌「不過是屬於『曾參殺人』這一類的故事罷了」㊿。和他認爲新民歌有局限性是出自內心一樣，他在這裏認爲自己不想冒犯新民歌運動也是大實話。但人們判斷他的立場不是看他的宣言而是看他的行動，他在《關於新詩的「百花齊放」問題》51所提出的民歌體有局限性的觀點，在客觀效果上的確和獨尊民歌的思潮唱了反調。主觀上不想拗背可是在實際行動上卻又違反了自己原所崇拜的觀念，這正是欲醒還迷的無意識的反叛心態特徵。

何其芳理論探索的搖擺性給他的文體帶來二元的特徵。在他寫的配合運動的大批判文章中，顯得振振有詞，異常嚴峻。但這裏的嚴峻是拉大旗做虎皮，借政治權威的話語威逼對方，而不是經過自己深思熟慮的結果，因而讀來總感到枯澀無味。而他寫的談阿Q、談詩的基本特徵的文字，由於是從內心深處噴湧出來的，是將詩人的激情用在理論探索之中，因而常常給他的嚴謹的邏輯論證抹上一層詩的光彩。但由於探索的路上充滿了障礙，爲了宣揚自己的主張必須和他人展開論辯，或爲了將自己的探索不至於背上「離經叛道」之名，所以他在亮自己的觀點和主張時不得不用許多筆墨去反駁他人，這又使他探索的激情受到極大的限制。「二元性的文體特徵還表現爲他文章中屢屢出現的『但是』模式。當他所信奉的『原則』與他所感受、認識到的『事實』實際上發生對立時，他負載著深重的時代矛盾，用『但是』、『然而』架起了『原則』與『事實』之間注定要斷裂的橋樑。這種『但是』模式在許多文章裏都體現得很明顯，其中表現得最集中的一篇是《回憶、探索和希望》。其表達方式爲：『原則→但是→事實』，或『事實→但是→原則』」⑮。從這裏可以看出：作爲宣傳家、批評家的何其芳與作爲理論探索者的何其芳的思想矛盾，在文體中化爲邏輯修辭的矛盾。擴大而言之，「但是」的句式並不是何其芳一人的習慣用法，而是何其芳同時代許多受左傾思潮的束縛又不甘心俯首就擒的理論家掙扎時所留下的語言形態。何其芳在《〈琵琶記〉的評價問題》⑯中曾這樣分析《琵琶記》作者高明的思想矛盾：「作者的主觀思想和作品的客觀內容是有區別的。高明頭腦裏的全部封建思想並沒有在《琵琶記》裏充分地表現出來；他的生活經驗和他對於現實生活的某些忠誠的描寫又使作品的內容突破了他的封建思想的限制，」因此造成了趙五娘一類的人物既有封建道德的一面，又有作爲「人」的眞實感人的一面的兩重性。何其芳在這裏的分析移作他自己，也完全適用。即是說，他既有盲目崇拜政治權威的傳統忠君意識，又有努力超越時代局限的眞誠品格和走出思維定勢的勇氣。在他生活的年代，不具有兩重性的理論家，在創新時不帶有迴避躲閃的特徵，就會從文藝大軍的行列中剔了出來，成爲下一場文藝運動的挨整對象。在這裏，固然有何其芳本人出於保護自己的需要，但也有思維不清、理論含糊，對當時出現的一系列反常的文藝現象無法做出清晰明確的判斷所致。

第六節　提倡「寫中間人物」和「現實主義深化論」的邵荃麟

邵荃麟（一九〇六～一九七一），原名邵駿遠，浙江慈谿人。一九二六年三月在上海復旦大學加入共產黨，參加過上海三次武裝起義。一九三四年任上海反帝反戰大同盟宣傳部長。一九四一年主編《文化雜誌》。一九四六至一九四九年，任中共香港工委副書記、南方局文委書記等職，並主編《大衆文藝叢刊》。一九四九年後歷任政務院文敎委副秘書長、中宣部敎育處處長。一九五三年起任中國作家協會副主席兼黨組書記，主編《人民文學》。曾從事小說、劇本創作、文學翻譯工作。評論著作有：《話批評》(大衆文藝叢刊社一九四八年版)、《邵荃麟評論選集》(上、下冊，人民文學出版社一九八一年版)。

邵荃麟和周揚一樣，屬指導型的評論家。所不同的是，他的地位沒有周揚顯赫，也不似周揚那樣在「文革」前歷次運動中善於保護自己。

邵荃麟的評論生涯在四〇年代初是重要的一段。他這時寫的文章，多半與文藝運動有關，內容不外是從政策到批評，再從批評到政策的左傾時文。他在香港從事文運工作時，根據上級指示精神和胡繩、何其芳等人參與批評胡風派的重要成員舒蕪的《論主觀》57。在題爲《論主觀問題》58中，他以毛澤東《在延安文藝座談會上的講話》做依據，批評舒蕪的文藝觀嚴重違反了馬克思主義。他這時期的重要論文還有批評朱光潛、沈從文的《對當前文藝運動的意見——檢討、批判和今後的方向》59、《文藝眞實性與階級性》、《朱光潛的怯懦與兇殘》60，並翻譯了《列寧與文藝問題》等著作。

一九四九年十月後，邵荃麟仍積極參加和領導以政治打頭陣的文藝運動。一九五三年十月四日，他在全國文協代表大會作了《沿著社會主義的方向前進》的報告。在反右鬥爭即將開展的一九五七年五月十八日的晚上，當他從周揚的電話中得知鳴放要急轉彎時，神情顯得慌亂而陰沉。不過，他很快反應過來，在七月七日出版的《文藝報》上發表宏文《鬥爭的鋒芒指向右派》。過後不久，周揚發表了經毛澤東三次審閱修改的《文藝戰線上的一場大辯論》61，邵荃麟又爲之唱和，在座談這篇文章時，以總結「我國無產階級文學運動歷史的經驗問題」爲名大批丁玲、陳企霞、馮雪峰等人62。對他鼓勵過要「大膽地放」的黃秋耘出版的《苔花集》63，他也很快掉轉槍口著文批判，認爲這是修正主義文藝思想的典型表現64。——不過，實事求是地說，這種批判，是奉命的，作者有難言的苦衷，是所謂「假批判眞包庇」。此文開頭一句就溫和地說：「黃秋耘同志的近著《苔花集》出版了，他也送了我一本。」文章標題也煞費苦心：《修正主義文藝思想之一例》，這便是暗示黃秋耘是「思想問題，還不是政治上的反黨反社會主義行爲。」稱「同志」，說明還不是右派，這就等於宣佈黃秋耘過關了，不會劃右派了。如果眞劃了右派，邵荃麟就會引火燒身，這把火還有可能燒到周揚身上，因而周揚們經再三考慮，不能將黃秋耘劃爲右派。邵荃麟從此吸取教訓，要緊跟政治運動。在一九五八年掀起的「文藝放衛星」運動中，邵荃麟就不甘落後，和郭沫若、周揚、茅盾等一起爲這一左傾思潮推波助瀾。

從總的方面看來，邵荃麟把文藝爲政治服務、爲階級鬥爭服務奉爲圭臬，在政治上盡可能和上頭保持高度一致，對無產階級的「理論徹底性」表示了一種迷醉。但邵荃麟不是職業的革命家，他本身是作家、評論家，有自己的文學理想，有他所鍾愛的杜思退益夫基斯的《死人之家》和《被侮辱與被損害的》，還有他一九四四年讚揚過的路翎小說《飢餓的郭素娥》⑮。他受過「五四」文學的薰陶，總想爲繁榮文學創作貢獻自己的力量。所以當他一發覺自己參與或領導的文藝運動阻礙了文藝創作生產力向前推動時，他便忘卻自己的領導身份，挺身而出維護藝術創作規律。一九六〇年，《文藝報》及其它報刊發表了不少讚揚柳青《創業史》的文章，高度評價梁生寶這一英雄人物形象，而對中間狀態的人物梁三老漢議論極少，邵荃麟對此頗有微詞。同年十二月，他在《文藝報》一次會上說：「《創業史》中梁三老漢比梁生寶寫得好，概括了中國幾千年來個體農民的精神負擔。但很少人去分析梁三老漢這個人物，因此，對這部作品分析不深刻。僅僅用兩條道路鬥爭和新人物來分析描寫農村的作品（如《創業史》、李準的小說）是不夠的。」還說：「當前創作的主題較狹窄，好像都只是寫共產主義風格。」⑯邵荃麟在這裏已敏感到庸俗社會學侵入了文學研究領域，浮誇風不僅在農村盛行，也在文藝界流行。有感於此，邵荃麟於一九六一年三月，要求《文藝報》繼題材問題專論之後，再寫

《典型問題》專題與之配合。他這裏講的典型問題，是要作家們不只是注意梁生寶式的英雄人物，還要注意梁三老漢式的非先進典型人物的塑造。他認為：「光是題材多樣化，還不能解決問題。只有人物多樣化，才能使創作的路子寬廣起來。」他這一看法，不失為矯正當時創作人物單調的一帖藥方。

邵荃麟正式提出「寫中間人物」的主張，是一九六二年六月二十五日在《文藝報》一次討論重點選題會上。他說：「作家為一些清規戒律束縛著，很苦悶。希望評論家能談談這個問題。當前作家們不敢接觸人民內部矛盾問題。現實主義不夠，浪漫主義就是浮泛的。創造英雄人物問題，作家也感到有束縛。陳企霞認為，不能分正面人物反面人物，這當然是錯誤的。但在批判這種觀點時，卻形成不是正面人物，就是反面人物，忽略了中間人物；其實矛盾往往集中在中間人物身上。」㊲他希望《文藝報》發揮指導文藝創作的功能，就這一問題組織文章開展討論。為了防止極左派的反彈，他給這一主張塗上馬克思主義保護色，反復說明這一觀念沒有違反馬克思主義，證據之一就是恩格斯有過一封《給哈克納斯的信》。他在一九六二年七月十三日《文藝報》的會議上說：「對恩格斯批評哈克納斯的話，發生了一種誤解，似乎恩格斯批評哈克納斯沒有把《城市姑娘》中的主人公耐麗的覺悟程度寫得很高。實際上，恩格斯是批評作者對主人公與整個環境的關係沒有寫好，沒有寫出典型環境，把群衆寫成是消極的。至於女主人公耐麗，可以是自覺的，也可以是半自覺的。」㊳

有了恩格斯的撐腰，邵荃麟宣傳寫「中間人物」就更理直氣壯了。一九六二年八月二日至十六日，在中國作協召開的農村題材短篇小說創作座談會上（又稱大連創作會議），邵荃麟在會議引言和總結性發言中，一再宣傳寫「中間人物」的重要性。在談到六〇年代前期的文藝現狀時，又說：「我們的創作，總的看來，革命性是夠的，寫艱苦性、長期性、複雜性不夠。人物寫得單純，只寫人物的英雄主義、敢想敢幹，對於鬥爭的複雜性沒有充分反映。」又說，我們作品中的人物，「儘管寫的職務不同，但性格相似，都是紅臉，人家就不愛看了。」他認爲：大家都寫英雄人物，「路子就窄了」；要使路子寬廣起來，就該多寫「從大量中概括出來的」「中間人物」。爲此他發表了以下見解：「說典型不一定是大量存在的，萌芽的東西也是典型，如高爾基的《母親》，這也對，但從大量中概括出來的，也應該是典型。否則，只寫萌芽，路子就窄了。」「現在的任務是克服困難，寫出矛盾，但只寫模範就太狹窄了。」⑥⑨造成文藝之路越走越窄的原因，邵荃麟認爲是「一個階級一個典型」的「機械論」在作怪。爲補救這一缺陷，他主張寫英雄人物可以寫缺點，寫他的發展過程。這和胡風過去提倡過的寫「精神奴役的創傷」和「眞實的現實主義」，並無本質的差別。他這一看法與當時文藝界熱烈討論的話題，如題材問題、英雄人物塑造問題、文藝創作方法問題，是緊密聯繫在一起的。在高唱寫英雄人物的情況下提倡寫「中間人物」，提倡研究豐富複雜的人生，是對左傾教條主義的挑戰和對馬克思主義文藝思想的深化，是邵荃麟文藝評論道路上少有的一次閃光，也是唯一的閃光。

邵荃麟這一看法，並非憑空而來，而是當時創作實踐的總結。且不說《創業史》中出現過梁三老漢、郭振山這樣的非英雄化的典型，單就傳誦一時的長篇小說《紅旗譜》，也出現過不同於朱老忠的「中間人物」嚴志和。可評論家們，均牢牢盯在加了光圈的梁生寶、朱老忠身上，而對梁三老漢、嚴志和典型形象的意義鮮有人問津。這是評論家缺乏勇氣的表現。聯繫到五〇年代末，趙樹理在《鍛鍊》中寫了落後人物小腿疼，受到不少左傾評論家的責難，邵荃麟便下決心頂風而上，反復強調寫「中間人物」的重要性。他說：「兩頭小，中間大，英雄人物與落後人物是兩頭，中間狀態的人物是大多數，應當寫出他們的各種豐富複雜的心理狀態。文藝的主要教育對象是中間人物。最進步最先進的人，用不著你教育。寫英雄是樹典範，但也應該寫中間狀態的人物。只寫英雄模範不寫錯綜複雜的人物，小說的現實主義就不夠。創造性格主要是靠人物自己的行動、心理狀態來反映他性格的矛盾。修正主義宣揚內心生活的陰暗，把我們嚇住了。陰暗心理可以寫，爲陰暗而陰暗就不對了。」又說：「強調先進人物和英雄人物是應該的，是反映我們時代精神的。但整個說來，反映中間狀態的人物比較少。中間大，兩頭小，好的壞的人都比較少。廣大的各階層是中間的，描寫他們是很重要的，矛盾往往集中在這些人身上。」⑳，並不止一次以西戎的《賴大嫂》㉑爲例說明。

如果說，五〇年代前期的文學規範是社會主義現實主義的話，那到了五〇年代後期，革命現實主義與革命浪漫主義相結合便成了一種「最先進」的創作方法。「兩結合」重點突出的是革命浪漫主義，而當時的所謂「革命浪漫主義」，無非是畝產千斤、萬斤的浮誇風的同義語。爲了防止政治再次衝擊文藝，邵荃麟主張用「現實主義深化」的理論去彌補「兩結合」創作的偏頗。他說：「總的看來，(我們的創作)革命性都很強，而從反映現實的深度、長期性、複雜性看來，感到不夠；表現在人物創造上，比較單純；單純化表現在性格描寫上，人與人的關係、鬥爭過程的描寫上。這說明了我們作品的革命性高，現實性不足。《「老堅決」》外傳》⑫這個作品在地方刊物上還是應該肯定，有教育作用，缺點是人物性格單純化，主人公名副其實，處處堅決；另一人物王大礮更加單純化。短篇小說很短，只能強調人物的一點，但這個作品使人感到單純化，作品中從提出問題到解決問題很快，沒有反映出人物性格的複雜性。」「現實主義是我們的創作基礎，沒有現實主義，就沒有浪漫主義。我們的創作應該向現實生活突進一步，紮紮實實地反映出現實。」「現實主義深化，在這個基礎上產生強大的革命浪漫主義，從這裏去尋求革命現實主義和革命浪漫主義相結合的道路。」

《文藝報》的同仁們大概過去犯的「錯誤」太多，因而沒有去寫《典型問題》的專論，但以其他形式發表了呼應邵荃麟的文章。如謝永旺以沐陽筆名發表的《從邵順寶、梁三老漢所想起的……》⑬，在讚揚柳青創造梁三漢形象的同時，高度評價了唐克新在《沙桂英》⑭所刻劃的靈魂卑微的邵順寶這一形象的成功。此外，老作家康濯分別在一九六二年十月號《河北文學》和同年第五期《文學評論》發表了《試論近年間的短篇小說》，對大連創作會議精神做了宣傳。趙樹理故鄉山西的雜誌《火花》，於一九六二年十月號也分別發表了沉思、候墨以談《賴大嫂》爲名提倡「寫中間人物」的文章。

儘管邵荃麟小心翼翼地把自己的主張看做是對「兩結合」創作的補充，但由於他的主張其實質是胡風、秦兆陽當年反對機械唯物論和敎條主義的繼續，是用「中間人物」的創造去重提陳涌在一九五七年強調的「眞實性」，是用「現實主義深化」的新旗號去復活阿壠在《在作家底性格和人物的創造》（一九五四年）中所講的反對把英雄人物寫成「神」和「水晶」的理論，這就難免和政治、政策相牴觸，乃至如周揚在一九六一年故事片創作座談會議上所說：「一不小心，掉入右派深淵、反黨深淵、右傾機會主義深淵、修正主義深淵」。果然不出所料，邵荃麟不久即被康生視爲他原先批判過的黃秋耘式的修正主義的典型。《文藝報》一九六四年第八、九期發表了編輯部文章：《「寫中間人物」是資產階級的文學主張》、《關於「寫中間人物」的材料》，在同年第十一、十二期又發表了《文藝報》資料室的《十五年來資產階級是怎樣反對創造工農兵英雄人物的？》。這些排炮式的文章，公開點名批判邵荃麟，並組織了許多所謂工農兵文章批「中間人物論」。一時間，邵荃麟成了大批判的靶子。在十年浩劫中，他再次受到殘酷迫害，於一九七一年六月十日含冤病逝獄中。歷史證明，邵荃麟從批胡風、批丁玲、批馮雪峰、批黃秋耘到轉過來以別的方式宣傳胡風和所謂「右派」的文藝理論，不是倒退而是一種前進。他以生命爲代價去糾正極左文藝思潮的錯誤，將永遠銘記在人們心中。

第七節　從「小人物」走過來的李希凡

李希凡（一九二七～　），原名李錫範，北京通縣人。一九五三年畢業於山東大學中文系，後到中國人民大學繼續深造，先後任《人民日報》文藝部副主任、中國藝術研究院常務副院長、《紅樓夢學刊》主編。主要著作有《紅樓夢評論集》(與藍翎合著；一九五七年，作家出版社)、《弦外集》(一九五七年，新文藝出版社)、《論「人」和「現實」》(一九五九年，長江文藝出版社)、《管見集》(一九五九年，作家出版社)、《題材·思想·藝術》(一九六四年，百花文藝出版社)、《曹雪芹和他的〈紅樓夢〉》(一九七三年，北京出版社)、《〈吶喊〉〈彷徨〉的思想與藝術》(一九八一年，上海文藝出版社)、《一個偉大探求者的心聲》(一九八二年，上海文藝出版社)、《京門劇談》(一九八四年，山東文藝出版社)、《李希凡文學評論選》(一九八四年，湖南人民出版社)、《文藝漫筆》(一九八五年，中國文聯出版公司)、《李希凡文藝論著選編》(一九八八年，春秋出版社)。

李希凡從一九五四年起，以一個「小人物」的身份登上當代文壇。還在大學三年級時，他就寫過從文藝形象的角度去理解小說人物的文章《略談〈水滸〉評價問題》。那時，他並沒有立志要做中國古典文學研究家，但從文章可看出，他評論古典小說不是在做資料考證，也不是局限在某一部作品的評價上，而是從大家所熟悉的作品的「傳統評論方法的探討中，尋找更爲合理、更爲切近文學實際和社會生活實際、因而也是比較新的文學評論方法。這不僅對古典文學研究，也於現當代文學評論有意義。」㉟關於這點，在他和藍翎合作的一系列論文中表現得更爲明顯，但不能由此認爲凡是新的評論方法就是好的。拿李希凡和藍翎合作的評「紅」文章來說，他們指責俞平伯沒看到《紅樓夢》反封建的思想和深廣的社會歷史內容，把作品的思想感情降低爲「感嘆」、「懺悔」；在人物評論中，他們又指責俞平伯把「悲金悼玉」解釋爲「金是釵玉是黛」，是一種牽強附會。還說要是同意這種「綜合」，

「便調和了其中尖銳的矛盾」、「使反面典型與正面典型合而爲一。」在《評〈紅樓夢研究〉》一文中，則指責俞平伯把《紅樓夢》這樣一部現實主義傑作，還原爲事實的「眞的記錄」。這些評論，均沒充分肯定研究紅學多年的俞平伯所提出的「自傳說」、「釵黛合一說」、「色空說」的合理之處，一筆抹殺了俞氏和胡適運用考據方法解答了紅學研究中存在的諸多疑難問題的成績，以致使人覺得李、藍的文章一旦登上龍門，便身價百倍，彷彿成了紅學研究中馬克思主義與非馬克思主義的試金石。至於批評俞平伯後來發展爲全國性的批判運動，批臭的不僅有政治上是愛國的、擁護社會主義的俞平伯，而且還有所謂黨內的「投降派」，這固然是由毛澤東的失誤造成的，但與李、藍文章仍有一定的關係。

關於古典文學研究方面，李希凡於六〇年代初出版了《論中國古典小說的藝術形象》，以後又增訂和再版。此書雖不是研究古典文學的專著，也不是對《三國演義》、《水滸》、《西遊記》的系統論述，但作者對能否爲曹操翻案一類問題的探討和論辯，尤其是對中國古典小說所做的綜合性藝術特點的探討，體現了作者治學的博識、謹嚴和勤奮的特點。

李希凡的文學評論，差不多是和共和國一起成長的。新中國發展過程中的前進和曲折、成績與錯誤，都深刻地影響著李希凡的文學評論實踐，在他的論著中留下了鮮明的烙印。收集在《論「人」和「現實」》中的批判文章，記錄了他在文學評論道路上彎彎曲曲前進的過程，表現了他在滄海橫流面前所出現的惶惑和失誤。當時他寫的大批判文章，和姚文元相呼應，有「南姚北李」之稱。不過，李希凡沒有像姚文元走得這麼遠。一九七三年，《紅樓夢評論集》被當成用馬列主義觀點研究《紅樓夢》的模範著作再版，李希凡寫的長達三萬餘言《〈紅樓夢評論集〉三版後記》，不僅歪曲了自己成長的道路，而且對不同於自己觀點的何其芳無限上綱，突出地反映了作者當時的迷惘和不良的文風。但他在「文化革命」之前與何其芳發生的典型性問題的爭辯，情況卻有所不同。何其芳在《論阿Q》中，認爲「在人民的落後部分中間也可以產生阿Q精神」，不同意將人物的性格和階級性之間劃上一個數學上的全等號。何其芳這種觀點，劈開了那種把典型性與階級性等同起來的庸俗社會學的冰川，帶著思想解放的意義。李希凡的《典型新論質疑》⑯、《阿Q、典型、共名及其他——對何其芳同志典型新論的再質疑》⑰，沒很好理解何其芳在典型研究問題中所做的理論探索，他反過來認爲在被壓迫人民當中不可能產生阿Q精神，這是偏頗的。李希凡和何其芳這場論爭，影響較大。當時的不少討論文章都圍繞著他們的觀點而展開。

在「文革」前，李希凡還和歷史學家吳晗發生過一場論爭。在一九六二年的《戲劇報》上，李希凡寫了《「史實」與「虛構」》，表示不讚成吳晗把普及歷史知識作爲歷史劇創作任務的觀點。後來，吳晗先後寫了《說爭論》⑱、《並非爭論的「爭論」》⑲答辯，李希凡亦寫了《答吳晗同志》、《「歷史知識」及其他》，就普及歷史知識、史實與虛構的關係，以及歷史劇的藝術本質等問題和他展開爭鳴。在這些文章中，李希凡反對「歷史劇是藝術，也是歷史」的提法，而主張「歷史劇是藝術，不是歷史」，是符合藝術規律的。正如朱寨在《關於歷史劇問題的爭論》⑳中所說：「當人們談到歷史劇的時候，都是不言而喻地把它作爲文學藝術的一個品種來談的。」當然，李、吳之間的分歧不在於提法，而在問題的實質，即歷史劇是藝術還是歷史，是基於歷史生活眞實而創造的戲劇藝術，還是在種種限制下加點「虛構」的「普及歷史知識」的工具？對這些問題，無論是進行批評或反批評，都有利於探求眞理，繁榮創作。可貴的是，李希凡儘管在歷史劇問題上和吳晗針鋒相對，但他對這位忠厚、誠實的史學家的人品，一直是尊重的。「文革」前夕，江青曾要李希凡當「筆桿子」寫揭開「文革」序幕的批判《海瑞罷官》的文章，他就沒有答應。

在六〇年代，李希凡還參加了根據高纓小說改編的電影《達吉和她的父親》的討論。開始他只是作爲一個普通作者參加，後來卻成了主要辯論者。在這場討論中，李希凡提出塑造人物不能脫離生活去拔高的觀點，在討論中產生了較大的反響。

李希凡在研究古典小說和積極參加文學論爭的同時，還十分注意當前的文學實際。對那些深刻地反映了時代精神，散發著泥土的芬芳有獨特風格的小說，李希凡加以評論和推薦。在他先後寫的評《苦菜花》、《在和平的日子裏》、《野牛寨》、《創業史》、《紅旗譜》、《林海雪原》、《青春之歌》等文章中，不僅使讀者理解到這些作品在當代文學發展中的意義，而且也使他們從中得到不少思想和藝術上的營養。李希凡在評論當代作品尤其是小說時，還注意當代小說與古典作品現實主義傳統的繼承與革新關係。如他研究《紅旗譜》中的朱老忠形象時，指出朱老忠的性格裏「交流著歷史和現實的深刻經歷」，與古代英雄人物有相通之處。這種縱向比較的研究方法，在當時倍感新鮮。

進入新時期後，李希凡在論壇上沒過去顯得活躍，但在研究領域上，卻有所擴大。他在八〇年代初先後出版了研究魯迅的兩部專著：《一個偉大探求者的心聲》、《〈吶喊〉〈彷徨〉的思想與藝術》。這兩本書，儘管有閃光之處，但由於作者在研究中不恰當地擔負了過多過重的政治意識形態使命，因而使這兩本書的構架不完全是由魯迅自身的精神結構爲基準，尤其是在論述魯迅的思想發展道路時，在某種程度上帶有先驗色彩，偏離了魯迅的實際。此外，李希凡還寫了不少單篇論文，對活躍在新時期文壇上的中青年作家如王蒙、蔣子龍等人的作品，作了及時的評價和推薦。但他這時期的文學觀念比較守舊，給人有跟不上時代之感。

第八節　其他文學評論家

爲文學青年鋪路的蕭殷

蕭殷（一九一五～一九八三），原名鄭文生，廣東龍川人。一九三八年從延安魯迅藝術學院畢業後，開始從事評論工作。一九四九年後歷任《文藝報》主編、《人民文學》編輯部主任、中央文學講習所副所長、廣東作家協會副主席等職。主要理論著作有：《論文學與現實》（一九五一年，人民文學出版社）、《論生活、藝術和眞實》（一九五二年，人民文學出版社）、《與習作者談寫作》（一九五三年，中國青年出版社）、《給文藝愛好者與習作者》（一九五五年，中國青年出版社）、《鱗爪集》（一九五九年，作家出版社）、《習藝錄》（一九七八年，廣東人民出版社）、《談寫作》（一九八〇年，湖南人民出版社)、《給文學青年》(一九八一年,湖南人民出版社)、《蕭殷文學評論選》(一九八三年,湖南人民出版社)、《創作隨談錄》(一九八五年,湖南人民出版社)。

蕭殷一生,爲我們留下了一〇〇多萬字的文學理論著作。這其中雖然也有像批評劇本《紅旗歌》那樣不夠實事求是的文章,還有像《論「趕任務」》⑧那樣極力爲趕政治任務、爲中心工作服務辯護的左傾文章,但從總的方面看,他的論著均是建設性的,而不似《文藝報》另一負責人陳企霞寫過許多批判他人的文章。在他的論著中,影響最大者當推五〇年代前期出版的《與習作者談寫作》。裏面的文章,深入淺出,生動活潑,很符合那些在文學歧路上徘徊彷徨的文學青年的實際,成了當時青年作者最適時的文學創作輔導教材。當今不少著名的中年作家,所讀的第一本文學理論著作就是蕭殷這本書。

從一九四七年到華北聯大講授《創作方法論》起,蕭殷一直在探討文學創作規律問題。他曾寫過一組論述題材和主題的文章,探討過創作中非自覺性的複雜現象,這是五〇年代很少人碰過的「禁區」。六〇年代初,他深感庸俗社會學在廣東非常盛行,因而他發起和主持了長達半年之久的長篇小說《金沙洲》的討論,表現了力挽狂瀾的勇氣。他在這時寫的《熟悉的陌生人》、《文藝批評的歧路》(與易準合寫),除批評了用文件、政策、社論來套文學作品的左傾教條主義外,還探討了文學創作如何反映農村新面貌的問題。

蕭殷也許不是一流的評論家,但卻是一流的編輯家。他一生的工作和事業,主要是編報刊。他不是一般的報刊編輯，而是文學人才的發現者與指導者，王蒙就曾說過：「我的第一個恩師是蕭殷，是蕭殷發現了我的。」白樺的第一篇小說，邵燕祥最初的詩，也是經蕭殷發表的。廣東的陳國凱等人的成長，也與蕭殷的關懷培養分不開。

呂熒：美的殉道者

呂熒（一九一五～一九六九），原名何佶，安徽天長縣人。一九四一年畢業於西南聯大。一九四九年後任山東大學中文系主任、《人民日報》文藝部顧問。著有：《人的花朵》（一九四五年，泥土社）、《文學的傾向》（一九四九年，上海書報雜誌聯合發行所）以及《關於工人文藝》（一九五二年，新文藝出版社）、《藝術的理解》（一九五八年，作家出版社）、《美學書懷》（一九五九年，作家出版社）。其中《藝術的理解》，可看做是作者的自選集，不少文章選入時還做了一定程度的修改。作者逝世後，由上海文藝出版社於一九八四年出版了《呂熒文藝與美學論集》，內收他各時期的代表作。另有譯著多種。

呂熒的文章，主要可分四類：一是有關現實主義藝術問題的探討和論辯，這部分文章比較著重創作方面的問題，與創作實踐有密切的聯繫；二是關於魯迅、曹禺、艾青與田間以及莎士比亞、普希金等著名作家作品的評論；三是一九四九年後寫的學習列寧、毛澤東的經典著作的心得體會和關於革命文藝問題的探討和評論；四是關於美學方面的傳統。

寫於一九四〇年的《人的花朵》[82]，是呂熒的成名之作。這篇論文熱情評介和讚揚了艾青、田間這兩位詩人的藝術成就，和當時胡風、聞一多、茅盾對這兩位詩人的評論相輝映。呂熒此文雖受了胡風的啓發，但仍有獨到的見解。這主要表現在他進一步論述了艾青、田間這兩位詩人的差異：「一個是經歷過所有的詩的形式，積蓄著豐富的藝術經驗，達到了風格的完成的詩人；另一個是創造了新的形式，還沒有完成自己，還沒有能完全運用新的形式的機能，不能『與他所要歌唱的對象完全融合』，正經歷著演化發展時期的詩人。」前一個指艾青，後一個指田間。他這個評價，顯出了眼力和識見。

呂熒是崇尚眞理、追求正義的民主鬥士，是爲人耿直、學風嚴謹的文藝理論家。一九五五年五月二十五日，全國文聯主席團和作協主席團舉行聯席擴大會議，討論所謂「胡風集團」問題，呂熒坐在周揚、郭沫若中間，對著話筒，振振有詞地爲胡風辯護，認爲思想意識領域的問題不等於政治問題，當場在七〇〇多人的斥責聲中被帶下臺去，隔離審查達一年之久。一九五七年十二月三日，《人民日報》發表了他的著名美學論文《美是什麼》，毛澤東親自校閱了「編者按」爲其恢復名譽。此文發展了他在一九五三年提出的「美是人的一種觀念」的觀點㊸，認爲「美是人的社會意識。它是社會存在的反映，第二性的現象。」並論證說：「既然我們認爲『藝術』和『美術』是社會意識，那末也需要研究和認識藝術和美術之美的科學——『美學』，可以不是社會意識，而是一種自然科學嗎？」他否認客觀事物有美，但仍認爲美的觀念有客觀性。他把觀念來源的客觀性，作爲美的客觀性。實際上，他認爲美仍是觀念，仍是主觀的。在五〇年代美學問題討論中，讚同他觀點的有高爾泰。但多數人均不同意這一觀點，如蔡儀認爲，呂熒不過是重復了兩千多年前柏拉圖的觀點。後來呂熒又寫了反批評文章。《關於「美」與「好」》㊹，則大概是這位美的殉道者生前發表的最後一篇文章。

呂熒對某些文藝問題的看法，包括他對美學問題的主張，今人不可能完全讚同，但他身陷囹圄「寧可葬身火海，也不會低下高昂的頭顱」的精神，將永遠散發出芬芳，因爲呂熒本人就是「我們民族的花朵」。

道路坎坷的黃藥眠

黃藥眠（一九〇三～一九八七），廣東梅縣人。一九二七年參加創造社，後來寫詩、寫小說、翻譯外國作品。一九四九年以前出版有《論詩》（一九四四年，桂林遠方書店）、《戰鬥者的詩人》（一九四七年，遠方書店）、《論約瑟夫的外套》（一九四八年，香港人間書屋）、《論走私主義的哲學》（一九四九年，香港求實出版社）等論文集。一九四九年後出版有《沉思集》（一九五三年，上海棠棣出版社）、《初學集》（一九五七年，長江文藝出版社）、《批判集》（一九五七年，作家出版社）。八〇年代後，出版有《迎新集》（一九八三年，百花文藝出版社）、《黃藥眠文藝論文選集》（一九八五年，北京師範大學出版社）。

黃藥眠的評論生涯開始於一九四三年。他寫的主要是文藝論爭文章，如寫於一九四五年《論約瑟夫的外套》，被茅盾稱爲批評舒蕪《論主觀》中「最好的一篇」㊺。一九四八年，在第一次文代會籌委會上，他又和陽翰笙、葉聖陶、馮乃超、周揚、胡繩、鍾敬文、楊晦一起參予起草由茅盾出面作的《在反動派壓迫下鬥爭和發展的革命文藝》的報告，這個報告不點名地批評了胡風文藝思想。

一九四九年後，中共中央做出了《關於報紙刊物上展開批評和自我批評的決定》。爲了響應這一號召，各種文藝報刊發表了許多批評與自我批評的文章。一九五〇年的文壇成了批評的季節。向來喜歡與人論爭的黃藥眠，在《大衆詩歌》第一卷第六期著文批評胡風：《評〈時間開始了〉》。胡風的長詩，從題目到內容均貫串著對時代的禮讚。黃藥眠的文章，斷章取義，說服力不強。他這時期影響較大的是美學討論文章。還在一九五〇年，他就發表了《論美與藝術》，「試圖以馬列主義解釋美學」，提出「美就是典型」的觀點。在批判朱光潛唯心主義美學思想的五〇年代中期，又寫了《論食利者的美學》的長篇論文⑧⑥，著重批評了朱光潛宣揚的形象直覺說、感情移入說、心理距離說及形式主義的文藝理論。此文是當時出現的較早批評朱光潛的論文，在某些問題上談得比較透澈，不少例子舉得恰當和生動，缺點是對美學思想的基本論點剖析得不夠深透，對美學中的基本問題沒完全說淸，於是又引來蔡儀的批評文章《評〈論食利者的美學〉》⑧⑦。

黃藥眠在五〇年代還寫有《談人物描寫》、《我也來談談〈三千里江山〉》和有關語文敎學的文章。這些文章，不僅文采斐然，而且閃耀著他對生活觀察、思考的思想火花。談藝術的文章，大至人物刻劃，小至某一節、某一句的安排是否妥當，他都提出自己的看法，而不似那種空泛而浮面的文章不著邊際。

黃藥眠的文學道路坎坷而曲折。在一九五七年反右鬥爭中，落入了政治運動的怪圈。這位被認爲同胡風鬥爭有貢獻的理論家，最終被認爲是胡風的同路人，與胡風一起成了人民的「敵人」。一九七九年改正錯案後，他以理論家的遠見卓識，關注著「比較文學」、「比較詩學」這在當時對許多人來說還是十分陌生的領域。他除主持「中西比較詩學」這一項目外，還十分關心當前的文藝現狀，寫過《關於朦朧詩及其他》⑱等文章。

注意方法更新的王元化

王元化（一九二〇～　），湖北武昌人。從四〇年代起，參加《奔流》的編輯工作，出版有《抗戰文藝論文集》（一九三九年，譯報社）、《文藝漫談》（一九四五年，通惠印書館）。五〇年代出版有《向著眞實》（一九五三年，新文藝出版社）。後在反胡風運動中受到迫害。一九七九年復出後，出版有《〈文心雕龍〉創作論》（一九七九年，上海古籍出版社）、《文學沉思錄》（一九八三年，上海文藝出版社）、《王元化文學評論選》（一九八三年，湖南人民出版社）。

抗戰期間，王元化除寫文藝論爭文章外，還在一九三九年用「洛蝕文」筆名寫了《魯迅與尼采》，在魯迅研究史上首次較系統地論證了魯迅與尼采思想上的同異這一重要問題，以研究方法之新給人留下深刻的印象。

一九四九年後，王元化一直在華東地區擔任宣傳與出版部門的領導工作。這時，他作文的主題是「堅持現實主義，向著眞實努力」：宣傳作家必須直面人生，反對冷眼旁觀的態度和把寫眞實當作有聞必錄的自然主義。雖然存在著只求氣勝、不求理勝的毛病，但周揚仍非常讚賞他的才華。在反胡風運動開始時，他在一九五五年三月六日的《解放日報》上發表了《胡風的反馬克思主義的立場觀點》的應景文章，但仍不能過關，周揚認爲他是黨內對馬克思主義文藝理論造詣較深的學者之一，如果肯承認公佈的關於胡風集團的三批材料屬反革命性質，他就可以平安無恙。但王元化不願再做違心的事，結果被這股政治狂風捲入深谷，流落到荒漠。他沒有因此而消沉，在此期間翻譯了《文學風格論》，並在後來出版了《〈文心雕龍〉創作論》。此書在研究方法上努力突破舊傳統，開拓新境界。具體說來，力求做到古今結合，中外結合，文史哲結合，即把古與今、中與外放在一起比較對照，分辯異同；在文史結合的基礎上，從哲學的高度和美學角度去研究劉勰的文學觀。正因爲作者用了新的方法去研究，所以才在劉勰的文藝理論體系和結構探索方面向前邁進了一大步，體現出在新的理論制高點上的審美姿態，以致成了一九七九年出版的同類書中中西比較文學內容最集中的書籍。

王元化屬博學多才、卓有建樹的學者。《文學沉思錄》深刻地體現了這一點。此書題材廣泛，涉及哲學、美學、歷史，甚至佛學，其意義遠遠超出了文學方面。其中堅持現實主義、尊重藝術規律是該書的主要論題。在他的論文中，影響較大的有一九八二年發表的《論知性的分析方法》。作者認爲，「知性」方法雖有一定的作用，但它不能認識世界的總體，不懂得一切事物都在變化。如果滿足於這種方法，就易陷入形而上學的泥坑。這就從認識論的角度挖掘了大至民族和國家的悲劇，小至認爲藝術作品一切必須從主題出發這類失誤的思想根源。正因爲此文寫得很富於啓示性，所以被許多人用作批評舊的思維方法的武器。《文藝理論體系問題》等文章所談的方法論，也不單是一個簡單的工具問題，而是和世界觀、認識論有不可分割的聯繫。作者在這些文章中，用哲學和美學之光去清理和照亮文藝理論中曖昧朦朧的問題，爲改變某些不科學的文學觀念產生了積極的推動作用。他還深刻地反思了五四以來諸多重大學術思想文化問題，其結出的豐碩的理論成果不少已成爲九〇年代某些文藝批評派別的思想基礎。

否定形象思維的毛星

毛星（一九一九～　），四川德陽人。一九三七年入延安陝北公學，後到魯迅藝術學院學習並工作。一九四九年後任東北局文藝處處長。一九五四年到北京大學文學研究所工作，任研究員。「文化革命」前任中國科學院文學研究所副所長、《文學評論》副主編，出版論文集《論文學藝術的特性》（一九五八年，人民文學出版社）。

一九五六年，毛澤東提出「百花齊放，百家爭鳴」的方針後，文藝界曾展開過規模較大的形象思維問題討論。當時，讚同形象思維觀點的主要有陳涌、霍松林、周勃、蔣孔陽等人。反右鬥爭開展後，上述學者受到程度不同的批判，理由是他們借口文藝的特殊性否定黨的領導。這些批判文章，大都寫得像起訴書、判決書，毫無學術性可言。毛星在這時寫的《論文學藝術的特性》[89]，多少有些例外。此文副題雖然是《評陳涌等關於文學藝術的特性的錯誤意見》，可是文章用了極大的篇幅去討論什麼是文藝的特性、到底有無形象思維的問題。作者的結論是：沒有形象思維。但他論證的邏輯並不是「凡是『右派』擁護的我們就要反對」，而是從科學的角度闡明爲什麼說「形象思維這個詞是不科學的」。他認爲，別林斯基當年給形象思維下的定義其源出自黑格爾的「絕對理念」，和黑格爾在《美學》中說的「藝術之內容爲理念，其形式爲感性形象之體現」是完全一致的。按照他的理解，「思維是大腦的一種認識活動，沒有任何概念、判斷和推理參加，只是把眼睛從這一形象移到另一形象，又如何進行思維呢？」「人的思維，如果指的是正常人的正確的思維的話，它的根本特徵和規律只有一個，而思維的內容卻可以是各種各樣的。就思維來講，文藝的特性，正像別的事物也有特性一樣，不表現在思維的方法而表現在思維的內容。」基於這種認識，他認爲如果肯定了形象思維，就會使人產生創作神秘的錯覺，甚至認爲作家只要感覺敏捷就行，用不著進步的世界觀去指導。可見，毛星對於形象思維的否定是與他對思維、對藝術的認識和對藝術表現的理解密切相關，而不完全是當時的政治形勢所致。他這種看法，與後來鄭季翹在《文藝領域必須堅持馬克思主義認識論》⑨⓪中，把形象思維說成是「現代修正主義文藝思潮的一個認識論基礎」，是「某些人進行反黨、反馬克思主義活動的理論武器」有所不同。正因爲有這種區別，所以毛星的文章一發表，就引來了虹夷、李澤厚等人的商討文章。⑨①在中國當代文藝思想鬥爭史上，由「大批判」文章引來一場學術討論，是絕無僅有的現象。

由此可看出毛星治學的一個顯著特點：重科學性，重學術性，即使在寫「應景」文章時也不忘記這一點。這個特點，也可以說是中國科學院文學研究所那群以何其芳爲首的評論家的學風。這從《文學評論》在一九五九年第五期組織「文學所」一些學者寫的一組慶祝建國十周年所取得的文學成就的文章中可以得到印證。這組文章的特點在於把文學現象當做科學來對待，而不生硬地配合政治鬥爭。正因爲這樣，這組文章受到不公正的待遇。其中毛星的《對十年來新中國文學發展的一些理解》、吳曉鈴等人的《十年來的古典文學研究和整理工作》、卞之琳等人的《十年來的外國文學翻譯和研究工作》⑫，以及「文學所」主辦的《文學知識》編輯部發表的《歡呼新中國文學的重大成就和發展》⑬、何其芳在《文藝報》一九五九年十八期上發表的《文學藝術的春天》，在反右傾機會主義鬥爭中均受到了指責和批評。當時的批評概括爲三個方面：「(1)關於文學方面的形勢的看法有錯誤；(2)關於十年來新中國文學的成就肯定不夠；(3)對待文學遺產的態度也有問題。」⑭這些表現在毛星的文章中如：(1)只談十年來的文學成就，而對剛批評過的所謂「大毒草」如劉賓雁的《本報內部消息》、流沙河的《草木篇》「忘掉了或者『記不清楚』」。(2)不著重提反對修正主義文藝思想，而大力強調反對簡單化的鬥爭；(3)名爲《對十年來新中國文學發展的一些理解》，卻「不去理解一九五七年文學的大論戰，不去理解一九五八年文學上的大躍進」，對新民歌、小小說、活報劇流露了不屑一顧的傾向⑮。現在看來，這些指責恰好從反面證明毛星這種「理解」是正確的，比當時發表的某些文章更經得起歷史的沉澱。

從這裏又可看出毛星評論文章的另一特點：不隨風起舞，敢於堅持己見。「文革」結束後，曾發表了毛澤東致陳毅談詩的一封信，肯定了形象思維，毛星讀了後，並不因此而改變原先否定形象思維的觀點。在一九八三年寫的長篇論文《形象和思維》⑯一文中，他仍認爲所謂形象思維，實際上並沒有這樣的特殊思維。毛星這種看法，自然很值得商討，但他敢於數十年如一日堅持這種看法，畢竟說明他並非是那種時而是丹非素，時而是素非丹的評論家。

在五〇年代，大陸的文學批評帶有濃厚的政治色彩。這種批評論強調根據政治路線的需要來評價作品的優劣。哪怕是古代作品，哪怕是一首五言絕句，也要聯繫政治背景和作者的階級出身去分析。對這種批評方法毛星是不讚成的。毛星認爲，文藝作品包括古典文學作品固然不能脫離政治，評價時要檢查作家對人民的態度，但政治性和人民性並不是評價作品的唯一標準，因而在一九五六年前後開展的李煜詞討論中，毛星發表了《關於李煜的詞》⑰，提出了這樣的觀點：「李煜的詞沒有什麼人民性的內容，但也不能說是反人民的」。「人是有階級性的，但並不是一個人在任何時候一舉一動都具有階級的特徵，都牽涉到階級利害。比如……，對自然界某些美的事物的欣賞，只及於個人情愛、不牽涉階級立場的吟詠等等，就不一定都具有階級性。」毛星這些看法，對當時普遍認爲「作品的階級傾向性卻只有對立的兩種：進步與反動」，無疑是一種超越。毛星所指劃的範圍，後來還被有的論者概括爲「中間作品」，並由此引發了一場有無「中間作品」問題的討論。有不少文學史研究工作者也接受了毛星這種觀點，如北大中文系五五級編寫的《中國文學史》修訂本，就將這一精神貫穿在對一些作家作品的評價中。

毛星治學嚴謹，著述少而質量高，影響大。新時期以來，毛星除發表了《文藝與政治》、《人性問題》等理論研究文章外，還主編了《中國少數民族文學》(三卷)。

註釋

① 參看朱輝軍：《周揚現象初探》，《文藝報》一九八八年十月八日。本文除吸收了他的某些觀點外，還參考了陳遼的《周揚論》，《當代作家評論》一九八六年第四期。
② 一九五一年八月八日《人民日報》。
③ 一九五四年二十三～二十四期《文藝報》。
④ 一九五八年第五期《文藝報》。
⑤ 姚文元：《評反革命兩面派周揚》，《紅旗》一九六七年第一期。
⑥ 《紅旗》創刊號，一九五八年。
⑦ 參看陶德麟：《對「雙百」方針的理論基礎應當重新解釋》，《求是》一九八八年第一期。
⑧ 《人民日報》一九五七年四月十一日。
⑨ 《人民日報》一九五七年一月七日。
⑩ 辛文彤：《評周揚的「全民文藝論」》，《北京日報》一九七〇年一月十七日。
⑪ 前身是《文藝十條》。
⑫ 指寫一九四九年至一九六二年的生活。這個口號最早見諸於中共上海市委第一書記柯慶施一九六三年一月四日的講話。
⑬ 周揚：《三次偉大的思想解放運動》，《人民日報》一九七九年五月七日。

⑭《人民日報》一九八三年三月十六日。
⑮《人民日報》一九五八年五月三日。
⑯《文藝報》一九六〇年第一期。
⑰參看山東大學中文系文藝理論教研室編著：《文藝學新論》，山東人民出版社一九六二年版。
⑱《文藝報》一九五六年第四期。
⑲《文藝報》一九五六年第八期。
⑳包括愛國華僑、愛國資產階級和各方面的民主人士。
㉑《人民文學》一九七八年第五期。
㉒《作品》一九七九年第四期。
㉓李基凱：《我們的文藝要走自己的路——訪林默涵》，《文藝報》一九八三年第六期。
㉔《文學報》一九八二年十二月十五日。
㉕《文藝研究》一九八三年第二期。
㉖《光明日報》一九八六年二月廿一日。
㉗《中國文化報》一九八七年四月十五日。
㉘《新文學史料》一九八九年第三期。
㉙一九五四年十二月九日。

㉚《文藝報》一九五六年第二十三期。
㉛參看《新民晚報》一九五八年十月六日。
㉜《文藝報》一九五九年第四期。
㉝一九六〇年第三期。
㉞一九六三年十第一期。
㉟《文藝報》一九六一年第五期。
㊱《文滙報》一九五八年五月三日；《興滅集》，一二七頁。
㊲《文滙報》一九六一年一月十七日。
㊳《文藝報》一九六二年第一期。
㊴《詩刊》一九五七年一月號。
㊵《文藝報》一九五九年第十三期。
㊶《文藝報》一九六二年第七期。
㊷一九三三年七月版。
㊸一九三七年，讀書生活出版社。
㊹一九四一年，上海雜誌公司。
㊺一直到一九四九年四月，東北新中國書局仍把它列入「新青年自學叢書」加以翻印。

㊻《文藝報》一九五三年第三期。
㊼胡明：《「紅學」四十年》，《文學評論》一九八九年第一期。
㊽《中國青年》一九五九年第五期。
㊾《文藝報》一九六〇年第二十三期。
㊿《光明日報》一九五九年七月二十六日、八月二日和九日。
51 何其芳：《論阿Q》，《人民日報》一九五六年十月十六日。
52 關於他在詩藝問題上的獨特建樹，詳見本書第四編第三章第四節。
53《關於詩歌形式問題的爭論》，《文學評論》一九五九年第一期。
54《處女地》一九五八年七月號。
55 應雄：《二元理論，雙重遺產：何其芳現象》，《文學評論》一九八八年第六期。本節吸收了此文的觀點。
56 一九五七年作，《紅樓夢研究集刊》第四輯。
57《希望》創刊號（一九四五年一月號）。
58 香港《大衆文藝叢刊》第五輯。
59《大衆文藝叢刊》第一輯（一九四八年三月）。
60《大衆文藝叢刊》第二輯（一九四八年三月）。
61《人民日報》一九五八年二月二十八日；《文藝報》一九五八年第五期。

⑫林默涵、邵荃麟等：《爲文學藝術大躍進掃清道路》，《文藝報》一九五八年第六期。
⑬新文藝出版社一九五七年版。
⑭邵荃麟：《修正主義文藝思想一例——論〈苔花集〉及其作者的思想》，《文藝報》一九五八年第一期。
⑮邵荃麟：《評〈飢餓的郭素娥〉》，《青年文藝》第六期（一九四四年七月十日）。
⑯⑰⑱⑲⑳轉引自《文藝報》編輯部：《關於「寫中間人物」的材料》。《文藝報》一九六四年第八、九期。
㉑《人民文學》一九六二年七月號。
㉒《河北文學》一九六二年七月號。
㉓《文藝報》一九六二年九月號。
㉔《上海文學》一九六二年二月號。
㉕轉引自吳紅：《評論家李希凡印象記》，《當代文壇》一九八五年第五期。
㉖《新港》一九五六年第六期。
㉗《新建設》一九五六年第二期。
㉘《光明日報》一九六二年三月二十七日。
㉙《光明日報》一九六二年四月二十八日。
㉚《文學評論》一九六二年第五期。
㉛《文藝報》一九五一年四卷第五期。

82《七月》六集第二期。
83《美學問題》，《文藝報》一九五三年第十六期。
84《人民日報》一九六二年九月十六日。
85見香港《文匯報》一九四九年九月三十日。
86《文藝報》一九五六年第七、第八期。
87《人民日報》一九五六年十二月一日。
88《北京師範大學學報》一九八二年第六期。
89《文學研究》，一九五七年第四期。
90《紅旗》，一九六六年第六期。
91分別載《文學評論》一九五九年第一期、第二期。
92以上文章均載《文學評論》一九五九年第五期。
93《文學知識》，一九五九年第十期。
94何其芳：《歡迎讀者對我們的批評》，《文學評論》一九六〇年第一期。
95少知：《對〈對十年來新中國文學發展的一些理解〉一文的意見》，《文學評論》一九六〇年第一期。
96《中國社會科學》，一九八六年第二期。
97《文學研究集刊》，第三期。

第四章　呼喚文學新潮的評論家

一九八四年十二月二十九日至一九八五年一月三日，中國作家協會第四次會員代表大會在京召開。爲適應改革開放形勢的需要，胡啓立以中共中央書記處書記的名義在大會宣讀的《祝詞》中重申「創作自由」的口號：「作家有選擇題材、主題和藝術表現方法的充分自由，有抒發自己的感情、激情和表達自己思想的充分自由」，「我們黨、政府、文藝團體以至全社會，都應當堅定地保證作家的這種自由。」

文藝政策上的這種調整，儘管後來被視爲「資產階級自由化」的表現，但用實踐去檢驗，它使文學創作與文學評論呈現出一片活躍的景象。以文藝理論來說，正如有的論者所概括的：各種各樣的文藝觀念，現實主義的、浪漫主義的、自然主義的、現代主義的、後現代派的，主張文藝可以定義的以及文藝無法定義的，在各種會議和媒體上被反復展示。各式各樣的方法，如老三論、新三論，科學主義、人文主義，也在中國文藝學的場地上一遍又一遍地演練。西方文藝學數十年乃至數百年歷時地出現的衆多流派、思潮、主義，共時共地出現在大陸新時期文壇上。王蒙的閉幕詞《社會主義文學的黃金時代到來了》從題目和內容，均代表了廣大作家和評論家這種歡欣鼓舞心情，但有人認爲這種活躍其實是一片混亂。對這新見迭出也歧見迭出的八〇年代，謝冕的解釋是：這種「無序性、動態結構和多元體系，三者組構而成爲當前中國文藝失控的局面。這是美麗的混亂。……一個統一的太陽已經破碎。這些碎片在天空中美麗而自信地旋轉。這些閃閃發光的星體認定自身像是一個又一個嶄新的太陽。中國文學的天空，如今顯得非常富有，不是一個太陽，而是千萬個太陽在照耀、閃光、旋轉！」①這「非常富有」的文學天空不僅包含了創作，也包含了評論。文學一統天下的「失控」由此牽動了一場文學觀念的變革，爲當代文學理論批評的發展打開了一個新天地。

一九八五年三月，由《文學評論》、《上海文學》等單位在廈門召開了全國文學評論方法討論會，對八〇年代中期出現的文學批評觀念和方法的變革給予充分的肯定，並對「方法論」熱出現的問題作了有益的探討。這次會議充分體現了學術自由的原則，顯示了文學理論批評在迎頭趕上改革大潮的前衛姿態。這一時期內，不斷出現了林興宅、魯樞元等運用新方法研究文學問題的文章，給一向以社會學評論爲主導的評論領域吹來一股新風。雖然由這種方法熱颳起的旋風只吹到一九八六年便勢頭大減，裡面還出現了不少囫圇吞棗式的模擬，但它在打破人們習慣的思維定勢方面，仍有不可低估的作用。方法論本身當然不是目的，但新的審視方法可以幫助人們走進更多未知的領域。

這一時期的文學批評變革，還促使了文學理論批評基礎的改造。一些思想解放的評論家，吸收了西方現代一些重要思想成果，深化了文藝審美特徵的研究。如對形象思維、典型問題的看法，就在不同程度上改變了過去文學研究的單一、封閉狀態。特別是劉再復提出的「文學主體論」，以其宏大、活躍的思維方式，展示了當代文學評論的新貌，由此引起文壇的一場激烈的論爭。正是在觀念變革的啓示下，批評個性受到了廣泛的關注，文學批評模式邁向多元，在八〇年代後期形成了一種以社會歷史學批評爲主體同時容納其他理論批評模式的新格局。在文學創作上，則有「尋根」文學思潮和《鍾山》雜誌在一九八九年第三期開闢的「新寫實小說大聯展」。

新潮文論的崛起與媒體的推波助瀾有關。在新時期衆多的文學評論刊物中，北京的《文學評論》、上海的《文藝理論研究》和甘肅的《當代文藝思潮》，最引人注目。其中，《文學評論》資格老，有著權威性和較高的學術水平；中國文藝理論學會主辦的《文藝理論研究》，帶有學院式的厚重隱固的特點，更強調經典和純理論色彩；相比之下，地處邊陲的《當代文藝思潮》，倒是處在當代文藝思潮的最前沿，體現出理論的銳敏性和反饋的迅捷性。新潮評論家的文章，多半發在《文學評論》和《當代文藝思潮》及其它地方刊物（如《上海文論》、《當代文藝探索》、《百家》、《藝術廣角》）上，同時遭到陳涌主編的《文藝理論與批評》嚴厲的質疑和批評。

新潮評論家思維活躍，感覺銳敏，視野開闊，目光四射，具有一般評論家沒有的強烈激情和主體意識。他們力求超越傳統的文藝理論，建構自己的理論體系。在主體論和本體論的研究中，他們確實取得了顯著的成績。但同時也應指出，有些新潮理論家在「理論建設」的大招晃下，向顧客捧出的卻是「中國——阿里斯頓」電冰箱這一票貨色。這種進口組裝洋理論，還有用別的手法去無限拔高新潮文論，則是不足取的。下面，我們選擇幾位有代表性的新潮評論家加以介紹和述評。

第一節　劉再復理論思維空間的拓展

劉再復（一九四一～　），福建南安人。一九六三年畢業於廈門大學中文系，一九七七年到中國社會科學院文學研究所工作，後任該所所長、研究員。一九八九年夏到美國。理論著作有：《魯迅和自然科學》（與杜秋鵬等合作；一九七七年，中國科學出版社）、《魯迅美學思想論稿》（一九八一年，中國社會科學出版社）、《魯迅傳》（與林非合著；一九八一年，中國社會科學出版社）、《性格組合論》（一九八六年，上海文藝出版社）、《文學的反思》（一九八六年，人民文學出版社）、《論中國文學》（一九八八年，作家出版社）、《劉再復集》（一九八八年，黑龍江教育出版社）、《劉再復論文集》（一九八六年，香港大地出版社）、《傳統與中國人》（與林崗合著；一九八八年，三聯書店）。

還在讀大學時期，劉再復就在《廈門日報》發表過評論散文的短文。但他大量撰寫文學評論，是一九七七年以後的事。鑒於在「文革」期間，劉再復和許多知識分子一樣，當過一陣「狂熱的傻子」在狂熱的日子裏，在青春最美的年月，丟失過心，丟失過燃燒的理想」②，所以他這時起來揭批「四人幫」或從事魯迅研究時，還不可能徹底擺脫舊觀念的束縛，對傳統思維方式的反叛還局限在原有模式的總體格局中。他早先出版的《魯迅和自然科學》，由於對魯迅的評價還被理念的光環縈繞著，所以出版後幾乎沒有什麼反響。後來寫作的《魯迅美學思想論稿》，儘管還有機械決定論、絕對的思想價值觀的投影，在評價魯迅時還存在著理念化的傾向，但畢竟透露了劉再復文學觀念正在變革的信息。像《論魯迅雜感文學中的「社會相」類型形象》和《魯迅成功的時代原因與個人原因》，對魯迅雜文中浮現的中國社會的「人世相」、「人間相」做了深刻的剖析，對魯迅文化性格中的幾種寶貴素質做了精彩的闡述，這從側面反映了劉再復自身精神蛻變所達到的一定高度。他根據書中有關章節改寫後發表的《論文藝批評的美學標準》③，提出文藝批評的標準應該是眞、善、美，這亦是作者改革文學觀念的最初嘗試。

作爲一位評論家，劉再復不滿足於作品評論，而喜歡思辨，陶醉於推理和經營自己的體系。他在研究「國民性」問題時，產生了一個副產品，這就是「人物性格組合論」。這個「組合論」，包括六個部分：⑴關於文學史上人物性格塑造歷史的考察；⑵人物性格二重組合原理；⑶人物性格二重組合的若干基本結構類型；⑷人物性格二重組合的實現過程；⑸人物性格二重組合的哲學依據；⑹人物性格二重組合的心理基礎。其中第二部分爲闡述原理的核心部分。他從馬克思關於人是「一切社會關係的總和」的著名論斷出發，認爲人的性格世界不可能僅僅是某種單一的社會內容的反映。「任何一個社會的人，都一定處於社會關係網的某一點上，都反映著社會關係兩極的對立和衝突，都一定要在矛盾的一端與另一端之間產生某些搖擺性（哲學意義上的搖擺性），只是這種搖擺性因人而異」。而「人物性格本身是一個很複雜的系統。每個人的性格，就是一個獨特結構的世界，都自成一個獨特結構的有機系統，形成這個系統的各種元素都有自己的排列方式和組合方式，都是相反兩極構成的。」並由此進一步探討了人物性格的不同組合方式、人物性格的明確性和模糊性的相互關係、個性之謎與性格的雙向逆運動、典型共名觀念與圓形人物觀念、性格的空間差異性與時間變異性、性格對照的三種方式及其外部對照的高低分析等一系列有關典型觀念、人物性格的自身運動形式和規律。

劉再復關於性格組合的理論，是對典型研究的新突破。他探尋了典型人物靈魂的深邃和性格豐富的內在源泉，越過人物性格表層的「雜多」，捕捉住人物性格深層結構中的內在矛盾，有利於作家刻劃出具有性格的深層複雜性也就是性格豐富性的人物形象。在理論上，性格組合論糾正了過去在典型研究上單層次、模式化的傾向。長期以來，大陸的典型問題研究過分拘謹地局限於關於「典型環境中的典型性格」的解釋上，多從哲學中一般與個別、共性與個性的關係的角度去把握典型性格的構成，從哲學層次而不是從文學層次去展開。劉再復另闢蹊徑，採取新的視角，著重從性格結構及其性格組合的角度去探索這個古老的課題，對性格的表現形態、運動形式做了較深入的分析，從中總結出具有較高審美價值典型的藝術規律，在正、反面人物和中間人物問題上，還把文學和政治學的界限分辨出來，這均表現了他可貴的探索精神。當然，「性格組合論」所構築的理論大廈並非完美無缺。他的論述，總使人感到有很濃的書卷氣。他從生活中，從文學形態和思想形態中吸取靈感較少。有些論述使人感到作者不過是用古今中外的創作實踐去印證自己事先設計的理論命題，有些見解——如讀者對作品的表層與深層的兩極對位效應論述缺乏足夠的說服力。但通讀《性格組合論》全書，畢竟使人感到作者關於文藝學、文藝批評的模式框架、參照系和方法論比《魯迅美學思想論稿》有極大的改進。特別是作者在發現人物性格內部自身運動的規律和方式的基礎上發現了人的主體精神，這就使作者的微觀研究具有了宏觀意義。有人擔心把人物性格的內在機制抽象爲「二重組合」，會造成創作的模式化。這種顧慮是多餘的。因「二重組合」不是數學公式，而是哲學命題。這裏的「二」字包涵了人的無限豐富性。何況，任何藝術原理都無法取代作家的藝術創造，但它可以使作家的藝術創作少走彎路。否則，理論探索便失去了意義。

劉再復影響更大的論文爲《論文學的主體性》④。在此文中，他進一步調整了自己的思維模式，強化了宏觀思維的張揚效應。

劉再復提出文學的主體性，包含實踐主體和精神主體兩個方面。這裏有兩層內涵：一是把實踐看做歷史運動的軸心，把人看做目的；二是要特別注意人的精神世界的能動性、自主性和創造性。關於對象的主體性，劉再復首先把人看做是文學的根本對象：作家應「把筆下的人物當成獨立的個性，當做具有自主意識和自身價值的活生生的人，即按照自己的靈魂和邏輯行動著、實踐著的人」，因此，作家在塑造人物時，要跟著人物走，而不是讓人物服從作家，由此他提出了作家與人物之間二律反背的現象。談到創造主體，他認爲這主要是作家內在精神主體的運動規律。這一主體性的實現，從心理結構上講，是作家昇華到自我實踐需求的精神境界；從創作實踐上看，則包括超常性、超前性和超我性在內的主體對世俗觀念、時空界限和封閉性的自我超越，從而進入創作的自由狀態。對於接受主體，劉再復把它看做是人在接受過程中發揮審美創造的能動性。接受主體的實現，包括實現人的自由自覺本質、激發欣賞者審美再創造的能動性兩種基本途徑。在劉再復之前，較少有人系統地論述過文學的主體性問題。在大陸，長期受左傾教條主義的影響和束縛，研究文學主體的情感、個性、心理等方面被視作禁區。七〇年代末以後，情況雖有變化，但仍存在著把人的豐富的精神世界簡單化的情況，文學的主體性仍沒有得到應有的重視。現在，劉再復及時地抓住這個具有本質意義的問題，明確提出強化主體意識和實現主體價值的主張，無疑十分必要。哲學的發展在逐漸走向人的主體意識的探索，文學自然不能不關心主體意識對文學過程的干預和介入。因而主體性問題提出後，曾獲得不少作家的讚揚和理論家的喝采，如劉心武就曾寫了《關於文學本性的思考》的長文加以呼應。也有的作家和理論家，認為劉再復思想敏銳，做學問認眞，但觀點未必正確，如王蒙、馮牧基本上持這種看法。還有一批所謂「第三代」的評論家，則覺得劉再復對反映論的挑戰不堅決，劉講的無非是早該有的東西，他們要探索更新的東西。老作家姚雪垠和資深評論家陳涌、敏澤、程代熙等人，則對劉的觀點提出嚴厲批評。

批評者認為：《論文學的主體性》不成體系，概念混亂，「精神主體」與「實踐主體」不應分開，「對象主體」很難成立。不存在超越時間、超越社會歷史條件的「主體性」。文章誇大了主體作用，忽視了發揮主體能動作用的基礎和前提。老作家姚雪垠則認為：劉文的根本錯誤在於理論脫離實際的主觀唯心主義傾向，即「不是從認眞研究我國古代文學史和現、當代文學史的實際情況出發，而是憑空樹立一個主觀論點，認爲我國過去文學作品存在的嚴重問題是『文學對象主體性』的失落」，「認爲人物可以脫離作家的支配而『自我完成，自我塑造，自我實現』，這種說法並不是立足於創作實踐經驗，而是出自主觀創造」⑤。陳涌認爲，和劉的分歧「關係到馬克思主義在中國的命運，關係到社會主義文藝在中國的命運」的大問題⑥。還有的論者認爲劉再復論主體性的「立足點是人本主義哲學，人道主義倫理學」，認爲「以存在主義爲骨架的新人道主義的基本特徵」在文章中若隱若現，認爲劉把「人的社會性」說成是「外在的強加於人的東西」，是「驚人的思想和邏輯的混亂」。此外，「人」的含義不明確，關於「力的平行四邊形」論述不當，「二律背反」的公式難以成立，「使命意識即憂患意識」的說法不全面，等等。這些不同意見，分別見於何火任編的《當前文學主體性問題論爭》⑦和紅旗》雜誌編的同類書中。

劉再復是新時期湧現的重要新潮理論家。他在八〇年代文學理論變革中最具代表性，影響也最爲廣泛。不僅讚同他的主張人很多，而且他的觀點廣爲被人們引用。即使他出國後，在國內仍不乏支持者和擁護者。他的新潮文論主要由「性格組合論」、「文學主體論」、「國魂反省論」組成。他的文學理論思維空間的拓展，使八〇年代後期出現的巨大的反規範運動走向高潮。他的新潮文論，追求現代文化觀念，追求現代思維方式，追求現代的知識結構，努力打破封閉性、單一性，追求開放性、多元性。不管守舊勢力如何反對，歷史將會發現，劉再復所追求的一切，是一個經受過巨大浩劫的民族所需要的。他所呼喚的新潮文論，將有益於開拓人們的思維空間，更有利於建設富有生命力的新型理論體系。

第二節 「閩派」評論家：新時期文藝研究新思維的張揚者

八〇年代空前活躍的文化氣象，給一大批銳意進取的文學理論工作者提供了廣闊的活動舞臺。孫紹振、林興宅這些異軍突起的「閩派」評論家，均是活躍在這一舞臺上的文學研究新思維的張揚者。一九八四年、一九八五年達到高潮的「方法論」熱，基本上就是這些「閩派」學者鼓動起來的。

孫紹振（一九三六～ ），江蘇鹽城人。一九六〇年畢業於北京大學中文系，爲福建師範大學中文系教授。其理論著作有：《文學創作論》（一九八六年，春風文藝出版社）、《論變異》（一九八七年，花城出版社）、《美的結構》（一九八八年，人民文學出版社）。

孫紹振最初引起文壇重視是「朦朧詩」論爭時，他在《詩刊》一九八一年三月號發表了《新的美學原則在崛起》。此文雖然提出了很值得重視的觀點，但由於觀點過激，因而引起人們的爭議。後來，他埋頭於學術專著的寫作，從新的方法論中孕育出簇新的文藝觀念，在超越舊的文藝理論和建設新的創作理論方面，取得了引人注目的成績。

作爲詩人的孫紹振，在從事理論研究時仍不失爲一個有詩人氣質的評論家。他具有一般學者少有的文學創作實踐經驗，這使他不屑於做空洞玄虛高深莫測的文章。他那本六十五萬言的《文學創作論》，最突出的特點是貼近創作實際，爲理論與創作的溝通做了許多重要的工作。像《智能論》這一章，就寫得很有份量，它對作家智能的特殊性、作家的心理素質、作家的觀察力、作家的感受力、作家的想像力、作家的形式感、作家的表達力、作家的心理素質中的智能因素和非智能因素的關係所做的深入分析和探討，顯得既有可讀性又有學術性。這是少見的作家本體論研究，對作家認識自我，實現自我，超越自我，都有啓發。在相當長的一段時間內，大陸的文學理論研究停留在文學與政治、文學與生活的關係一般論述上。新時期以來雖然改變了這種局面，但在研究文學的創作規律時往往表示出對典型性格或語言結構等作品客體方面的偏愛，或將文學復歸到人學本位的同時放逐了文學創作過程中的人學。孫紹振對作家觀察力、感受力等個人條件的論述，彌補了這一不足。

前面提及的《新的美學原則在崛起》，雖標有「美學」二字，但論述得極爲簡略。不過，仍可歸納爲以下幾個方面：一是從塑造英雄人物向「自我表現」過渡。二是強調個人價值，審美創造不以社會政治需要爲根本標準。三是化解鬥爭，以「和諧」取而代之。四是突出情感，分奪理性。孫紹振後來的研究，進一步補充和豐富了這一點，即開始了他從客體到主客體關係，再從主客體關係到主體的系統發展過程的理論反思。把文學形象看做是感情特徵、生活特徵和形式特徵的三維一體結構，是孫紹振的獨特發現。正是這個發現，形成了《文學創作論》全書所有觀點整體聯繫的框架。這種框架，沒有把反映論做爲研究形象的唯一嚮導，沒有把思路釘死在對象與本源的統一性上，而是將本體論做爲一條自覺的思路，這對打開藝術形象這個美麗迷宮，無疑開闢了一條新路。

在研究方法上，也可以使人感受到作者健強的思辨能力。對傳統的唯物辯證法，孫紹振並沒有完全否定，而是在此基礎上吸取皮亞杰的發生認識論原理、格式塔心理學、精神分析學說、系統論、信息論、符號學等各種學科的思想養料，用來論述作家主體特殊的文化心智結構，用來闡明文學形式的審美規範在文學創作中的巨大效能。但由於作者的知識結構和價值觀念是在五、六〇年代形成的，他對人生的形而上的思辨不像青年批評家那樣具有現代感，這就使他思想發展的溪流不能不回轉到西方十九世紀的溝渠（如所舉的例子多半是外國十九世紀批判現實主義作家作品，或魯迅以前的中國作家作品），從而使他的理論創新受到局限。此外，該書前後論述有重疊混合之處，在嚴密的系統性上有破綻，這是作者「寧可敗壞理論家的胃口，我決不敗壞作家的胃口」⑧所帶來的後果。

繼《文學創作論》後出版的《論變異》，從「誤差」這個角度對形而上學提出挑戰。這裏講的「誤差」，是指現實和人對現實生活認識、評價的差異性。根據這種差異性，孫紹振認爲文學不可能絕對等同反映生活——心理機制決定不能等同，概念和詞語的局限性決定不能等同，學科分化決定不能等同。在批判脆弱的「模仿論」和「鏡子論」的同時，作者又闡述了關於文學本質的理論，即「變異」理論。他認爲，文學是通過變異了乃至被歪曲了的感覺、知覺，使得情感的深度和強度得到說明。這種理論，具有俄國形式主義的那種獨樹一幟的精神特徵，能容納一切具有審美特徵的創作實踐，因而不僅引起理論界的興趣，而且博得不少作家的好評。

《美的結構》是一部思辨和詩情結合的專著。作者認爲，車爾尼雪夫斯基「美是生活」在反對唯心主義「美是理念」的命題過程中儘管起過重要的作用，但這個命題本身不科學。「對於一個智力發育正常的人來說，藝術鑑賞力越高，『美是生活』這個命題的權威性就越低」。之所以低，是因爲這個命題不僅提供了一種觀念，而且提供了追求文藝與生活的統一性，滿足沉溺於文藝與生活的統一性的思維模式。爲了糾正這一偏頗，作者緊緊揪住矛盾的特殊性不放，在書中極力強調形象本體結構的特殊性。

綜觀孫紹振的論著，他的文學理論研究具有如下特點：一是努力溝通文學理論與創作界的對流，二是堅決摒棄機械反映論，三是將本體論做爲自覺的思路去探討構成文學美的奧秘，四是對文學作品形象系列及其各個細部具有敏銳的感受和細緻的分析能力。正是這些長處，使孫紹振成了「閩派」評論家的代表人物，使他成爲新時期文學研究新思維的張揚者。

林興宅（一九四一～　），福建德化人，一九六三年畢業於廈門大學中文系，爲該校教授。主要著作有：《藝術魅力的探尋》（一九八六年，四川人民出版社）、《藝術生命的秘密》（一九八七年，海峽文藝出版社）。

林興宅是從方法論變革入手，重建新的文學觀念的又一「閩派」評論家。他的成名之作《論阿Q性格系統》⑨，用系統論方法分析複雜的阿Q性格，探討意見紛呈的阿Q典型性質，回答難解的阿Q主義的來源及其超越階級、時代、民族的普遍性問題，讀後使人感到很有新意。儘管這篇論文運用系統方法分析形象存在著生搬硬套的偏頗，對阿Q的主要性格特徵精神勝利法在阿Q性格系統中的地位問題的解答還不圓滿，但就作者用有機整體觀念取代機械整體觀念，用多維聯繫的思維取代線性因果聯繫的思維去研究長期以來聚訟不清的阿Q典型難題，使有關研究擺脫困境上昇到新的高度這一點來說，是值得肯定的。

林興宅與衆不同之處還表現在他對自然科學有濃厚的興趣，能從科技革命的成果中吸取有益的養料孕育新的文學觀念。有一句連他自己不一定能完全解釋清楚，別人也不一定能反駁到點子上的名言：「最高的詩是數學」。這句話從「魔方」的角度來說，是可以說得通的。它的意思是指人類智慧的至高境界有一種理性和詩情的高度相通。這是一種智慧與情感的極地，並非任何人都能達到。林興宅還認爲：藝術的目的是發展和完善人性。藝術的未來發展必將朝這一目標復歸。他對藝術魅力的研究最使人感興趣的是他描繪的靜態系統圖。⑩這一圖表說明作者力圖從藝術作品的評判標準之間的對應關係中，從欣賞心理與藝術構成的辯證關係中探尋藝術魅力的奧秘。這種探尋，既沒有忽視審美心理機制，又重視美的有序組合，很有辯證法的味道。正如有的論者指出：「追尋林興宅的邏輯思維，他的文學研究主要採用如下三種重要公式：一是重視事物的二重性特徵，二是貫徹雙向建構原則，三是致力於揭示隱秘的中介。比如，1.用雙向建構的方法認識主客體之間的關係，從而構築象徵的文藝理論；2.把文藝審美活動當做聯繫人與自然的中介，從而確定文藝審美活動乃是『自然——人巨』系統中優化運動的自身調節機制，建立藝術自身即目的藝術觀念；3.根據二重性觀念，認爲完整的文藝理論是認識論和價値論的統一，界定文藝的本質具有二重性，即一方面是一種意識形態，另一方面又是超意識形態的表現形式」。正是這三種方式，使林興宅在衝擊舊文藝理論體系中取得一定的成績，成爲一名改革文藝研究方法的驍將。

「閩派」評論家一個重活動陣地是《當代文藝探索》。此刊物問世於一九八五年，在創刊號上曾發表了題爲《改革的時代與文學評論的改革——閩籍在京評論家六人談》。這組文章的作者是：劉再復、張炯、謝冕、陳駿濤、何鎭邦、曾鎭南。其實，這六位在京閩籍評論家觀點並不完全一致，後來張炯與劉再復便明顯分屬兩個不同營壘。可見，「閩派」並非是一個嚴格的科學概念。我們這裡使用它，主要是指在福建工作的學者。他們的觀點倒是較一致，他們的理論陣地雖然只有短短三年的歷史，但《當代文藝探索》以「開放眼光開拓思維空間，用改革精神革新文藝評論」的實踐獨秀東南，與西北銳意進取的《當代文藝思潮》遙相呼應。

「閩派」還有兩位影響較大的青年評論家：一是以小說評論著稱的南帆（見本書第三編第三章第十節）。一是以新詩評論著稱的王光明。王光明是孫紹振的同事，是謝冕的學生，出版有《散文詩的世界》（一九八七年，長江文藝出版社）。另與孫玉石合編有《六十年散文詩選》（一九八五年，江西人民出版社）。

第三節　魯樞元：文藝心理學界的新潮象徵

魯樞元（一九四六～　），河南開封人。一九六七年畢業於開封師院中文系，爲鄭州大學教授。主要著作有：《創作心理研究》（一九八五年，黃河文藝出版社）、《文藝心理闡釋》（一九八八年，上海文藝出版社）。另和錢谷融共同主編《文學心理學教程》（一九八七年，華東師大出版社）。

文藝心理學作爲一門獨立學科，一直到二〇世紀初才逐步形成，並較快地取得了一批學術研究成果。在我國，最早出現的、也是一九四九年前唯一的專著是朱光潛出版於一九三六年的《文藝心理學》。後來，由於極左思潮的干擾，這種研究在五、六〇年代陷於停滯狀態。新時期以來，在思想解放和文藝變革的潮流推動下，文藝心理學研究又出現了生機。除北京、上海等地的文藝刊物發表了有關論文外，還出現了專著形式的研究成果。其中金開誠的《文藝心理學論稿》⑪，奏響了復興文藝心理學研究的第一樂章。該書重點探討了文藝創作和欣賞活動中的「表象」、「思維」和「情感」三大論題，對作家的職業敏感、中國古代詩論、書法思想也做了有益的探討。長期以來，在文藝界流行的是從生活→文藝作品的「二環論」，現在，金開誠在生活與文藝作品之間加上了「文藝家」這一創作主體，「二環論」也就變成了「三環論」。在大陸荒蕪的文藝心理學園地裏，出現了像金開誠這樣的專著，的確給我們帶來了枯木逢春般的喜悅。但他栽培的這朵花，開得並不嬌艷。作者將心理現象過分局限在認識範圍之內，這使他的探討成果打了很大的折扣。作者寫作時過多地憑藉六〇年代曹日昌的《普通心理學》，而這本書在今天看來，起點並不高。由於佔有思維材料不足，使該書的研究範圍顯得狹窄。作者雖然恢復了文藝家在美學王國的公民權，但並沒有完全認同文藝家的獨特個性和藝術的審美本性。

一九八三年，呂俊華出版了《阿Q精神勝利法的哲學內涵和心理內涵》(陝西人民出版社)。此書沒有用認知心理學去潤色自己的舊文藝觀，而是對此做了深刻的反省，使這本書的觀念和方法的變革比金著有所前進。拿變態心理學的引進來說，呂著比金著所用的認知心理方法更能揭示藝術創造的奧秘。但呂著也有局限，這主要表現在未能充分認識變態心理學的局限性，只看到了藝術經驗與變態心理在形態上相同的一面，而未能將兩者在本質上加以區別。滕守堯的《審美心理描述》⑫，不像金著、呂著那樣被單一的方法所局限，而是博采衆長，拓寬視野，全面引進現代心理美學的各種成果，使自己的研究從哲學概括、文藝學描述進入科學視野的心理學研究。但他在體系框架上仍有不完善之處，新概念的創造也還存在著破綻，這使得滕著和呂著、金著一樣，其研究成果仍未超越「前學科」水平。只有到了魯樞元《創作心理研究》的出版，才改變了這一局面。

魯樞元之所以能有幸榮任八〇年代人們公認的文藝心理研究的新潮代表，正如夏中義所說：魯著「幾乎囊括了創作論的全部基本命題，而在闡釋每一命題時又想努力提煉出一個相應的、心理美學色澤濃鬱的獨立概念」。如魯樞元把文藝家的素材積累概括爲「情緒記憶」，這比金開誠使用的表象概念

「更切近素材的美學素質。因爲一方面，文藝家確實主要是靠回憶來創作的，另一方面，恰巧是深深烙印的東西才最可能誘惑主體把它融入作品去」。⑬鑒於素材是作家體驗生活時留下的那種情、知、意多元心理融合的統覺性印象，所以魯樞元使用的「情緒記憶」概念，才成爲對這一素材的無意儲存形態的一種確切的心理美學歸納。

「創作心境」術語的出現，同樣體現了魯樞元運用假想思維在探討藝術創作奧秘方面，比他人有更多的奇想妙得、更勇敢的大膽構論與獨家立言。他認爲：作家對描寫對象在概念和知解上的某些「模糊狀態」，與數學上的「模糊集合」相似，但它更貼近生活本身；心理結構的整體性決定了審美注意的連貫性、集中性和作品的有機性、完整性；知覺表象運動、審美意象運動實質上就是「心理流」的自身運動。魯樞元關於「創作心境」的這三類說法曾引起人們的質疑。但不管如何質疑，魯樞元大量運用的假想推理決不像某些人講的是「神奇的描述」，更不會導致「作家走向脫離生活，關門提高的歧途上去」。⑭。

如果說，前面評述的是屬魯樞元探索的「點狀透視」，那下面，則是他對文藝創造的心理操作過程所做的大致構思：「文學藝術的創作過程，就審美主體的活動方式而言，是一個包括感覺、知覺、統感、聯覺、衝動、體驗、注意、記憶、認知、心理的智力因素和非智力因素，意識的顯在成份與潛在成份，以及主體的定勢因素與動勢因素在內的心理活動過程；是一個主體的、有序的、流動的心理活動過程。從心理機制而言，它大約包括有『感覺體驗』、『動機動力』、『知介分析』、『調予控制』、

『整合完形』等心理活動系統，從生理機制而言，它不但是大腦皮層上各個功能部位（Brodmann 分五十二個區）的協調行動，而且還是邊緣系統、丘腦、下丘腦，乃至包括腦的外延部分即感覺器官在內的各種機體功能的綜合發揮」。這些構想，顯得氣勢不凡。正是這種獨標新幟的創造和廣闊的研究視野，使魯樞元成爲八〇年代中期在中國重新建構文藝心理學的代表人物。這些構想的內容，後來融進了他參與主編的《文學心理學教程》。當然，有的經過了改造，有的則在原有基礎上加以豐富和提高。這正是魯樞元不同於他人的地方。

魯樞元的研究經歷過幾個階段。一九七七年到一九八〇年，是他探索的發軔期。一九八一年到一九八三年上半年，是他研究生命的爆發期。以後是他研究的反思期和深化期。在《文藝心理闡釋》一書中，他所做的正是深化在心理學和文藝學這兩個超級複雜系統之間的交接溝通工作。他的用意「是把文學問題和心理學問題放到人類活動歷史的大框架中加以探討，讓文學心理學的研究貼近我們所處的這個時代」。⑮該書的第一部分著重談了二〇世紀文學整體的背景的轉換，第二部分分析評點了國外的九個心理學派。作者在論述時甩開西方文藝心理學研究中已經形成的格局，從底層的心理學土壤中找出文學紮下的根鬚，花了極大的伏案功夫。這部分引的資料雖然多些，但經過了作者的充分消化，加入了自己的主觀評價，已與那些心理學家的原意有所不同。這充分顯示了作者的創造性。

魯樞元是一刻也不安生、隨時隨地都在出擊的一把快刀。從挑起文藝創作心理學研究，到《文藝報》一九八七年開展的新時期文學「向內轉」的討論⑮，他一直是文學理論界的熱點人物。尤其是他對創作心理的研究，正是墾荒先鋒所做的工作。不能說他的探索完美無缺。如他倡導文學「向內轉」，就不利於作家與現實、與人民保持緊密的聯繫。他的研究成果也有不夠令人滿意之處。比如他提出的創作過程中的模糊性問題，雖然很有見地，但並不能說明多少問題。他主持設計的《文學心理學教程》的體系框架，也還未達到既嚴謹又富於動力感這一境界。但他畢竟爲文藝心理學這門學科的重建提供了朱光潛們來不及提供、並能啓示後來者的研究成果。後起之秀今後如能超越他，也正是靠他在那陌生的領域裏所做的既大膽而又認眞的開拓，才獲取未來的哥倫布的美譽。

第四節 「重寫文學史」口號的提出及其爭論

一九八二年十一月，列寧的《黨的組織和黨的文學》經過校正後，以《黨的組織和黨的出版物》名義重新在《紅旗》雜誌刊出，學術界由此對黨性、階級性、思想傾向的定義有了不同的理解，這是文學與政治關係的一次震撼不小的鬆動。

由於改革開放之風勁吹，海外學者編著的中國新文學史也通過不同渠道傳入大陸。旅美學者夏志清所著的《中國現代小說史》於一九七九年七月在香港出了中文版，一九八二年二月又再版了一次。大陸雖沒有引進，但此書對一些重要作家的不同評價精神，已爲不少作家、學者所認同或部分認同，於是便有了朱光潛的《關於沈從文同志的文學成就歷史將會重新評價》⑰。文中稱：「據我所接觸到的世界文學情報，目前在全世界得到公認的中國新文學家也只有從文和老舍。」他這裏所講的「世界文學情報」，其中便有夏志淸的評價在內。一些當代文學研究工作者受了夏志淸的影響後，亦認爲「有些現在大家已經公認其優秀和重要的作品，恰恰並非出自追隨革命最緊的作家筆下，不屬於追隨革命最緊的作品。」⑱在此前後，報刊上重新提出評價的作家有戴望舒、徐志摩、沈從文、周作人等。

一九八五年，文藝界掀起了「文藝觀念文藝方法更新」熱潮。在這股思潮的影響下，北京大學的錢理群、黃子平、陳平原於同年五月在北京萬壽寺召開的「中國現代文學研究創新座談會」上，提出「打通」現、當代文學的大膽構想，即後來在《文學評論》上提出的「二十世紀中國文學」觀念⑲，這便爲「重寫文學史」拉開了序幕。

「重寫文學史」口號的正式出臺，是一九八八年七月。復旦大學陳思和、華東師大王曉明在《上海文論》開闢了「重寫文學史」專欄。這個專欄共出了九期，時間不到一年半，但影響巨大。北京的權威刊物《文學評論》、《文藝報》，分別闢出「行進中的反思」、「中國作家的歷史道路的現狀研究」欄目，發表劉再復等人評何其芳、老舍的文章加以呼應。⑳《中國現代文學研究叢刊》在此前後也推出了「名著重讀」專欄，不妨看作是對《上海文論》的一種支持。後來在海外，也有熱烈的回響㉑。

新潮文學評論家之所以要提出「重寫文學史」的口號，是有感於過去政治作爲唯一的標準研究文學史，致使沈從文、徐志摩、周作人、錢鍾書、張愛玲等一批寫過優秀作品的作家被排除在文學史門外。他們下決心要打破文學史編寫一言堂的局面，希望恢復文學史研究應有的科學態度，以富於個性化的多元學術研究取代只此一家的爲政治服務的聲音。用陳思和的話來說：「『重寫文學史』首先要解決的，不是要在現有的文學史著作行列裏再多幾種新的文學史，也不是在現有的文學史基礎上再立幾個作家的專論，而是要改變這門學科原有的性質，使之從從屬於整個革命史傳統教育狀態下擺脫出來，成爲一門獨立的、審美的文學史學科。」㉒

「重寫文學史」的倡導者不僅要改變「中國新文學史」學科的性質，而且還要改變指導新文學史研究的文藝觀：「把文學史研究從那種僅僅以政治思想理論爲出發點的狹隘的研究思路中解脫出來。」㉓他們要對原來現代文學史上的各種結論提出質疑。這種質疑，就是對過去誇大文學中的政治因素，人爲地把新文學區分爲主流、支流、逆流的公式的懷疑，對那種以政治標準來選擇文學主潮論的質疑。他們所追求的「是爲了倡導一種在審美標準下自由爭鳴的風氣，以改變過去政治標準下的大一統學風」，原因是「有許多在政治社會劃一標準下無可爭議的現象，在審美的標準下也許會出現熱烈討論的話題」㉔。

「重寫文學史」倡導者既有宣言，又有行動。在具體實踐方面，《上海文論》先後發表了戴光中的《關於「趙樹理方向」的再認識》㉕、宋炳輝的《「柳青現象」的啓示——重評長篇小說〈創業史〉》㉖、王雪瑛的《論丁玲的小說創作》㉗、藍棣之的《一份高級形式的社會文件——重評〈子夜〉》㉘、王彬彬的《良知的限度——作爲一種文化現象的何其芳文學道路的批判》㉙、周志宏和周德芳的《「戰士詩人」的創作悲劇——郭小川詩歌新論》㉚、沈永寶的《當代文學運動中的宗派》㉛、夏中義的《別、車、杜在當代中國的命運》㉜等等。

「重寫文學史」作爲一個學術命題正式提出後，很快引起爭論。不少論者認爲，「重寫文學史」是可行的，它符合百家爭鳴精神，是學術界思想解放的表現。其意義不僅在於給文學史建設提供新的思路，而且爲文學史家不隨風起舞的獨立學術品格做出了新的示範。王瑤認爲：「每個時代的文學史都應達到自己時代的高度。」過去總要寫一本爲各方面認可的「欽定」文學史，這種做法不可取。現在重寫文學史，就是爲了眞正做到百花齊放，百家爭鳴。㉝唐弢、錢谷融等人在後來發表的文章中亦讚成重寫文學史㉞。但也有人持不同意見。如一位論者認爲：「過去的文學史不是全部或大部基本事實或基本論述的錯誤，文學史就沒有重寫的必要」。現在，所面臨的「只是在原有基礎上修改、補充、提高的問題」。「從中國現代文學史的實際情況來看，顯然不是需要重寫……因爲現行的文學史除了個別地方外，基本上是符合文學發展的歷史事實，大部分論述也是具有科學性和歷史感的㉟。另有人認爲，藝術性不可以脫離生活內容和思想傾向而獨立存在，文學史焉能撇開歷史眞實和政治導向而飄浮空間。用藝術的生動性、深刻性、獨創性去取代眞實性、思想性、政治性的批評標準，必然歪曲文學史的眞象。後來還有人將「重寫文學史」上綱爲資產階級自由化思潮的一種典型表現。㊱

另有一種不同意「重寫文學史」的意見是從學術而非從政治出發的。如劉心武建議不要用「重寫」而用「另寫」一詞，以免再發生打擂臺式的「你上我下」、「非此即彼」的場面。㊲施蟄存也不讚成「重寫文學史」的提法，汪曾祺則從歷史陳案有待甄別，史實有待澄淸，對作家作品的評價有一個認識過程，以及新文學史是「官修」還是「私修」等各種角度，認爲「重寫」條件現在還不具備㊳。對「趙樹理方向」、「柳靑現象」、「丁玲現象」、「《子夜》模式」、「何其芳現象」、「老舍『藝術大滑坡』」、郭小川的悲劇性後果等問題，討論也很熱烈。戴光中認爲：「趙樹理不認爲文學是人學，而把文學當做爲農村政治現實服務的特殊工具，並要求速效。這在戰爭年代可以，到了和平建設時期，就變得不合時宜了」㊴。宋炳輝在重評柳靑的文章中說：「像柳靑長期紮根於農村生活，力圖忠於生活的作家，也只能在『先驗』的理論框架規範中面對生活……作家在這裏已經喪失了獨立自主性。而創作主體性的喪失就必然導致作品中人物主體性的喪失，於是人物服務主題，事件演繹主題，主題證明政治理論的千眞萬確……自覺的文學在這裏就成爲聽話的文學」。㊵對茅盾的《子夜》，重評者認爲這是「主題先行」的產物，「相當多的篇幅可讀性較差，缺乏藝術魅力」，「約三分之二的章節只是一些素材，只能是邏輯結構演繹出來的概念內容」，它們「僅僅是茅盾爲了表現概念內容而搜集來的『素材』」，是並沒有完成的內容，其人物形象大都顯得平板」，「缺乏個性和生動性」。因而，這「是一次不足爲訓的文學嘗試」，是「形象化的論文」，「是一部高級形式的社會文件」。㊶對何其芳、老舍這兩位作家，重評者認爲他們參加革命後思想誠然進步了，但創作卻落後了㊷。對丁玲的創作評價，也不同程度涉及創作退步的問題㊸。

由於這些「重寫」對象大都是左翼文學運動中的驍將，都是在過去出版的《中國現代文學史》著作評價很高的作家，因而這次一下出現這多不同意見，便招來下列批評：「所謂『重寫文學史』，在很大的程度上，就是要用所謂的『新潮』觀點和一己之偏見去重評以前的作家和以前的文學，所以『重寫』的實質，是對革命文學和革命作家的扭曲、貶低和否定。……」㊹

「重寫文學史」口號的倡導者並不急於寫出一部面貌全新的中國現代文學史，只想能在目前看到「一些正面提出的對新文學歷史宏觀構想的文章」。可當時出現的大都是若干新文學史例的重評和對某些現象的重估。儘管這些文章所做的只是掃清前進道路障礙的工作，但它對凸現文學史編寫的主體、當代性和學科具體性仍有意義。這就難怪「重寫文學史」的要求很快幅射到外國文學史、中國古代文學史等領域。鑒於文學史的編寫是一個嚴肅而又複雜的學術命題，因而在「重寫」時有偏差，有針鋒相對的意見，是很正常的事。這個問題後來還爭論了好幾年，一直沒有統一的答案。

註釋

① 謝冕：《「統一的太陽已經破碎」》，《科技日報》一九八一年十一月二十日。
② 劉再復：《在魯迅塑像面前》。
③ 《中國社會科學》，一九八〇年第六期。
④ 《文學評論》，一九八五年六期、一九八六年第一期。
⑤ 《創作實踐和創作理論》，《紅旗》一九八六年第二十一期。

⑥《文藝學方法論問題》，《紅旗》一九八六年第八期。
⑦一九八六年，海峽文藝出版社。
⑧《文學創作論·後記》。
⑨《魯迅研究》，一九八四年第一期。
⑩林興宅：《論文學藝術的魅力》，《中國社會科學》一九八四年第四期。
⑪一九八二年，北京大學出版社。
⑫一九八五年，中國社會科學出版社。
⑬夏中義：《新潮的螺旋》，《文學評論》一九八九年第二期。本節吸收了他的部分觀點。
⑭暢廣元：《正確認識創作主體的能動性》，《文藝報》一九八三年第十期。
⑮魯樞元：《〈文藝心理闡釋〉後記》。
⑯魯樞元：《新時期文學的「向內轉」》，《文藝報》一九八六年十月十八日。
⑰《湘江文學》，一九八三年第一期。
⑱支克堅：《從新的思想高度研究中國現代文學史》，《文學評論》一九八三年第三期。
⑲黃子平、陳平原、錢理群：《論「二十世紀中國文學」》，《文學評論》一九八五年第五期。
⑳㊷劉再復：《赤誠的詩人，嚴謹的學者》，《文學評論》一九八八年第二期。應雄：《二元理論，雙重遺產：何其芳現象》，《文學評論》一九八八年第六期。王行之：《我論老舍》，《文藝報》一九八九年一

月二十一日。

㉑ 香港中文大學中國文化研究所於一九九〇年十二月召開過「如何看待文學史」座談會，並在一九九一年四月出版的《二十一世紀》第四期出過一次專輯。一九九一年，在海外復刊的《今天》從一九九一年三、四期起重新推出「重寫文學史」專欄。

㉒ 陳思和：《筆走龍蛇》，台北，業強出版社一九九一年一月版，第七八頁。

㉓㉔ 陳思和、王曉明：《關於〈重寫文學史〉專欄的對話》，《上海文論》一九八九年第六期。

㉕㉖㊴㊵ 《上海文論》一九八八年第四期。

㉗ 《上海文論》一九八八年第五期。

㉘㊶ 《上海文論》一九八九年第三期。

㉙㉚ 《上海文論》一九八九年第四期。

㉛ 《上海文論》一九八九年第一期。

㉜㊸ 《上海文論》一九八八年第五期。

㉝ 王瑤：《文學史著作應該後來居上》，《上海文論》一九八九年第一期。

㉞ 唐弢：《關於重寫文學史》，《求是》一九九〇年第二期。錢谷融：《重要的是內容必須紮實》，《文藝報》一九八九年五月二十七日。

㉟㊹ 艾斐：《求異思維與求實精神——關於「重寫文學史」的質疑與隨想》，《理論與創作》一九八九年第

五期。

㊱ 陸梅林：《新時期文藝論爭輯要·前言》，重慶出版社一九九一年十月版，第十六頁。

㊲ 參看吳方：《總把新桃換舊符——「重寫文學史」一瞥》，《文藝報》一九八九年一月十四日。

㊳ 汪曾祺：《重寫文學史還不到時候》，《文論報》一九八九年第九期。

第三編　繽紛的小說理論批評世界

第一章　宏觀掃描

第一節　「十七年」：在非文學的沉悶氣氛制約下

小說是什麼？在「十七年」時期，人們由於忙於階級鬥爭，也由於小說本身擔負著過重的政治使命，使小說家們和評論家們來不及思考這一古老而又永不會衰老的命題。說來人們也許會感到奇怪，當時那些觸及時事的小說——如五〇年代初期馬烽寫的《結婚》和谷峪的《新事新辦》，一九五四年李準發表的《不能走那條路》，均是由黨中央機關報向全國人民推薦而引起轟動效應的。那時，小說被看成是報告、時事或政策說明書，甚至被抬高到「製造推翻一個政權的重要輿論工具」的嚇人高度。結果，小說不再成爲小說——或雖然是小說，但由於它所表現的主要是對形勢和社會重大問題的關心，便不自覺地掩蓋了它對自身的思考。這就難怪當時的評論家所做的文章均是對作品的思想分析，外加技巧、語言風格，而且所使用的詞匯差不多都是主題思想、典型環境、典型人物、細節描寫之類，實在過於乾癟和貧乏。

但即使這樣，我們仍不應對「十七年」的小說理論批評做輕率的全盤否定。應當看到，在非文學的沉悶氣氛制約下，當時仍出現過令人振奮的理論作品和批評現象，湧現了一批有良好的藝術觸角的小說評論家。

「文革」前的小說理論批評，有自身的發展軌跡。在「十七年」中，它的理論批評主要分三個層次：一是對小說作家作品的評論和研究；二是對小說創作理論問題的討論；三是作家的小說創作體會。在五〇年代，小說理論批評很快捲入對所謂「小資產階級創作傾向」一類的批判，純理論研究顯得與政治需要不合拍節，因而幾乎被人遺忘。在這樣的背景下，應用性理論批評顯得空前活躍，對小說作家作品的研究及創作談之類的文章便魚貫而來。後來隨著短篇小說的繁榮和長篇小說創作高潮在五〇年代後期的出現，探討短篇小說的藝術規律及評價長篇新作的文章日益多了起來。在這一時期，較有影響的小說評論家有茅盾、侯金鏡、魏金枝、馮牧、胡采、潔泯、嚴家炎、李希凡、馮健男、黃秋耘等。他們的論著，受當時的政治觀點和社會思潮左右，也融進中國古代文論家的思想觀點，同時受到前蘇聯文藝理論的影響。這方面的合力作用，形成了「十七年」小說理論的下列特徵：

首先，「十七年」的小說理論是以現實主義為基礎的。當時人們不僅按照現實主義進行創作，而且以此精神從事小說理論研究，這就使現實主義理所當然地成了「十七年」小說理論的思想基礎。雖然現實主義的內涵幾經發展變化，或因創作方法政治化而將現實主義加上了「革命」、「社會主義」修飾語，或提倡廣闊的現實主義道路、深化的現實主義理論，或把這些新探索打成「反現實主義」，但現實主義的旗幟沒有因此而倒下，現實主義主要注重於對社會現象和客觀描繪這一基本精神仍沒有發生質變。

對現實主義創作方法的強調，是從一九五二年底開始的。當時擔任中共中央宣傳部副部長的胡喬木，在對北京文藝工作者和全國文協組織的第二批深入生活的作家所做的報告中，指出文藝工作者要想高度地反映偉大的現實，必須學習和掌握社會主義現實主義的原則。至於社會主義現實主義和過去的現實主義有無區別以及區別在哪裏，理論界看法很不一致。一九五八年又將社會主義現實主義創作方法改稱爲革命現實主義與革命浪漫主義相結合的創作方法，這仍沒動搖當代中國小說理論的基礎：現實主義。當時的衆多小說論者，均強調按照生活本來面貌再現生活，由客觀眞實達到本質眞實。許多小說評論家的表述方式可概括爲：藝術眞實不是現象眞實，而是本質眞實；不是生活眞實，而是本質眞實；不是自然主義眞實，而是理想的眞實。他們所以反復強調作家把握生活的本質，爲的是防止把假象曲解成眞相，把部分陰暗面誇大成全部。這種理論，可謂是源遠流長，它最早是由一些部隊文藝宣傳工作者和批評家提出的。這種理論一經提出，便很快被認可，被小說評論家們所接受。雖然也不時有人提出質疑，但「本質」、「非本質」或「主流」、「非主流」之說，在「十七年」小說評論園地裏通行無阻。這種理論不能說沒有可取的一面，但強調過分了，便容易按「社會本質」的概念和定義去圖解人物。事實上，不少小說評論便流行著「典型人物＝階級的代表＝社會力量的本質＝時代的主流」的公式。

當時堅持現實主義的小說評論家，無一不認爲小說是一種敍事藝術，且是各種敍事藝術中最擅長敍事的藝術。另外，對「敍事」的理解，又離不開故事和情節，尤其是離不開人和物。根據「文學是人學」的原理，他們十分強調以人物塑造作爲小說創造的中心。這便導致了性格小說、故事小說的盛行，而心理小說遠不發達。和這一理論緊密相聯繫，是提出小說創作中必須塑造高大完美的英雄人物形象。一九五〇年下半年，尤其是一九五一年，某些文藝領導部門號召反對創作中所謂「落後到轉變」的公式化傾向時，提出應以創造英雄人物爲今後文學藝術——當然也包括小說在內的創作方向。這一理論，同作家探索和把握歷史的前進方向，跟上時代發展的步伐有相一致之處，但把寫英雄人物作爲唯一的創作方向，並把寫不寫英雄人物當做是區別小資產階級文藝和無產階級文藝的首要標誌，就超越了文藝創作與文藝批評的界限，導致了「十七年」時期小說創作題材、主題的狹窄和單調。一九五七年杜黎均在六月七日的《文匯報》上發表了《周揚同志理論中的幾個問題》，批評了這一理論，認爲周揚在一九五一年發表的《堅決貫徹毛澤東文藝思想》中嚴厲批評短篇小說《老工人郭福山》，是毫無道理的。因爲模範共產黨員也是人，小說作者寫郭佔祥臨陣逃跑，在現實中是完全可能發生的事。蔡田發表在一九五七年五月《文藝報》上的《現實主義，還是公式主義》，也與杜黎均持同一觀點，認爲「凡人的生理現象與常情心緒」英雄人物都有。侯金鏡在爲一九五七年短篇小說集子所寫的《序言》中，則強調小說創作應進入英雄人物的日常生活和內心情感生活的「禁區」，「從瑣細的生活中，發現巨大的思想內容」。茅盾在《一九六〇年短篇小說漫評》①一文中也指出：「在日常生活中寫新人新事」是應該肯定的一種文學現象。邵荃麟在一九六二年大連召開的「農村題材短篇小說創作座談會」上提出的「寫中間人物」主張，則是對多年流行的「寫英雄人物」這個一統天下的口號的挑戰，是十多年來反對小說創作中刻劃英雄人物上的公式化、概念化鬥爭的必然結果。

總之，從四〇年代末關於「小資產階級可不可以做爲作品主角」的爭論，到五〇年代關於創造英雄人物、六〇年代關於寫中間人物的碰撞，都對小說創作和小說評論產生了深刻的影響。在小說創作的藝術規律研究十分缺乏的情況下，小說理論只好只求助於這種全局性問題的討論而得到發展。

其次，「十七年」的小說理論主要是由前蘇聯文藝理論的乳汁哺育出來的。這不是它的過錯，而帶有一種歷史的必然性。中國古代小說理論雖然包含了極爲豐富的美學思想（如葉晝、金聖嘆、毛宗崗、張竹坡、脂硯齋等人的小說評點），但由於只有小說批評、小說研究而基本上沒有小說原理的專論，再加上研究方法的偏執性，因而很難爲當代小說理論家所看中。現代小說理論雖然有成績可觀的小說創作談、小說批評和魯迅的《中國小說史略》，可是小說理論研究遠遠跟不上。拿二、三〇年代出版的郁達夫的《小說論》②、趙景深的《小說原理》③等大約十五部小說專著來說，不是全盤照抄漢密爾頓的《小說法程》④、佩里的《小說的研究》⑤，就是引進原理時加點中國小說例證，根本談不上有什麼理論發現，所以當代小說理論也無法完全依靠現代小說理論的營養成長壯大。在這種情況下，小說理論家們只好以前蘇聯文學理論做爲自己建設的參照系。如五〇年代流行的「形象」是「生活的圖畫」的解釋，就是從列·季莫菲耶夫的《文學原理》中移植過來的。在五〇年代討論典型問題時，把典型歸結爲一定社會力量的本質，也是照搬前蘇聯的結果。如巴人在一九五四年出版的《文學論稿》，就援引了馬林科夫關於典型任何時候都是一個政治性問題的片面性結論。一九五五年，蘇聯《共產黨人》雜誌第十六期發表了《關於文學藝術中的典型問題》專論，批評了馬林科夫把藝術典型與黨性、與一定社會力量的本質等同起來的荒謬觀點，大陸理論批評界也跟著轉向，接著又把典型界定爲多數，界定爲生活的本質和主流，界定爲階級的代表。這種換湯不換藥的理論嚴重窒息了小說評論家的思想活力，拘束了他們的求異思維和創新精神，以致把趙樹理沒按「階級的代表」觀點寫成的新型農民形象當作「中間人物的黑樣板」，以及把《賴大嫂》、《「老堅決」外傳》、《沙灘上》這些對農村現實生活略有微辭的作品，當做毒草鏟除。至於五、六〇年代流行的現實主義是無所不包的觀點，其源也出自前蘇聯美學界提出的廣義現實主義概念。這種盲目踵武他人的做法，使「十七年」的小說理論失去了自己的民族特色，無法得到健康的發展。

再次，「十七年」的小說評論對政治尤其是政策的依附性非常強。五〇年代後連續開展的政治批判運動，不僅給小說創作而且也給小說理論批評留下了深重的傷痕。配合政治形勢，不對小說的認識價值和審美價值做剴切分析的批判文章，正是在這種情況下應時而生的。一九五一年對蕭也牧《我們夫婦之間》的抨擊以及稍後對路翎《洼地上的「戰役」》的炮轟，均是爲了配合當時的思想改造運動。就是孫犁以描寫人物尤其以表現女性細膩的思想情感見長的優秀作品，也遭到非議和指責：「孫犁同志在創作上明顯地看出一種不健康的東西……很多是把正面人物的感情庸俗化，甚至，是把農村婦女的性格強行分裂，寫成了有著無產階級革命行動和小資產階級感情、趣味的人物」。孫犁的短篇小說《囑咐》由於寫了副營指導員繞道回家和妻子相會，便被有的批評家指責爲這種描寫是對戰士「精神的『沉重壓迫』和『有力的消耗』」。五〇年代初期對方紀小說《讓生活變得更美好吧》，反右鬥爭後對康濯的長篇《水滴石穿》，對鄧友梅的短篇《在懸崖上》和宗璞的短篇《紅豆》，對雪克的長篇《戰鬥的青春》以及一九五九年明令收回和禁錮杜鵬程的長篇《保衛延安》，都是爲了確認小說評論的政策性含義及對政治運動的依附性，都是一九四九年以來小說評論中左傾政治使命感的延伸和強化。即使是對一直得到好評的《紅岩》一類小說的評論，也是圍繞著特定的政治要求、道德準則和文藝政策展開的。至於六〇年代初對李建彤的長篇《劉志丹》的猛烈批判，則幾乎成了整個意識形態中最爲敏感和直接地表達人們政治意識的橋樑。

第四，「十七年」的小說理論是以實用爲目的的。與西方某些國家地區思辨性極強的小說理論相比，大陸當代小說理論帶有明顯的實踐性。這在「十七年」中表現得尤爲明顯。翻開「文革」前報刊上發表的小說評論文章，我們可以看到影響極大的是帶有理論色彩的創作談。如王汶石寫於一九六〇年底的《漫談構思——在〈延河〉編輯部小說座談會上的發言》、杜鵬程寫於一九六一年的《關於情節——塑造人物中的一個問題》，均是他們小說創作實踐經驗的總結。他們的經驗，雖然不等於小說理論，但經過集中歸納，使之抽象化，便具有了一定的理論價值。這些文章的作者，由於知名度高，更重要的是由於所談的作品影響大，再加上文章本身也有一定質量，所以比純理論文章有更多的讀者。此外，在「十七年」爲數不多的有關小說理論的專著中，技巧研究佔有重要地位。像吳調公出版於一九五七年的《談人物描寫》⑥、黃益庸出版於一九六〇年的《談短篇小說的剪裁》⑦，以及百花文藝出版社、上海文藝出版社於一九五九年先後編輯出版的《怎樣寫人物》、《談談短篇小說的寫作》，大都屬於形而下的技巧理論。雖然這些小冊子缺乏形而上的理論抽象，未能構築自己的體系，但由於它在一定程度上概括了小說創作的某些基本規律，體現出一定的實用美學價值，因而受到小說作者和讀者的歡迎。

這些實踐性的特點，使「十七年」的小說理論顯得樸實無華、通俗實用，很少從概念到概念的玄虛病，能給讀者一種可貴的親近感。但也因爲過於平易近人，因而帶來了下列缺憾：哲學傾向與思辨色彩不濃，大都缺乏一種嚴密的系統和邏輯性，也缺乏比例上的雄偉和風格的闊大。由於評論作者的視野多半局限在作品的主題思想、人物形象的思想行爲等方面，再加上庸俗社會學的影響，使「十七年」的小說研究停留在一般水平上，很難談得上有所謂「小說學」的存在。

下面再對小說創作中的理論問題和具體作品展開較爲深入的討論述介如下：

一是關於短篇小說藝術特徵的討論。這種討論，進行過多次，先後參加者有茅盾、魏金枝、邵荃麟、侯金鏡等著名作家和評論家。一九四九年後對短篇小說的評論和研究花了極大的伏案功夫的茅盾，在一九五七年寫的《雜談短篇小說》中，認爲短篇與中長篇的區別，既有篇幅長短、人物多少、故事複雜與簡單等外部特徵上的，也有（更重要的）實質上的：「短篇小說主要是抓住一個富有典型意義的生活片段來說明一個問題或表現比它本身廣闊得多、也複雜得多的社會現象的」。茅盾提出「橫斷面」的說法，其源出於胡適的《論短篇小說》。魏金枝還在一九五七年寫的《漫談短篇小說中的若干問題》，就對胡適的看法有異議。他認爲，「橫截面」（或「橫斷面」）並不是短篇小說的特點。理由爲長篇小說也不可能寫所謂生活的長河，也只能截取有限的一部分，即仍是「橫斷面」的寫法。他提出了「大紐結」與「小紐結」用以區分中長篇和短篇特色的概念。他說的「大紐結」，係指社會生活比較複雜、重大的矛盾和事件。魏金枝認爲，短篇小說寫的雖然是「小紐結」，但仍能反映出「大紐結」的狀況。侯金鏡的看法與茅盾相近，所不同的是他從人物性格上立論。他在一九六二年七月發表的《短篇小說瑣談》一文中說：「短篇的特點就是剪裁和描寫性格的橫斷面（而且是從主人公豐富的性格中選取一兩點）和與此相應的生活的橫斷面」。

對短篇小說的民族形式問題，在「十七年」中也有過爭論。不少論者認爲，故事有頭有尾才是我們民族的傳統，而不按順序，攔腰截斷，則是外來的形式。魏金枝認爲這種說法不能成立。他舉出「唐宋傳奇」、「三言二拍」、《聊齋誌異》這些作品，證明不是有頭有尾的作品也能爲群衆喜聞樂見。茅盾在一九五九年元月寫的《漫談文學的民族形式》中也認爲，什麼樣的小說才是我們的民族形式，主要不是看章回體還是筆記體，而應從小說的結構和人物形象的塑造兩方面去尋找。在結構方面，他認爲「由簡到繁，由平面到立體，由平行到交錯」，是從古至今小說結構發展的一般規律。關於人物刻劃的民族特點，他認爲可用「粗線條的勾勒和工筆的細描相結合」來概括。侯金鏡寫於一九六三年六月的《談新人新作八篇》則從創作實踐出發看待這個問題。他充分考慮到短篇小說在民族化群衆化方面所遇到的麻煩更多：它不能像長篇那樣繁縟鋪張，只能在精練簡括中求明快。況且今天的生活比古代複雜，「用傳統的短篇小說的方法來表達今天的社會生活就很不夠用，一定要借用外來的樣式和方法，而這借用又不能一下子全盤爲讀者對象所接受」。上述論者關於民族形式問題的爭論，就其實質來說是「短篇故事」與「短篇小說」這兩種不盡相同的文學格式內部的張力在理論上的反映。

二是關於茹志鵑作品藝術風格的討論。在五〇年代，小說家的藝術個性和風格沒得到應有的重視。從六〇年代的頭幾年裏，這一問題開始被提上議事日程。一九六一年前後在《文藝報》上開展的對茹志鵑作品的討論，便是「十七年」時期小說創作討論最具有學術價値的一次。

在「文革」前小說創作的百花園中，茹志鵑的作品是一株幽香沁人的藝術之花。給茹志鵑的成名之作以極大支持的茅盾，在第三次文代會的報告中，將茹志鵑的風格特色概括爲「俊逸」。侯金鏡發表在一九六一年第三期《文藝報》上的《創作個性和藝術特色》，細言（王西彥）發表在《文藝報》一九六一年第三期上的《有關茹志鵑作品的幾個問題》，魏金枝發表在一九六一年第十二期《文藝報》上的《也來談談茹志鵑的小說》，均認爲茹志鵑的作品具有下列特色：作品的主人公大多不是已經定型的叱吒風雲的英雄人物，而是正在成長中的普通工農兵群衆；作品主人公性格的發展和思想的成長不是直接放在階級鬥爭的風口浪尖中去展示，而往往放在日常生活和工作關係之中；作品的色彩「柔和而不濃烈，調子優美而不高亢」，撥動讀者心弦的是充溢在字裏行間優美的詩情。但對如何保持和發展這一風格問題，看法不一致。還在五〇年代末，女評論家歐陽文彬在《上海文學》一九五九年第十期發展的論文《試論茹志鵑的藝術風格》中，就認爲茹志鵑的「路子還不夠寬廣」，希望茹不要局限於刻意雕鐫所謂「小人物」，而應大膽追求最能代表時代精神的英雄人物的形象。侯金鏡不同意這種意見，認爲歐陽文彬誇大了題材對於作品社會價值的影響和作用。他認爲作家應「揚其所長，避其所短」，而不應輕率地拋掉自己的所長。細言與魏金枝的意見則介於這兩者之間。在不同的風格與反映時代精神問題上，評論家們的看法也不一致。潔泯（許覺民）發表在一九六一年十二期《文藝報》上的《有沒有區別？》一文，對細言把高大的英雄人物與正在成長中的普通勞動人民的形象不加區別地等同起來表示異議，認爲這就「可能會導致忽略時代要求於我們的創造光芒四射的英雄人物的任務」。這次討論，眞正做到了心平靜氣，以理服人，而不像一九五九年在《中國青年》上所開展的楊沫的《青春之歌》討論，出現了郭開那樣簡單粗暴的批評。但即使這樣，茹志鵑限於當時的形勢和環境的制約，無法全部接受評論家們正確的意見。在《文匯報》召開的座談會上⑧，她表示：「我也要克服自己不能把人物放在尖銳矛盾中去發展的這一缺點」，致使她「文革」前創作無法產生新的突破，陷入了困境。

三是關於長篇小說《金沙洲》和《創業史》（第一部）的爭鳴。《金沙洲》是廣東作家于逢一九五九年出版的小說。出版後先是在《羊城晚報》上，後來（即一九六一年四月～八月）除廣東報刊外還在北京《文藝報》上發表了三十多篇討論文章。討論中出現的分歧意見，歸結到怎樣理解藝術形象的典型意義和文學作品如何反映時代的本質和主流的問題。這也是同年在《文藝報》上所開展的《達吉和她的父親》從小說到電影討論時所存在的問題。不過，這場討論由於中國作家協會廣東分會理論組連續發表了由蕭殷等執筆的《典型形象——熟悉的陌生人》⑨、《文藝批評的歧路》⑩、《事件的個別性與藝術的典型性》⑪帶總結性的文章，因而顯得更引人注目。這些文章在批評把典型性格和典型環境劃一化的理解的同時，對典型問題做了深入的分析和論證。蔡儀發表在一九六二年第六期《文學評論》上的《文學藝術中的典型人物問題》，也與《金沙洲》的討論有關。他特別強調「不能忽視典型的個別性」，反對典型的普遍性等於階級性的觀點。他充分肯定了現在的文藝批評以典型形象的塑造爲重要尺度，比起過去以思想性和眞實性，或以新英雄人物的創造爲重要尺度來說是一種進步的表現。

《創業史》（第一部）是柳青反映合作化問題的長篇小說。一九六〇年由中國青年出版社出版後，在《文學評論》、《上海文學》上展開了討論。嚴家炎在一九六一年第三期《文學評論》上發表的《談〈創業史〉中梁三老漢的形象》等文章中認爲：梁生寶並不是作品中塑造得最成功的形象，因爲這個形象有「三多三不足」：「寫理念活動多，性格刻劃不足」；「外圍烘托多，放在衝突中表現不足」；「抒情議論多，客觀描繪不足」，而梁三老漢，作者通過他「成功地描畫了潛在廣大農民心靈深處的激流——他們從資本主義後備軍向社會主義可靠同盟軍轉變中的精神狀態及其變化歷程」，這個人物「成爲全書中的一個最有深度的、概括了相當深廣的社會歷史內容的人物」。秦德林、張鐘等人不同意嚴家炎的意見。其實，嚴家炎肯定梁三老漢也是小心翼翼的，他儘量使自己的灼見與政治的要求保持某些平行的存在。即使這樣，嚴家炎的意見仍得不到許多人的支持，這是因爲當時流行的是「政治標準第一」的原則，許多論者把政治上的正確性當做決定作品眞實性的前提，認爲只有政治上正確的才是眞實的、感人的。

在「十七年」引起爭論的小說除上面提及的外，還有朱定的《關連長》、王蒙的短篇小說《組織部來了個年輕人》等等。這些討論，雖然開始時有點民主氣氛，但後來都差不多都被納入政治運動的軌道。其問題的相對解決，多半是以組織措施或某種行政決議的變相形式——如某些權威人士的文章來收場的。這充分說明，「十七年」的小說評論不大習慣在寬容的基礎上開展正面對話，或有正面對話很快爲沉悶的政治氛圍所掩蓋。

第二節　閎富繁複、線條紛亂的新時期小說理論批評

面對閎富繁複、線條紛亂的新時期小說理論批評，很難確切給它劃上一個句號。在它正以方興未艾的勢頭向前發展的時候，任何描述都有可能掛一漏萬。但總不能等它沉寂不前時再將其檢視。無論

如何，我們均難以否認新時期小說評論所經歷的歷史性變化。

新時期小說理論批評的變革，有個持續發展的過程。粉碎「四人幫」後的一九七七——一九八八年，小說創作往現實主義軌道上復歸，小說理論批評的任務主要是批判文化激進派鼓吹的「三突出」一類的理論，爲「寫眞實論」、「現實主義深化論」的平反製造輿論，爲恢復現實主義在小說理論批評中的地位吶喊。當時有一批評論家在冒著風險爲所謂「反黨小說」《劉志丹》、《保衛延安》翻案。在評論隊伍佈不成陣的情況下，小說評論做了許多工作，打碎了不少鎖鍊，起到了開路先鋒的作用。但這時的小說評論帶有政治批評性質，用美學的歷史觀點研究小說作家作品的文章極少，思想上仍受到兩個「凡是」觀點的束縛。如一邊批「根本任務論」，一邊又強調小說創作的首要任務是塑造英雄人物；一方面承認邵荃麟提出的「現實主義深化論」沒有錯，另一方面又對「寫中間人物」的主張持保留態度。這均說明一九七八年以前的小說理論批評成績雖然不可抹殺，但畢竟還沒有從撥亂反正的臺階威武地邁上開創新局面的臺階。

一九七九年以後，由於開展了文藝與政治關係的討論，關於「寫本質」的討論，典型問題的討論，人性、人道主義問題的討論，使這時的小說評論，爲創作突破「禁區」、「險區」進一步起了巨大的推動作用。它不再落後於創作，而是具有了超前性。劉心武的《班主任》在一九七七年十一月號上的《人民文學》發表、盧新華的短篇小說《傷痕》在一九七八年八月十一日《文匯報》上刊出後，有人將其貶之爲「傷痕文學」、「感傷文學」、「暴露文學」，批評家們紛紛撰文質疑和反駁。王蒙等人寫了關於歌頌與暴露、關於干預生活問題的文章，這均爲小說創作打開了一條新的航道。尤其是閻綱對張一弓的小說《犯人李銅鐘的故事》的評論，不是一般的肯定，而是對社會主義新人形象提出了一個新觀念，這表現了他作爲評論家的藝術勇氣。如果沒有銳利的眼光和膽識，他就不可能爲作爲「傷痕文學」深化的「反思文學」的興起鼓吹。總之，如果沒有小說評論家扶持、保護以「傷痕文學」爲代表的新時期文學潮流，這股潮流就可能被左傾勢力所扼殺。

從七〇年代末以來，小說創作有了革新：在傳統現實主義的基礎上，大膽引進西方現代派的手法。如茹志鵑的《剪輯錯了的故事》，尤其是王蒙連續發表的用意識流表現手法寫的小說，更引起了文壇的青睞。小說家的藝術創新，很快成了人們廣泛議論和十分重視的研究課題，除了王蒙本人發表了許多談小說觀念變化的文章外，李陀在一九八二年六期《十月》上發表了《論「各式各樣的小說」》，最先發現王蒙對傳統小說模式進行挑戰的意義就在於創造了一種新的小說文體，並對新潮小說分別做了具體的分析和總結。高行健在一九八二年六期《鐘山》上發表了《談小說觀和小說技巧》，後又出版了《現代小說技巧初探》⑫，從理論上支持王蒙進行文體變革，引起了不同的意見。《文藝報》、《文學報》、《小說選刊》也發表了談小說觀念的文章。這些文章表明，評論家們並非僅僅跟在作家後面做表態性的反應。他們以自己的倡導和理論發揮參與了小說藝術的變革。具體說來，他們主要提出了下列問題：

一、現實生活趨向複雜化，小說的寫法也不必定於一尊，可以有各不相同的寫法。過去，人們長期把恩格斯講的「典型環境中的典型性格」當做典型的經典定義，而沒有看到它只是現實主義典型化的一種方法。典型既可以是人物的，也可以是情緒的。王蒙認爲，短篇小說完全可以寫一個鏡頭、一個片段、一點情緒、一點抒發、一個側面。一聲吶喊也可以組成一篇小說。短篇小說的主題、題材、結構、風格、手法均應多樣化。可以主要寫人物的行爲和命運，也可以主要寫人物的心理和感受。正劇、悲劇、喜劇、鬧劇都可以一試。包括某些中國古典的、外國現代的創作方法都可以採取「拿來主義」。李陀也認爲，小說不必要「寫得像巴爾扎克或契珂夫的作品那樣」。小說觀念自本世紀開始，已經歷了另一種發展。這種發展的結果之一，就是現代小說在「寫法」上已和巴爾扎克、契訶夫小同而大異。這就不能不使「小說學」的面目發生巨大的變化，不能不使人重新思考什麼是小說，應該怎樣寫小說這一類的老問題。

二、小說的主題除追求確定性外，還可追求非確定性的內涵。

「十七年」的小說，主題單一、明確。新時期的小說，不滿足於這一點，主題常常呈現出多義性。陸文夫在《小說門外談》⑬中就強調：「創作可以而且應該不用單一的主題，可以像多彈頭分彈道導彈一樣，能同時擊中許多目標。」嚴文井發表在一九八一年第三期《當代》上的《給孔捷生的信》中認爲，主題的多義是由生活的多義決定的。「藝術地再現生活，如果成功，就會顯示出多義性來。如果只能寫出一義，那大概與寫傳單差不多」。其他評論家也認爲，作家們追求複雜層次和多主題，是爲了同表現複雜化和快節奏的現代化生活相適應。這種追求更多的非確定內涵，無疑是新時期小說觀念的又一重大發展。

三、在小說的敍述方式和情節、結構等問題上的轉變。

新時期小說作爲新的文學造山運動的主幹，其變化的節奏之快，範圍之廣，種類之多，均一言難盡。拿作爲小說敍事的一個重要方式視角來說，它就發生了不尋常的變化。作家們常常違反「十七年」經常使用的常態視角，從一個非常態的角度去觀照現實世界。像莫言小說中的童年視角，幫助他創造了一個陌生化的藝術世界。馬原、喬良的小說視角，也具有一般小說作者所沒有的重疊、交叉、變幻的特點。此外，在敍述方式上還有主觀鏡頭敍述法、變形敍述法、物的敍述法、法庭作證敍述法、變換人稱的戲劇臺詞式敍述法等。在情節方面，則顯示了一種淡化趨勢。這種淡化，並不是完全無視情節的作用，而是淡化情節單元之間的線性關係，不按「十七年」流行的爲主題服務、故事要有頭有尾以及大團圓等傳統情節模式辦事。如札西達娃的小說，有意打破時空常規，造成情節的不和諧，強化作品的荒誕感。情節和結構有時很難區別。當作家們選擇小說情節的同時，也在選擇結構，努力走出「十七年」中慣用的「情節——人物」的結構模式，開始出現了過去沒有過的心理結構、意象結構、自然空間結構、文化空間結構、鬧劇結構等等。對新時期這些小說觀念的變化，不能簡單地歸結爲向西天取經的結果。社會生活的繁紛複雜，思維方式的生動微妙，人們對現實的各式各樣的感受，對「十七年」小說創作的反思，均促進著小說家們尋找具有創造性的、獨特的、新穎的藝術表現加以反映。

新時期小說理論批評的進展還表現在重心越來越轉向小說美學方面。在五、六〇年代，許多老一輩的小說家和評論家，根據自己的藝術實踐和理論探討的體會，對小說的藝術特徵進行了有一定成效的探討，但由於政治運動的干擾，阻礙了小說理論的進一步發展，小說理論研究多年來停滯在小說藝術規律的一般層次上。新時期小說理論向美學上轉化，爲的是突破過去思維的封閉性與求同性，從更高層次上把握小說藝術的規律，探索審美主體的奧秘和小說自身的審美特徵、小說內容的構成元素及其相互關係、小說的藝術形式及其表現手段、小說語言功能的開發與實驗等等，總之是從美學意義上，尋找小說的眞正涵義。像中年評論家滕雲，一九八六年由百花文藝出版社出版的《小說審美談》，從小說美學的角度，將小說的特徵提到特殊的審美屬性上去闡述。此外，還就小說把握生活的方式、情節結構、人物世界構成、篇幅、形式等方面做了深入的探討。青年評論家對小說美學的研究更爲活躍。他們常常從審美形式這個獨特角度對新時期小說進行批評，或是總結小說的審美經驗，或是揭示小說的審美規律，或是發掘小說的審美素質。他們的審美判斷，既新穎又富有一定的深度。像周政保《小說與詩的藝術》中關於小說觀念、小說結構、小說內涵的層次，關於象徵和詩的論述，都有開闊的思路，恢宏的思考。南帆的《小說藝術模式的革命》⑭、程德培的《小說本體思考錄》⑮、孟悅和季紅眞的論文《敘事方法——形式化了的小說審美特性》、宋耀良的論文《心態小說的哲學前提》，表現了他們對當代小說深切的感受和理解。他們對小說審美特徵的研究，給小說論壇帶來了新鮮空氣。中年學者葉朗的《中國小說美學》⑯、吳功正的《小說美學》⑰、張德林的《現代小說美學》⑱、艾斐的《小說審美意識》⑲或探討古代小說美學理論，或聯繫今天的創作實際探討小說創作的藝術規律和美學原則，不僅深化了有關小說理論，而且也通過小說的創作和鑑賞，開拓了美學研究的新領域。這幾本專著，無論對小說創作和美學研究來說，都是一種新探索和新貢獻。

在小說的樣式研究方面，也發生著科學意義上的轉化。短篇小說的評論和研究已日益顯出學科建設的自覺意識。荒煤、秦兆陽、潔泯、朱寨、王愚、閻綱、曾鎮南、蔣守謙、劉錫誠、蔡葵、何西來、張炯、雷達、繆俊傑、顧驤、李子雲、劉思謙、黃子平、季紅眞等評論家，準確地把握著短篇小說的動向與流脈。他們的研究，大體經歷了兩個階段。在一九八〇年以前，由於短篇小說在暴露「四人幫」給人民帶來的「傷痕」、反思「十七年」左的錯誤方面取得了舉世矚目的成績，因而這時的短篇小說評論非常重視小說的社會效果，一致認爲短篇小說的最重要收穫，是革命現實主義的勝利。至於藝術分析非常欠缺。當時作家的當務之急是把話傾倒出來，而不是考慮藝術質量，激情的作用往往勝過技巧的作用，所以由李飴的《思考，但別忘了文學……》⑳引起的關於短篇小說的藝術爭論，並未引起多大反響。八〇年代後，伴隨著短篇小說轟動效應的失卻，研究者的審美意識終於覺醒過來，並作爲重要的價值闖進了小說評論領域，特別是一九八五年湧起了小說新潮後，小說評論家針對創作中出現的尋根、空靈、荒誕、魔幻、象徵、黑色幽默、怪味等問題，展開了激烈的討論。到了一九八八年，短篇小說和整個文學一樣進入了低谷時期，人們感嘆著文學失去了以往的神聖以及失去轟動效應後面臨的尷尬。爲了從頹喪的情緒中走出，新批評家們紛紛自我反叛，將批評矛頭指向他們熱烈讚揚過的先鋒小說，由此又引起了吳亮爲先鋒文學辯護的「宣言」式文字。

從七〇年代末開始，中篇小說異軍突起，大顯身手。小說評論家們的作文題目，從此不再局限在驍勇的短篇，而開始了對中篇小說的研究。先是開始探討一向未能出人頭地的中篇小說，爲什麼會在這時平步青雲，成爲最受歡迎的紅角兒；後來是探討中篇小說的發展規律，它與當代文化、與新時期文學思潮的關係，並同時研究諸如中篇小說的形式結構、藝術特點、審美屬性乃至篇幅規模等衆多問題。在這方面，做出最大成績的是中年評論家張韌。他始終追蹤著、探究著發展中的中篇小說形態，出版了《中篇小說論集》㉑。對長篇小說的研究，雖然還沒有像中篇小說那樣活躍，與新時期發表出版的一千多部長篇的數量也極不相稱，但仍然做出了成績。特別是在第一屆茅盾文學獎的激勵下，長篇小說的研究打破了沉悶的局面，先是《文藝報》在一九八二年七、八兩期上闢了「長篇小說創作筆談」專欄，後來中國作家協會也召開了長篇小說的討論會。論者感興趣的話題是長篇小說的進展、存在的缺陷及其改進的方法。一九八四年後，隨著《鐘鼓樓》、《活動變人形》、《古船》等探索性長篇小說的出現，長篇小說的評論和研究不再局限於創作自身的成敗得失上，而著重從歷史、哲學、美學和接受理論等方面進行探討，涉及的話題有長篇的創作現狀、長篇小說觀念的變化、長篇小說面臨的問題、改革題材的長篇新作評價以及對「十七年」長篇創作的反思。一九八五年第四期《文學評論》以專輯形式發展的陳美蘭、盛英、劉齊等人關於長篇小說藝術特性的研究文章，以及在一九八七年年底至一九八八年上半年《文藝報》所開闢的總計八輯的《關於長篇小說的理論探討》專欄，涉及的問題均比過去更有縱深感和理論性。長篇小說「專業戶」何鎭邦還出版了《長篇小說的奧秘》㉒。吳秀明則出版了新時期長篇歷史小說評價的論文集《在歷史與小說之間》㉓。但總的說來，長篇小說的研究還未完成從外部規律到長篇小說審美特性的轉變。

一九四九年後的「十七年」，沒出版過一本研究小說理論的專著。在西方，早在三、四〇年代就創立了小說敘事學，可是在大陸，直到一九八八年出版了陳平原的博士論文《中國小說敘事模式的轉變》㉔後，才改變了對小說敘事學自覺或不自覺的拒絕態度。在現代小說史研究方面，自美籍華人夏志清著的《中國現代小說史》於八〇年代初傳入大陸後，該書的政治偏見及論述的隨意性，比其開拓價值更強烈地刺激了大陸現代文學的學者們。正是在這種形勢下，大陸各地學者分頭作戰，先後出版了田仲濟、孫昌熙主編的《中國現代小說史》㉕、趙遐秋和曾慶瑞的《中國現代小說史》上、下冊㉖、楊義的《中國現代小說史》㉗。其中後來居上——不僅超越國內同行，而且把夏志清遠遠拋在後面的楊義以小說流派劃分章節，把有關小說家的創作活動分別納入不同的發展線索之中，考察他們在種種小說發展過程中所引起的作用，從而展示中國小說發展的規律性，體現了一種文學史變革的趨勢。楊義的另一本講稿《文化衝突與審美選擇——二十世紀中國小說的文化分析》㉘，從文化角度審視本世紀小說的運動過程，顯示出一種史家的開拓精神。但上述幾部小說史，在文學史觀念和理論上的重構設計方面所做的努力，比在文學史體例、方法、視角上的翻新要遜色一些。

至於小說評論專集和小說作家研究論著的出版，其數量也大大超過了「十七年」。當代小說家的作品研究資料，亦出版了二十多種。這在過去是不可想像的。以往健在的作家不許出資料專集，至於寫評傳是蓋棺定論後的事。可王願堅還健在的時候，就出了由何寅泰等編的《王願堅研究專集》；涂懷章則在一九八三年由長江文藝出版社出版了《碧野的創作道路》。至於「文革」中去世的趙樹理，出版的研究專集就更多：韓玉峰等的《趙樹理的生平與創作》㉙、黃修己的《趙樹理評傳》㉚、王中青的《評論與回憶》㉛、高捷等的《趙樹理傳》㉜、董大中的《趙樹理年譜》㉝、楊志傑的《趙樹理小說人物論》㉞、小全和太龍的《趙樹理短篇小說藝術欣賞》㉟、黃修己的《趙樹理研究》㊱、李士德等的《趙樹理小說的藝術世界》㊲。這些論著限於當時的歷史條件，未能對「趙樹理方向」做出新評價，但不少論著畢竟不像過去局限於個別小說的封閉式批評，而開始向史論結合的宏觀研究發展，以一種史論結合的眼光描述趙樹理的創作道路。

半個多世紀之前，兩部美國小說理論著作——《小說法程》和《小說的研究》的譯介，曾大大刺激了中國小說評論家探索小說創作奧秘的激情，使他們破天荒地學會從人物刻劃、情節演進、背景描繪這三要素來分析小說。後來這樣的譯介被中斷。從八〇年代開始，大陸又陸續譯介了愛·摩·福斯特的《小說面面觀》㊳以及弗吉尼亞·伍爾芙的《論小說與小說家》㊴、韋恩·布斯的《小說修辭學》㊵、《現代小說美學》㊶等譯著，這同樣給中國小說作家和評論家打開了一個新天地，爲他們更新知識結構，建設具有中國特色的當代小說理論提供了新的參照系。正是在西方小說理論的影響下，新時期的小說理論批評呈現出多樣化的局面，僅敍事與文本的角度來說：有的著重考察技巧的變化，有的對小說「假定形式」做出研究，有的對小說「陌生化」做出全面觀照，有的對小說的文本變革進行審視，尤其值得重視的是從一九八五年起出現了小說文體批評的傾向。這種文體批評是建立在過去對小說形式和技巧研究基礎上的，但又不是簡單的重復，而是包含了文學風格意義上的批評、哲學意味上的文體批評以及文學語言內容上的批評。這些批評，無疑有西方文論（如新批評、結構主義、符號學）的投影，但外因通過內因起作用，它的興起和發展是大陸的小說創作和理論批評向更高層次走去的結果。如前所述，遠在八〇年代初，王蒙的《春之聲》就預告著小說文體變化的信息。這時的小說評論，如果仍然脫不了主題思想、人物形象和情節結構「老三篇」，顯然不行了。所以有的敏感評論家——如李陀在《論「各式各樣的小說」》中，就多次使用「文體」的概念，指出王蒙《雜色》的可貴之處在於它「把各式各樣的藝術因素熔鑄在一起，形成一種獨特的小說敘述語言，一種獨特的文體」。不少評論家也不滿足過去對情節的關注，而把注意力轉向文學形式上的批評，對語言問題萌生出一種現代敘述學意義上的自覺意識：破譯語言符號，著眼文本研究。後來，這種文體批評越來越適應於撩亂的小說文體的需要。小說評論家們或對新時期小說中的文體變化做宏觀描述，或對文體中的結構形式、敘述方式、心理時間、語言傳達做具體探索，或就具體小說作品進行文體意義上的批評。在這方面，用了較多精力做集中研討的是李國濤。㊷李慶西認爲「新筆記小說」既是尋根派，也是先鋒派的論述，也很值得重視。㊸此外，周介人、毛時安、南帆、吳秉傑、羅強烈、吳方、程德培、李劼、張德祥、朱水涌、盛子潮也以自己的力作參與這一批評潮流，以致人們將一九八七年稱爲「文體年」。小說文體批評雖然還有欠成熟之處，但從發展眼光看，它完全有可能成爲一個大的傾向以至形成一種文論流派。

新時期的小說理論批評也有破綻。首先表現在論壇過度興奮。有的評論家在搞形形色色的花樣翻新，林林總總的標新立異，弄得讀者無所適從，以致有的理論文章還沒昂首挺胸就被讀者遺忘，沒有構成體系便已匆匆收場被「超越」過去了。其次是有的評論家過分鍾愛自己的權威性，擺出指導創作的架式企圖讓小說家就範。如一九八八年初出現的語言學批評和「罵」派批評，多少就流露出這種傾向。還有的評論家，由於理論準備不足，只好憑悟性和感覺去評論作品，表現了一種所謂「頑童」心態。更有甚者把對新理論現狀和發展趨勢的焦急轉嫁於小說創作，以居高臨下的口氣分析小說怎樣處在低谷和疲軟狀態，而不反省自己有無疲軟狀況，這均有意無意拉大了理論批評與小說創作的距離，推遲了建設完整意義上的小說學的時間。

註釋

① 《文藝報》一九六一年第五、六期。
② 一九二七年，上海光華書局。
③ 一九三三年，商務印書館。
④ 華林一譯，吳宓校訂。一九二四年，商務印書館。
⑤ 楊澄波譯。一九二五年，商務印書館。
⑥ 江蘇人民出版社。

⑦ 北方文藝出版社。
⑧ 見該報一九六二年一月一日。
⑨ 一九六一年八月三日《羊城晚報》。
⑩ 一九六一年八月十七日《羊城晚報》。
⑪ 一九六二年四月《羊城晚報》。
⑫ 一九八一年，花城出版社。
⑬ 花城出版社。
⑭ 一九八七年，上海三聯書店。
⑮ 一九八七年，上海文藝出版社。
⑯ 一九八二年，北京大學出版社。
⑰ 一九八五年，江蘇人民出版社。
⑱ 一九八七年，湖南文藝出版社。
⑲ 一九八八年，文化藝術出版社。
⑳ 《光明日報》一九七九年七月六日。
㉑ 一九八四年，福建人民出版社。
㉒ 一九八八年，花城出版社。

㉓ 一九八七年，時代文藝出版社。
㉔ 上海人民出版社。
㉕ 一九八四年，山東文藝出版社。
㉖ 一九八四、一九八五年，中國人民大學出版社。
㉗ 第一卷，一九八六年，人民文學出版社。
㉘ 一九八八年，人民文學出版社。
㉙ 一九八一年，山西人民出版社。
㉚ 一九八一年，江蘇人民出版社。
㉛ 一九八二年，山西人民出版社。
㉜ 一九八二年，山西人民出版社。
㉝ 一九八二年，山西人民出版社。
㉞ 一九八三年，山西人民出版社。
㉟ 一九八三年，廣西人民出版社。
㊱ 一九八五年，山西人民出版社。
㊲ 一九八六年，東北師大出版社。
㊳ 蘇炳文譯，一九八四年，花城出版社。

㊴ 瞿世鏡譯，一九八五年，上海譯文出版社。

㊵ 華明等譯，一九八七年，北京大學出版社。

㊶ 美國利昂·塞米利安著，宋協立譯，一九八七年，陝西人民出版社。

㊷ 李國濤：《撩亂的文體》，《文藝評論》，一九八七年第二期。《小說文體的自覺》，《小說評論》一九八七年第一期。

㊸ 李慶西：《新筆記小說：尋根派也是先鋒派》，《上海文學》一九八七年第一期。

第二章　行進中的思考

第一節　「文革」前小説爭鳴的政治化傾向

在「文革」前，人們普遍認爲文藝批評是文藝界的主要鬥爭方法，文藝批評的標準是政治第一，藝術第二；講人性就是宣揚資產階級人性論；作品應以歌頌爲主，要暴露只能暴露敵人。而沒有將這些適應於戰爭年代的理論加以發展，沒看到一九四九年後的文藝批評不應再視爲文藝界鬥爭的主要方法，它同時還應擔負幫助讀者審美地理解作品，從細緻的藝術分析上幫助其提高欣賞文學作品的水平的任務；文學批評不能只把政治標準擺在首位，而應堅持眞、善、美的統一；文學批評在開展思想鬥爭的同時，還應研究和探討文學自身發展的規律，總結創作經驗，並吸取外國文學創作和文學批評的先進經驗。可是在「文革」前十七年，很少有批評家能考慮到創造性發展文藝理論問題，許多人只滿足於背誦和刻板地運用戰爭年代有形而上學在內的文學批評經驗，這就導致了「文革」前小說爭鳴的政治傾斜。下面，分短、中、長篇小說三方面情況進行述介。

一、關於短篇小說《我們夫婦之間》、《關連長》、《窪地上的「戰役」》、《「鍛鍊鍛鍊」》的爭鳴。

《我們夫婦之間》①，是蕭也牧進城後不久創作的探索作品。小說對五〇年代初期幹部生活中出現的新問題和新變化做了銳敏的反映，提出了一些值得思考的問題。在藝術上，小說從日常生活角度表現工農幹部思想面貌，著重描寫他們的心理變化，這對傳統寫法來說是一種突破。可是當時發表的陳涌、李定中（馮雪峰的化名）、丁玲、康濯等人的批評文章，均不是根據作品是否反映了生活眞實，是否觸及了生活中剛出現的新矛盾去判斷作品的優劣，而是依據政治運動和思想改造的需要，指責小說寫了「瑣屑的日常生活」，把「兩種思想鬥爭庸俗化了」，指責作者不該寫正面人物的缺點，把一個工農幹部寫成「母老虎似的潑婦」，把革命知識分子寫成「洋場少年」。這些批評由於不是從作品實際而是從配合政治運動出發，所以無法理解蕭也牧的探索精神及其藝術成就，而只攻其一點不及其餘。在這種圍攻下，蕭也牧違心地做了檢查，在後來反右鬥爭中，又被錯劃爲「右派」。

批判蕭也牧還殃及了朱定的《關連長》②。張學星、梁南等人的文章認爲，無論是小說還是電影《關連長》，均醜化了解放軍形象。路翎的《窪地上的「戰役」》③遭遇更慘。先是曉立（李子雲）、侯金鏡、宋之的、劉金等人在《文藝月報》、《文藝報》、《解放軍文藝》著文批評，認爲小說「攻擊了工人階級集體主義」，但當時路翎還有反批評的自由，寫了四萬多字的文章爲自己申辯④。可是反胡風運動一開展，路翎的這篇小說及其它小說立即被上綱爲「反革命」作品。

趙樹理的《「鍛鍊鍛鍊」》⑤，通過描寫農業社幹部想法治服落後婦女「小腿疼」和「吃不飽」從而順利完成生產任務的故事，觸及了應如何處理人民內部矛盾問題。小說發表後引起爭論。《文藝報》一九五九年九、十期，先後發表了武養、李聯明、汪道倫、王西彥等人的文章。對小說持否定態度的人認爲，「小腿疼」式的落後人物在農村中是少數，作者寫她們是對農村婦女的歪曲。作爲黨代表的農業社幹部，作者用同情態度寫他們的惡劣作風，也是錯誤的。肯定者認爲趙樹理刻劃的落後人物反映了剝削階級思想意識對人民的腐蝕，有教育意義。小說作者對生活的理解是深刻的，人物分寸也掌握得較好。可就是這樣一篇被認爲是現實主義向縱深方向發展的代表作品，在後來掀起的「批修」運動中再次受到批判。

二、關於中篇小說《金鎖》、《在和平的日子裏》的爭鳴。

孟淑池的《金鎖》刊於《說說唱唱》一九五〇年第三、四期。作品寫受地主迫害的乞丐金鎖，後來參加八路軍當了連長，終於鬥垮了地主。《文藝報》發表了鄧友梅等人的文章討論這篇作品。否定者認爲，金鎖實質上是地痞，不能代表農民。參加革命前他對地主逆來順受，參軍後的思想轉變過程也寫得不合邏輯。另一種意見認爲，作者的創作意圖是好的，但由於思想感情與勞動人民有距離，所以犯了挖苦、取笑勞動人民的錯誤。這兩種意見都帶有不同程度的「左」的烙印。即使這樣，作爲一九四九年以來的首次小說討論，氣氛較爲正常，不像後來那樣無限上綱。

對杜鵬程的中篇小說《在和平的日子裏》⑥的討論，也不是在政治鬥爭的氛圍中展開，不少論者均出自學術衝動而不是政治因素去參加爭鳴，討論得較多的是梁建形象的眞實性問題。有些論者認爲，由於作者沒充分展現梁建思想變化的歷程，所以使人感到梁建的形象欠眞實。持相反意見者認爲，梁建的形象雖然不能說明一般革命者的成長規律，但能說明部分幹部墮落這一現象，因而梁建的形象有教育意義，且是可信的。關於作品的風格，有人認爲是屬於「哲理性和詩情相結合的風格」，有人則認爲過多的議論使小說顯得不夠含蓄和凝煉。還有人從政治效果出發，認爲作品正面力量較弱，基調不夠高亢。這種批評顯然脫離了作品的實際。

在一九五九年《文藝報》和《東海》討論專欄上發表的文章主要有：蔡葵的《關於〈在和平的日子裏〉的一些問題》⑦、潘旭瀾和曾華鵬的《評〈在和平的日子裏〉》⑧、龍國炳的《關於閻興和梁建》⑨、胡采的《論〈在和平的日子裏〉》⑩、李燃青和金敏的《也談梁建和閻興》⑪。

三、關於長篇小說的爭鳴

對歐陽山《三家巷》⑫、《苦鬥》⑬的討論，從一九五九年到一九六四年十月：基本上屬學術討論性質，批評與反批評能正常展開，可是到了一九六四年十月，討論中的政治傾向逐步強化，後來終於異化爲一種非文藝性的政治批評。

對雪克的《戰鬥的青春》⑭、楊沫的《青春之歌》⑮、于逢的《金沙洲》⑯、柳青的《創業史（第一部）》的爭鳴，雖然不像《我們的力量是無敵的》那樣遭到粗暴的否定將作品打入冷宮，但

「政治標準第一」乃至「唯一」的法則，仍規範著不少討論者的心理格局和操作程序。如討論《戰鬥的青春》，有的論者在評價許鳳與胡文玉的關係時，是先去尋找作品的政治價值和教育意義，然後才去返顧作品的藝術價值。再如郭開對《青春之歌》的粗暴否定，《金沙洲》討論中出現的「規律＝題材」、「典型＝代表」的僵化公式，《創業史》討論中出現的文章《這樣的談藝術價值是恰當的嗎？——評嚴家炎同志對〈創業史〉的評論》⑰，均帶有濃厚的政治化傾向。他們的文章中流行著一思想內容二藝術特色的既定模式，內容的評析無非是突出人物的階級性和主題的政治性乃至政策性。這種爭鳴的政治化傾向一直到新時期才逐步有所扭轉。

第二節　由「四隻風箏」引發的「空戰」到「僞現代派」的批評

一九八〇年，高行健在廣東《隨筆》叢刊上發表了一組「文學創作雜記」的文章，於次年將其匯編爲《現代小說技巧初探》(以下簡稱《初探》)，由花城出版社出版。剛問世不久，馮驥才在《上海文學》一九八二年第八期上發表了致李陀信：《中國文學需要「現代派」！》，稱讚高著的出現，是「在目前『現代小說』這塊園地很少有人涉足的情況下，好像在空曠寂寞的天空，忽然放上去一隻漂亮亮的風箏」。接著，李陀在《上海文學》一九八二年第八期上發表致劉心武的信：《「現代小說」不等於「現代派」》。劉心武也在《上海文學》同期上發表致馮驥才信：《需要冷靜地思考》，認爲高行健放出了一隻「風箏」，雖遠非完美，但確實算得上「漂亮」。王蒙在《小說界》一九八二年第二期上，亦發表了《致高行健》，對他支持自己進行文體變革作了回應，並認爲高著係採用「自由瀟灑的文體」寫成，其本身也是一種理論文體的變革，因而讀後激動不已。這就是所謂四隻「小風箏」的由來。

高行健的《初探》得到老作家葉君健的支持，由其作序。全書共分十七章，計九萬字，接觸了現代小說技巧中的敍述語言、人稱、意識流、怪誕、象徵、結構、時間與空間及眞實感距離感等問題。在此之前，報刊上已有論者零星介紹過西方現代小說發展情況，也出版過一些介紹西方現代派作家作品的書籍，但像高行健這樣專談西方現代小說技巧的小冊子，乃屬第一本。作者知識面寬，行文力避冬烘式的引經據典。儘管它的論證並沒有充分展開，有些觀點前後也有自相矛盾之處，但它的實用價值及由此帶來的一些新觀念、新思路，卻使衆多小說家爲之傾倒。再加上該書文字輕鬆，論證瀟灑，更使人感到這是一本難得的奇書。劉心武在《在「新、奇、怪」面前》⑱中，曾將「初探」的內容要點概括如下：

(1)《初探》雖以介紹西方現代小說技巧爲主，但並不局限於此，而隨時縱向地把中國自古代經「五四」時期到如今的小說技巧發展，以及橫向地把一些當代中國小說作者在創作實踐中的技巧運用揉合在一起，加以分析、綜合，提出他的一家之言。這是該書的一大特色。

(2)提出了小說技巧可以爲不同階級服務的觀點。葉君健在序言中認爲，一個時代的社會生產方式會影響、改變、推進一個時代的生活方式，從而影響、改變、推進小說技巧的發展（小說的內容另當別論）。高行健的立論也有這樣的前提，他研究的也僅僅是現代小說技巧的演變和發展。雖然，他和葉君健均強調了技巧要爲內容服務這一點，但仍認爲同一技巧，可以爲不同的內容服務（如「意識流」）。看來作者好似受了斯大林關於語言文字不是上層建築等論斷的影響，認爲小說技巧從某種意義上來說也就是運用語言文字的技巧。同一技巧對不同的政治、哲學、思想、情感傾向的適應度是否相等，每一種小說技巧的獨立性和可用度是否都能達到相同水平，高行健對此基本上都給了肯定性的答覆。這是個頗複雜的學術問題，其結論是否科學值得討論。

(3)小說技巧既然隨一個時代的生產方式、生活方式而不斷豐富、變化，那麼，新、奇、怪乃是一種正常現象。《初探》不但不迴避這一點，而且爲新、奇、怪的現代小說技巧尋找理論上的依據和實踐中的成績，以證明其合理性、進步性及可用性。也許有人認爲這樣立論未免片面、偏激。但我們對於某些封建社會的小說和大批西方古典小說的那種小說技巧，均受之安然，爲什麼偏偏對西方現代小說技巧就視爲洪水猛獸呢？故我們必須打開窗戶朝外開。而《初探》，正是一本四面開窗，有利於我們了解世界文化——包括現代小說技巧的狀況與發展趨勢的好書。

(4)《初探》基本上以技巧的超階級、超民族爲論述的前提，而且致力於對大陸一般作者和讀者還不十分了解的西方現代小說技巧做肯定性的介紹。但在《怪誕與非邏輯》等章節中，還是注意了把握不能單純要弄技巧這一原則。作者強調小說技巧是超民族的同時，並沒有迴避文學創作中的民族形式這一問題。

⑸新、奇、怪並不可怕。隨著時代的發展，小說技巧總要不斷突破，只要是順理成章的新、水到渠成的奇、瓜熟蒂落的怪，不但都可以成立，而且必然會對讀者產生新的吸引力和新的愉悅感。我們要反對的只是形式主義的玩弄技巧。這就是《初探》給讀者最大的收穫。

《初探》雖然對古典小說技巧的種種「法規」進行了強有力的衝擊，意義重大，對中國當前的實際情況也有顧及但仍很不夠。最後一章《未來的小說》，立論走得過遠，顯得不紮實。此外，有些地方的論述同小說發展史不那麼吻合，同中外小說發展現狀也有牴牾。

《初探》出版後被注意，被批評，被讚揚，被駁斥，其中中年小說評論家劉錫誠發表在《當代文藝思潮》一九八三年第一期上的《關於我國文學發展方向問題的辯難》最具代表性。他認爲，由《初探》引起的論爭不局限在小說理論批評範圍內，而是「涉及到我國社會主義文學的發展方向」的大是大非問題。當時在《文藝報》等報刊組織與之呼應的論爭文章，主要圍繞下列問題展開：一是怎樣看待西方現代派文學？二是我國文學有無必要走現代派的道路？三是當前我國文學創新的焦點是否只在於形式？四是借鑒西方現代派文學與我國文學的民族化和現實主義是怎樣的關係？對上述問題，意見分歧較大。有的人認爲現代派文學最能堅持藝術的「眞實原則」，最富有藝術的美學價值，最善於表現社會與人的本質，它的揭露和批判達到「偉大的深度」，中國需要現代化文學也需要現代派；有的人則認爲現代派文學是資本主義政治、經濟、思想危機的產物，它內容反動貧乏，情緒頹廢闌珊，無論是世界觀還是文藝觀均與馬克思主義距離甚遠。我國文學的發展有自身的特殊規律，決不能走西方現代派的道路，未來也決不屬於現代派。第三種意見認爲對現代派既不能譽之過高，也不能毀之過甚，強調要從具體情況出發，進行細緻深入而又實事求是的分析，力求給予全面、恰當的評價。這後兩種意見無法阻擋現代派的引進。繼高行健的《現代小說技巧初探》後，先後又有柳鳴九的《薩特研究》、陳焜的《西方現代派文學研究》、袁可嘉的《外國現代派作品選》的出版。這股「現代派」熱潮，其影響主要是正面，而不是負面。

如果說，一九八二～一九八三年由《初探》引起的關於現代派問題的討論由於政治的干預而暫時中斷了的話，一九八八年爆發的關於「僞現代派」的論爭，則是一九八二年由那幾位小說家「放風箏」引起的「空戰」的繼續。所不同的是前幾年的「空戰」氣氛由熱鬧趨向嚴峻，而「僞現代派」的討論氣氛寬鬆、態度冷靜而更富有學術性。

「僞現代派」一詞是王曉明等上海青年評論家，在一九八六年中國社會科學院文學研究所召開的「新時期文學十年」的學術討論會上提出的。李潔非在表達他對新時期文學疑慮的《被光芒掩蓋的困難》一文也出現了這個詞語，但並未對概念的內涵進行嚴格的界說。後來黃子平在一九八八年第二期《北京文學》上發表了《關於「僞現代派」及其批評》之後，「僞現代派」問題才正式引起人們的重視。《北京文學》除召開兩次專題討論會外，還設立了討論專欄。這次討論的緣由是：大批新潮小說從各個報刊湧現；理論界有人認爲現代主義與現實主義、浪漫主義應平分秋色，承認其爲新時期文學的一股潮流；另方面，還由於不少讀者呼喚現實主義的復歸，不少評論家對現實主義理論做了重新的解說。這次討論除了黃子平的文章外，尚有：李國濤的《何必曰僞》⑲、李陀的《也談「僞現代派」及其批評》⑳、吳方的《論矯情——兼論小說的主體表現與自律》㉑、木弓的《論「僞現代派」》㉒、王幹的《我看「僞現代派」》㉓、張首映的《「僞現代派」與「西體中用」駁議》㉔、李潔非的《「僞」的含義及現實》㉕、張耀生的《僞現代派文學與僞現代批評》㉖。此外，季紅眞的《西方現代主義文學與中國小說》㉗、鄒平的《中國存在現代主義文學的土壤嗎？》㉘、張頤武的《小說實驗：意義的消解》㉙，也涉及到「僞現代派」問題。

「僞現代派」，本是未經過深思熟慮提出的概念。有些論者將這個帽子抛給新潮小說，是基於這種認知：從邏輯學的觀點看，西方現代派是正，那中國現代派則必僞無疑；從創作主體看，西方作家確是吃飽了撐得慌，而這些中國新潮小說家尚未飽肚則佯裝撐得慌；從文本看，西方現代派小說形式與內容皆是現代的，而中國的小說只學了些現代手法，骨子裏還是舊的，這就「造成外在形式和內在觀念的分離」。總之「『僞現代派』的含義就是我們並沒有眞正具有現代素質的現代派作品。」㉚

這次討論中除涉及到如何理解「僞現代派」的內涵外，還牽涉到下列問題：

一、現代主義與現實主義關係問題。儘管有的論者對現實主義做了新的解釋，但現實主義的一統天下早已被現代主義打破。現在現代主義與現實主義不再是兩軍對峙，而是出現了互相滲透、交融的思潮。張韌在《文學的新思維與新格局》㉛中，明確提出了現實主義與現代主義實行雙軌機制的主張。

二、關於實驗小說的評價問題。一九八五年，是中國文學異常活躍的一年。這一年，莫言、張承志、阿城、韓少功、劉索拉等這些多少帶點「鬼才」味道的頑童相繼崛起。對他們的文學實踐，批評界沒太大的歧見。到了一九八七年，在以北京地區爲代表的部分青年批評群體中，開始了對「先鋒」小說發出「危機」、「傾斜」的斥責聲，張陵、李潔非甚至判定一九八七年「沒有好小說」。廣東的張奧列也在一九八八年五月二十一日的《文藝報》上著文，認爲實驗小說陷入了窘境。天津的《文學自由談》雜誌，還於一九八八年各期闢了「直言不諱」的「罵派」批評專欄，企圖以「罵」治「捧」。因由一九八五年「罵」現實主義到後來「罵」現代主義新潮小說，許多論者均認爲這樣做過於偏激。因爲儘管一九八八年掀起了現實主義回歸熱，但現代主義小說仍未陷落峽谷，瀕臨絕境，它們的現狀是二派分立，你激我蕩，相爭共存。

三、關於閱讀的意義。木弓、王幹等認爲：「僞現代派」不重視「閱讀」的存在，敍述者處在一元中心的位置上，提出眞現代派的文學應注意讀者心靈的相通，讓讀者在讀小說時理解作者的創作意圖，讓讀者與作家共同參與文學作品的創造，取得共同的地位。

四、中國文學的發展道路及文學評論對創作應負的責任。李陀認爲：不僅要討論「僞現代派」，而且還要討論「僞現實主義」。「因爲中國文學的現實主義運動中究竟有多少現實主義本來就是個很大的疑問」。「在現實主義由於中國化而產生了嚴重名不符實的情況下，爲什麼中國的文學工作者還一定要堅持現實主義的名義？爲什麼一定要給自己的文學加上現實主義的桂冠？」李陀還批評了文學評論過於冷靜的客觀態度，而放棄了對文學發展應有的熱情。

這次討論的缺點是多半局限於青年評論家，有「圈子」批評的味道，影響不如上一次因「四隻小風箏」引發的一場「空戰」那樣深遠。此外，對主張中國文學應走西方現代派道路這個重大問題避而不談，這顯然是心有餘悸留下的印痕。

但不管怎樣，現代派的引進和「僞現代派」的討論，使大陸的文論開始了從政治向文學自身、從外部規律向內部規律、從時代要求向審美要求、從「寫什麼」到「怎樣寫」的轉移。正如一位青年學者所說：「它所促成或強化的『技巧』興趣、『形式』意味，爲當代中國文學的實踐開辟了一個更爲廣闊的視野，這個內在視野的獲得，表明文學在朝向自身的轉折中又有了一次前所未有的突進。」

註釋

① 《人民文學》一九五〇年一卷第三期。
② 《人民文學》一九五〇年一卷第三期。
③ 《人民文學》一九五四年三月。
④ 參看《文藝報》一九五五年第一～二期。

⑤《火花》一九五八年第八期。
⑥《延河》一九五七年第八期。
⑦《文藝報》一九五九年第十二期。
⑧《文藝報》一九五九年第十二期。
⑨《文藝報》一九五九年第十六期。
⑩《文藝報》一九五九年第十七期
⑪《東海》一九五九年第十五期。
⑫廣東人民出版社一九五九年版。
⑬廣東人民出版社一九六二年版。
⑭新文藝出版社一九五八年版。
⑮作家出版社一九五八年版。
⑯作家出版社一九五九年版。
⑰《上海文學》一九六三年十一～十二月。
⑱《讀書》一九八二年第七期。
⑲《文藝報》一九八八年四月三日。
⑳《北京文學》一九八八年第四期。

㉑ 同上。
㉒《萌芽》一九八八年第五期。
㉓《文論報》一九八八年五月二十五日。
㉔《北京文學》一九八八年第六期。
㉕《百家》一九八八年第五期。
㉖《作家生活報》一九八八年十二月二十五日。
㉗《文藝報》一九八八年一月二日。
㉘《文匯報》一九八八年四月二十八日。
㉙《北京文學》一九八八年第二期。
㉚ 譚湘整理：《面向新時期文學第二個十年的思考》，《文學評論》一九八七年第一期。
㉛《人民日報》一九八八年十二月二十七日。

第三章　小說評論家及其論著

第一節　在「代聖賢立言」與「爲自身立言」之間矛盾的茅盾

茅盾（一八九六～一九八一），原名沈德鴻，字雁冰，浙江桐鄉縣人。一九一六年於北大預科畢業後，到上海商務印書館編譯所工作，從此開始了他的文學創作、文藝理論研究和外國文學的翻譯活動。他不僅是著名的小說家，而且也是文藝評論家和文藝運動的領導者。一九四九年以後歷任中國文聯副主席、文化部部長、中國作家協會主席等職。一九四九年後出版的文藝論著計有：《談最近的短篇小說》（一九五八年，作家出版社）、《夜讀偶記》（一九五八年，百花文藝出版社）、《鼓吹集》（一九五九年，作家出版社）、《反映社會主義躍進的時代，推動社會主義時代的躍進》（一九六〇年，人民文學出版社）、《一九六〇年短篇小說欣賞》（一九六一年，中國青年出版社）、《鼓吹續集》（一九六二年，作家出版社)、《關於歷史和歷史劇》(一九六二年，作家出版社)、《讀書雜記》(一九六三年，作家出版社)、《茅盾評論文集》(一九七八年，人民文學出版社)、《茅盾論中國現代作家作品》(一九八〇年，北京大學出版社)、《茅盾論創作》(一九八〇年，上海文藝出版社)、《茅盾近作》(一九八〇年，四川人民出版社)、《茅盾文藝評論集》(一九八一年，上海文藝出版社)、《茅盾文藝雜論集》(一九八一年，文化藝術出版社)、《關於文藝修養》(一九八三年，湖南人民出版社)。

茅盾是以翻譯和評論進入文壇的。自一九一九年四~六月在《學生雜誌》上連載《托爾斯泰與今日之俄羅斯》一文直至逝世時算起，他六十餘年總共寫了約五百萬言的文學評論文字。一九四九年後，他由於難以適應政治鬥爭的需要，以至將自己的藝術生命消耗在忽左忽右、反左反右、反右反左的無休止政治遊戲之中，便和沈從文這隻從湘西飛出來的會唱歌的鳳凰只好聲音瘖啞一樣，他也差不多「江郎才盡」，不再從事創作。於是，他將主要精力放在文藝理論研究與文學批評上。但文藝理論批評比創作更接近政治，因而當他操起評論的武器時，難免面臨著一種難以解脫的矛盾狀態，如在五〇年代初寫的《目前創作上的一些問題》中說：完成政治任務與藝術性「如果兩者不能得兼，那麼，與其犧牲了政治任務，毋能在藝術上差一些。」還說「濫造是不應該的，但有時爲了革命的利益，粗製實未可厚非。」這種說法，明顯地表現了一種閃爍其詞，似有難言之隱的苦衷。後來他這種矛盾心態一直難於消解：一方面要當宣傳、批判的評論家，如寫些《必須徹底地全面地展開對胡風文藝思想的批判》①、《關於所謂寫眞實》②一類的反胡風、反「右派」的時文，另一方面又要探索現實主義理論，探索歷史劇理論問題以及評論當前的小說創作。即使探索理論問題時，他也很難不受左傾思潮的影響。

拿他那篇寫於一九五七～一九五八年「首都人民圍剿麻雀的勝利聲」中的長篇論文《夜讀偶記》來說，它固然表現了這位現當代文學史上著名作家對各種創作方法——尤其是現實主義問題的思考，但同時也表現了他在試圖樹立社會主義現實主義創作方法權威時的困惑和失誤。當時，由於蘇共召開了「二十大」，赫魯曉夫帶頭批判斯大林的嚴重錯誤，由此催生了「解凍」文學，在中國便引起對現實主義不同看法（尤其對現實主義的主流說產生懷疑）的反應。爲了消除人們對作爲歷來主要創作方法現實主義的懷疑，茅盾運用他豐富的文學史知識和獨特的審美能力，向讀者講述文學創作流派的變遷史，講述時處處閃耀著智慧的靈光。但與這種智慧的靈光和精到的分析相對立的是那個「現實主義與反現實主義鬥爭」的教條公式。在這位自認爲高擎現實主義大旗的理論家看來，現實主義是無往而不勝的英雄，任何「反現實主義」潮流在他面前均會撞得頭破血流。這種看法顯然不符合文學史實。這種觀點，好似是列寧的兩種文化理論的運用，其實是典型的將列寧的思想加以庸俗化的表現，誠如何其芳在一九五九年六月討論北大等校同學編寫的三本文學史會上做的長篇發言中所說：現實主義與反現實主義的鬥爭雖然存在，但不宜將其看做是規律，因這個公式有狹隘性。從列寧的兩種文化理論「只能引伸出每個現代民族中都有兩種文學，有民主主義的和社會主義的文學，也有資產階級的文學。應用到我國封建社會的文學史上，只能引伸爲有民主性的文學，也有封建地主階級的文學。不能在民主性的文學和現實主義的文學之間劃上等號。民主性的文學不止是現實主義的文學。」何其芳還指出：不能單純按照是否眞實地反映現實來劃分現實主義與非現實主義，「眞實地反映現實的並不只是現實主義的文學，還有積極的浪漫主義的文學。」③茅盾把積極浪漫主義劃入現實主義範疇，顯然不科學。這篇論文儘管有的論述仍有可取之處，但在根本觀點上，犯了教條主義地套用列寧的兩種文化思想，套用一部哲學史是唯心主義與唯物主義的鬥爭這一公式的錯誤。這種錯誤的鑄成，一個重要原因是他當時的地位和身份，使他確立了「代聖賢立言」的理論思路和批評思路。在多變的「十七年」政治風雲中，如果不確立這種思路，不迎合政治權威的思想，就有可能失足，就可能被政治批判的風浪捲入沒頂之災。正是這種心理狀態，促使他在經典作家的零星論述中去尋找微言大義，然後將經典作家的某些論述加以膨脹，上昇爲文學規律。他那本曾受到不少當代文學史教材高度評價的《鼓吹集》，其中有相當一部分也鼓吹了左傾文藝思潮，這不能不認爲是自我的喪失，批評家作爲人的尊嚴的權利以及價值意義的喪失。

但茅盾畢竟是有深厚的外國文學和中國古典文學的修養，有較深的理論造詣，有豐富的創作實踐經驗的評論家。儘管他和郭沫若一樣參加過「鼓吹」左傾文藝思潮的合唱，但他許多不是奉命寫作的評論作家作品的文章，即不是面對文藝運動、文藝思潮問題發言的文章，由於「爲自身立言」的思路代替了「代聖賢立言」的評論思路，所以仍取得了突出的成績。特別是他寫的二十餘萬言，涉及一百五十多篇作品的小說評論，是他一九四九年後寫的文學評論最有價值的部分。

還在二〇年代，茅盾就致力於新小說理論的探討，通過譯介外國現代小說、評論我國文壇的新人新作或批判舊小說的實踐活動，爲現代小說以新的風貌登上高尚的文學寶座做出了重要的貢獻。一九四九年後，他仍致力於小說理論研究和小說評論，其中有對單篇小說的具體分析，又有對同一時期作家作品的綜合評論。有讀書札記，也有理論探討。如刊在一九五七年五期《文藝報》上的《雜談短篇小說》，對短篇小說的定義、短篇小說的性質（即在寫法上異於中長篇者何在）、短篇小說何以到十九世紀後半期才盛行起來等問題，均做了獨到的闡述。這裏不存在《夜讀偶記》中非此即彼的二極邏輯判斷，有的是對短篇小說如何才能做到短的精闢見解，爲當時提高短篇小說的藝術質量展示了新的思路。更值得重視的是茅盾對小說民族形式所發表的精湛意見。他指出：傳統形式不僅是指章回體、筆記體、故事順序等等，而且更重要的是指小說的結構和人物形象的塑造特點。他認爲，長篇小說的民族形式的結構特點是「可分可合，疏密相間，似斷實聯。」依靠這種結構方法，可收到「長到百萬字卻舒卷自如，大小故事紛紜雜陳然而安排得各得其所」的藝術效果。人物形象塑造的民族形式的特點是「粗線條勾勒和工筆的細描相結合。前者常用以刻劃人物的性格，就是使得人物通過一連串的故事，從而表現人物的性格，而這一連串的故事通常都是用簡潔有力的敍述筆調（粗線條的勾勒），很少用冗長細緻的抒情筆調來表達。後者常用以描繪人物的聲音笑貌即通過對話和小動作來渲染人物的風度。」對傳統小說的表現方法研究得如此透徹，闡述得如此詳切，在茅盾之前很少見到。在四〇年代，茅盾本人在談中國古典小說時也曾論及民族形式問題，但遠不如像他在六〇年代概括得這樣精確而具體。到七〇年代後期，茅盾還將民族形式的看法運用在姚雪垠的歷史小說《李自成》的評論中，如他十分讚賞姚雪垠採用傳統的勾勒手法，只用寥寥數筆便勾畫出黑妞「恰如其分的英雄而又帶點鄉土氣的性格和身份。」④。茅盾對小說民族形式的論述和實踐，在很大程度上反映了他的小說觀的現實的民族特色。

茅盾的小說評論另一重點是澆灌佳花，培育新苗。還在二、三〇年代，茅盾在獎掖小說新人方面就做出了重要的貢獻。丁玲、沙汀、張天翼（鐵池翰）、吳組湘、端木蕻良、蕭紅、碧野等人，就曾受到茅盾的熱情扶持。一九四九年後，茅盾仍以最大的努力培養青年作家，向他們傳播成熟的經驗。在一九五六年二月召開的中國作家協會理事會（擴大）上，他做了《培養新生力量，擴大文學隊伍》的報告。在同年三月召開的全國青年文學創作會議上，他又做了《關於藝術技巧》的報告，論述了什麼是藝術技巧和如何提高藝術技巧以及文學語言問題，給青年作者很大的啓發和幫助。《鼓吹集》、《鼓吹續集》中的許多評論文章和《讀書雜記》，都體現了茅盾有急於造出大群新的文藝新軍的心情。同時，他還對許多作者進行重點輔導。像谷峪、楊沫、李準、茹志鵑、王汶石、陸文夫、杜鵬程、瑪拉沁夫等人的成長，茅盾均付出過艱辛的勞動。在茹志鵑受到挫折、面臨喪失信心的情況下，茅盾及時給她鼓勵，對她的處女作《百合花》給予很高的評價，以爲這是近來出現的短篇小說中「結構上最細緻嚴密，同時也是最富於節奏感的」一篇，使茹志鵑重新獲得了生活和創作的勇氣。王願堅的《七根火柴》發表後，茅盾在《談最近的短篇小說》中給予仔細的分析，甚至連作者構思時曾打算用第一人稱的寫法，後來又把「我」改成了另一個人物這最初的意念都看出來了。王願堅讀了後深受感動。正是借著這親切的激勵，王願堅這支「火柴」燃出了燦爛的火光，接連寫了《普通勞動者》那樣有份量的作品。對杜鵬程，茅盾也多次指出過他的不足之處，使他得到終生難忘的教益。

大家知道，五〇年代所有的評論家，差不多都是在「代聖賢立言」、批判「資產階級文藝思想」開始自己的理論批評生涯的。但到底什麼是「資產階級文藝思想」（或後來所說的「修正主義文藝思想」），誰也無法說清，這便出現了周揚、胡風、馮雪峰、邵荃麟、巴人等人相互批判和被批判的混亂局面。在歷次所進行的界限模糊的混戰中，有的批判者終於在批判他人中發現了自我價値和尊嚴，對過去的批判鬥爭做了深刻的反省，認識到批評的主體應屬於自己而不屬於他人或什麼「聖賢」。這種轉換必然導致從文藝批判悲劇的製造者、參與者跌入悲劇承受者的深淵，成爲下一次文藝批判的對象。茅盾就是這樣的評論家。儘管他在《紅樓夢》研究批判、胡風文藝思想批判、反右派鬥爭中順利過來了，但在一九六四年掀起的「批修」鬥爭中，他終於被排除出「代聖賢立言」的陣營，以致他領導的中央文化部被打成「帝王將相部、才子佳人部」。據他的小說《林家舖子》改編的電影亦遭到猛烈的抨擊。冰凍三尺非一日之寒。在此之前，茅盾對極左思潮已有過不滿。在「大躍進」期間，他尖銳地批判了把「暢想未來」、「人鬼同臺」以及超現實的誇大作爲「兩結合」的錯誤做法。在一九五九年的《青春之歌》討論中，他反對否定《青春之歌》的粗暴態度，認爲「評價一部反映特定歷史事件的文學作品的時候，也不能光靠工人階級的立場和馬列主義的觀點」⑤。他根據歷史唯物主義的觀點，認爲作者描寫林道靜的成長，並不像某些人說的是爲了保護小資產階級的思想意識。雖然他爲楊沫辯解時，還不能完全擺脫「代聖賢立言」的思路，但已表現了他由批評的工具性向主體性的轉換。明顯的例證是一九六二年底，他寫了《讀〈「老堅決」外傳〉等三篇作品的筆記》，旗幟鮮明地支持寫中間人物的作品，認爲「老堅決」敢於頂五風，「是我們的時代最可寶貴的人材。」對《賴大嫂》所寫的從集體養豬到戶戶餵豬的變動，他認爲這不是宣揚倒退，而是「有積極教育作用。」這表達的完全是他個人的獨立見解。一九六四年四月，他還冒著風險爲因「探求者」一案罹難的陸文夫寫了長篇評論《讀陸文夫的作品》⑥。此文不因人廢言，滿腔熱情地肯定陸文夫「在藝術創造中自強不息的精神」。

和「代聖賢立言」的批評思路另一重大差異是，茅盾的小說評論常常沒有貫徹「政治標準第一」的原則。本來，從文化類型著眼，他屬政治、經濟型的作家而不同於老舍那種風俗、文化型的作家。但他評論作品，仍有自己獨特的審美視角和層面，非常重視題材和風格的多樣化。一九五八年寫的《創作問題漫談》，針對文藝界片面強調寫「現代題材」、「尖端題材」的論調，他認爲「現代題材應該寫，歷史題材也應該寫」，「題材範圍愈廣闊，作品愈多樣化，我們的文藝就愈繁榮發展。」在第三次文代會上，他所做的基本上是「代聖賢立言」的報告中，仍儘可能追求自己的批評個性，用這樣優美的散文語言表示了他對題材、形式和風格多樣化的嚮往：「我們的生活既有揮斥風雷的一面，也有雲蒸霞蔚的一面。既有拔山倒海的一面，也有錯彩鏤金的一面」，這就要作者「既能以金鉦羯鼓寫風雲變色的壯麗，也能用錦瑟銀箏傳花前月下的淸雅」；「文藝既要能像橫塑據鞍，千人闢易，也要能像歲時伏臘，歡騰田野；既要能橫眉怒目寫鬥爭的艱苦，也要能眉開眼笑寫勝利的快樂；既要善於塑造人物，也要善於渲染氣氛；既要能寫江山之多嬌，也要能寫廠礦之雄偉」。基於這種思維方式，他在評論新老作家的作品時，十分注意風格的品評：從王汶石的峭拔到茹志鵑的俊逸，從趙樹理的明朗雋永而時有幽默感到梁斌「有深厚之氣而筆勢健舉，有濃鬱的地方色彩而不求助於方言」等，他都評述得言簡意賅，恰到好處。可以毫不誇張地說，茅盾對風格多樣化的品評和他對小說民族形式的論述一樣，是他作爲理論家留下的出色的文字，標誌著他作爲當代小說評論大家的極高水準。文學創作的形象思維能力被注入到理論批評中，使他的不少評論文章透露出「美文」的色彩。遺憾的是這種獨特的評論風格又常常被「代聖賢立言」的思路所沖淡。直到他逝世前夕——儘管他這時思想比過去解放了許多，在視力極差的情況下，仍關心小說創作，支持「傷痕文學」的興起，但他這時寫的一些文章仍沒有完全超越習慣性的文體模式，徹底完成從「代言體」到「自言體」的轉變。如在一九八〇年寫的《茅盾文藝評論集·序》中，仍堅持「現實主義與反現實主義鬥爭」之說。正由於「代聖賢立言」思路的影響，使茅盾在一九四九年之後文學評論成就取代了文學創作成就。他的後半生，政治地位高於文學地位，政治意識重於文學意識，「代聖賢立言」強於「爲自身立言」，這就難怪他後來成了新潮文論家重寫文學史的對象。

第二節　侯金鏡：熱情而細緻的園丁

侯金鏡（一九二〇～一九七一），北京人。一九三八年入陝北公學分校三九隊學習。抗戰勝利後，任華北軍區文工團副團長。一九五三年任華北軍區文化部副部長。一九五四年冬至「文革」前任《文藝報》常務編委、副主編。評論著作有：《部隊文藝的新里程》（一九五二年，中華書局）、《鼓噪集》（一九五八年，新文藝出版社）、《侯金鏡文藝評論選集》（一九七九年，人民文學出版社）。

和馮牧一樣，侯金鏡也是從《文藝報》上崛起的評論家。雖然在此之前，他已出過評論集子，但內容畢竟單薄：只五篇文章，除創作座談會議紀要兩篇外，評論文章只有三篇，其影響最多只在話劇界和部隊。可是自他擔任了《文藝報》負責工作後，他的視野開闊起來，寫的文章不再局限於戲劇，而將評論的重點轉入小說和文藝運動。這裏面，雖然也有過失誤⑦，但決不能由此認爲他的全部評論都是庸俗社會學的。相反，他對簡單粗暴的批評非常反感。陳企霞在一九五〇年三卷三～四期《文藝報》上發表的《評王林的長篇小說〈腹地〉》，不是把作品中反映的生活整體和構成這整體的各種情節統一起來考慮，而是拋開作品的整體，尋章摘句地去排列和指責。侯金鏡寫於一九五六年的《粗暴批評之一例》，仔細分析了陳企霞簡單地、庸俗地理解文學作品的錯誤。一九五九年反右傾運動中，王願堅的作品被指責爲宣揚了資產階級人性論，侯金鏡不同意這種看法。他在給王願堅小說集《普通勞動者》作序時，肯定王願堅一直走的是「健康踏實的路子」。這表現了他的眼力和膽識。

在「文革」前，相對小說創作的活躍局面來說，小說評論稍顯沉寂。在小說論壇上馳騁的，除茅盾、魏金枝等人外，侯金鏡無疑是產量較多的一位。他在五〇年代中後期寫的《可喜的收穫——談方之的短篇小說》、《戰鬥和友誼的抒情詩——讀和谷岩的〈楓〉》、《激情和藝術特色——〈一九五六年短篇小說選集〉序言》、《一部引人入勝的長篇小說——讀〈林海雪原〉》，帶著滿腔熱忱推薦新人新作，對杜鵬程善於捕捉人物性格相關聯的有戲劇性的場面，對林斤瀾更注意抒情的氣氛和語言美這些還處於萌芽狀態的藝術個性將其挖掘出來，產生了一定的影響。又如一九六三年，短篇小說創作由於受了「反修」文學思潮的影響，顯得很不景氣。而張天民、任斌武等新作者，力排干擾，表現出一種熱情和幹勁。他們的新作，給小說園地帶來新的氣息。《讀新人新作八篇》，便表現了侯金鏡作爲一名辛勤、熱情而細緻的園丁的喜悅之情。他這些文章，堅持對作品的思想內容和藝術形式做深入細緻的分析，不作空洞的讚美。他十分尊重作者創造性勞動，帶著對新創作的喜悅與保護的心情去評論小說；對內容有缺憾的作品，他既不因爲是熟人、朋友就替其掩飾，同時又不粗暴指責。被他評論過的作者，有的後來成了著名小說家，侯金鏡仍把他們當成諍友，樂於和他們一起探討長篇小說的民族化問題及其它藝術創作的奧秘。在「文革」前，不少小說家和批評家關係緊張，可是像侯金鏡那樣和他們形成相互支持、相互促進的關係，在當時並不多見。

侯金鏡的評論文章常常是編輯工作的副產品。由於編務工作繁忙，沒有充裕的時間思考、動筆，所以他的不少文章思辨色彩較差，存在著「評多於論」的不足。可是他在六〇年代初寫的《創作個性和藝術特色》⑧，卻有些例外。此文堅持文學藝術創造上的典型化的根本原則，反對把題材的重要與否當作衡量作品價值大小、評論作家長處和短處的首要標準，對茹志鵑發表的十七篇小說進行了仔細的分析。他認爲，茹志鵑寫的故事雖然是生活中的一個波瀾，卻和時代的激流息息相通，烘托了也滙入了社會主義建設大合奏的主調；她筆下的人物，應當在文學藝術的畫廊裏佔有一席之地。作品的優美柔和的抒情調子，喚起了讀者對時代的溫暖喜悅的心情，反映了色彩繽紛的時代面貌等等，都應當肯定而不應非難。侯金鏡這些看法，雖然引起過爭議，但畢竟有助於題材和風格的多樣化。如果說有什麼不足的話，那就是他這篇文章對茹志鵑作品的藝術特色說得過於固定化。

侯金鏡的評論，雖然也有靈氣，有閃光，但從沒有像這次評茹志鵑小說寫得這麼深刻和有影響。這位從評戲到評小說的評論家，到了茹志鵑作品討論時，忽然在風格問題上有大悟，贏得一次靈性的解放，然後以一種新的姿態參與他所從事的小說評論和編輯事業中。這對於侯金鏡，對於許多關心小說創作和評論的人，都是一件值得慶賀的事情。

作爲「文革」前《文藝報》的主要負責人，侯金鏡和他的同代評論家一起經歷了文藝論壇的滄桑變化，有過同樣痛苦的精神蛻變史。「文革」期間，他看透了極左思潮，對林彪、江青一夥的做法極爲不滿，以致病死在五七幹校時還背著「四人幫」強加給他身上的諸如「文藝黑線人物」、「反黨喉舌」《文藝報》負責人的罪名，一直到文革後才平反昭雪。

第三節　馮牧的「繁花」與「草葉」

馮牧（一九一九～一九九五），原名馮先植，北京人。曾參加一二•九抗日救亡運動。一九四二年在延安魯迅藝術學院文學理論研究室工作，後任延安《解放日報》文藝編輯。一九四九年後主要從事部隊文化工作和創作的組織領導工作。一九五七年底，調中國作家協會，任《新觀察》主編。一九六二年下半年，任《文藝報》副主編。「文革」結束後，任《文藝報》主編、中國作家協會副主席、《中國作家》主編。理論著作有：《繁花與草葉》（一九五九年，百花文藝出版社）、《激流小集》（一九六一年，上海文藝出版社）、《耕耘文集》（一九八一年，上海文藝出版社）、《新時期文學的主流》（一九八一年，人民文學出版社）、《馮牧文學評論選》（一九八三年，湖南人民出版社）。另與閻綱、劉錫誠共同主編「中國當代文學評論叢書」十九種。

《文藝報》是中國文聯的「機關刊物」。它的一個重要任務是宣傳中共在文藝上的方針、政策，評介當前文藝創作，討論重要文藝問題。它不是一般的「園地」，而是「陣地」。在「十七年」時期乃至今天，它的確起到了指導全國文藝運動的作用。這個刊物的主編，上級均委派德高望重的理論權威擔任。從創刊開始的丁玲、蕭殷、陳企霞、馮雪峰到張光年莫不是如此。馮牧到《文藝報》的時間雖然遲些，於一九六〇年第一期始任編委，於一九六二年第七期起任副主編，但他的評論家的地位，早在一九五八年《文藝報》上發表評王願堅、艾蕪、雪克等作家的小說時就開始確立。

負責理論刊物只是一種工作分工，誰也不會以此作爲衡量評論家在當代文學理論批評史上地位的重要條件。馮牧的評論家地位自然也是靠他的辛勤筆耕實績決定的。今天，我們重新檢視他的文學評論，平心靜氣地說，他在「文革」前出的兩本評論專集寫得並不十分出色，就似他自己在《繁花與草葉·後記》中說的像草葉一樣的平凡。他雖然在延安時期就涉足過文藝評論，但後來由於長期搞行政領導工作，兼寫散文和遊記，因而當他重返文藝評論崗位時，使人感到他的藝術理論準備並不充分。他評論一些小說家的作品，大都是以思想分析取勝，而不像同是編輯出身的小說評論家魏金枝、侯金鏡那樣有獨特的審美視角和細膩的藝術剖析。他觀察文學現象，較多的是從政治、倫理的角度出發，強調的是時代性和作品的教育意義。他選擇的評論對象，可用他的第一本評論集的頭幾個標題來說明：不是「有聲有色的共產黨員形象」就是「崇高的主題，巨大的形象」，外加「革命的戰歌和英雄的頌歌」。當時也的確是「戰歌」和「頌歌」的時代。無論是小說家還是詩人，都發瘋般擁抱戰鬥，擁抱革命，「自覺地和主動地把自己的創作活動同當前的革命鬥爭和政治動向緊密地結合起來」。「爲革命謳歌」、「爲解放全人類戰鬥」以及「使命」、「責任」這類詞的使用次數達到高峰，具有鮮明的傾向性、戰鬥性的作家受到關注和青睞也達到顛峰狀態。這時的評論家評論作品像馮牧那樣著重於政治功利，著重於作品是否「充溢著強烈的革命精神和政治熱情」，以及作者是否「把文學作爲推動工作的戰鬥武器來運用」，也與當時的時代氛圍頗爲合拍。還是這種帶有一定歷史惰性的價值標準，使馮牧將藝術上粗糙、標誌著艾蕪創作道路上倒退的《百煉成鋼》，誤判爲「艾蕪創作路程上的新躍進」；把李準的配合政治運動的應時之作《不能走那條路》，當做「選擇了一條正確的路向」的榜樣加以讚揚；把歌頌「大躍進」和「公社化」的《李雙雙小傳》，視爲「對於這種正在蓬勃生長的社會主義新人的一首昂揚響亮、優美動聽的讚歌」。馮牧無法超時代，他和所有小說評論家一樣，在評論作品時深受「十七年」的政治觀點、具體政策和社會思潮的影響，往往從抽象的政治原則或具體的政策出發來評論、認識文學作品的主題，帶有一定的盲目性，好些文章經不起歷史的沉澱。

但這決不等於說馮牧在「文革」前寫的評論就只有微小平凡的「草葉」，而沒有繽紛的「繁花」。馮牧由於跟戰爭、軍隊生活有不解之緣，個人的經歷氣質有親近和溝通的一面，所以他評論起描寫這類題材的作品時，容易看得眞切，把握得準確。如《紅日》那樣在廣闊範圍和巨大規模內正面反映我國革命軍隊生活和革命戰爭史跡的佳作，他能主動地、充滿激情地、深入堂奥地評論。對《戰鬥的青春》（初版本）的評論，更能顯示馮牧在這方面的膽識和評論之光。當時，曾出現了一種全面否定這部長篇小說的意見，馮牧對此是不讚成的。他認爲，《戰鬥的青春》確實存在著「由於技巧不足而產生的缺陷」，「它也許沒有修整的外表和豔麗的光彩，但它有著濃烈的戰鬥氣息和生活氣息，它有著眞正的生活土壤所賦予它的強烈而質樸的生命力量。」⑨並由此認爲評價作品的尺度「應當是作品當中的人物形象、生活場景和主題思想所表現出來的總的傾向，而不是作品當中的這樣或那樣的成功或是失敗的局部和細節。」對高纓的小說《達吉和她的父親》，他正是遵循這樣的原則進行評論的。當時，李厚基在一九六一年二月號《電影文學》上發表了題爲《更上一層樓》的文章：高度讚揚劇本《達吉和她的父親》的同時，嚴厲地批判了同名小說，認爲小說「只是個人喜怒哀樂的命運悲劇，而不是社會悲劇」，人物形象「不是解放了五、六年的新社會勞動人民的形象」。對這種主觀武斷的批評，馮牧非常不以爲然。他認爲小說比電影更眞實感人。對小說描寫了「人性、人情」是否屬於大逆不道問題，他旗幟鮮明地表示了意見，認爲決不能因爲批判資產階級人性論，連無產階級的人情和人性也排除在感情之外了⑩。這種反駁雖然是謹小愼微的，在「人情和人性」前面加了修飾語，但畢竟透露了馮牧對左傾思潮的不滿。

正是對人情、人性問題的深切理解和對同時代作家的相知，馮牧批評的主體意識已異於他人而開始鮮明起來。寫於一九六二年的《略談文學上的「反面教員」》⑪，就是極好的說明。當時創作中流行這樣一種傾向：力求把敵人描寫得無力和簡單，把正面人物描寫得儘可能的強大和全能。馮牧反對這種把狡詐而頑固的敵人寫成「千人一面的孱頭和蠢材」的傾向。他辯證地指出：「我們需要在作品中看到更深刻的、更高於藝術感染力的『反面教員』。我們希望，在我們從作品中看到更好的、更動人的革命英雄形象的同時，也能夠看到足以成爲他們的角力和對手的眞實敵人的藝術形象。」這種要求按照生活的本來面貌眞實地描繪敵人的意見，在當時有可能被認爲是「長敵人威風，滅自己志氣」，但馮牧不憚於紛飛的箭鏃，不懼於獨行的孤獨，把反對庸俗社會學的責任放在自己的肩上。由此也可見馮牧的社會學評論固然有上面說的從抽象的政治原則出發評論的缺陷，但並不全是這樣。他之所以選擇社會學的角度評論文學現象，主要是基於評論家的歷史感與現實感，基於對社會進步的追求和作品社會效果的渴望。這種評論，自有它的存在價值。

在一九七七年恢復工作後，馮牧先是較早站出來批評江青一伙炮製的「黑線專政論」，後是和「轉換文藝」作鬥爭。一九七七年、一九七八年，當《班主任》、《傷痕》等一批小說雄壯地擊響文學新時期鐘聲的時候，馮牧又毫不猶豫地爲這批作品拍手叫好。當時，重新執筆的小說評論家不少來自高校和科研機關。與這些「學院派」的評論家不同，馮牧是文藝理論刊物的主持人。這有他得天獨厚的優勢。憑著對創作情況的稔熟，也憑著他對新時期文學流向的敏感，馮牧先後寫了《對於文學創作的一個回顧和展望》、《關於近年來文學創作的主流及其他》、《短篇小說——文學創作的突擊隊》、《關於文藝創作和文藝思想的意見片段》等文，對新時期頭幾年文學創作和文學思想的脈絡，進行了富有穿透力的診察。在具體的作品評論中，有對一九七八年全國優秀短篇小說獲獎作品的評論，對蔣子龍《喬廠長上任記》的支持，對張一弓的《犯人李銅鐘的故事》、諶容的《人到中年》、魏繼新的《燕窩兒之夜》這些有爭議作品所做的富有說服力的分析。馮牧寫這些評論，常常不是首先受制於某種清醒的理智判斷，而是來源於某種藝術初感的撩撥；他與小說家的關係，不是一般的評與被評的關係，而是弄潮兒與濤頭的關係。我們在馮牧新時期寫的這些「繁花」似的小說評論中，均可以感到作者嚴峻誠實的態度以及流露於其中的對小說創作的殷切期望。

總觀馮牧三十餘年的評論生涯，他從事小說評論，主要是一種工作需要，或者是一種單純的職業選擇。他於一九八四年離開《文藝報》後，評論文章寫得既少且失去了新時期頭幾年激濁揚清、革故鼎新的銳氣，就是一個明證。鑑於他後來所擔負的職務和影響，和由於離開了評論第一線，評論激情的主要源生地不再存在，因而不可能有過去那樣多的「繁花」，那樣大的影響。凡是出於工作需要而走上評論崗位——不是我選擇評論，而是評論選擇我的評論家的命運，大體都是這樣，如在馮牧之前的蕭殷、張光年，自離開了《文藝報》後，也許是由於年齡老化，也許是因爲失去了地利，評論地位從此式微。馮牧的先後同事、著名小說評論家閻綱和劉錫誠從《文藝報》調出去後，也慢慢由小說評壇的「繁花」變做「草葉」，就是一個旁證。

第四節　朱寨：嚴謹而認眞的學者

朱寨（一九二三～　），山東平原人。一九三九年赴延安，後在魯迅藝術學院學習、工作。一九四五年後長期在東北做實際工作。一九五四年調北京，一九五八年起到中國科學院文學研究所工作，爲中國社會科學院文學研究所研究員。主要理論著作有：《從生活出發》（一九八二年，人民文學出版社）、《朱寨文學評論選》（一九八五年，湖南文藝出版社）。此外，還與閻綱等合著了《新時期小說論——評論家十日談》（一九八七年，陝西人民出版社），並主編了《中國當代文學思潮史》（一九八七年，人民文學出版社）。

和陳涌一樣，朱寨在解放區成長，而在一九四九年後活躍在當代文壇。和陳涌不同的是，他很少寫那種面對文藝運動、文藝思想鬥爭發言的大塊文章，所以他在「十七年」時期雖不是默默無聞，但知名度相對來說要小些。他基本上是屬於在書齋裏討生活的學者。但他決不是文藝運動的看客。他面對紛至沓來的各種觀點的交鋒，有時內心無法平靜，也會按捺不住參與文藝論爭。像他寫於六〇年代初期的《這樣的批評符合事實嗎？》⑫，批評了馮牧、安旗對卓如在研究李季問題上所做的粗暴批評。⑬這與其說是爲卓如一人辯護，不如說是爲一種不趕時髦的、嚴謹的學風辯護。《關於歷史劇問題的爭論》⑭、《再談關於歷史劇問題的爭論》，則對李希凡與吳晗的爭論表示了自己的看法。這些看法，均是純學術性的。這些邏輯嚴謹的文章，使人想起何其芳領導的文學研究所培育的熱愛眞理、勇於探索的良好學風和嚴肅認眞的治學精神。

一九四九年十月以後，意識形態按照「淨化」的原則進行嚴格的選擇，統一的爲政治服務的文學觀念和革命現實主義的創作方法，取代了「五四」以來的多元觀念和方法。在這種情況下，朱寨也不能有別的選擇。出於形勢的需要，他也寫了些《延安文藝座談會前後》⑮那樣批判他人的時文。至於評論作品，他使用的是社會學評論方法，所提倡和高揚的是革命現實主義的旗幟。如果說他「十七年」寫的小說評論有一定的影響的話，那這影響主要是「憑借了一定的實際工作經歷賜給我的一定的生活知識，用生活印證、判斷作品對生活的反映。」⑯正因爲有這個優勢，評論作品時沒有違背從生活出發的原則，所以他的小說評論顯得紮實，有較豐富的容量。像他寫的《渭河平原農村的新人新生活——評王汶石的短篇小說集〈風雪之夜〉》、《讀〈創業史〉(第一部)》、《時代革命精神的光輝——評〈紅岩〉》、《讀〈林海雪原〉》，在探討作品的內容方面顯得細緻而深切，以闡述作品反映生活的深度和廣度獲得讀者的好評。當然，由於作者純粹以認識論和反映論作爲自己從事小說評論的哲學支撐，所以在他的某些評論文章中，難免存在客體決定論和主體消融論的傾向。這個短處，以他的評論文章善於做深入的藝術剖析得到了彌補。如評曲波的《林海雪原》，他不是單從社會、倫理的角度去分析作品的內涵，也不是七分內容三分藝術分析，而是用了許多篇幅從人物的行動性、結構的故事性、語言的民族性來分析小說藝術上的民族傳統、民族氣派的特色。這裏的評論對象雖然只是一部作品，但沒有就事論事，而是把《林海雪原》放在一個儘可能宏闊的背景中去估量、去考察，使讀者見微知著，由木及林，使淡薄的印象得到強化。寫於一九五九年的《〈山鄉巨變〉的藝術成就和作者的藝術造詣》，則更能體現他嚴謹認眞的評論文風。在當時怕談藝術性的情況下，朱寨偏偏執拗地去探討作家的藝術造詣和風格。不僅自己談，還呼籲別人談：「應該強調一個作家的藝術修養和藝術技巧的重要。」這種「不識時務」的呼籲，雖然在改變評論文風方面起不了多大的作用，但這畢竟表明了朱寨的評論追求和嚮往。

朱寨是最早以當代文學爲研究專業的學者，但他的評論產量談不上豐盛。這絲毫不表明他不用功，或關切當代文學的激情在減弱。像他評論劉心武的作品，多次提醒讀者注意劉心武「對生活作不斷嚴肅思考、深入開掘」的長處，尤其較早注意到謝惠敏形象的特殊意義，指出作者通過謝惠敏「這個人物的端莊體貌，揭示了她靈魂的黑色烙印，從而賦予了這個形象比宋寶琦更深刻、更普遍、更典型的社會意義，在我們文學史的形象畫廊中增添了一個新的『熟悉的陌生人』型。」這種評論，體現了作者的評論智慧。這智慧體現在對作品的準確把握，對作品的透徹了悟和理解。此外，他對《晚霞消失的時候》的歷史深度的肯定，對《公開的情書》思辨特點的強調，也是一種穿透中所顯示出的才學和機智。對諶容《人到中年》秦波這個「馬列主義老太太」形象的分析，作者亦沒有淺嘗輒止，而是洞察到這個形象所包孕著的深刻而普遍的生活內涵。這也只有像朱寨這樣走進迷宮又走出迷宮的評論家，才能夠看穿作品迷宮的構置，將小說作者順手捕捉到的形象抽取出來，挖掘出其深廣的社會意義，然後變成某一類型人的「共名」。

就內容的厚實和挖掘的深刻而言，朱寨在老一輩評論家中是有成績的。但他寫了這多年小說評論，我們似乎很難推舉出哪一篇是他的代表作。沒有代表作的評論家，是很難被讀者銘刻在心間的。可喜的是，他這一重大缺陷終於由於他後來印下的小說評論和當代文學思潮研究的雙軌跡而得到了補償。一九八七年，朱寨出版了由他主編的《中國當代文學思潮史》。⑰爲寫這本書，他不僅從體例到內容做了總體設計，而且還親自執筆寫了《對「蕭也牧創作傾向」的過火批判》及《胡風的文藝批評和創作理論》等許多章節。這些章節沒有滿足於羅列介紹，而是以嚴肅的態度，帶著史的眼光來審視在左傾思潮統治下作家和批評家所做的藝術探索，爲我們研究當代文學思潮帶了一個好頭。此書儘管在某些地方存在著政治的強化與藝術的弱化的不平衡現象（嚴格說來還不完全是思潮史，而更多的是文藝運動史)，但畢竟給人們從思潮的角度了解和認識當代文學的三十年，提供了有益而重要的參照。

第五節　閻綱的「評論詩」

閻綱(一九三二～　)，陝西禮泉人。一九四八年起從事通俗文藝創作，一九五〇年到縣文化館工作。一九五六年畢業於蘭州大學中文系，後到《文藝報》工作。爲《評論選刊》主編、《中國文化報》副總編輯、中國當代文學研究會副會長。主要著作有：《悲壯的〈紅岩〉》(一九六三年，作家出版社)、《〈創業史〉與小說藝術》(一九八一年，上海文藝出版社)、《小說論集》(一九八二年，湖南人民出版社)、《文壇徜徉錄》(上、下，一九八四年，人民文學出版社)、《文學八年》(一九八七年，花山文藝出版社)。另與朱寨、顧驤、何西來、王愚合著《新時期小說論——評論家十日談》(一九八七，陝西人民出版社)，又與馮牧、劉錫誠共同主編了《中國當代文學評論叢書》十九種。

閻綱在《小說論集》的後記中回顧自己走過來的評論道路時說：「『文革』前，主要靠按捺不住的熱情寫文章；『文革』後，主要靠不可遏止的義憤寫文章。」「文革」前與後，確是閻綱從事文學評論工作的兩個不同的階段。在「十七年」時期，他勤奮筆耕，先後寫過關於長篇小說《紅岩》、《大波》、《播火記》、《歐陽海之歌》，中篇小說《在和平的日子裏》、《浪濤滾滾》以及王汶石、茹志鵑、王願堅、馬烽等作家的短篇小說評論，還寫過一九六一、一九六二、一九六三年中篇、長篇小說的綜合評述。這些文章雖然在一定程度上表現了作者的生活評判力和鑑賞力，體現了強烈的責任感，但畢竟還沒有充分顯示出閻綱的評論個性。「文革」後，文壇在呼喚和尋找爲撥亂反正衝鋒陷陣，向極左思潮、封建意識和「文革」遺風宣戰的評論家。正是這這種時代感召下，閻綱懷著對人民的赤子之情，對「四人幫」的強烈義憤，寫了許多針砭時弊、充滿熱情與義憤的好文章。在《思想解放的勇氣》、《神學·人學·文學》、《一點質疑》、《「現在還是放得不夠」》、《文學藝術的新階段》等文章中，他以戰士的姿態，排除「凡是派」的干擾，呼喚文學解放運動的到來，呼喚文學同新的時代、新的群衆結合。他強調重視農村題材的寫作和社會主義新人的塑造，強調寫典型，強調寫人的性格的複雜性，提醒作家正確處理歌頌與暴露的關係。對黃安思的「向前看」和李劍「歌德」與「缺德」的觀點⑱，他敏銳地提出質疑。在影響較大的《文學四年》一文裏，他獨到地認爲：清除現代迷信的影響和恢復發展革命的現實主義是「解放文學」的兩大標準。他深刻地分析新時期文學頭四年的三次大突破、大分化，並預言今後主題題材還會有突破，藝術思想上還會有分化。這個預言已爲後來的事實所證明。

八〇年代以來，活躍在小說論壇的中年評論家，大都是社會學文藝評論家。他們常常以文學與現實的關係爲出發點，用反映生活是否正確、刻劃人物是否典型的標尺來審視小說，使他們的評論更多地帶有政治觀感和社會評判性質。閻綱也不例外。他的文章的力量，與其說來自對藝術問題的眞知灼見，不如說更多的來自他直面人生的勇氣和直言不諱的赤誠。劉心武的《班主任》在《人民文學》發表後，閻綱很快寫了《謹防靈魂被銹損》，為作者正視現實生活、勇於提出尖銳的社會問題叫好。當短篇小說《靈與肉》呈現在讀者面前的時候，閻綱大呼「寧夏出了個張賢亮！」並為張賢亮的小說「寫得太悲」進行辯護。陳世旭的《小鎮上的將軍》發表以後，閻綱又及時將這位打破習慣寫法的小鎮上的作家推薦給讀者。王蒙《夜的眼》在寫法上越出了常規，閻綱同樣禁不住為他的勇氣、智慧和革新的成果歡欣鼓舞，並感到「一個新的文學流派，似乎正在醞釀、形成。」張一弓謳歌「犯人」的小說《犯人李銅鐘的故事》問世後，評論界的反應出乎意外地冷淡，其原因在於懷疑作品的社會效果，擔心「於安定團結有礙」。閻綱不同意這種看法，勇敢地站出來為張一弓辯護，稱讚作者「大膽、尖銳而較為準確地揭示重大的社會衝突……。深刻地『暴露』，使作品的歌頌顯得動人之極；真切地歌頌，使作品的『暴露』警鐘沉沉。」對叢維熙的《大牆下的紅玉蘭》、魯彥周的《天雲山傳奇》、鄧友梅的《追趕隊伍的女兵們》以及古華、京夫、路遙、雷鐸、烏熱爾圖等人的作品，他都給予熱情的評價和及時的肯定。對「文起當代之衰」的蔣子龍的工業題材作品，他更是多次推薦，欣喜之情溢於言表。

閻綱曾自謙地說：「我今後寫文學評論，無非是為迅跑在三中全會『解放』路上的文學記功，我羨慕賽場上的記分員。」閻綱本人，就是小說論壇上出色的、令人羨慕的「記分員」。他所選擇的「記分」對象，大半是那些直接反映現實生活，與當代人的精神世界息息相通，在突破「禁區」方面有所建樹的作品。在「記分」的過程中，他的著眼點總是首先放在作品所含的深刻思想內容方面。作為一位社會學評論家，他和劉錫誠、劉思謙、張炯、陳遼、蔣守謙等人一樣，「打分」的首要標準不是作品的藝術魅力，而是作品的眞實性和現實氣息。儘管這種「記分」標準有値得商討之處，但不能不承認，他的文章充分顯示了一位社會學評論家對現實主義的倡導及由此而來的令人欽佩的膽識。

閻綱的評論成就雖然主要體現在小說批評方面，但他並不滿足於此，而是充分利用自己熟悉小說創作的長處去把握新時期文學動向、新時期文學思潮的特點，及時總結新時期文學運動的新鮮經驗。《文學四年》、《文學八年》、《文學十年》，便是他聯繫歷史經驗，對新時期文學不斷做出宏觀總結的力作。如前所說，《文學四年》表現了閻綱思想的銳敏性和理論概括力。《文學八年》，則是對「四年」的豐富和發展。它重點論述了「解放文學」向「改革文學」的成功過渡，以及在爲什麼寫、寫什麼、怎樣寫三方面所取得的基本經驗，比《文學四年》更有條理和更具理論色彩。《文學十年》，高屋建瓴地從「理論深度和歷史內容」、「文學觀念的恢復和擴大」、「創作方法的革新」三方面簡明扼要地論述了新時期文學在相互交錯的三條線索中飛躍前進的實績。與「四年」、「八年」相同之處是一如繼往強調「現實主義迄今仍然是文學的主潮」，「反對封建主義、建設精神文明是新時期文壇的鮮艷旗幟」。同時對自己的某些看法有所修正，如不再用恩格斯的典型理論要求不同體裁的作品去刻劃典型環境中的典型性格，肯定了王蒙在《雜色》等作品中用渲染典型情緒取代刻劃典型人物的做法。對他自己八〇年代初論《創業史》使用過的「階級分析」方法也做了質疑與自省。這充分說明，閻綱在小說創作實踐的帶動下，文學觀念發生了變化，小說觀念也變得更爲開放。這比他過去過分強調革命現實主義的做法來說，無疑是一種前進。

但渴望超越自己是一回事，能不能完全做到以全新的眼光衡量一九八五年以後出現的一系列新潮小說，又是一回事。人們感到，自一九八五年後，閻綱對小說界的革新反應遠不如他在《文學四年》時期那樣敏銳。他不僅寫得少了，而且寫得質量平平，在理論上呈現了凝滯傾向，很令讀者失望。閻綱當然不像某些評論家，視現代主義爲洪水猛獸。對王蒙八〇年代初期的創新，他很早就抱肯定的態度。但比起一些青年評論家來，他身上因襲的重負畢竟多些。當他看到一批有才華的青年作家寫的小說越來越遠離現實和時代，一個個飄飄然乘風飛往高空，變成一顆顆遙遠的星星的時候，他不能不感到困惑。在這種情況下，要他放棄既定的思維模式，像某些青年批評家那樣易於親近這股不大不小拍擊文壇的浪潮，是困難的，甚至是痛苦的。這就是他的評論家地位在八〇年代後期受到挑戰，以致使人有「落伍」之感的一個重要原因。

當然，我們不應苛求閻綱。應該看到，他首先是一編輯，而不是專業評論家。他的評論靈感多半來自他編輯工作過程中的實際感受。後來他離開了《文藝報》，又離開了《小說選刊》編輯部（名義上仍是編委）到河北工作了一段時間。由於新的工作與小說關係不大，使爆發靈感的機會大爲減少。此外，他的理論功力本來就欠深厚，寫的文章多爲急就章，常常以氣勝、以情勝而思辨欠深刻，使人感到後勁不足。但即使這樣，我們仍不可因他後期作品不像過去「井噴」佳篇迭出，而低估他的小說評論在新時期呼喚文學的眞正自由與解放的先鋒作用。如果當時沒有一批像閻綱那樣仗義執言、不避鋒芒的評論家發現佳作，舉薦新人，扶持、衛護剛剛興起的以「傷痕文學」爲代表的文學潮流，新時期文學就有可能被扼殺在搖籃裏。

閻綱的小說評論，有自己的獨特風格。屠岸在爲他的《文壇徜徉錄》寫的代序《熱情和義憤的噴發》中，曾將其風格概括爲「評論詩」，並說讀他的小說評論「就感到像是在讀當代小說史。新中國從五〇年代到八〇年代小說創作發展中所出現的景象，那一波三折，那幾起幾落，那死水微瀾，那波瀾壯闊；那頑固的阻力，那強勁的動力……幾乎都反映在閻綱的評論詩的旋律裏。」這種評價一點也不過分。像《日趨繁榮的短篇小說》一文，深入分析了自一九七七年以來短篇小說所經歷的三次突破過程，帶有「史」的描述性質。當一九七九年中篇小說崛起後，閻綱又在《中篇小說的興起》等文章中，爲中篇小說的繁榮吶喊。在《談長篇小說的創作》等文章中，則深刻地論述了長篇小說上不去的原因和如何突破等關鍵問題。他這些勾畫小說創作整體拓進的輪廓的文章，議論風生，機智鋒利，有濃烈的感情色彩。他以生動而富有銳氣、活潑而充滿激情的語言，衝擊著沉悶的理論空氣，爲呆板、枯燥得像木乃伊似的評論文字吹進一股新風。他從不以指導者自居，常常把作家當老師，把讀者當朋友，致力於「行文體之改革，引詩意和眞情入文，推倒呆滯生硬的評論之牆」，以自己與衆不同的評論個性屹立於小說評論之林。

第六節　追求「雜色」的王蒙

王蒙（一九三四～　），北京人。一九五三年發表《組織部來了個年輕人》後不久，便蒙受不白之冤，被迫沉默二十年。隨著大陸第二個春天的到來，他很快發表了各種體裁的作品，並多次獲獎。後任文化部部長、中國作家協會副主席。新時期以來出版的評論集有：《當你拿起筆……》（一九八一年，北京出版社）、《漫話小說創作》（一九八三年，上海文藝出版社）、《王蒙談創作》（一九八三年，中國文聯出版公司）、《創作是一種燃燒》（一九八六年，人民文學出版社）、《文學的誘惑》（一九八七年，湖南文藝出版社）。

王蒙曾提倡作家學者化。他自己就是一個朝學者方向發展的作家。新時期以來，他不僅創作了大量騰挪多變、使人目不暇給的作品，而且常常伸出藝術感覺的觸角，在細微的心靈波流中探尋創作的奧秘，寫了許多創作談、作家作品評論和探討文學理論問題的文章。在這些論文中，最引人注目的是他的文學觀念變化及他對小說觀念變革的呼喚。

王蒙的成名之作爲開頭提及的《組織部來了個年輕人》。⑲這篇作品，以忠實於生活的勇氣，敏銳地揭露了黨政機關中存在的種種消極因素，有力地觸及了大家共同關心的黨的肌體是否健康這個重大問題。不管王蒙主觀上有沒有自覺意識到以及他後來承不承認，他是信奉「干預生活」的文學主張的。到了新時期，他的文學觀念發生了變化。他重申他在四次文代會上所說「要縮小目前意識形態工作者和實際工作者在某些觀點和看法上的差距」。因爲他認識到：文學的功能不只表現在對社會矛盾的直接干預上，而主要體現爲對人的情感、心靈的淨化和提高，他用他特有的幽默感打比方說：企圖用小說的方式解決官僚主義問題，是不可能的。寫出來的小說大家看後，「說這個官僚主義好像是隔壁的老趙。老趙也看了，看過之後，還照樣是那個老樣子。我有什麼辦法呢？我能撤他的職嗎？不能，但是他能撤我的職。這個我有經驗」。對王蒙在特殊年代中積累起來的苦澀經驗，劉心武、高曉聲、馮驥才、李陀均十分讚同。他們均不約而同地認爲：直接地干預生活，由《人民日報》記者來做似乎更合適。從文學的本身特性出發，文學的功能主要在於「干預靈魂」。

「干預生活」雖然是一個非文學命題，但文學不能完全脫離社會，因而不應將「干預生活」與「干預靈魂」完全對立起來。王蒙在新時期強調文學「干預靈魂」，應看做是對他過去信奉過的「干預生活」這一文學主張範圍的補充和擴大。他說：「我以爲可以把面向世界（客觀世界）和面向內心世界（主觀世界）結合起來」。這種看法，無疑是他「血水裏浴」、「鹹水裏煮」的生活經歷在思想藝術上的昇華。在以「隱秘的激情」叩響文學的大門，把我們共和國和他自己的「青春腳印」形象地記錄下來的五〇年代，王蒙決不會有「文學能直接起的作用，終究不過是讀者的心」的想法。對這一想法，日本學者吉田富夫在《追求文學表現的自立》⑳中，認爲「其中很明顯地包含著文學表現於政治要自立的意向」。這並不完全符合王蒙的原意。王蒙是想從對社會問題的關注，轉移到更多地關心人生和寫心靈上，通過文學創作在讀者內心深處喚起更多的光明和溫暖。明白這一點，有助於我們理解他在《夜的眼睛》、《春之聲》、《蝴蝶》中，爲什麼要省去外在細節寫心理、寫聯想和想像、寫意識活動，運用意識流手法的奧秘所在。

基於文學的價值主要是作用讀者心靈的見解，王蒙不讚成小說作者反映生活時亦步亦趨，將文學的眞實性與現實生活畫等號。在他看來，「文學的眞實性問題，歸根結蒂是一個藝術說服力的問題」，它既包含現實的世界，又包含主觀的世界，「眞誠的東西就是眞實的」。拿小說藝術的眞實性來說，它由描寫的社會生活達到的眞誠程度所決定。惟其眞誠，才有說服力量；惟其有說服力量，才不會假、大、空。因此，王蒙提出文學干預心靈的主張，實際上就是通過對人物靈魂世界的展示、精神領域的挖掘，使讀者在心靈上得到陶冶，幫助他們去了解奧妙和複雜的人生。王蒙認爲，讀者從小說中看到的並不是生活的翻版，而是作家重新締造的藝術世界，讀者是從這個藝術世界中得到愉快和休息的。

這種對文學功能理解的多樣化，對文學與讀者之間聯繫的多樣化的看法，必然帶來創作思想的變化和小說觀念的變革。隨著新時期文學越來越深入向前發展，人們已愈來愈清楚地認識到，王蒙不僅是站在時代前列、充滿活力和新鮮感的作家，而且是不斷提供新的文學觀念的小說評論家。他重返文壇後不久，就在一九八〇年拋出了被稱做「集束手榴彈」的六篇創新之作：《風箏飄帶》、《夜的眼》、《春之聲》、《海的夢》、《布禮》、《蝴蝶》。它們的「爆炸」所引起的衝擊波，也的確遠遠超出了小說界。王蒙爲什麼要在小說的結構、敍述方式上做這樣大面積的實驗？他對「十七年」流行的「小說是一種再現藝術，它通過對人物、情節和環境的眞實的摹寫，來反映現實生活」的觀念，是如何評價的呢？首先，王蒙不完全否認這一定義的合理性。他「十七年」寫的小說，就是按照這樣的理論寫的。但他認爲到了新時期，無論是生活本身還是文學事業均大大向前發展了，因而小說的定義也應充實和發展。過去只強調對生活的客觀摹寫是不夠的，還必須加上作者強烈的主觀精神，即小說是「作者的內心與作者的生活經驗、作者的主觀精神與他們所處的客觀世界的完美的結合。」王蒙對作家主觀精神的強調，無疑是對過去單純強調「小說的創作源泉是現實生活」的一種超越。有了這種超越，小說家就可盡情張開幻想的彩翅，在適當的地方充分抒發自己的激情，在運用現實主義手法時輔之以浪漫主義的藝術手段。

在「十七年」的文藝理論教科書中，均把人物、情節、環境看做是小說的三要素。其中又認爲人物刻劃是小說創作的核心，情節是人物性格發展的歷史，環境是人物賴以生存和活動的場所。王蒙認爲這些概括是對過去創作的歸納，這種歸納有一定的正確性，但根據今天小說創作多樣化的情況，小說的構成要素還應擴大，比如像生活、色彩和情調、旋律和節奏、意境或氛圍，均應考慮增補進去。他這裏講的「生活」，是指「非常眞切的、非常豐富多彩的、毛茸茸的那樣的生活」。王蒙的小說之所以有魅力，正在於他所描寫的生活充滿了豐富性、鮮活性和流動性。他說的「色調」，主要是指幽默、冷凝、溫馨這三種。有了這三種，就不會像「十七年」那樣只有豪邁的色調；或像「傷痕文學」流行時期那樣，只有感傷的色調。至於把詩歌中存在的意境和氛圍移入小說之中，這更是對小說觀念的拓展。當然，王蒙並不認爲每篇小說都要有這些要素，他們「可以各有側重，人物和故事是基礎，是一般規律；但也可以有例外。這樣，小說就會寫得更活、更多樣化」。㉑

在典型人物問題上，更表現了王蒙的開拓精神。他在一九八〇年六月寫的《對一些文學觀念的探討》中認爲：「文學要寫人，這是不成問題的。但人是否就等於人物？人物是否就等於性格？不見得。我們可以著重寫人的命運、遭遇——故事，也可以著重寫人的感情、心理；可以寫人的幻想、奇想，還可以著重寫人生存於其中的自然環境——風景；可以寫人的環境氛圍、生活節奏，也可以著重寫人物——性格。過去曾把恩格斯的命題譯爲『典型環境中的典型性格』，後改譯爲『典型環境中的典型人物』，譯法雖然改了，但觀念並沒有改。即一般仍認爲人物即性格，認爲塑造典型性格乃是文學的最高要求。而所謂典型，如能成爲某種性格的共名」，就是創作成功的標誌。按照這種觀念，相聲《買猴兒》所刻劃的馬大哈，理所當然地成爲建國三十年來最成功的典型，因爲他確實是共名，劉心武的謝惠敏遠不像馬大哈那樣爲人所知。

王蒙在這裏提出人、人物、性格、心理「不見得」是一回事的觀點，值得討論。因爲「人」不可能是抽象的人，「性格」也不能完全與「心理」分開，因而這種觀點在開始提出時，誠如王元化在《和新形式探索者對話》中所說：使人「感到驚訝而不能接受」。但他這種與衆不同的思考打破了對恩格斯定義理解的僵化和寂靜，使一些陳舊的文學觀念受到很大的衝擊，有利於文學的創新和發展。有人由此推論說：「王蒙反對小說塑造典型人物」。這是一種誤解。王蒙的思想有幾個層次：可以寫典型，但不能像過去那樣把典型創造強調到絕對化的程度，認為非寫典型不可，非重點寫人物不可。王蒙在別處還提出不能用典型解釋一切文藝現象。這就是說：不能用認識論文藝學解釋一切文藝現象。如果說王蒙有所反對的話，那他反對的僅僅是依照中世紀聖像畫術的教條，在文學中對人物的外形、身姿做點滴不漏的描寫。王蒙認為對文學中的人，主要是寫出作家的感受及其對世界的態度就可以了。這樣的認識，自然可以理解為他自己由重人物形象到重心態情緒的轉換辯護，但這在客觀上為不寫性格而寫情緒、寫心理、寫瞬間感受的新潮小說出現製造了輿論。後來大量出現的不拘泥於人物和事件，不再凝滯於生活本身的鍊索組合，而注意情緒的宣洩與傾向的抒情小說、意識流小說、哲理小說，不能說與王蒙的理論毫無關係。

王蒙對小說寫人的廣泛理解，這又帶來了他對加強作品內涵、追求主題多義性的肯定。

「十七年」的小說觀念，強調主題的單純。著名小說評論家、編輯家魏金枝在五〇年代中期就曾做過這樣的表述：「在短篇裏，主題決然只能是單一的」。新時期的小說，與此不同。隨著人們對現實生活的認識愈來愈深刻，小說的主題也愈來愈趨向開放性、多元性和鮮活性。對這種變化，王蒙總結說：「過去我們往往要求用一句話來說明主題，要求主題是一個簡單明瞭的政治——社會學命題，不符合這個要求的則斥為主題不鮮明或不集中。其實，思想應該深刻、豐富、崇高，但不應要求一定多麼集中、單一。形象大於思想，生活之樹常綠，而文學是用形象來反映生活的，作品的思想意義的完成，從理論上來說，應該說是沒有止境的，應該有待於文學評論、閱讀和欣賞，應該給讀者留下更多的思考餘地（《紅樓夢》便是如此）。而淺露，正是我們文學創作中的一個毛病。我們的作品應該更耐咀嚼一些，包含的思想可以更含蓄，更立體化，更具有多義性一些」。㉒

王蒙的論述引人深思。與其說小說描寫的現實生活錯綜複雜，毋寧說人們內心世界豐富多樣，因而促使小說家對生活進行多層次推進，多方位透視，廣角度展現。不應忽視王蒙對主題多義的追求，如他的風格獨特而又引起爭議的小說《雜色》，「人們對這個題目可以自由地表示感興趣或不感興趣。但我要說生活是雜色，不是單色。」這種「雜色」，我們恰好是借助了作品中的曹千里和他騎的灰色老馬而得出這種看法的。王蒙的其它小說，主題也較朦朧，如果按過去讀他的《組織部來了個年輕人》的經驗去尋找主題，就難於理解和欣賞。

王蒙對新時期小說觀念的變革所做出的創造性貢獻，還表現在對情節淡化的論述上。他不讚成小說的情節都要有開端、發展、高潮、結局幾個部分。拘泥這幾部分，在美學上、在藝術形式上就無法給人們提供新穎的東西。作爲小說家，王蒙當然知道情節的重要性，情節對吸引讀者所起的巨大作用，但他不主張將情節的概念凝固化，而主張情節還可以淡化、趨於情緒化、散文化的處理方法。他曾這樣推崇張承志的《綠夜》：「沒有開頭、沒有結尾，沒有任何對於人物和事情的來龍去脈的交代，……不借助傳統小說的那些久經考驗、深入人心、約定俗成的辦法：諸如性格的鮮明，情節的生動性、豐富性、戲劇性，結構的完整、懸念的迭起……擺在你面前的，是眞正的無始無終的思考與情緒的水流，抽刀也斷不開的難分難解的水流。」王蒙自己寫的《夜的眼》，最大的突破正在於「擺脫了戲劇性的小說寫法。」

但王蒙決不是提倡小說創作可以完全拋棄情節，更沒有說過小說可以「三無」：無人物、無情節、無主題。對所謂「沒有情節的小說」，他是這樣解釋的：「實際上是用一些小的情節來代替總的情節，絕對沒有情節的小說是不可能的」。王蒙在這裏將情節分爲小與大兩種，很有創造性。所謂「小的情節」，無疑是指生活情節。而大的情節即「總的精神」，則是指戲劇性情節。㉓在生活中，大量出現的是平淡無奇的生活情節；所謂「無巧不成書」的戲劇性情節，畢竟不多見。王蒙提倡用小的情節取代總的情節，爲的是使小說更加生活化，更少人工斧鑿痕。這種「淡化」，只能加寬情節的內涵和外延，更有利於讀者走進作者所締造的藝術世界。

王蒙不是專業小說評論家，他的理論文章帶有隨感性質，系統性不強，有不少重大理論問題只點到而未能充分展開。即使這樣，王蒙仍不愧爲很能刺激評論家的研究熱情的小說家兼批評家。他的小說觀念的形成有兩個特點：一是善於從具體的小說和創作過程中歸納出一些理論探討的命題；二是既敢於自作聰明又善於作自我否定。當然，這種自作聰明是伽利略式的，是敢於超越傳統的自信心的表現；而自我否定，是從不滿足自己，不斷向新的目標邁進的表現。王蒙呼喚「多幾把刷子」，不滿足於現實主義的一統天下，倡導「拿來」西方的直覺主義藝術、現代派、象徵主義、「黑色幽默」的藝術表現手法，去豐富我們的小說創作。他對「雜色」是那樣酷愛，主張小說的創作「可以包括詩、戲劇、散文、相聲、雜文、政論的因素」，堅決反對「定於一」，主張十八般武器交替使用。他自己的小說，就不拘一格，變化多端。在他自己搜羅豐富、呈五光十色狀的小說藝術百寶箱中，有政論、雜文、詩歌、戲劇、曲藝、相聲之類手法，甚至有時出現辭賦、駢文、詩、詞、曲、楹聯之類的句式、用語或修辭手法。王蒙關於小說藝術手法多元化的觀點，表現在他的作品中，確如有的評論家所說的恍如「多面多棱多色的藝術旋轉柱」，顯得五光十色，使人眼花撩亂。

王蒙的評論範圍不限於小說。對重大理論問題，他也有濃厚的興趣。這種興趣使他成爲論壇上能歌且舞的演員。他一方面連續推出了以小說評論爲主的五種評論集，另一方面又圍繞著文壇上的興奮點，用「陽雨」的筆名發表了《文學：失卻轟動效應之後》㉔、《自由與失重——我們要不要、要什麼樣的文藝價值觀念》㉕那樣引起轟動效應的文章。文章冷靜地剖析了文學作品爲什麼難於出現一九七七～一九七九年那種「轟動」效應的原因，並重點指出了得以「自由」而又「失重」了的文學創作急需解決的問題。文章涉及的問題十分廣泛，論到的有文學價值問題、創造的原則及內驅力問題、僞理想與重建理想問題、社會主義人道問題，最後歸結爲「社會主義的、充分自由的文藝的價值取向問題」。這些論述，充分表明王蒙作爲一個思想敏銳的文學評論家，不僅從微觀上關心同時代人的創作，及時捕捉小說創作中的新觀念、新趨勢，而且從宏觀上注視著整個當代文學發展中存在的問題。他的論述，顯得雄辯、開朗、詼諧，滔滔一瀉如注。和他的小說語言一樣，他的理論文章也帶有幽默、冷凝、溫馨這三種色調。他不屑於做經院式的思辨，文章洋溢著一種親切溫暖的氛圍。但有得也有失。他論述重大理論問題，對嚴謹性、邏輯性、科學性注意不夠，涉及面雖廣泛卻被草草掠過。語言上喜歡「爆破式的傾瀉或者旋風式的恃才大書特書」，未能做到惜墨如金。他善於審時度勢，處處體現出聰敏善變的特點，但由於太喜歡把觀點講得面面俱到，因而使人感到他的某些理論見解不易把握，乃至有過於聰明的圓滑世故傾向。

第七節　在蛻變中奮進的雷達

雷達（一九四三～　），原名雷達學，甘肅天水人。一九六五年畢業於蘭州大學中文系。先後在全國文聯、新華社、《文藝報》任編輯，曾任《中國作家》副主編。著有《小說藝術探勝》（一九八二年，湖南人民出版社）、《文學的青春》（一九八五年，湖南人民出版社）、《蛻變與新潮》（一九八七年，中國文聯出版公司）。

雷達是新時期文學論壇上出現的最具活力和獨具個性的批評家之一。他就像敏感的雷達那樣，以第一時間追蹤當前文學發展的動向——尤其是小說創作的態勢。隨著新時期文學的飛躍發展，雷達對文壇脈搏和律動的把握愈來愈顯其雄健與大氣。他的評論，正如有的論者所概括的：「鮮活而不敎條，雄健而不生澀，揮灑而不漂零。理論與思維、客體與主體、視角與對象、觀點與表達，均呈飽和、統一、相契與機智的狀態。」㉖他在抒發自己激情的同時，常常注意返回理性的疆界，這使得他的評論既充滿激情又顯得敏銳而理智。當《人生》和讀者見面不久，雷達就敏捷地做出了反應，在

《農村形象與土地觀念》一文中提出了不同於「文革」前寫合作化作品那樣的文學觀念。在《對一個帶根本性問題的思考》中，又對過去被忽略的「經濟關係與人物靈魂的制約作用」問題，大膽發表了自己的獨立見解。他無論是具體評論作品還是評述當前小說的走向，均立足對新時期社會生活的體驗，有很強的現實針對性。當然，雷達的評論份量有時稍嫌不足，無往而不在的機鋒不是很普遍，但他那細膩的美學體驗和藝術剖析，更多方面的評價和思考角度，是別人難於企及的。對於吳若增小說藝術長處與短處的判斷，《注意力轉移之後》對何士光三篇小說的剖析以及由此生發出對典型化問題的理解，都體現了雷達文章中所流動著的理性激情。在《鄧剛的豪氣、力變與薄弱點》等文章中，則表現了他對歷史哲學與社會哲學的熟練運用。他分析作家作品，總是正視現實，注重人物的時代和社會屬性，而不似王蒙的小說評論把重點放在人物的心態、情感上。這正表明雷達的批評有自己的獨特追求，有自己的批評位置。

雷達原先從事過報告文學、電影劇本創作，是一個感情大於理智的評論家。他作文講究情、氣、勢。收集在《小說藝術探勝》中的許多文章，作者在寫作時均將自己的靈魂融化了進去。但他這時的文章，還不夠深刻。《文學的青春》語言的個性色彩亦有所削弱。後來出版的《蛻變與新潮》，以他的堅韌勤奮和對文學評論的執著，繼續張揚自己的個性特色：散發出情、氣、勢渾然一體的風采，向他自己所確立的「主體工程」邁出堅實的一步。

雷達所確立的「主體工程」，主要是指對民族靈魂的發現與重鑄。這種「工程」的確定，決定了他的評論不似他人在「掘口深井」上下功夫，而走的是在整體性研究中個別追蹤的路子。鑒於農民性格、農民命運是民族性的重要組成部分，因而雷達將自己的思考大都奉獻給描寫這類題材的作品。他寫得最爲得心應手、也是讀者反響極大的是評價反映農村生活、農民靈魂作品的文章。對古華的《芙蓉鎮》，他是最早發現其意義份量的一個。他認爲小說「從『小社會』的旋轉變幻，來透視大社會、大時代的旋轉變幻。他寫的是小鎮上的幾家幾戶，隱現的是大時代的千家萬戶；他描繪的是小鎮上的人生聚散，再現的是大世道的昇降浮沉；他抒寫的多是生離死別，兒女情長，隱括的是家國興衰，政治風雲。在革命現實主義的藝術概括途徑上，作者顯示出很強的功力和不凡的魄力。」雷達這種切中肯綮的見解，已被後來《芙蓉鎮》獲得茅盾獎所證實。他對反映農民命運文學作品的敏銳感受力與審視力，一直在保持著。《遠村》、《拂曉前的葬禮》，他做過酣暢淋漓的評價。賈平凹的商州系列、張煒山東海灘系列、何士光犁花屯系列、張賢亮西北系列、莫言紅高粱系列，不僅在他的審視之列，而且在《蛻變與新潮·當前小說中的農村「多餘人」形象》中已上昇到「流程概括」，在《人的覺醒與反封建主題的推衍》中則上昇到主題推衍的研究。使人感到不足的是，他對城市居民、知識分子、工人的觀照顯得較弱。後來他注意到了，評了《新星》，評了《名醫梁有志傳奇》，評了《立體交叉橋》所表現的城市心態。在一九八六年《天津文學》上發表的《關於城市與文學的獨白》，在同年《小說評論》上發表的《論〈鬈毛〉》，對城市文學問題做了歷史的、美學的探討，從而豐富了他的主體工程。

一個評論家，如果沒有自己的理論、觀念，只曉得跟在作家作品後面進行闡釋或破譯，是不能成大氣候的。雷達評論的可貴之處，正在於不斷自覺地增強批評主體意識，努力追求、確立自己的理論和觀念。在這方面，他的代表作是《民族靈魂的發現與重鑄——新時期文學主潮論綱》㉗。此文從文學的「人學」根本特性出發，認爲中華民族的民族靈魂的發現和重鑄，才是貫穿新時期文學的主潮。作者認爲這是中國歷史、中國社會、中國文學發展到今天的一個必然湧流，它並非人爲的規範，而是人的自覺（中華民族自我意識的新覺醒）與文的自覺（當代文學擺脫依附性重建獨立性格）的交匯的自然現象。作者不讚成有些論者用西方現代「無主潮」的多元化狀態來簡單類比當代中國文學特定的多元化現象，同時認爲：人道主義做爲普泛的哲學思潮由於缺乏「中介」及其它原因不宜視爲文學主潮；現實主義無論在方法的狹義上或者精神的廣義上，也不宜涵蓋日益複雜的文學現象。文章通過對農民、知識分子、改革者、婦女等形象譜系十年來變化的具體分析，論證了主潮的存在和趨勢，提出了文學發展中許多値得重視的問題。這篇論文既可以看做是他前一階段評論的總結，也可以看做他自成一家的評論宣言。在《靈性激活歷史》一文中，他將「人」提到很高的程度，且用現代意識淸醒地研討「人的生存，人的發現，人的潛能發揮和人的自我實現」，認爲歷史主體化、歷史心靈化、歷史的靈性是革命戰爭題材創作新的藝術走向，這又可看做他確立主體工程後又一新進擊。

這一新的態勢，說明他在八〇年代後期以來，很注意更新思維方式，西方的哲學、文化學、心理學著作，如康德、馬爾庫什、弗洛姆、馬斯洛、薩特、湯因比的思想，構成爲他從事文學評論工作、研究人們的社會心理的寶貴參照，促使他在八〇年代後期的文學評論贏得一次靈性的解放。一旦獲得靈性解放，他便以這種解放了的生命激流去參與和重評、重現歷史，使他的評論再次經受蛻變的陣痛，和生氣、激情、哲理更緊密交匯在一起，更加向著哲學感和學術性靠攏，從而成爲八〇年代以降最活躍、最有後勁的一位小說評論家。

第八節　曾鎮南的小說評論世界

曾鎮南（一九四六～　），福建漳浦人。一九六四年入北京大學中文系。一九七九年考取北大中文系文藝理論專業研究生，一九八二年畢業，現爲中國社會科學院文學研究所當代室研究員。理論著作有：《泥土與蒺藜》（一九八三年，百花文藝出版社）、《生活的痕跡》（一九八六年，江西人民出版社）、《王蒙論》（一九八七年，中國社會科學出版社）、《蛻蟬期中》（一九八八年，寧夏人民出版社）、《繽紛的小說世界》（一九八八年，中國文聯出版公司）。

曾鎮南的大好青春年華是在狼奔豕突的「文革」狂潮中度過的。當歷史的潮汐退去之後，他怎麼也預料不到還會有和文學第二次握手的姻緣。因此，他借回北大學習的機會，補讀那些過去僅耳聞過而素未覿面的文學名著，同時十分關心當前的創作現狀。當他一頭栽進當代小說家的新作時，他找到了自己的歌哭，自己的迷惘與幻滅、甦醒和希冀，他很快地成爲王蒙、李國文、張賢亮、蔣子龍、陳建功、何士光、王安憶等人作品的愛好者，彷彿自己的生活也因結識了這些作家筆下的人物而充實和躍動了起來。於是，他按捺不住自己的興奮，一發而不可收拾地寫了許多氣勢舒展豪放、文筆灑脫自如的散文體評論。他在第一本評論集中對《北極光》的思想內容和曾儲形象的分析雖然有欠周全之處，但他那些以追蹤小說創作的發展變化爲己任的評論文字，是將自己多年的思考和一時感興，將自己的長處與弱點，都無保留地交給了讀者的。他在《何士光筆下的黎花屯》中對何士光作品吸引讀者原因的剖析，簡直就是投向何士光小說火堆的薪束。作者被作品流露的眞摯之情所打動，被作家感情的火焰所炙熱，然後「把自己的光和熱加入到那創作之火中去」㉘。這樣，何士光的創作之火便因曾鎭南的光和熱的加入而向上昇騰起來，更加照亮了讀者的精神世界。

鑑於學術史上有一些對前人概念的誤解是創造性的，有的批評家便由此將批評定義爲一種創造性的誤解。曾鎭南不同意這種看法。他認爲，「批評本身受批評對象的制約，我們永遠不可能毫無遺漏地窮盡這個對象，但是我們可以儘量窮盡它。」㉙爲了窮盡它，批評家要加強各方面的修養，尤其是要努力提高批評的準確度。曾鎭南的小說評論，雖然不能統統有如老吏斷獄、達到無懈可擊的程度，但他面對小說家的勞動成果，總是十分尊重，總是在充分理解作家的創作甘苦基礎上才提出自己的看法。可貴的是他不僅在表達自己由衷的欣賞之情是這樣，而且在批評某些作家作品的不足之處也是這樣。王蒙曾十分讚賞曾鎭南對他的《風箏飄帶》某些缺點的批評：「……有一點使讀者小有不安的地方：佳原和素素在生活中到處遇到懷疑的冷眼……在廣袤的人海裏，難道除了冷眼就沒有微笑？除了疑懼就沒有同情？……這樣寫……畢竟太悶氣了。」王蒙折服這一斧正，他承認：「寫作的時候我太耽於素素那『被秋風削尖了』的刻薄話了，不僅造成思想分寸上的某些失當，而且也造成了藝術上的某種『過』和『露』。」㉚

對張潔小說中所表露的「冷傲感」的批評，曾鎭南同樣是發人之未發。他在《苦澀而有味的青橄欖》中說：「冷傲感是對世俗而發的，特別是對庸衆而發的，本來有其存的理由，但對有弱點的人嘲罵過甚，則使人覺得未免失之苛刻。」

在談到《漫長的話》這篇作品時又指出：「對女售貨員的尖刻嘲諷，也使人覺得有失溫厚。可見藝術中有很多東西，也像作家筆下姚莉莉的五官一樣，『一切不過是只過了那麼一點點，可就全不是那麼回事兒了。』拒俗和蔑衆的分界地，也就那麼一點點，稍一越界，就使一般讀者對張潔的小說產生了距離感。」

張潔的小說，曾引起過文壇上各種不同的議論。但從「蔑衆」的「冷傲感」這一角度加以批評，其發明權則屬獨具慧眼的曾鎭南。不僅如此，曾鎭南還將自己這一發現運用到他曾推崇過的青年作家陳建功等人身上，覺得某些小說中確實存著「蔑衆」的傾向。這些看法，不管是讀者還是作者讀了後，都不能不爲曾鎭南創造性的見解（而非「誤解」）以及流露於其中的對作者的殷切期望所打動。自然，類似這種不同流俗的看法，據說也引起個別作家的不安甚至頭疼，但事隔幾年後，我們再回過頭來審視曾鎭南這些充滿批判意識的觀點，覺得它確是一針見血切中了某些作品病體的要害，從而爲作家創作出更好的作品，縮小作家與讀者的距離指明了方向。

在曾鎮南八〇年代出版的幾本評論集中，《王蒙論》無疑份量最重。該書共分二輯。第一輯主要對王蒙小說中的各種主題：青春、愛情、死亡、歷史報應、人性惡、中西文化碰撞分別做了嚴密的分析，並按時間順序對王蒙思想和藝術發展變化的軌跡做了描述，還橫向地提出深入研究王蒙的一些重大問題。第二輯主要是單篇論文和系列「漫談」，對王蒙新時期以來的小說創作歷程做了追蹤，從各個不同側面切入王蒙小說藝術世界的堂奧。第一輯長達二十萬字。這篇既有長度更有深度的作家論，雖然只分節而沒有小標題引路，但讀時仍能像一把越夾越緊的鐵鉗那樣鉗住讀者的心，使人欲罷不能、一氣讀完，而且能引起對當前文學創作問題的種種思索。

《王蒙論》吸引讀者的是貫串全書的歷史—文化，現實—藝術，哲人—詩人的論述。這些論述大而不空，細而不碎。作者「一開始就集中注意於王蒙小說的思想與時代環境，文學思潮交匯衝蕩中激起的若干漩渦，在凝視中深深地看到這些漩渦的底部去。同時，在每一次凝視中恰當地、跳躍地想像一下每個思想漩渦產生的歷史，造成一種在橫向、散點的透視中也有對各個點的歷史探源的結構。」㉛他這種抓住王蒙小說中若干關鍵問題，循此深入的寫法，與他過去寫的《劉心武論》有相同之處又有不同之處。應該承認，這是一種更爲有誘惑力的敍述方法。這種敍述方法不僅有利於跳出長篇專著作家論按年代分期、按作品分章分節的那樣常見的平實結構方法的窠臼，而且有利於作者闡發自己的眞知灼見。這種眞知灼見，是曾鎮南在獨立開掘的基礎上做的客觀判斷，而且是循著王蒙對自己的作品做的那麼多的「自視」自剖基礎上去發揮的。這就更顯得作者見解的可貴。如在第五節論述到王蒙小說的歷史感與滄桑感的關係時說：

王蒙小說的滄桑感，甚至可以說比他的歷史感更重要，因爲包含著歷史報應思想的歷史感，……更多地是以思想的本色形態、以一種政治智慧發揮出來的；而滄桑感卻更多地存在於人物的情緒和感覺中。……對王蒙來說，滄桑感既是一種對生活的流動、命運的變遷、今昔的反差進行沉思地閃爍著辯證法智光的思想，更是一種敏銳迅捷地把握時代特徵的藝術感覺。

這裏講的「滄桑感」是作者與王蒙別的作品及同時代的作家進行比較中做出的價值判斷。這一判斷，準確、生動地傳達出作者多年嚮往的那種砉然而解的銳利分析的神韻。和對李國文、葉蔚林、張潔、王安憶等人的小說評論一樣，曾鎮南這些見解確實深得王蒙小說藝術的眞諦。

像新時期氣象萬千的文學創作一樣，新時期的小說評論方法、模式也如雨花千樹，林林總總令人目不暇給。在這種不趨時就好像智力低下、思維陳舊的情況下，曾鎮南不願隨風起舞，堅持比較傳統的、然而經過改造了的社會學批評方法。他寫小說評論，主要有兩個參照系：一是文學作品，二是社會生活。要說「模式」，這就是他的「模式」。對於別人使用的「心理學模式」、「結構分析模式」，他不拒絕借鑒吸收，但借鑒是將彼俘來，而不是彼來俘我。他寫《王蒙論》開篇明義稱自己使用的是魯迅的「知人論世」的老槍法，去狙擊「日日新，又日新」的王蒙各類創作。正是用這種「知人論世」外加他發展的「知音論魂」㉜的批評方法，使他成功地完成了論述因時制宜、隨時變通的王蒙創作這樣一個複雜課題。

在評論風格上，曾鎮南有自己的獨特追求。他在《王蒙論·後記》中說：「我選擇了一種比較輕鬆的散文筆調，試圖稍微改變一下長篇理論文字容易出現過於嚴肅的面目和過於整飭不苟的衣裝，在隨意而談中，帶出一些往事逸聞、攬史幽情、瞬間感受，穿插在邃密的論證之間。而在闡釋論點時，我想努力做到析理必緣情，論世而見人，不僅開啓讀者的思辨，而且觸動讀者的情志。總之，建立一種與讀者靈犀相通的感情聯繫，憑借這種感情聯繫，將讀者逐步引入一座普通而親切的思想的房間裏，做娓娓長談」。正是依靠這種通脫、漂亮、縝密的文體，依靠散文筆調的滲入，使人感到讀曾鎮南的文論也是一種享受。所不足的是，他的某些評論對自己喜歡的作品有過分拔高之處；其藝術分析，尤其是結構、語言、視角、敘述方法的分析，遠不如他分析小說的思想傾向時那樣得心應手。在與魯樞元論爭新時期文學「向內轉」及文藝是否屬上層建築等問題時，存在著態度欠冷靜，文筆比較峻急的缺點㉝。

第九節　構築小說美學殿堂的嘗試

我們說新時期小說是當代小說史上值得大書特書的時期，就因爲在小說園地裏，不僅有一大批小說作家，而且還有一群小說理論批評家在耕耘。此外，還有葉朗、吳功正、張德林、金健人、程德培等寫的小說美學專著。如果沒有小說美學專著，僅僅是論文集或作品評論集，新時期的小說理論批評光輝就會減弱。小說理論批評大廈的規模和高低，是以一批小說論著做它的柱子的，其中小說美學專著，無疑是重要的一根支柱。

新時期出版的小說美學論著，不僅是作爲「文革」前小說理論越來越政治化的一種反撥，而且是對八〇年代初期單一的現實主義小說理論的一種重要突破。就總結小說的審美經驗、揭示小說的審美規律方面來說，葉朗的《中國小說美學》㉞、吳功正的《小說美學》㉟、張德林的《現代小說美學》㊱，均有相互貫通之處。但作爲小說理論家，他們講究理論個性和創造才能，因而在論述重點和理論構架等方面又有明顯的差異。葉朗的《中國小說美學》，論述的範圍限於中國古典的小說美學，但它並不因爲自己的論述對象離現實很遠而籠罩著一個無法擺脫的傳統文學理論的陰影，而是在論述中國小說的美學發展時，和當時的社會政治思潮緊密聯繫起來。如在論及明清小說評點（特別是葉晝、金聖嘆、毛宗崗、張竹坡、脂硯齋的評點）時，沒就評點論評點，而是將其和當時資本主義的萌芽和市民階層的成長壯大聯繫起來，指出當時的文藝領域正湧現了一股現實主義的思潮。由於作者把小說美學放在廣闊的背景下考察，所以使人感到視角新穎，有啓示意義。在分章上，該書以著名小說理論家爲單元。這種構架，有利於全面反映小說理論家的主張，但小說美學發展的線索卻無法一目了然。爲了彌補這一不足，作者將縱向溯源與橫向研究結合起來。如作者在評述張竹坡的人物個性化美學思想時，就是這樣做的。與小說創作實踐緊密結合，也是該書的另一特色。如論述金聖嘆的小說美學時，就沒和《水滸傳》的創作實踐脫節。但由於此書是草創，所以缺憾也非常明顯。除了對十四世紀前萌芽時期的小說美學沒做簡單的回顧，對李贄的小說美學理論未很好整理外，還由於小說理論家本位制的結構，未能充分顯示不同理論學派縱橫交錯的歷史發展面貌，對重要小說理論家在各個歷史階段中起的作用，亦缺乏史的整體感。對多少年來流行甚廣的典型環境中的典型人物的小說理論框架，也未能做出超越。

中國小說理論家的美學思想大都來自序跋、專題論文、筆記、小說評點，不少見解大體是在準美學範圍內生發出來的。這個特點不僅要求論者從小說理論家數以千百計零碎的有關論述中，條分縷析地概括和描述出他們的美學思想的特色及其體系，而且還應把基礎美學、發展美學、應用美學三者溶爲一體，對發展變化著的小說審美現象從史的角度加以闡述，描述出中國小說美學及其具體範疇的形式演變的規律。關於這一點，倘若《中國小說美學》遵循的基本線索是微觀研究的話，那麼《小說美學》則著重「從總體上做宏觀掃描，俯仰今昔，縱橫把握，追求史識，從社會思潮、審美思潮及其演變上歷史、邏輯、辯證地說明審美實踐的現象，而宏觀掃描又不致蹈空地從微觀透視入手」，充分發揮著者藝術、審美的敏感㊲。如在《小說美學的基本特徵》一章中，作者對形象美學、情節美學、形式美學、風格美學等問題均做了紮實的論述，並分別納入了宏觀研究範圍，不少論述還擺脫了具體史料的牽絆，開始進入純理論的領域。這樣的探討既可以說是美學的，也可以說是文學理論的，尤其是對節奏美學的分析，抓住了節奏的生活基礎和生理、心理基礎，這不僅使藝術節奏有了依附，並且將節奏的形式要素與內容聯繫起來，這就使人感受到作者論述中所流動的理論建設意識和主體意識。

從《小說美學》的基本傾向看來，作者讚同的是實踐美學觀點。他將小說美學分成小說美的本質、小說家美感的心理形式，以及小說藝術創造三大部分，每部分都用實踐的觀點統率貫穿。在方法論上，除採用美學方法外，還在具體分析時輔之以系統論和社會學方法。在體系上，全書每個章節各自獨立成篇而又保持著內在的有機聯繫，其理論框架給人的印象是科學、嚴謹。作者以小說美學的本質開卷，這就找到了一個合適的邏輯起點。從小說美學和藝術美學、小說美學和「人學」、小說美學和小說觀念出發，小說家審美心理感受等一系列問題也就迎刃而解了。就各章而言，也顯示了體系性。如第四章《小說美學的基本形態》，在每節的開始均從宏觀上論述悲劇藝術的發展過程、喜劇的意義和來源，以幫助讀者從縱向上把握這一研究領域的過去和現在的情況。然後立足於中國小說，融入當代小說的審美經驗，提出自己的眞知灼見。《小說美學》也有值得質疑之處。如對美的本質的看法以及把美學看做是「藝術哲學」，就值得商討。在運用美學理論研究小說家的審美心理感受形式時，亦留有「併合」的痕跡。作爲一部論述古今中外小說創作規律的專著，對西方現代小說技巧的論述涉及較少。

《小說美學》這一不足，正好成了《現代小說美學》的長處。儘管《現代小說美學》的體系不如《小說美學》嚴謹、完整，但它對當代小說創作的藝術規律和美學原則的論述，則比同類著作充實豐富。對現代主義小說技巧和表現方式，諸如自由聯想、心理描寫、時空情境、視角、變形、幻覺、情節、語言、意識流等問題，著者做了充滿靈性的純爲個人藝術感知的理論描述。在描述中，他充分注意到了構成西方現代派小說變形和怪誕驅力的哲學基礎，及其世界觀和社會文化背景，既沒有一味吹捧，也沒有採取一律排斥的態度，而是公平地對待古今中外包括現實主義和現代主義在內的小說創作經驗。具體說來，論者是以現實主義和現代主義爲經，小說技法爲緯，在它們的縱橫交錯中探討藝術規律，並同時比較現代主義表現方法和現實主義方法之間的差異，力求把美學原理、審美實踐、文學鑑賞三者緊密結合起來，匯成一體。作者充分發揮他的藝術感覺敏銳、細膩的特長，在微觀分析方面，所舉的例子生動、典型。他沒有光在原理上兜圈子，而是強化小說美學的審美實踐和文學鑑賞成份，每個論點的提出，都有作品例證的藝術分析做它的後盾。他不是先擬好提綱，搭好框架，然後再從作品中找例證，用來印證已預先設想的種種小說原理，而是在閱讀大量小說的基礎上，形成自己的理論。有人認爲張德林的評論方法屬文本主義，有的則認爲他在搞結構主義，也有人說他吸收了中國古典文論中「評點派」的精華。其實，他的評論方法既繼承了中國古典文論的傳統，「五四」以來的新文學評論傳統，也借鑑了西方文學評論方法。就他的評論核心部分來說，基本上仍然接近於「五四」以來新文學評論傳統。這種傳統，使他對某些現實主義優秀之作做出及時而又相當精彩的反應，但有時也難免對西方現代派文學採取一種有保留的寬容，從而出現某種困惑和隔膜的情況。這在他的另一本《小說藝術談》中表現得尤爲明顯。

作爲一個文學時代的風度來說，葉朗、吳功正、張德林所體現的是一種可貴的開拓精神，而在金健人、南帆、程德培等青年評論家身上，所表現的是一種建設者的氣魄。這群青年評論家，他們的學術思想形成是在一個相當開放而活躍的時期。他們不像一些中年評論家那樣受過嚴格的現實主義方法的訓練，深受蘇俄文學的影響，因而他們能擺脫背景、人物、情節三分法的傳統小說理論研究的羈絆，自立門戶，構想小說美學理論的新框架，像金健人的《小說結構美學》㊳，雖然在搭小說結構理論框架時還有不嚴密之處，有些論述顯得有些粗疏，但不能不承認，他確實吸收了西方文學評論方法的長處，注意對小說結構進行層次性、整體性和綜合性的分析；同時在時空觀念和敍事方式上，做了不少獨到的論述，增加了論著的新鮮感。南帆的《小說藝術模式的革命》㊴，更使人感到目光四射，感應敏銳，思路活躍。在作家們把整個小說界變成一個空前熱鬧的試驗場的情況下，他對各種難以測定和判斷的藝術現象做了大膽而又細緻的考察，進行了一次理紛剔繁的歸納。他編織的理論之網儘管有過大之嫌，其中所表露的還僅僅是一種新的理論傾向，尚未給人感覺到一種完整理論形態的建構，但他從心理學角度，從敍述語言、敍述角度和敍述結構等方面對情緒模式的分析，以及對象徵模式和複合模式的概括，給人有耳目一新之感。程德培的《小說本體思考錄》㊵，所探討的問題集中在小說語言和敘事的體態、語式、結構、模式這兩個方面。他在將西方敘事學的理論運用於小說研究時，儘管有時步履不那麼矯健，雙腳仍然不時被他過去的舊作《小說家的世界》㊶藤蔓纏住，即未能在對小說作品的微觀分析基礎上昇騰到理論的高空，但他的論述仍不乏精到之處。像《敘述語言的功能及局限》，力圖從抽象意義上總結小說語言系統的特徵、功能及其局限，由此推導出小說以至文學的本質。

在新時期十年中，舊的小說理論體系已被突破，而新的理論體系還沒有被哪一個權威理論家所奠定，小說美學研究也就成了沒有事先繪好遠航圖的大海之行。無論是中年理論家還是青年評論家的小說美學研究成果，都殘存著歷史惰性的「胎跡」，甚至招致「只有打著研究的『擦邊球』——沒有進入小說美學的核心探索」的非議，但小說理論家們似乎不屑於理會這些非議和嘲諷，依然衝破重重阻力出版專著。這些專著的出版，畢竟體現出一種小說理論變革的趨向，標誌著小說論壇的進步：理論家們已意識到了小說理論自身的價值，已逐步揚棄理論批評身上的非文學色彩，而走向構築小說美學殿堂之路。這是新時期小說理論批評家走出迷宮後的唯一選擇。

第十節　他們在走向茂林嘉卉

活躍在八〇年代大陸文壇的理論批評群體主要有三個：「京派」、「海派」與「閩派」。八〇年代後半期以來，這幾個理論群體與創作方面的「晉軍」、「陝軍」、「湘軍」、「魯軍」、「直軍」（北京）交相輝映，相互促進。

在這三大理論群體中，青年評論家的加入無疑使這些「派」別更顯得朝氣蓬勃。這群青年評論家，正如郭小東所說：雖曰青年，其實有的並不那麼年輕。在人生的大海裏，他們和中年評論家一樣搏擊過，都有自己曲折動人的歷史。有的戴過「紅衛兵」袖章；有的隨父母插隊，或當農場工人，接受「再教育」；末尾是回城，或上大學，或進工廠，或為未來的生計籌劃……後來終於禁不住文學這個灰姑娘的誘惑，一同匯集在文學評論的旗幟之下。他們一闖進文論園地，便以自己感應時代的機敏犀利的思想才能與不間斷地探索革新小說世界的實績，形成了一股拍激當代小說評壇的新潮汐。下面介紹的幾位分屬京、海、閩三派及其他青年小說評論家，便是這個騷動的新潮汐中悄然崛起的幾朵浪花。

黃子平（一九五〇～　），廣東梅縣人。一九八二年北京大學畢業，後又考入該校當代文學專業研究生。一九八四年畢業後分配在北京大學出版社工作。爲該校中文系講師，是「京派」青年評論家的旗幟之一。主要著作有：《沉思的老樹的精靈》（一九八六年，浙江文藝出版社）、《廿世紀中國文學三人談》（與人合作；一九八八年，人民文學出版社）、《文學的「意思」》（一九八八年，浙江文藝出版社）。

黃子平最初登上文壇是一九八一年，研究題材是公劉「復出」以後的詩作。這篇論文從題目到內容，都受了他指導老師謝冕的影響。它寫得是那麼深刻，以致使公劉讀後產生一種喜逢知音的欣悅，認爲「倒眞像一把理解我的鑰匙，洞察了我的許多心靈的細節」㊷。後來，黃子平對個別作家作品研究不滿足，便引出超越微觀研究的念頭，在《文學評論》一九八三年第三期上發表了《當代文學中的宏觀研究》，提出要「在微觀研究的基礎上開展宏觀研究」。當時有人提出疑問：宏觀研究是否要搞「高空作業」？發問者根本沒有預料到此文是一聲威武雄壯的號炮，自領風騷的一批宏觀研究論文從此放炮起程。這些宏觀研究文章，改變了過去疲於奔命追蹤作家的創作軌跡的做法，使研究者們個個都彷彿插上翅膀，飛到了高空作鳥瞰狀，從而改變了評論成爲創作附庸的局面。

宏觀研究的態勢，確實拓寬了文學的世界。評論家們站在更高的層次上審視當代文學現象，使當代文學研究獲得自身的價值。黃子平發表於一九八四年第五期《文學評論》上的《論中國當代短篇小說的歷史發展》，就是用宏觀研究方法研究當代短篇小說所出現的富有創造意義的成果。此文沒有否認具有悠久歷史的「短篇故事」，但作者更重視一百多年來剛剛興起的，不以故事爲主體的「短篇小說」，因爲它給小說觀念的變革帶來了新的活力。

黃子平是一個對自己永不滿足的人。他總想打破思維隋性，不斷革新研究方法：「想突破一下『內容形式』兩分法，把意義的闡發跟藝術的分析揉在一起。想把文學的宏觀描述跟作品的微觀細讀結合起來，想讓文學史研究跟『剛出爐』的當代文學對話。想在『大衆批評』中體現專業態度，想在學術討論中來點插科打諢。想把『文本批評』納入社會批評。想做一兩篇同時屬於古代文學、現代文學、當代文學的跨領域論文……」㊸「想」的結果，是與陳平原、錢理群合作，寫出了《論「二〇世紀中國文學」》㊹的長文。此文闡發的是相當新穎的「文學史觀」，遠遠超過當時方法熱、觀念熱中的許多文章。它從整體上把握時代、文學以及兩者關係的思辨，不僅表明研究者試圖打破原先文學史研究中的單一的封閉的模式，而且顯示了他們開闊的思路：橫向上，把二〇世紀中國文學放在世界文學的總體框架中去審視；縱向上，把二〇世紀中國文學做爲中國古典文學向現代化過渡、轉變的過程來考察。儘管該文寫得過於粗略，有些地方未免語焉不詳，但它的影響是不容忽視的。一九八八年下半年，「海派」的評論新秀陳思和、王曉明在《上海文論》上提出「重寫文學史」的命題，正是對黃子平們「二〇世紀中國文學」旗號的一種呼應和補充。

黃子平寫的許多評論作家作品的文章，雖然不是側重於共時性的考察，但也極注意將宏觀研究的目光落實到作家作品評論上。如在談及張賢亮的《綠化樹》「對苦難的『神聖化』和對農民的『神聖化』」時，沒有單純看成是極左思潮留下的印痕，而是從一代人的文化心理結構中去探討，從而表現出縱深的歷史感。他分析林斤瀾的小說，指出「這是思考的文學，有著與當代文學相通的思考和理性的特徵」。林斤瀾的一切描寫，都是爲了「讓同時代的人都來咀嚼民族的苦果，思索時代的總主題。」這種評論方法，顯然不光是空間或時間尺度的放大，而是意味著對當代社會生活和當代文學歷史的辯證理解。它對打破單向思維而採用雙向思維，打破平面思維而走向立體思維，具有示範意義。尤其是在評論時充滿了感情的共鳴與理解，態度是那樣眞誠，讀了簡直使人要掉淚。黃子平評劉索拉等人的小說，注意小說的社會歷史內容與美感形式的有機把握，努力將感受與鑑賞與思辨融爲一體。比起他後來出版的學術小品《文學的「意思」》，文風顯得更爲嚴實，內容更加深厚。他在一九八六年天津《文學自由談》上連載的《藝海勺談》，雖然提出了值得人們重視的文學語言學問題，但畢竟寫得過於散漫與「自由」。他這一時期的文章，最明顯的不足是未能完全跳出主流話語的路數，文章不時流露出不完全符合實際的慷慨樂觀之調。

陳平原（一九五四～　），廣東潮安人。一九八一年畢業於中山大學中文系，一九八四年畢業於中山大學碩士研究生班，一九八七年畢業於北京大學博士研究生班，爲北京大學中文系教授。主要著作有：《在東西方文化碰撞中》（一九八七年，浙江文藝出版社）、《中國小說敘事模式的轉變》（一九八八年，上海人民出版社）、《「二〇世紀中國文學」三人談》（與人合作；一九八八年，人民文學出版社）、《書裏書外》（一九八八年，浙江文藝出版社）。

陳平原和黃子平均是「京派」的精英。但論評論的「團體賽」，北京比不上上海；論「單打」，

「海派」則有可能輸給「京派」。陳和黃無疑是可以拿出去與「海派」角逐的「單打冠軍」。他們兩人的生活經歷近似。原來都是「知青」，後來均以優異成績考入重點大學，且獲得過不同的學位。現在又在同一學校工作，且常合作撰文，但兩人使用的「拳法」似隔著一層。黃子平主要著重於當代文學研究，陳平原主要在現代文學領域內馳騁；黃子平的研究與當前評論現狀及創作實際靠近，而陳平原從事的是純理論研究。陳平原是一個道地的在書齋裏討生活的學者，其思想雖然沒有黃子平那樣敏捷，但他做學問紮實，研究後勁比黃子平突出。他的論著也許有較多的書卷氣，但他決不是靠早春的點滴綠色去贏得別人的歡呼和寵愛，而是以自己精心栽培的嘉林美卉受到別人的青睞。

陳平原的代表作無疑是他的博士學位論文《中國小說敘事模式的轉變》。這部書稿，充分體現了他「小題大做」的治學特點。本來，一八九八～一九二七年這三十年間在中國小說史上不過是長河中的一朵浪花。可是在他看來，這朵浪花雖小但具有典型意義。因爲它承擔著從古典小說向現代小說轉化的歷史重任。對這段小說史，本可以從文體學、類型學、主題學、敘事學等各種角度去研究，但陳平原沒有滿足於此，而是「抓住表現特徵最爲明顯而涉及面較廣的敘事模式的轉變」去做深入論述，以便匡正過去只重思想內容而忽視「形式革命」的敘事模式的傾向。

在論述過程中，他吸收西方現代文學批評方法時，沒有簡單的移植，而是將新方法與研究對象結合起來。他行文時充分考慮到二〇世紀初中國小說敘事模式的轉變能力，沒有套用拉伯克分析詹姆斯小說或者熱奈特分析普魯斯特小說的方法去探討吳研人、劉鶚與魯迅、郁達夫這兩代人的創作，而主要考察這兩代作家在何種情況下通過什麼方法學習、運用新的敘事模式。正如他自己在書末所說：「我關注的不是各種敘事模式自身的價値，而是中國作家在歪曲、接受、改造西洋小說敘事技巧過程中體現出來的審美趣味、期待視野與應變能力……。說到底，敘事時間、敘事角度、敘事結構只不過是我借以丈量這一文學進程的特定理論尺度（完全可以有另外的尺度），探究何以在這一特定的歷史期間產生並完成這麼一場小說形式的革命（而不是爲敘事學理論提供例證），才是本書的眞正目的。」此書儘管在分析敘事時間、角度、結構時忽視了對「敘述者」這一要素的關注，但作者的學術功力，令人欽佩。尤其是此書在溝通文學的內部研究與外部研究，把純形式的敘事學研究與注意文化背景的小說社會學研究結合起來方面，做出了漂亮的示範。

陳平原還擅長寫學術小品。像《書裏書外》寫得生動活潑，寓學術性於趣味性之中。該書末編的《重提兩部早該遺忘的小說論》、《小說理論更新的先兆》等篇，別看寫得如老友神聊、夫婦閑話，無拘無束，然而它花了作者的許多發現、思考，尤其是搜集史料的功夫，才把本來可以寫成中國現代小說理論發展史的材料濃縮在「小品」的容量中，因而使人覺得這是含量豐富的袖珍之作。

季紅眞（一九五五～　），浙江麗水人。一九七八年入吉林大學中文系學習。一九八二年入北京大學中文系研究生班，一九八四年到中國作家協會創作研究室工作。著有《文明與愚昧的衝突》（一九八六年，浙江文藝出版社）。

如果說，文學批評有主觀批評與客觀批評之分的話，季紅眞的文學批評更多的屬於後一類。這種批評，由於注重對藝術現象由形成到傳誦過程中多種因素的冷靜分析，因而批評主體與對象所取的距離比主觀的批評要大些。這方面的情況造成，一方面是由於季紅眞本人素來偏愛分析，另方面也是基於她對文學史的深切了解。在《文明與愚昧的衝突·後記》中，她曾談到羅曼·羅蘭區分藝術品的兩個標準，對她有很大的影響。羅氏認爲有兩類藝術品，一類是眞正的藝術品，具有永久的藝術魅力，在任何時代都閃爍著天才的光芒。另一類藝術品，只具有相對的藝術價值：作爲一個時代人們藝術活動的紀錄，使研究藝術史的人們不能繞過他們。這種區分，爲季紅眞提供了兩種選擇的角度與標準。她的批評文章，常常從別的角度研究傳世之作史的價值，對優秀之作的藝術價值則從鑑賞角度探討。如她這樣描述張承志的藝術特色：「粗獷強悍的氣勢，細膩凝重的色彩，豐厚沉實的底蘊，在壯美的風格中悸動大生命的眞歡樂與眞痛苦……。」她這種依據批評對象所採取的不同角度與標準，使得她的批評方式不像「海派」中的許子東、吳亮屬感覺印象式，也不似純粹的思辨型，而是和王曉明、吳方那樣屬感覺印象與思辨的交叉。其批評基礎是歷史文化社會學的，但同時也吸收了精神分析美學、文學語言學的有益養料。

季紅眞與衆不同還表現在批評的大衆化視角。這裏講的大衆化，包含著民族數千年延續發展孕育著的心理構造、生活方式、習俗禮儀、倫理道德與各種意識形態，這構成了季紅眞不同的批評視角。她的作家研究有不少精彩的見解。她分析汪曾祺、張承志小說，在受著文化人類學研究成果影響的同時，又注意與歷史唯物主義的基本原則相溝通，這使得她的批評文章帶有一種淸醒的超越意識。

陳思和（一九五四～　），祖籍廣東，生於上海。一九七七年入復旦大學中文系，畢業後留校，爲該校教授。從一九八二年開始發表評論文章，著有《巴金論稿》（與李輝合著。一九八六年，人民文學出版社）、《中國新文學的整體觀》（一九八七年，上海文藝出版社）。

在「海派」青年評論家中，陳思和是引人矚目的一位。他的成名之作是大學學習期間與同窗李輝合作的《巴金論稿》。此書一反「文革」前用階級分析方法取代對巴金複雜細緻的藝術世界的評價做法，而十分強調文化素質、藝術氣質、生活經歷及世界觀對巴金創作的影響。這樣，一方面描述了巴金在民主革命期間思想發展的過程，另方面又對一個非馬克思主義者的知識分子在現代中國的革命過程中所起的積極作用，做出有意義的探討。讀陳思和論巴金的文章，很容易進入巴金所締造的藝術世界，而沒有讀北京師大中文系學生在一九五八年集體評巴金的那種隔膜感。這自然是由於時代不同了，另方面也由於陳思和本人注意學術創新的結果，如《巴金的無政府主義思想》、《巴金與歐美恐怖主義》、《巴金與法國民主主義》等章節所體現的內容。

《中國新文學整體觀》，共收入八篇論文。既能獨立成篇，又有內在的聯繫。作者在寫《中國新文學發展的圓型軌跡》、《中國新文學發展中的現實主義》、《中國新文學發展中的現實戰鬥精神》、《中國新文學發展中的懺悔意識》、《中國新文學對文化傳統的認識及其演變》等文章時，是把它當作一個整體來構思的。作者論述的對象不僅是五四以來的新文學，而且包括新時期以來的文學作品，對打通中國現當代文學研究領域做了有意義的嘗試。這種研究方法的改革不僅在於變換了一種研究視角，更重要的是對一些文學現象作出了新的評價，「造成了對文學史本身作重新評價的大片空曠的領域。」作者在後記中稱這一批評方法爲「史的評論」而非史的研究。像作者談新文學發展中的懺悔意識，把批評對象置於五四時期來確認它的價值，又從西方文學的演變中去辨識它的源流，從而在文學史的流變中探討「懺悔意識」這種文學現象的規律與意義。「整體觀」不是文學史，而是文學史論。它與以往的新文學史研究不同之處在於從宏觀研究中闡述「戰鬥意識」、「懺悔意識」之類的具體問題，有些篇章則以王蒙的《雜色》一類作品去重新審視新文學史上曾經出現過的現代主義文學現象。這些論文爲作者後來和「海派」另一青年評論家王曉明共同提出「重寫文學史」的口號作了充分的理論準備。

王曉明（一九五五～　），上海人。一九七八年入華東師範大學中文系。一九八二年獲中國現代文學專業碩士學位。爲華東師範大學文學研究所研究員、《文藝理論研究》副主編。著有《沙汀艾蕪的小說世界》、《所羅門的瓶子》（一九八九年，浙江文藝出版社）、《潛流與漩渦》。

王曉明於一九七九年秋開始寫評論文章，最初的評論對象均爲現代小說，且是敘事性強的作品。他評論張天翼、魯迅、高曉聲等人的作品時，注意吸收西方現代心理分析批評的合理內核，並加以改造，讓其和「知人論事」的傳統批評方法結合起來。黃子平曾這樣概括王曉明的批評方式：王曉明批評的著眼點不在於「創作心理學」，而在於「文化心理學」，他是從作家的「個案研究」入手，具體把握他們的獨特之處。王曉明的批評方法是通過研究作家的「生平文本」和「作品文本」之間的「互文性」，採用作品（敘事結構）——作者（心理狀態）——歷史（文化）推出的邏輯線索，達到一種以文論人、知人論事的批評目的。這個概括曾得到王曉明的認同。

王曉明引起全國文壇關注是一九八八年七月在《上海文論》和陳思和共同主持《重寫文學史》專欄，詳見本書第二編第四章第四節。

吳亮（一九五五～ ）廣東潮陽人。中學畢業後到工廠當工人，計十四年。一九八一年起開始寫文學評論，一九八五年調上海市作家協會理論研究室，爲《上海文論》副主編。著有：《文學的選擇》（一九八六年，浙江文藝出版社）、《藝術家和他友人的對話》（一九八七年，上海文藝出版社）、《秋天的獨白》（一九八八年，浙江文藝出版社）、《批評的發現》（一九八八年，漓江出版社）。

吳亮沒有受過系統的文學教育，他的評論活動與那些只會背誦文學概論的條文的批評家大不相同。他生性好奇，常常對傳統看法缺乏信賴感。正是這樣不囿陳見、大膽懷疑、勇於創新的精神，促使他在《文學的選擇》中提出許多教科書上沒論證過的新命題：如作家的回憶能力與創作中想像、幻想、靈感的關係，好奇心與創作、欣賞的關係，痛苦是文學創作的內驅力，文學批評是一種選擇等等。這其中有的命題雖然還有值得商討之處，但這些命題無疑具有開拓思維空間的作用。他自己的文學批評活動，就是這種「選擇」主張的實踐。他評論的取材，所選的是一些思想內涵比較豐富的作品，如劉心武、王蒙、張潔、蔣子龍、鄧剛、高曉聲等人的小說。他評論這些作品時，注意溝通作家作品的思想，態度誠懇，時有珠璣之見。

「海派」在論壇上精誠團結，配合默契。但「海派」成員的評論風格和路數不盡相同，有所謂「非學院派」與「學院派」之分。吳亮和《文學角》的副主編程德培以及蔡翔，無疑在學院的圍牆之外。與「學院派」相比，「他們既沒有許子東那種『印象式的評論』的靈氣，也缺乏陳思和、王曉明的紮實與氣魄。」㊺但這決不等於說吳亮沒有優勢。在他的第一本批評集中，評張承志的小說《自然·歷史·人》，最能體現他的批評個性——哲學思辨色彩。文章好似遊蕩著丹納和黑格爾的幽靈：不僅寫得很富於文采，而且能將自己的主體意識加入到被評論中去，即憑借作品的藝術形象去抒發自己對生活的看法，使評論本身變成作者的一種再創造。在《李杭育給我們帶來了什麼》一文中，他從李杭育筆下的「最後一個」看到了今天和明天的當代意識。從張弦的作品中，則發現了反映特定時代歷史運動的「圓圈」。他這種發現和闡述，有時也給人主觀隨意性大的感覺。但是沒有局限性也就無法顯現個性。人們不能不承認，他這類充滿主體意識的批評比他寫的那些拘泥於作品本身的評論，更吸引讀者。

吳亮之所以引起論壇的重視，並非他由工人而評論家的經歷，而主要是他對批評的特殊追求。他的批評信條是：「寧觸犯天才也不平庸附和」，鐵了心扮演「不討好的角色」，甚至甘願當「酷評家」。只要他覺得名家寫出了二、三流作品時，他便毫不客氣地指出。如張辛欣的《香港十日遊》、莫言的《歡樂》，均挨過他的「酷評」。這與程德培的寬和、婉轉的批評方式大不相同。在表達方式上，他喜歡運用對話體抒發自己的藝術見解。這對話體雖不是他發明的，但他能「襲舊而彌新」，將這種文體用來巧妙、圓熟地發表自己的見解，不能不使人佩服他駕馭這種批評文體的能力。當然，《藝術家和他友人的對話》有時也難免給人繞圈子，即所謂玩著自己的智力遊戲之感，好在他用下列方法彌補：文章構思新穎，語言含蓄，有含英咀華的餘地。即使是像《「典型」的歷史變遷》那樣理論性極強的文章，他也不從定義出發，而從古希臘悲劇一直談到尤奈斯庫和卡夫卡，談得是那樣娓娓動人，絲毫沒有公文腔和學究氣。他在一九八八年《上海文學》、《文學自由談》上發表的微型作家論，雖是感覺印象式，但寫得言簡意賅，很有嚼頭。不過，他有些文章也可能犯了他自己講的「選擇」的錯誤。如對王安憶「三戀」的評論就值得質疑。他的「獨白」評論也沒有「對話」寫得精彩，有故作高深的味道。王蒙說吳亮寫語錄體文字使人覺得「他急於讓自己長鬍子，穿上了比身體大許多的衣裳」。

㊻

南帆（一九五七～　），本名張帆。福建福州人一九七八年入廈門大學中文系，一九八二年考取華東師範大學中文系研究生，後到福建社會科學院文學所工作，爲副研究員是「閩派」新秀代表。著有：《理解與感悟》（一九八六年，浙江文藝出版社）、《小說藝術模式的革命》（一九八七年，三聯書店上海分店）。

南帆在大學讀書時，教科書並未引起他的理論興趣。在他的觀念中，文學的光榮首先屬於作家。因而他在課堂之餘，費力地學習小說創作。後來在師友的影響下，他才驚訝地發現：「批評和理論並非注定質木無文。除了思辨的成份，批評和理論也同樣包含著機敏、詩意以至激情」。於是他衝動地提起了筆，寫了不少小說評論文章，表現了他與別人不同的靈敏縝密的感悟品格。如在一九八五年寫的《張承志小說中的感悟》中，他一邊論說張承志的感悟，一邊在表達自己的悟性。他評品起小說家的作品，就像他上大學前當木匠時瞇著一隻眼審視那些刨平磨亮的木料，神情是那樣專注，那樣認眞，爲找到作品主題的「癥結」所在，不惜絞盡腦汁。他對韓少功、王安憶、劉紹棠等人的評論，均能透過作家對題材的選擇、處理和各種藝術形式的關係，感悟到藝術形象中隱含的歷史的和現實的價值。他也研究理論，但決不僅僅是法則的展示和宣判，而是靈魂的震撼和內心的感應。他富於藝術感覺又善做哲理探討。他的文章充滿了新意，但又不搞新名詞轟炸。

南帆的小說理論，較值得重視的是小說技巧研究。他在《小說創作斷想》中，指出技巧是創作中的一個重要環節，也應是批評的一個重要對象。對那種缺乏對生活的特殊感受和表達這種感受的要求、迷亂地在各種技巧中跳來跳去的模擬者，他提出了令人信服的批評。他不同於那些唯技巧主義者。他在肯定形式技巧的重要性時，仍不忘「現實的實在感」和「歷史的縱深感」。他力爭在技巧與現實感、歷史感中間架設一座橋樑。他對一些作家不能超越自己的警告，是善意的，也是擊中要害的。

八〇年代後期以來，南帆不滿足於單篇論文的寫作，而開始了建構系統的小說理論的努力。《小說藝術模式的革命》，就是他結出的第一枚果實。此書值得稱道之處，是作者找到了一個最佳研究角度，即「將敘述方式做爲研究入口，試圖開闢另一個方向：觀察敘述方式同審美情感的關係」。這就抓住了小說的特殊規律，同時又深入進文學的內在結構，爲作者建構小說藝術模式的理論體系，締造獨特的小說批評世界做好了充分的準備。他的理論，始終不脫離創作實際。他在深入研究當代小說的審美情感的基礎上，概括出情節模式、心理—情緒模式、象徵模式、復合模式，並指出這四種模式的不同之處和小說因素如何構成各種模式的美學特徵。他這種分析和闡發，無疑受了結構主義詩學、新批評的影響，但又不是生吞活剝，而是經過選擇和揚棄，同時補充了審美主體變化和效應的闡述。㊼他寫得簡約而又充實，不足之處是缺少爆發力，較少閃光點。

周政保（一九四八～　），江蘇常熟人。曾在新疆塔里木盆地當過農工、記者、編輯、秘書。一九七五年畢業於新疆大學，一九八〇年考取新疆大學中文系中國當代文學研究生，後在烏魯木齊軍區政治部文藝創作組從事專業理論批評工作，是不屬於三大理論群體的獨立大隊。著有：《小說與詩的藝術》（一九八六年，浙江文藝出版社）、《聞捷的詩歌藝術》（一九八六年，新疆人民出版社）、《軍事文學的觀照》（一九八七年，解放軍文藝出版社）、《藝術的旋律與品格——青年軍旅詩人九家》（與人合作。一九八七年，文化藝術出版社）。

周政保雖然不是生於斯、長於斯的新疆「土著」評論家，但他從不把自己看做客人。他是那樣熱愛新疆這塊廣袤的土地，是那樣鍾情於新疆文學，尤其喜歡以新疆地區生活爲題材的優秀作品。他又是軍人，所以對軍事題材的作品也極爲關注。他對於張承志、劉兆林、王蒙、艾克拜爾·米吉提等人的小說，和少數民族以及軍事題材的中短篇小說，及時做出了剴切的評價。但他的評論，又沒有受到邊陲地區政治生活相對沉悶、文化的變遷相對緩慢的影響。他的文章有新銳的姿態，開放的眼光，論述頗有新意。像他那篇頗獲好評的《走向開放的中篇小說的結構形態》，用綜合的眼光，通過對六部風流一時的中篇小說結構形態——結構目標情緒化、結構內容散文化、結構線索象徵化、結構層次疊合化的探討，提出了關於中篇小說結構形態趨向多樣性和開放性的見解，在論題上有較大的開拓。再如《象徵：小說的詩化傾向》，不再把象徵當成是一種修辭方式，而強調是一種把握世界的方式。其餘關於小說觀念、小說內涵的層次和關於詩的觀點，均使人感到厚積薄發，具有較濃的美學意味。

周政保與那些刻意求新的論者不同，他評論的對象不是那種遠離生活、淡化時代的文學，而是進取的文學，富有勞動者意識的文學，充滿了民族思考精神的文學，眞正包孕了人類品格及其社會人性內容的文學。他推薦的是艱辛的創造、苦澀的開拓，當然也推崇藝術方式及傳達形態的開放性與多元化。這種對文學的性質與功能的比較開闊的理解，固然與他的生活經歷有關，但尤與他對文學、對批評的選擇分不開。

八〇年代末期，世紀末的情調正在衝擊當代文學論壇。對商品文化的困惑在騷擾著從新時期第一個十年崛起的「京派」、「海派」、「閩派」及其他青年評論家們。但我們從以上評論新秀（包括未提及的趙園等人）的論著很少感到這種厭倦情緒。在生活的發展不斷給人造成新的困惑感的情況下，他們仍然鍾愛自己的事業，眞誠地爲它獻出全部心血，期望在自己的園地中再栽點新品種。誠然，他們栽種的並非都是玫瑰，中間也夾有雜草。雜草叢生比茂林嘉卉自然要遜色得多，但它畢竟證實了走向茂林嘉卉的可能性。

註釋

① 載《胡風文藝思想批判論文彙編（四集）》，作家出版社一九五五年版。
② 《人民文學》一九五八年二月號。
③ 《文學史討論中的幾個問題》，《光明日報·文學遺產》第二七一期。
④ 《關於長篇小說〈李自成〉的通信》。
⑤ 《怎樣評價〈青春之歌〉》。
⑥ 《文藝報》一九六四年六月。
⑦ 如在一九五四年第十二期《文藝報》上發表的《評路翎的三篇小說》就有不夠實事求是之處。
⑧ 《文藝報》一九六一年第三期。
⑨ 《〈戰鬥的青春〉的成敗得失》。
⑩ 馮牧：《達吉和她的父親——從小說到電影》，《文藝報》一九六一年第七期。
⑪ 《文藝報》一九六二年第七期。
⑫ 《文學評論》一九六〇年第三期。
⑬ 卓如：《試論李季的詩歌創作》，《文學評論》一九五九年第五期。馮牧：《一個違背事實的論斷——評

⑭卓如的〈試論李季的詩歌創作〉》，《詩刊》一九六〇年第二期。安旗：《沿著和勞動人民結合的道路前進》，《文藝報》一九六〇年第五期。
⑮《文學評論》一九六二年第五期。
⑯《文學知識》一九六〇年第三期。
⑰朱寨：《從生活出發·後記》。
⑱編著者有朱寨、呂林、蔡葵、范際燕、仲呈祥。
⑲黃安思：《向前看呵！文藝》，《廣州日報》一九七九年四月五日。李劍：《「歌德」與「缺德」》，《河北文藝》一九七九年六月。
⑳《人民文學》一九五六年第九期。
㉑《當代文學研究叢刊》第五輯。
㉒《漫話小說創作》。
㉓《對一些文學觀念的探討》。
㉓參看費振鍾、王幹：《論王蒙的小說觀念》，《當代作家評論》一九八五年第三期。
㉔《文藝報》，一九八八年一月三十日。
㉕《文藝報》，一九八八年四月二十六日。
㉖吳文科：《小說評論與思想漫步—讀雷達的評論》。

㉗《文學評論》，一九八七年第一期。
㉘曾鎮南：《文藝批評雜談——〈繽紛的文學世界〉序》，《文論報》一九八八年八月五日。
㉙辛力：《曾鎮南和他的評論》，《批評家》一九八八年第一期。
㉚《對於當代新作的愛與知》。
㉛《王蒙論》，十一～十二頁。
㉜參看半島：《知人論世，知音論魂》，《當代作家評論》一九八八年第六期。
㉝曾鎮南：《支離破碎的思維—評魯樞元對我的反批評》，《文藝爭鳴》一九八六年第六期。
㉞一九八二年，北京大學出版社。
㉟一九八五年，江蘇人民出版社。
㊱一九八七年，湖南文藝出版社。
㊲吳功正：《小說美學·後記》。
㊳一九八七年，浙江文藝出版社。
㊴一九八七年，上海三聯書店。
㊵一九八七年，上海文藝出版社。
㊶一九八五年，浙江文藝出版社。
㊷公劉：《從四種角度談詩與詩人》，《文學評論》一九八八年第四期。

㊸ 黃子平：《關於〈沉思的老樹的精靈〉》，《文學評論》一九八七年第四期。
㊹ 《文學評論》，一九八五年第五期。
㊺ 席揚：《海派批評亂彈》，《百花》一九八九年第一期。
㊻ 王蒙、王幹：《十年來的文學批評》，《當代作家評論》一九八九年第二期。
㊼ 參看朱水涌、盛子潮：《尋求活整體的小說理論架構》，《當代作家評論》一九八八年第六期。

王蒙 蒋祷 严

何林 岩 臧克家 孚伯

协鸥 唐弢 郭

朱寨

谢冕

洁 泯

陆 刘锡诚

余秋雨 夏 中 文 潘旭澜

刘锡诚 艾苦

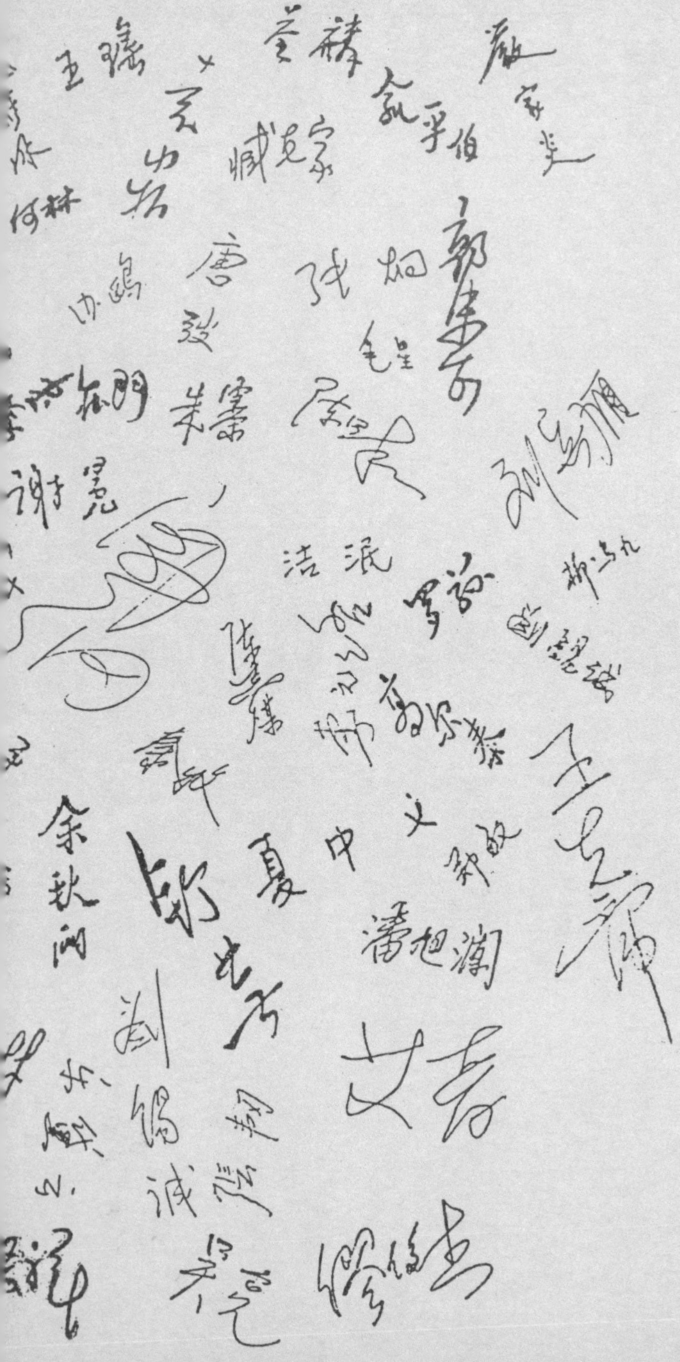

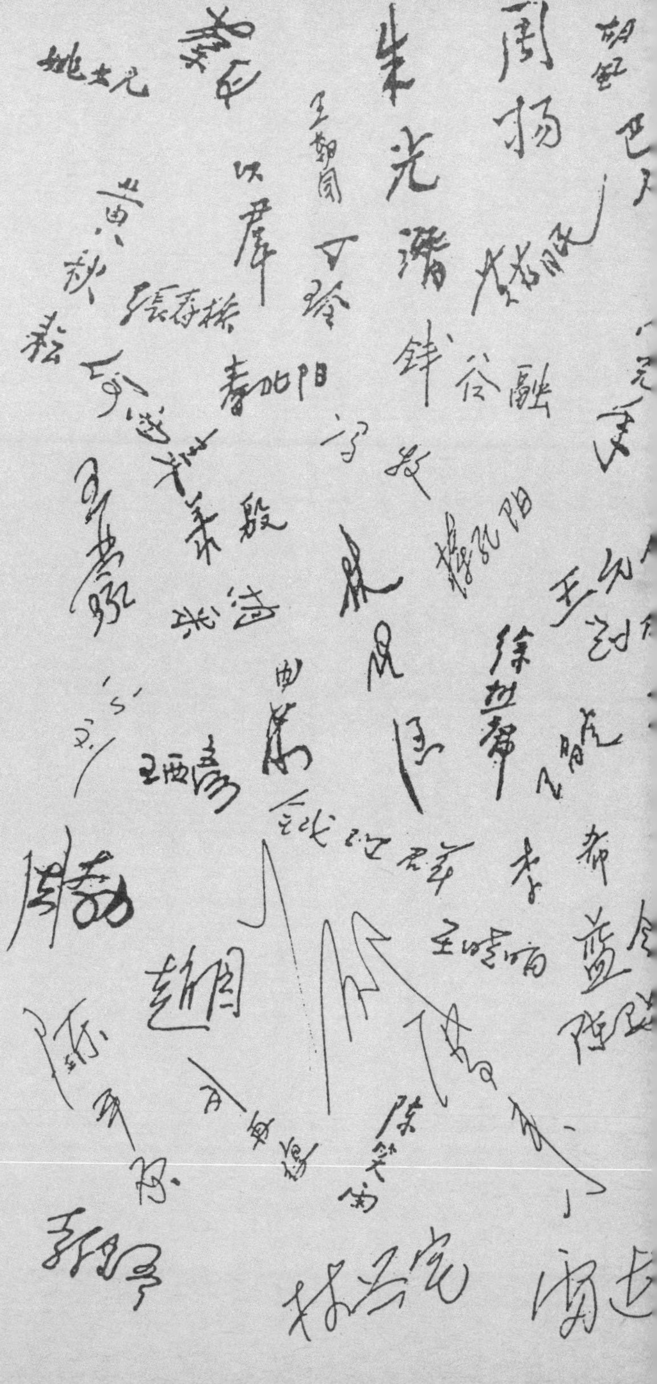
周扬
朱光潜
姚文元
王朝闻
以群
黄秋耘
丁玲
钱谷融
徐懋庸
王西彦
陈笑雨